# 仰望燦爛的語文星空

劉永康　趙珂

# 作者簡介

劉永康，1945年生，四川資中人。四川師範大學文學院原黨委書記、教授、四川省學術技術帶頭人，教育部特聘全國教師教育課程資源專家委員會委員、教育部首批"國培計畫"專家庫成員，全國首個語文學科教學論國家級精品課程負責人、原全國語文學習科學專業委員會學術委員會主任。全國語文名師工作室聯盟顧問兼學術指導，連續6年擔任四川省高考語文命題組長，主持的國家級精品課程"語文課程與教學論"在教育部"愛課程"網上線，成果被教育部納入第四屆中國教育創新成果在公益博覽會（珠海）展出。在人民出版社、高等教育出版社等出版著作30餘種，在《課程·教材·教法》等學術刊物發表文章200餘篇，發表詩詞曲賦數十篇。承擔國家級教改及科研課題10餘項，獲國家級、省部級教學及科研獎勵10餘項。獲全國語文學習科學建設終身成就獎。應邀在全國各地作學術報告800餘場，上語文示範課100餘節，教學實錄為多家雜誌刊載，深受好評。中央電視臺、人民教育雜誌、中國教育報等媒體多次宣傳報導。

趙珂：1999年生，四川自貢人，四川師範大學學科教學（語文）碩士專業優秀畢業生，主要研究方向：語文教育名家思想研究，發表研究論文多篇，多次參與教育名家訪談。個人愛好唱歌、跳舞、彈琴，酷愛朗誦表演藝術。擔任《永康教授講語文》欄目主持人、欄目內容編導、攝影及後期工作。與劉教授合作，完成《仰望燦爛的語文星空——永康教授講語文》一書的編著工作。成都雙流區人才引進教師，現為成都市雙流區九江新城初級中學語文教師。

主講人劉永康教授與主持人趙珂女士

"永康教授講語文"團隊成員合影

從左到右依次為：趙珂、劉永康 、李華平

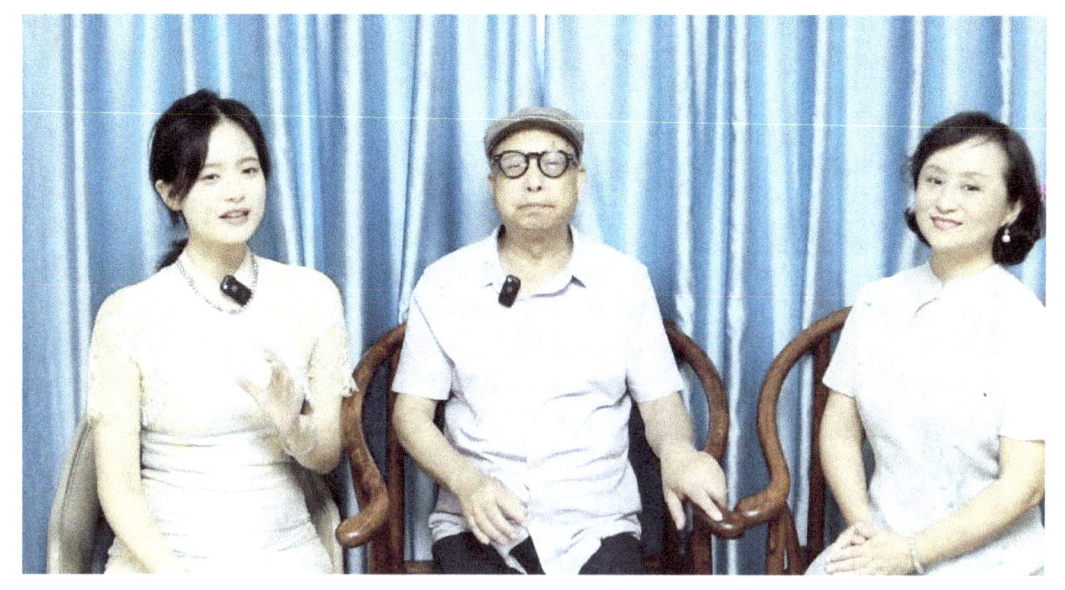

從左到右依次為：趙珂、劉永康、鐘亮

從左到右依次為：趙珂、劉永康、劉小芳

從左到右依次為：趙珂、劉永康、張春燕

從左到右依次為：趙珂、劉永康、池鳳

從左至右依次為：趙珂、劉永康、黃英

# 目錄

序 言 .................................................................................................... 2

前 言 .................................................................................................... 8

目 錄 .................................................................................................... 11

## 第一編 語言素養——奠定語文課程核心素養的基礎 .................... 14

熱愛從媽媽舌頭上發出的聲音 ........................................................ 15

社會變化催生著語言變化 ................................................................ 21

時有古今，地有南北，字有更改，音有轉移 ................................ 26

辨析字詞義的立足點 ........................................................................ 30

古代詞義中的將錯就錯 .................................................................... 37

一聽就清，一說就順，一讀就懂，一寫就通 ................................ 45

在語用活動中培養語感 .................................................................... 51

你知道香菱學詩嗎？ ........................................................................ 58

"死記"與"記死" .......................................................................... 63

屢戰屢敗與屢敗屢戰 ........................................................................ 70

不是語法無用，而是沒有用好語法 ................................................ 76

"舉三反一"與"舉一反三" .......................................................... 82

模糊語言不是糊塗語言 .................................................................... 87

準確就一定是精確嗎？（一） ........................................................ 94

準確就一定是精確嗎？（二） ........................................................ 98

文學的朦朧美來自語言的模糊性 .................................................... 104

按畢加索的畫抓不住盜賊 ................................................................ 110

揭開語言文字的面紗 ........................................................................ 116

打開語言運用大門的金鑰匙 ............................................................ 123

## 第二編 思維素養——內化語文課程核心素養的關鍵 .................... 131

思維究竟是什麼模樣？ .................................................................... 132

| 華羅庚瞧不起胡適的《嘗試集》 | 141 |
| 縣官畫虎成貓 | 147 |
| 曹操青梅煮酒論英雄 | 154 |
| 遇到詭辯怎麼辦 | 161 |
| 繪出七彩人生的三棱鏡 | 166 |
| 另闢蹊徑促想像 | 171 |
| 二郎神與孫悟空鬥變化 | 177 |
| 深山觀虎與看潑婦罵街 | 183 |
| 籠天地於形內，挫萬物於筆端 | 188 |
| 從書法家改《涼州詞》到賈寶玉偷讀《西廂記》 | 195 |
| 一種敏感地直接臆測真理的能力 | 200 |
| 憑直覺經驗破其卷而取其神 | 206 |
| 讓學生的思維辯證起來（一） | 211 |
| 讓學生的思維辯證起來（二） | 217 |
| 請君莫奏前朝曲，聽唱新翻《楊柳枝》 | 221 |
| 橫看成嶺側成峰（一） | 228 |
| 倒彈琵琶出新意 | 240 |
| 是帶乾糧，還是帶獵槍？ | 245 |
| 走出誤區，回歸正道 | 251 |
| 不要牽著學生的鼻子走 | 259 |
| 思之新，思之深 | 266 |
| 思之活，思之快 | 274 |
| 給學生的思維鬆綁 | 281 |

**第三編 審美素養——提升語文課程核心素養品位的路徑** ... 289

| 讓學生成為佳作的知音 | 290 |
| 審美教育要遵循什麼原則？ | 295 |

在如坐春風中接受"美"的薰陶（一） .................................................. 302

在如坐春風中接受"美"的薰陶（二） .................................................. 309

讓學生放飛思想、張揚個性、讀出"我"來 .......................................... 316

不要為前人的認識所羈絆 ...................................................................... 321

給學生一雙慧眼吧 .................................................................................. 325

情感活動驅使創作與鑒賞 ...................................................................... 330

審出詞義的色彩美來 .............................................................................. 335

一群舞蹈演員表演悲哀 .......................................................................... 341

打開學生情感閘門的金鑰匙（一） ...................................................... 347

打開學生情感閘門的金鑰匙（二） ...................................................... 355

從典型形象的塑造看對典型形象的感悟 .............................................. 361

張生吃了崔鶯鶯的閉門羹 ...................................................................... 368

還需要枝枝節節地隨文爬行嗎？ .......................................................... 374

衡量作品協調完整的游標尺子 .............................................................. 380

"完形壓強"的"缺陷"不是缺點 .......................................................... 386

與作者共同創造作品 .............................................................................. 392

把聽覺、視覺、味覺、觸覺溝通起來 .................................................. 400

走出"三味書屋"，到"百草園"去 .................................................. 407

## 第四編　文化素養——鑄造語文課程核心素養的靈魂 ................ 412

漢語在民俗文化的土壤裏茁壯成長（一） .......................................... 414

漢語在民俗文化的土壤裏茁壯成長（二） .......................................... 420

民族文化的載體就是語言 ...................................................................... 426

語文現行教材的文化內涵 ...................................................................... 433

挖掘漢字背後的人文性精華 .................................................................. 440

從諺語中吸取民族傳統文化的智慧 ...................................................... 449

**話語的文化意義之一** .............................................................................. 454

話語的文化意義之二 .................................................................. 460

　　把握詩詞意象中蘊含的歷史文化內涵 ......................................... 467

　　放眼世界，沐浴八面來風（一） ................................................ 473

　　放眼世界，沐浴八面來風（二） ................................................ 478

第五編 在語文與其他學科的交叉整合中提升學生的語文核心素養 ............. 483

附 頁 ............................................................................................... 495

　　"永康教授講語文"律賦 ............................................................... 495

　　您讓"語文"飛翔 ——觀"永康教授講語文" ................................. 496

　　追風趕月，沐光而行 ——學習"永康教授講語文"有感 .............. 499

後 記 ................................................................................................ 503

# 序 言
## 燦爛星空，仰之彌高

李華平[*]

　　燦爛星空，最能承載夢想，最能激發熱情。手中這部沉甸甸的著作《仰望燦爛的語文星空——永康教授講語文》就是劉永康先生圓夢的作品，就是他一生熱情的 結晶。

　　"永康教授講語文"是一檔內容節目，由中國教育出版領域享有盛譽的四川教育出版社精心策劃，在該社"教育說書"欄目隆重推出的第一個系列節目，劉永康先生也就因此成為該節目的"第一個吃螃蟹"的著名學者。出版社將該欄目稱作"知識光合計劃"，意在通過"說書"方式將高深的教育理論轉化為一線教師專業成長的營養。這檔內容節目已經通過B站（嗶哩嗶哩網站）播出，反響十分熱烈。本書就是該內容節目的文字整理稿，保留了內容講座的原貌。閱讀本書，通過一些詞句、語氣，仍然能夠感受到主講人的眼神、表情與神采、風貌，油然而生觀看這檔內容節目的強烈願望。

　　該講座一共76個專題，涵蓋語言素養、思維素養、審美素養、文化素養等四個方面，全面、系統、深刻、生動地闡述了發展語文核心素養的理論與實踐問題，具有以下鮮明特點：

---

[*] 李華平，生於1970年，中國四川省渠縣人，四川師範大學教授、博士生導師。曾經教過幼稚園、小學、初中、高中，以及大學專科、本科、研究生，系全國唯一的"全學段教師"。擔任全國語文學習科學專委會常務副理事長、中國語文報刊協會課堂教學分會副會長，系中國國家教育部國培專家、國培方案評審專家、國培專家人選評審專家，國家級教學成果評審專家，國家級教學名師評審專家。首倡的"正道語文"活動具有全國性影響，"正道語文"微信公眾號關注者逾10萬人，廣泛分佈在全國和世界各地。

**第一，針對性強。** 該講座的聽眾（讀者）對象主要是中小學一線語文教師。他們在日常教學中遇到了落實新課標的各種問題，苦於找不到解決辦法。該講座內容就是幫助教師們解決理論與實踐中遇到的真實問題的。劉永康先生曾經先後做過中學語文教師、教研員、校長，對一線教師的苦與樂、困與惑知之甚深；在大學工作期間，也經常應邀到全國各地中小學作學術報告、執教語文示範課，始終保持著與中小學語文教學的密切聯繫。本書所含5編76個專題，都是從實際問題出發，通過細緻分析問題，進而提出解決問題的優化方案。

**第二，學術性強。** 本講座主講人劉永康先生是中國具有重要影響力的語文教育學家，其語文教育思想博大精深，被人民教育出版社周正逵先生譽為"比照中外，貫通古今"[1]。他的"劉氏方法論"是對葉聖陶方法論思想的具體化與進一步發展，與王尚文先生的"語感論"、王榮生先生的"內容論"構成中國語文教育理論的"金三角"[2]。先生出版著作30餘部，發表文章200餘篇，不少文章被人大報刊複印中心全文複印轉載，成為語文教育理論研究的重要文獻。本講座則是劉永康先生關於語文教育研究的集大成之作，他對語文教育相關學科知識進行了系統梳理，左右勾連，上下貫通，涉及語言學、文藝學、文章學、寫作學、美學、文化學、邏輯學、哲學、西方方法論以及教育學、心理學等多個學科領域的前沿理論，但又不是隨隨便便"撿到籃子裏就是菜"，而是經過細心挑揀，反復打磨，融為一體，自然巧妙，新枝頻開，生機盎然。比如他用道家文化思想中的"大象無形"來解說中國古代詩詞重視在情景交融、互相滲透中顯現藝術的意境，老子的"大象無形"，並不是藝術的抽象化，而是通過"氣韻表現在有形的意境中"，這些思想就是浸透著"大象無形"的道家文化思想。他引進格式塔心理學中的"完型壓強"理論來解讀文學作品中的藝術空

---

[1] 周正逵.語文教學探賾索隱.序[A].//劉永康.語文教學探賾索隱[M].成都：成都科技大學出版社，2000：1.

[2] 李華平.語文：金針度人的存在——劉永康語文教育思想研究[C].香港：中國人文科技出版社，2013：1

白，探究在審美鑒賞中完成對作品的二度創造。用符號論美學的理論來研究句子的組合規則也能釋放文本資訊。用接受美學的期待視野理論來探討對作品的多元解讀。用美國科學家查德的模糊理論來考察藝術形象的曲折深邃之美。用完形心理美學家阿恩海姆的心物同形、異質同構理論與中國傳統詩學的天人合一理論融合來研究景物與心靈世界交融的詩的境界等，讓人耳目一新，拍手叫絕。因此，每一講內容都別開生面，十分精彩，讓人享受到學術思想沐浴的通透與快樂。

該講座的學術性不僅體現了學術研究成果的集大成，也體現在學術思想的獨特性、先進性上，尤其是對一些人們認知上似是而非的問題的精到辨析，例如關於"死記"與"記死"這個爭論了兩千多年的命題就被他講得來讓人醍醐灌頂、豁然開朗。一些人不加區別地反對背誦，並斥之為"死記硬背"。劉永康先生則從心理學尤其是兒童認知發展規律的角度，從語言學習獨特規律的角度，指出兒童時期就應該"死記"，此時不強化背誦記憶而去過分強調理解則是違背人性的教育。到了十二三歲時，就需要逐漸強調理解了，這個時候則需要"記死"。這種辨析、論述，既體現了先生學術認知的辯證思想，也體現了不隨大流、強調學理證據的批判性思維。他獨居慧眼，運用歷史語境知識發現蘇洵《六國論》中"趙處秦革滅殆盡之際"是一個偽命題；從孔乙己"滿口知乎者也"中看到魯迅對復古派林琴南的嘲諷；從《背影》中父親翻閱月臺給兒子買桔的行動，感受到父親期待兒子求學歸來能重振家業的苦衷。從《登幽州臺歌》中對"古人""來者"的解讀，體味到大才遭忌的鬱悶以及對像燕昭王那樣的伯樂明君的期盼。這些，或者糾正了傳統經典的疏漏，或者挖掘出尚未認知的經典的美學潛藏涵義。

**第三，實用性強。**劉永康先生是"嫁接"高手，總能將高深的理論與教學實踐緊密結合起來。這也體現了他一貫的追求和實際的表現：他的學術報告精彩絕倫，絕不用一些不明不白的概念，闡釋一些不明不白的問題，讓人"雲裏霧裏，山上壩裏，不明就裏"，而是用通俗的語言解釋教學理論，用實際的教例推證教學理論；他在全國各地上的語文示範課則是將理論應用於實踐的範例，如《簡筆與繁筆》《藥》《琵琶行》《蒹葭》《荷塘月色》等。他也因此被譽為"語文教學理論與實踐結合的標杆"，深受一線中小學語文教師喜愛。

**第四，趣味性強。** 如前所述，劉永康先生是我國語文方法論思想的傑出代表，他重視方法，做事講究方法；研究方法，樂於傳授方法。他的報告、他的示範課，都像磁石一樣牢牢地吸引住聽眾與學生，除了所講內容先進、新穎、實用以外，注重講法、深入淺出、趣味性強也是很重要的原因。他善於通過有趣的故事、實例引出道理、闡釋道理、證明道理。比如，在闡述"想象要合情合理"時，他先講了《西遊記》裏面的一個故事"孫悟空與二郎神鬥變化"，然後從變的過程、所變事物的特徵等角度進行分析，從而讓讀者（聽眾）明白想像的規範性要求。這樣，就將一個複雜的思維問題轉換成一個有趣的故事，讓人不知不覺就明白了道理。從書法家改《涼州詞》和賈寶玉偷讀《西廂記》的故事講起，生動地講明了作為形象思維認知加工方式的聯想特質以及聯想與想象的區別和聯繫。

閱讀著本書的讀者，絕不會停留於讀書本身，還會追索講出這樣新鮮、生動講座的人到底是什麼樣的人。這份心情，就是錢鐘書所謂"吃到一枚鮮美的雞蛋，便想找到下蛋的母雞"。不少年輕人去聽了一場演唱會，便會去瞭解歌唱家的各種資訊。

劉永康先生有很多標籤，四川師範大學文學院首任黨委書記、語文教學論碩士點創辦者、我國語文教育方向首個國家精品課程領銜人、四川省學術與技術帶頭人、四川中語會理事長兼學術委員會主任、中國語文學習科學專業委員會學術委員會主任、國家教育部特聘教師教育課程資源專家委員會委員、全國語文名師工作室聯盟顧問與學術指導、四川省語文高考自主命題組組長，可是，劉永康先生常說自己是一個"語文人"。

但，在全國語文課程與教學教育理論界、中小學一線語文教師心目中，劉永康先生不是一般的"語文人"，他是中國當代"語文人"的標本[3]，研究中國、研究中國教育尤其是語文教育，就不得不研究劉永康先生。我在《語文：金針度人的存在——劉永康語文教育思想研究》"編後記"中用詩意的語言簡述了他的人生經歷與主要貢獻：

"文革"期間，身處"文攻武衛"的喧鬧氛圍中，先生獨守語文人的一份靜默，把自己藏在圖書館的角落裏，任時光數過蛛網、塵土，任彩旗飄過大街、小巷。就憑著語文人的靜默，先生將一卷卷經典吞進肚子，融進血液……

堅守著語文人的靜默，先生馬放南山，心牽語文，靜靜地走過時代的寂寞，走過歲月的無聊，坐看雲卷雲舒，堅信鬧哄哄的歲月終會過去，堅信語文之花一定會盛開……就這樣，堅守著語文人的靜默，先生走進大山深處，走進語文課堂，一直走上大學講臺，一直走進我國語文教育思想的譜系，接過葉聖陶先生"教是為了達到不需要教"的接力棒。就這樣一口氣跑過45年，跑過16500天，將"劉氏語文方法論"思想寫進語文教育理論，寫進全國教育科學規劃課題，寫進第一個"語文課程與教學論"國家精品課程的專用教材。

那是2013年劉永康先生即將退休時。那年金秋十月，我國三大語文學會聯合在成都市召開了"劉永康語文教育思想研討會"，全國四百多專家、學者、語文教師參加了這個會議。距今已過去了十一年——劉永康先生一直在奔跑，作報告、上示範課、發表文章、出版專著，無暇停留，碩果累累。我捧在手心的這本《仰望燦爛的語文的星空》就是先生的最新成果，越讀越感受到先生語

---

[3] 李華平.語文：金針度人的存在——劉永康語文教育思想研究[C].香港：中國人文科技出版社，2013：375.

文教育思想的博大精深，學術視野的寬廣深沉，學術魅力的光芒四射。讀之愈深，仰之彌高！

在內心感動、感慨、惶恐之餘，我也有可以自我安慰之處。這個系列講座的主講人劉永康先生是我二十多年前的研究生導師，二十多年來先生一直關心我、指導我、幫助我、引領我——先生在前，我在後；先生跑得快，我跑得慢，連滾帶爬，但也其樂融融。在我身後，我的弟子們緊追不捨，直朝著先生指引的方向不懈前行。而我則"懶人想出懶辦法"，將弟子們一一引薦給先生，由他幫我指導。我的先生、我的弟子都樂在其中，我則樂在其外——所謂"偷著樂"也。本講座的合作者趙珂就是其中的優秀代表。她全程參與了這個系列節目的策劃、錄製、編輯，十八般武藝樣樣精通。

師生三代，在語文教育大道上追風趕月，蔚成風景。劉永康先生以領跑者的姿態灑下一路星輝，我們在星輝斑斕裏唱歌（溫家寶詩歌《仰望星空》）：

我仰望星空,它是那樣寥廓而深邃；

那無窮的真理，讓我苦苦地求索、追隨。

我仰望星空,它是那樣莊嚴而聖潔；

那凜然的正義，讓我充滿熱愛，感到敬畏。

我仰望星空,它是那樣自由而寧靜；

那博大的胸懷,讓我的心靈棲息、依偎。

我仰望星空，它是那樣壯麗而光輝；

那永恆的熾熱，讓我心中燃起希望的烈焰，響起春雷。

# 前　言
## 劉永康

　　我是四川師範大學文學院的教師。因工作需要，68 歲才正式辦理退休手續。退下來後，和常人一樣，我也在享受那"海棠花下戲兒孫"的生活。雖然不會抽煙、喝酒、打牌，但我也有自己喜愛的生活樂趣，每天都要散散步、打打太極拳、逗小孫兒取樂，有時也跳跳交誼舞，偶爾還呼朋喚友喝茶聊天。雙休日、節假日，女兒、女婿開車帶我和老伴去體驗大山的壯闊，感受秀水的靈氣，體味自然蔬食的美味。日子也算過得逍遙、滋潤、舒心。

　　但這些都不是我退休生活的全部，甚至是很小一部分。我今年 79 歲，已近耄耋之年。屈原詩雲："老冉冉其將至兮，恐修名之不立。"又有古人雲："盛年不重來，一日難再晨"，真是歲月不待人啦！我的有生之年也就快畫句號了。怎麼辦？我記得邁克爾·蘭登說過的一句話："無論你想做什麼，現在就做。只有這麼多的明天。"我已經遠離了年輕，但年輕並不意味著與青春相伴，青春只與信念不滅的跋涉者形影相隨。我這一生的信念就是研究語文教學。我很享受在課堂上教學生的感覺，以至於我此生多次面臨從政與從教的選擇，我都放棄了從政。幾十年來我就在為語文教學研究與實踐忙忙碌碌地過日子，糾纏如毒蛇，執著若怨鬼。此生與"語文"結下了不解之緣，"剪不斷，理還亂"，這一段不了情，就是割捨不下、欲罷不能。記得有一段童話故事，貓兒變成美女，嫻靜地坐在廳堂椅子上，但腳下過來一只老鼠，她就立即現了原形，仍然去追老鼠。我也就像這只貓，退休以後也不安分，一旦語文方面有活要做，立刻就像吃了還魂丸似的，精神為之一振，拼命地幹起活來。因此，從退休之日開始到迄今，多數時間，我過的是退而不休的生活。退休前，經常是超負荷地幹活；退休後，幹活仍然還有超負荷的時候。我覺得，有事做，有所期待，日子就是幸福的。

我這大半生，當過語文教研員、教過中學、大學，雖然也先後擔任過學校各種領導，但始終把從事語文教育及研究當享受，苦中自有樂趣。"靈臺無計逃神矢"，一個人，做你喜歡的事是自由，喜歡你做的事是幸福。幾十年來，我出版專著30餘部、發表文章200餘篇。應邀在全國各地作學術報告800餘場，作為大學教授，還下到全國各地給中學生上語文示範課100餘場。中央電視臺及其他媒體，以及一些教育方面的報章雜誌均有報導或評論。儘管如此，我仍有一些研究語文的心得體會還沒有竹筒倒豆子，一乾二淨地抖出來，悶在心中，就覺得不是滋味，好似骨鯁在喉，非吐不可。恰好四川教育出版社搞了一個"教育說書的"知識光合計劃"，盛情邀請我作為教育說書第一人，主講語文教學。這既是要我講，也是我要講。於是，出版社為我開設了"永康教授講語文"欄目。

講什麼？就講語文的核心素養。

從20世紀90年代起，世界發生了巨大變化，資訊時代的到來，改變了人類的生活，資訊技術和資訊工具成為人類活動的積極參與者，甚至參與了人類的認識活動，改變了人類獲取知識的方式，也就必然改變了人的學習方式。全世界都在尋求新的教育模式，來應對"知識爆炸"的互聯網時代。幾乎每個國家都在尋求培養人的新途徑，人才的競爭成為國家軟實力競爭的前沿問題。中國學生發展核心素養的提出，就是為了適應這個新的時代特徵，在這一點上，我們和全世界站在同一起跑線上。中國學生發展核心素養是為了落實立德樹人的根本任務、具有發展素質教育的獨特育人價值。各學科基於學科本質凝練了本學科的核心素養，明確了學生學習該學科課程後應達成的正確價值觀念、必備品格和關鍵能力，對知識與技能、過程與方法、情感態度與價值觀進行了整合。課程標準還圍繞核心素養的落實，精選、重組課程內容，明確內容要求，指導教學設計，提出考試評價和教材編寫建議。語文學科核心素養體現了語文課程的特質，是立德樹人在語文課程中的體現，是語文課程教學在學生身上產生的效果，是語文課程在一個青少年的成長過程中給予的內在影響，是語文課程在學生步入社會之後在他們身上留下的思想準則和行為能力，它體現在每一個不同的學生身上，因此必然是以學生為主體的，是通過學生自己積極主動地語文實踐活動來形成和發展的。要培養學生的語文核心素養，這對語文教育工作者是一個嚴峻的挑戰。什麼是語文核心素養？怎麼發展學生的語文核心素養？許多老師在理論層面和實際操作層面均感困惑。網路與媒體研究文章可謂汗牛充棟，但都是零敲碎打，不成系統，而且也不深入。老師們從中得到的都是一鱗半爪、支離破碎，甚至可能是錯誤的資訊，因此對怎麼發展學生的語文核心素養，無論是理論上還是實踐中仍是一知半解，若明若暗，在某些方面還是一團漆黑，甚至還步入了一些誤區。這些問題亟待解決。"永康教授講語文"欄目正是在這種背景中應運而生。

講座以語文核心素養為根本，以語文跨學科學習為手段，以語言、思維、審美、文化四大要素為內容，全面、系統、深刻、生動地講述發展語文核心素養的理論與實踐方面的問題，講座包含 76 個專題。專題內容豐富、學術性、知識性、針對性、實用性、可操作性強。具有生動活潑、幽默詼諧的說書風格，力爭體現"有用處、有新意、有深度、有趣味"的特點。通過深刻透闢地理性分析、見解獨到地案例點評、形象生動地故事講述、與眾不同地文本解讀，盡可能為大家帶來一場緊扣語文核心素養發展的知識盛宴。

"永康教授講語文"欄目採用說書的方式，借力嗶哩嗶哩網站來傳播語文教育理念、針砭語文教育時弊、探討語文教育的種種問題。在網路平臺上，每講時長 15 分鐘左右，採用真人出鏡對話問答、資料解說的形式呈現，並適當吸納大學教授、中小學一線教師、語文教研員等語文人入鏡，與主講人共同探討問題。以這種全新的方式，將語文教育帶入大眾視野，為廣大網友提供了一個學習和交流的平臺。欄目適合的受眾範圍並不僅限於語文教育工作者，所有關心語文學習的學生、教師、家長等都能在觀看過程中獲得自己的收穫。

欄目播放以來反響強烈。除《教育導報》《四川師大校報》《語文報》"正道語文""語林別院"等媒體報導、評論外，一些聽眾也積極發表意見。諸如"觀點新穎""鞭辟入裏""醍醐灌頂""乾貨滿滿""茅塞頓開""博大精深""通俗易懂""深入淺出""幽默風趣""別開生面""從中采到語文瑰寶"等讚揚之聲不絕於耳。成都天府三中語文名師池鳳每講必聽，並寫詩填詞談感想：

### 聽永康教授"說"語文

耄耋之年抱赤心，滋蘭樹蕙育娉婷。

磁心母語耿耿燈，杏壇涓流綿綿情。

煦風暖暖皺綠波，激情時時醉未醒。

江天漠漠曉霧去，樹影離離欲搖青。

### 鷓鴣天·感懷永康教授"語文堂"

疏雨霏霏飄細香，華章秒構解愁腸。

紅樓曲賦韻悠揚，流光無聲入錦江。

眉盡歡，忘廚娘，恍如當歲醉學堂，

幸虧老闆當爐望，未誤添茶換盞忙。

此外，還有池鳳老師寫的《"永康教授講語文"律賦》、詩人劉小芳寫的新詩《你讓"語文"飛翔——觀永康教授講語文》、張春燕女士寫的散文《追風趨月，沐光而行——學習"永康教授講語文"有感》、趙珂女士寫的《文章中有盡，星河竟長明》，這些詩文都是對"永康教授講語文"的褒獎。詩文附在本書的後面。

孫悟空沒有唐僧，就只是個猴子；唐僧沒了孫悟空，也只是個和尚。土豆身價平凡，番茄也如此，但是自從薯條搭配番茄醬以後，你想到價錢翻了幾倍嗎？所以，做事要想成功，就要有一個能合作的團隊，一個群，那是很重要的。"永康教授講語文"在嗶哩嗶哩播放後，會在全國有這樣大的影響，就因為有了這麼一個好的團隊、好的群。所以，借出書之際，我要特別感謝說書團隊的所有成員。

首先要感謝我的欄目主持人——趙珂女士。她是一位美麗、聰慧、睿智、博學、敬業、才華橫溢、具有無私奉獻精神的青年才俊，教育新秀。她和我一道參與了整個說書欄目的策劃、設計。她以欄目主持人的身份為每個說書專題精心設計了各種提問，並對我就問題分析的內容做了精當、深刻、透闢的點評，甚至還能糾正我說書中的個別不當之處。76個專題講座充滿了她的真知灼見、閃爍著她的思想光輝、浸透著她的滿腔熱血。更令我感動的是她還主動承擔了既精細又繁瑣的所有專題錄影與內容製作工作，其間的苦澀艱辛，真是一言難盡。將講座專題文稿整理成書出版的過程，她也付出了許多心血：體例的梳理、文字的校對、插圖的安排主要是由她操勞。我倆一老一少，配合竟是如此默契，有道是"人生交契無老少，論交何必先同調"。總之這部書就是我倆精誠合作的結晶，是我二人共同努力完成的著作。當然，還有趙珂的摯友張春燕女士，也是一位年輕美麗、思維敏捷、才華出眾、樂於奉獻的青年才俊、教學新秀。在製作內容、整理書稿的過程中，趙珂也得到她的鼎力相助。她也付出了許多的心血和智慧。所以，我在由衷地感謝趙珂的同時，還要由衷地感謝這位只曉得默默無聞作貢獻的無名英雄。

我還要衷心感謝參與本欄目說書活動的諸多語文界名人。包括中國著名語文教育學家、全國語文學習科學專委會常務副理事長、四川師大博士生導師李華平教授，成都市青羊區著名語文教研員、特級教師、正高級教師鐘亮女士，中國當代頗具影響的詩人兼中學語文名師劉小芳女士，以卓有成效地研究語文古詩文吟誦教學和語文跨學科學習著稱的語文名師池鳳女士以及上面剛提到過的四川師大文學院研究生會主席、語文課程與教學論優秀畢業生、獲全國"華文杯"微格教學技能大賽一等獎及其它各種獎項20餘項的教育新秀張春燕女士。他們是一群充滿著德性、智性、詩性的語文教育專家，具有崇高的教育情懷、先進的教學思想、科學的教學方法，並擁有高超的現代教育技術。他們為講座提供了許多寶貴的理論觀點、實踐經驗，給講座增色添彩。

最後，我要感謝四川教育出版社學術分社的盧亞兵社長、李萌芽編輯，是他們制定了"光和計畫"，將我的"永康教授講語文"納入其中，他們對我"講語文"給了許多熱情地鼓勵、專業地指導，並作了許多技術支持。還將我的"講語文"專題彙集成的《仰望燦爛的語文星空——永康教授講語文》一書，由四川教育出版社出版。

可喜的是我們的說書不僅受到我國社會各方的廣泛關注，一些報章雜誌、網路平臺、出版社、大中小學均在報導或評價我們的說書。說書的影響已開始波及國外，英國 Future Thinktank Press 還決定出版《仰望燦爛的語文星空——永康教授講語文》一書，並將其推向世界。英國的出版家這樣青睞我們的說書，並熱情為我們出版，我們十分感動，謹致崇高的敬禮!

"千淘萬漉雖辛苦，吹盡黃沙始到金。"但願我們的說書聲能破霧穿雲，傳遍世界。

# 第一編　語言素養——奠定語文課程核心素養的基礎

　　語文核心素養包括語言素養、思維素養、審美素養、文化素養。語言素養是語文學科獨特的課程素養，也是其他素養的基礎。只有這一項是唯一或主要屬於語文的。其他三個方面既是從語言運用中生髮出來的，又是語文課程不可缺乏的。它們雖然不是語文學科獨有的，但是在語文學科裏有獨特的意義與方式。對於語言素養，義務教育階段，課標對語言素養的要求是："學生在豐富的語言實踐中，通過主動地積累、梳理和整合，初步具有良好語感；瞭解國家通用語言文字的特點和運用規律，形成個體語言經驗；具有正確、規範運用語言文字的意識和能力，能在具體語言情境中有效交流溝通；感受語言文字的豐富內涵，對國家通用語言文具有深厚感情。"高中階段，對語言素養表述為"語言建構與運用"。它要求學生掌握和運用基本的語言知識，包括辭彙、語法、修辭等。同時，還需提高聽說讀寫四項基本技能，能夠進行有效口頭表達和書面表達，並具備良好的語言組織和建構能力，根據情境需要進行有效的資訊傳遞。我認為語言建構與運用是帶動其他三項核心素養——思維發展與提升、審美鑒賞與創造、文化傳承與理解——的第一要義。為了體現課標的以上精神，"永康教授講語文"共設計了19個專題，從不同的角度對以上精神作深透而生動的闡釋。

## 熱愛從媽媽舌頭上發出的聲音

趙珂：劉教授您好，語文課程標準指出："在語文學習實踐中，要加深對祖國語言文字的理解與熱愛。"作為即將走上語文教學崗位的准教師，我有一個問題想諮詢您一下：由於國際化潮流的推進和外來文化的衝擊，現在的學生中存在"重英語而輕母語"的現象，除了課堂知識我們應該怎麼幫助學生樹立母語的正確認識呢？

劉永康：在英文裏，母語（mother tongue）被直譯成"媽媽的舌頭"。從媽媽舌頭上發出的聲音，是生命降臨時聽到的最初的聲音，浸潤著愛的聲音。把母語說成媽媽的舌頭，充滿了好深邃動人的詩意啊！它昭示著我們，要鍾情於母語、要熱愛母語，要深情款款地浸潤在母語中。語文課程標準要求，"在語文學習實踐中，要加深對祖國語言文字的理解與熱愛"，這也是要學生熱愛母語。

可以說，愛母語就是愛自己的祖國。這裏的"母語"特指中華母語，即國家通用語言文字。我國是一個多民族國家，有的民族有自己的母語，如維吾爾族、哈薩克族、藏族、蒙古族等，所以課程標準規定："語文課程是學習國家通用語言文字運用的一門綜合性、實踐性課程。"

屠格涅夫說："在疑惑不安的日子裏，在痛苦地思念著我的祖國的命運的日子裏，給我鼓舞和支持的，只有你啊，偉大的，有力的，真實的，自由的俄羅斯語言！"屠格涅夫對待他的母語——俄語（русский алфавит）就是那樣的深情款款。

小說《燈塔看守人》是顯克微支寫的。文中敘述了這樣一個故事：一位波蘭老人，已經是年逾古稀。他在異國他鄉流浪了長達四十多年後，好不容易在南美巴拿馬的一個孤島上找到一份工作，那就是看守燈塔，他也有了安居樂業的滿足感。有一天，他突然收到一冊波蘭詩人密茨凱維奇的詩篇，是從紐約的波蘭僑會寄來的。久違的祖國的語言啊，就洋溢在這詩篇中。他陶醉於詩篇，第一次忘記了按時點亮燈塔，導致一艘船出事故。被解職的他並沒有過分的沮喪，那是因為陪伴著他的有那本充滿了母語的美和力量的詩集。是母語喚醒了他對祖國的懷念，是母語給了他溫馨與安慰。

美籍華人科學家丁肇中在實驗室用高能加速器發現了J粒子而榮獲諾貝爾物理學獎，作為獲獎者，他要致一個簡短的答詞。領獎前，他認真翻閱有關資料，在眾多獲獎者的答詞中，有英法德多國文字，但就是沒有一份是用中文書寫的。按照慣例，答詞應以獲獎者本國的語言來書寫。丁肇中決定用中文來寫自己的答詞，以表達自己對祖國的無限眷戀之情。但丁肇中的願望遭到了美國官方的阻止。美國官員說："你已經是美國公民，就應該用英文書寫答詞。"丁肇中理直氣壯地說："我確實加入了美國籍，但我是在瑞典而不是在美國領獎，用什麼文字書寫是我的自由。"負責頒發諾貝爾獎的人士又表示：現場沒有中文打字機，用中文書寫不能列印分發。丁肇中說："我用手書寫，請你們代為複印！"丁肇中的一片赤子之心令世人為之感動。最後經協商，採用了一個折中的辦法：丁肇中在致答詞時，先講漢語，後用英語再復述一次。

趙珂：從劉教授的講話中，我們已經知道了，許多中外的愛國人士都是熱愛自己的母語的。那母語對一個國家、一個民族究竟有什麼重要意義？可以請您給我們講講各民族人民又是怎樣來捍衛自己的母語的？

劉永康：可以說，剝奪一個民族的語言，就是滅絕一個民族的開始。因為一個民族的歷史，就是靠一個民族的語言來連接和維繫。要捍衛民族的尊嚴，傳遞民族的文化基因，就要守護住自己的民族語言。歷史上備受歧視和排斥的猶太人，他們好多好多世紀地顛沛流離，但他們的語言和文化卻從未丟失過。也正因為如此，這個民族才能夠得以薪火相傳，延續至今。他們是野火燒不盡的離離原上草，其生命的根系在滿目瘡痍、無邊焦土之下葳蕤至今。

美國歷史小說《根》風靡一時，捍衛母語的悲壯盡在書中。小說中的主人公是一個被從西非大陸劫掠販賣到新大陸的黑人奴隸，他在南方種植園中當牛作馬。一次次逃亡又一次次被捉回。白人農場主總想給他取名字，他就是被打得皮開肉綻也要堅持用自己"昆塔"這個名字，因為這個名字是用自己種族的語言來取的。非洲祖先們黝黑的面孔就在"昆塔"這個名字背後晃動。

咱們中國人的母語就是漢語，它有著強大的生命力。它也是來自母親舌尖上的聲音，它是漢文化的基因。我們的漢文化就被封存在作為載體和符號的特有的漢語言中。

中國漫長的歷史達五千年之久，即便有不絕的兵燹、連綿的災禍，也未能毀掉一個個方塊漢字。這些漢字就像是一塊塊排列銜接的磚石，壘成一座語言的萬里長城，將古老的中國文化牢牢地守護，將呼吸沐浴著它的氣息的一代代中華兒女庇護。而中華兒女們也像保護自己的眼睛一樣庇護著我們寶貴的漢字。歷代對漢字的整理和規範就是對母語不斷進行悉心呵護，使母語得以持續健康地發展。特別是新中國成立以來，國家格外重視語言文字工作，先後從不同角度對漢字系統進行整理和優化，使得漢字能夠更好地適應現代社會的發展。

趙珂：剛剛劉教授從民族存亡的宏觀的角度為我們展示了母語的重要性和維護母語的決心與行動，那麼在日常生活的語言運用中，我們如何來體現對於母語的熱愛呢？

劉永康：體現對於母語的熱愛就要以實際行動來捍衛母語的純潔性。

熱愛母語是我們每一個中國人應盡的天職，是中華兒女倫理道德的基點。我們的生命在不斷向前延伸，但母語始終是座標線上不變的原點。與母語息息相關的是國家的軟實力，是中國人的生活、事業、文化認同、心靈安頓。

愛母語就要捍衛母語的純潔性，要守住母語的"貞潔"。每一種民族語言背後都有民族心理結構和民族文化積澱作支撐，保持民族語言的純潔性、統一性和通用性，對民族凝聚力、民族政治經濟文化發展至關重要。

為了維護漢語的純潔，2010年國家新聞出版總署下發了《關於進一步規範出版文字使用的通知》。通知要求：

在漢語讀物中，禁止出現隨意夾帶使用英文單詞或字母縮寫等外國語言文字；禁止生造非中非外、含義不清的詞語；禁止任意精減外文字母、顛倒詞語等違反語言規範現象。對於因學術等原因，"漢語出版物中需要使用外國語言文字的，應當用國家通用語言作必要的注釋"。

保持語言文字的純潔性還包括不濫用網路語言。

2007年在第三屆全國中小學學生創新作文大賽重慶賽區，開賽半個月，就有200多篇作文因為濫用網路語言被大賽組委會"紅牌"罰下，取消了參賽資格。

下麵的故事同樣引人深思。當教書育人、傳道解惑的教師都被某種"語言文字"徹底邊緣化了，那種"亞語言""亞文化語言"對我們母語純潔性的殺傷力可想而知。

某地區一家媒體報導了一則消息，引起了許多人的關注。這則消息說的是一位學生給老師寫了一份檢討書，而這份檢討書卻讓老師看不懂，不知學生說的是什麼。這份檢討書的部分內容是這樣寫的：

"……但是當時她那種口氣真是7456，所以偶才說她是恐龍"，"不喜歡對老師PMP"，"希望不要還是286"……

拿著這位學生不足100字的充斥著數字和字母的檢討書，這位老師一臉的無奈，不知學生要表達些什麼意思。為了弄懂這份檢討書的意思，這位老師到處向人請教。後來才弄清楚，原來"偶"就是"我"，"7456"就是"氣死我了"，"PMP"是"拍馬屁"，"恐龍"是形容長相一般的女生。"286"是代表老式電腦的速度，現在用它形容落伍。

保持語言的純潔性，還包括克服翻譯中詞語的混用情況。

美國總統首次訪華，中國新華社將總統名譯為奧巴馬。可是美國《國際先鋒報》報導時譯為歐巴馬。這讓中國人誤以為美國換了總統。對於兩種譯名的混用情況，美國政府就想規範總統中文譯名，打算將統一使用歐巴馬，因為這更接近英語發音。而中國新華社說："奧巴馬是非洲裔總統，他的姓氏是非洲肯雅部落姓氏，除非通過外交途徑，強烈要求奧巴馬改名，那是不可能的。關於奧巴馬兩種譯名的混用情況，說明譯名混用會導致誤解，必須統一起來。至於該怎麼統一，的確需要認真考慮。

趙珂：我想，愛母語恐怕最重要的還是要認真學習母語。課標要求在語文教學中要培養學生的語文核心養，首先涉及的就是語言素養。對此該怎麼理解，請劉教授給我們講講吧。

劉永康：語言素養是正確理解和使用祖國語言文字的素養，是語文學科的基礎性內容。因此，在義務教育階段，語文課程要幫助學生初步具有良好語感，形成個體語言經驗，具有運用語言文字的意識和能力，培育對國家通用語言文字的深厚感情。義教課標第4、5條目標主要是關於語言運用的必備知識和關鍵能力的要求。語文知識涉及面廣、劃分角度多，作為課程目標，應聚焦必備知識和關鍵能力，以促進學生整體素養的提升。第4、5條所列"認識和書寫常用漢字""學會中文拼音""能說普通話""初步掌握基本的語文學習方法""養成良好的學習習慣"，以及"閱讀日常的書報雜誌""初步鑒賞文學作品"就屬於這一類要求。在高中教育階段，要學會建構和運用語言。學生要在豐富的語言實踐中，通過主動地積累、梳理與整合，初步具有良好語感；瞭解國家通用語言文字的特點和運用規律，形成個體語言經驗；具有正確、規範運用語言文字的意識和能力，能在具體語言情境中有效交流溝通；感受語言文字的豐富內涵，對國家通用語言文字具有深厚情感。

语言的建構和語言的運用在實際學習過程中是如膠似漆的，密不可分，並非先建構好了語言才去運用語言，而是在語文的聽說讀寫實踐學習活動中緊扣教材、貼近生活，在運用中建構，在建構中運用。

趙珂：謝謝劉教授的精彩講解，看來熱愛母語，熱愛媽媽舌頭上發出的聲音，對於每一個中國人而言都是至關重要的事情。對母語的熱愛，不僅體現在對母語重要性的深刻認識，也體現在日常生活中的正確運用上。語言是華夏文明的河床，是中華文化的根基，守護的責任流淌在每一個中國人的血液裏。對於發展中的青少年學生，我們只有正確引導，以身作則，為語言的傳承與規範貢獻自己的力量。

感謝劉教授的精彩演說，今天的分享就到這裏，我們下期再見。

劉教授：我們下期再見！

## 社會變化催生著語言變化

趙珂：在上次節目中，劉教授和我們聊了很多有關熱愛母語的故事，強調了母語的重要性。隨著社會的不斷發展，人們的表達方式也在不斷更新變化，那可以請劉教授為我們講講語言變化的深層次緣由與意義嗎？

劉永康：語言始終處於發展變化之中，母語也不例外。世界上究竟有多少種語言？據統計，截至今年，地球上80億人每天說的語言種類達6000多種。據語言學家推算，西元前地球上曾有12000多種語言。西元元年時降為10000種，到15世紀減為9000種，如今只有6000多種。語言學家預言說，21世紀每年將有12種語言死亡。目前在歐洲，已經死亡的語言有凱爾特語，最後一個會講凱爾特語的人1777年在英國去世。曼克斯·蓋爾語，這是一種生活在蘇格蘭和愛爾蘭的愛爾蘭小島的愛爾蘭人所講的語言，它於1974年消失。普魯士語在17世紀消失。哥特語是東日耳曼語的一個分支，它也在18世紀在克裏米亞半島消失。舊的語言在滅，新的語言又在長。據有關部門統計，我國每年新生產的詞語大概有1000多個。也就是說，平均每天就會有三個詞呱呱墜地。新詞語已經成為中國社會發展變化的晴雨錶。特別值得一提的是我國互聯網發展迅速，目前的線民要以億為單位計算。在網路上，各種新詞語、新用法、新內涵層出不窮。比較早出現的網路用語，如哥哥叫GG，妹妹叫美眉，男孩叫青蛙，女孩叫恐龍，"氣死我了"叫7451，拍馬屁叫PMP，TMD本來是戰區導彈防禦系統的英文縮寫，這裏當罵人的話——他媽的。很高興、很痛快，叫什麼？爽歪歪。背後看很美的女性或通過背誦獲高分的學生叫什麼？貝多芬。漠視他人，或保持中立叫什麼？打醬油。個子瘦高瘦高的人叫什麼？豆芽菜。可是，以上這些網路用語大多已經過時，近幾年，潮水般地湧現出一批新的流行用語，如：把小貓叫做"哈基米"，將內向的人和外向的人稱為"i人或e人"；感歎很酷的事情便直呼："泰褲辣"；把"真的假的"諧音為"尊嘟假嘟"；將破罐了破摔稱為"擺爛"……有人曾通過雅虎的收縮引擎進行收索，發現因特網中文網頁上"TMD"有3305個之多。大膽活用新詞為語言增添了生機與活力。

趙珂：哈哈，看來劉教授對咱們年輕人的網路熱詞還挺瞭解的。這些隨著時代發展催生出的新型表達方式也在潛移默化地影響著我們的生活，改變著我們的語言習慣。其實，一些我們現在司空見慣的表達方式也是受環境影響慢慢演變而來的，可以請劉教授為我們詳細講講嗎？

劉永康：語言的變化永遠要適應表達的客觀對象自身的發展而求其變化。語言變化只不過是社會變化的結果而已。

如現代社會的電話，由產生到發展，再到完善，經過的時間相當短。最早是手搖電話，故人們把打電話說成是"搖電話"，到後來是數字撥號式，又很快有了"撥電話"的說法。現在通行的電話是按鍵式，包括使用的手機都是按鍵，但暫時還沒有"按電話"的說法，是不是以後也會因求其確、求其准，轉而使用"按電話"還很難說。但現在打電話幾乎用手機代替了座機，於是，"打電話"已經變成了"打手機"。這充分說明：

語言的變化只不過是社會變化的結果而已。詞義自身的適應性和再生力是詞義最重要的品質。這使得它在以一個基本定型的面貌出現在人們面前，既可以由你原封不動地撥弄搬動，也可以隨時隨境做出適度地改易，用來滿足各種特殊、臨時或以外的要求，從而帶動辭彙的發展。

如"倒"字，它的最早意義是"跌倒"，就是"摔跤"。由此而引申出"失敗""完蛋""變壞"等義，又引申出"轉換""出讓""騰挪""倒買倒賣""投機倒把"義。在現代漢語中"倒"的詞義基本穩定在這些意義上。隨著中國改革開放的到來，政策放開，商品經濟的盛行，人們商業意識的增強，那種鑽國家空子，幹著違法違紀勾當，賺不正當的錢、發橫財的人也就應運而生、應時而起，這就是人們稱之為"倒爺"。"倒爺"從法律上說就是投機倒把分子。可人們棄久已慣用的舊名而變用"倒爺"的美名，這裏隱含著人們的心態的一種緩和。經濟改革的繼續、價格的逐步放開，雙軌制的實行，兩種價格之間巨大的差價相當誘人，而對於有物質調撥權的人來說，在兩種價格之間騰挪轉換又是那麼輕而易舉。利用手中權力將低價的計畫商品轉手為高價的議價商品，中飽私囊，也就成了腐敗官員的竊財之道。人們對此痛恨不已，謂之為"官倒"，"官商"以前有過，"官倒"確是改革開放之後才產生的。到現在，已經是一個婦孺皆知的大眾化詞語。

趙珂：從劉教授的講析中，我們明白了語言變化是社會變化的結果，社會變化催生著語言變化，除此之外，語言變化還有別的表現嗎？

劉永康：語言的變化還表現在各民族、各國家語言的相互滲透、相互融合。從古至今漢語言中就在吸收一些外來詞。

如"葡萄"，"葡萄"原產自古代西域大宛國，漢代傳入中土。"葡萄"二字是古代波斯語的音譯詞，在伊朗語中讀為"不達挖"。

由於現代社會各國的交往更密切，那麼各國的語言之間的滲透就更頻繁。現代漢語大量吸收西方辭彙、語法、意象。大量的新詞進入漢語。如大本營、副食品、工業、情報等。大量的舊詞被賦予新的涵義。如民主、報紙、帝國、義務等。大量的隱喻和意象產生，如玫瑰象徵愛情等。再如語法，請看這樣一個句子：沈從文的《論馮文炳》開頭一句："從五四以來，以清淡樸素的文字，原始的單純，素描的美支配了一時代一些人的文學趣味，直到現在還有不可動搖的勢力，且儼然成為一特殊風格的提倡者和擁護者，是周作人先生。"這是典型的英式句法，長長的主謂從句。總而言之，語言被看成文化的載體，在現代漢語發生了如此巨大變化的今天，它的內涵也大大西化了。

毛主席說要向外國人學習語言，他說："幹部"這個詞就是從日本借來的。至於中國字入日本籍的，那就太多了。不過，入日本籍後，就變味了。有中國人初到日本去，日本人要求客人進屋子必須脫褲子，把中國人弄得神色十分緊張。原來"褲子"的"褲"是靴子的"靴"的發音。"脫褲子"就是"脫鞋"的意思。一個中國人給日本朋友寫信，信中特別強調要代問日本朋友的"娘"

好。沒想到，這件事引起很大的誤會。日本朋友在回信中說：他的娘目前正在大學專攻西班牙語，將來打算出國深造等。這個中國人看信後，越來越覺得不對勁，急忙拿日語詞典來查查對"娘"這個詞的解釋，原來，日本語言中，"娘"是"女兒"的意思。這個中國人本是要問候日本朋友的母親，結果成了問候日本朋友的女兒去了。一群去日本旅遊的中國人要解手，遠遠看到一間屋子門前掛著一塊叫"禦洗手"的牌子，這群中國遊客就急急忙忙地闖進去，沒想到被屋裏的人罵出去。這時，導遊也匆匆忙忙地跑過來說："這家人姓'禦洗手'，這是他們的家，不是公共廁所。"這才把去日本的這群中國老外笑得合不攏嘴。中國人的"丈夫"一詞是指結婚女人的男人，而日本人的"丈夫"是指身體健康強壯的意思。中國詞入了日本籍就變味了。且不說異國他鄉，就是同一國家不同民族或同一民族不同地域，語言差異也很大。就說"姑娘"這個詞吧，在中國大陸是指年輕的女性，還有雅稱：二八佳人。可在港澳同胞，海外僑胞中，"姑娘"專指兩種人，一是"中年婦女"，二是醫院的護士。又如"愛人"這個詞，在中國大陸，對於妻子來說是指丈夫，對於丈夫來說是指妻子。可是在港澳同胞、海外僑胞中，"愛人"特指"妓女""娼婦"，而在大陸，妓女已叫三陪小姐。在港澳同胞，海外僑胞中，中國大陸所說的"愛人"，對於妻子來說，不叫丈夫而叫老公，對於丈夫來說，不叫妻子而叫老婆。可是現在，大陸受其影響，也稱丈夫為老公、妻子為老婆，開頭還有點覺得拗口、彆扭，可現在已習以為常，叫起來脆生生的，一點都不臉紅。雍正皇帝十三第允祥臨終前向雍正留遺囑，又不願讓周圍的人聽見，就用蒙古語說：

"吉隆裏河，英不撒旦切用，德臺吉博克隆漢羅波。"

這是什麼意思，你能聽懂嗎？原來，這意思就是："大皇帝，我有要緊的話，別人不能聽。"以上這些語言現象恰好應了中國的一句古話：

"橘生淮南則為橘，生於淮北則為枳。"

那是因為"水土異也"。這些語言現象也都說明了語言在相互融合中發展。如果不了解這種融合發展，我們就不能準確掌握我們的母語。

趙珂：謝謝劉教授的精彩講解！語言的流傳並非固化不變，隨著社會發展隨時都在迸發新的生機與活力。看來要想深入瞭解我們民族的母語，不僅要打好知識基礎，還要做生活的有心人，去關注社會環境中語言的流變。對語言的關注，同時也是人類對自我的凝望，只有觸摸到語言發展的軌跡脈絡，才能在時代的變化中感受人類文明那璀璨如光，生生不息的力量。

今天的內容就到這裏，我們下期再見。

## 時有古今，地有南北，字有更改，音有轉移

趙珂：劉教授，語文課程標準提出"詞語積累與詞語解釋"的要求，要"引導學生通過相應的語言的實踐活動，學會運用和積累詞語"。最近學生總是向我抱怨："文言文，也太難了吧。特別是翻譯的時候，一個字有好多種意思啊，總是弄不明白。"那我們應該怎樣去看待文字學習中這樣的問題呢？

劉永康：回答這個問題之前，我先給大家講一個笑話：有一個秀才去參加鄉試，也就是參加省級考試，這是報考舉人的考試。他進了考場、領了試卷，正要展開試卷答題。監考官走在他的面前，把他仔細端詳了一遍。然後聲言厲色地叫這個秀才滾出去。秀才丈二和尚摸不著頭腦，就問道："憑什麼要我滾出去？我又沒有違反考場規則。"監考官說："你是冒名頂替。"秀才說："憑什麼說我是冒名頂替？"原來，古代沒有准考證，就是一張報名表代替准考證。那時又沒有照相術，報名表上不能貼照片，但報名表上有一個相貌特徵欄，考生要在相貌特徵欄中寫清楚自己的相貌特徵，讓監考官驗證核實。監考官說："你的報名表相貌特徵欄上分明寫道'微須'二字，那'微'字只能當'沒有'講。他還引經據典地說："你看，範仲淹的《岳陽樓記》中的'微斯人吾誰與歸'的'微'就當'沒有'講。意思是說：假若沒有像滕子京這樣的古仁人，我追隨誰去呢！可見'微'就是'沒有'的意思，因此'微須'就是沒有鬍鬚。但是，你的臉上分明長著小鬍鬚，可見你是個冒牌貨。"這個秀才聽了才恍然大悟，然後他振振有詞地反唇相譏："哦，原來'微'字只能當沒有講，'微須'就是沒有鬍鬚，那按照你的理解，'孔子微服而過宋'，不就是孔子沒有穿衣服，赤身裸體地就到宋國去嗎？"

趙珂：劉教授，我覺得，這個笑話意味深長，說明這個監考官只知道"微"字當"沒有"講，不知道"微"字還可以當"小"講。現代語言中許多由"微"字構成的雙音合成詞，都是取"小"的意義。如細微、輕微……顯然，這個相

貌特徵欄中的"微須"的"微"就當"小"講，這個"微須"不是沒有鬍鬚，而是小鬍鬚。劉教授，從"微須"的故事中，我們應該得到一個什麼樣的啟發？

劉永康：那就是：對來自古代詞的詞義，要作歷史性地把握。詞義的內容會隨著客觀外界和使用主體的變化從而給一個詞義帶上特定歷史時期的痕跡，給同一詞形中的不同意義帶上種種複雜的關係。

陳第說："時有古今，地有南北，字有更改，音有轉移"，這是音韻學上的至理名言。

趙珂：看來，要想很好地掌握語言文字的多種含義不能只靠死記硬背，更需要的是博學廣知、活學活用。那陳第這句話該作何理解？

劉永康："地有南北"，會造成字的更改、音的轉移。由於地域不同，同一個字的意義就不同。我曾兩次去日本，就發現："娘"這個字，在中國指母親，在日本指女兒。丈夫的"夫"，在中國指妻子的老公，又叫夫君，在日本指身體健康、強壯。"留守"在中文中是在家的意思，在日文中，是不在家的意思，詞義恰好相反。"邪魔"在中文裏是妨礙佛教修行的惡魔，在日文中叫"打擾"的意思。你能說你來自漢語文化的國家，就一定看得懂日文的漢字嗎？不行。我在日本，就看不懂日本的漢字，不信，我就考考你，日本有一句交通標語：

油斷一時，怪我一身。

趙珂：讓我想想，是"上路時，別忘了加油，否則你要怪我。"對嗎？

劉永康：不對。我在日本的時候也是這麼主觀臆斷的。其實這裏的"油斷"是指不留意；"怪我"是指受傷的意思。整體意思是："一時不小心，會帶來終身的遺憾。"這些日本漢字如果啟用漢語直譯去理解，那麼就會令人啼笑皆非。

趙珂：剛剛我們聊到，在不同的時間不同的地點上，同樣的字會衍生出不同的意義。依據陳第"字有更改，音有轉移"的名言。那可以請劉教授再給我們講講，字音不一的現象吧！

劉永康：至於同樣的字，在不同地域的讀音那也是不同的。比如放在句首表示"肯定、同意"這一意思的詞，中文讀"好的"，英文讀"OK"。俄文讀"Хорошо"。在國內，對同一字，各地方言與普通話的讀音差別就很大。比如四川某些地區把普通話中的"左心房、右心房"讀成了"左心慌、右心慌"。還有一個笑話，用來調侃有些地域的四川人分不清"問"和"吻"兩個字的聲調，一個女數學老師，講完一道題後，問大家說："聽明白了嗎？不明白的話可以起來'吻'我。"同學們一聽，都驚訝了。你看看我，我看看你，沒有一個站起來。這個女老師又說，"怎麼，不好意思起來'吻'我，是不是呀？"同學們一聽更感到愕然了。有的同學快笑出聲來了。老師一看，還是沒人問，就說，都這麼大了，還是不敢'吻'呀，好了，不會的等下課後到我的辦公室，沒人的時候，'吻'。"哈哈，同學們最終還是沒能穩住笑出聲來。

趙珂：我覺得，這個笑話說明，部分四川人在使用普通話的時候，由於方言習慣的影響會出現發音不准確的問題。其實不只是在四川地區，全國不少地域的方言，在"不懂行"的外地人聽來都會鬧出類似的笑話。在這方面，劉教授也能給我們舉例說明嗎？

劉永康：好吧，網路上流傳一個方言故事，說是一個湖南口音很重的縣長，到村裏做報告。他說的"同志們"，聽起來就好像"兔子們"；"鄉民們"，聽起來就好像"蝦米們"；"注意吧"聽起來就好像"豬尾巴"；"不要講話"，聽起來就好像"不要醬瓜"；"現在開會啦"，聽起來就像"鹹菜太貴啦"；"現在請鄉長講話"，聽起來就像"鹹菜請香腸醬瓜"；"今天的飯夠吃了"，聽起來就像是"今天的飯狗吃了"；"大家都使大碗吧"，聽起來就像是"大家都是大王八"；"我講個故事給你們聽聽"，聽起來就像是"我撿個狗屎給你們舔舔"。

以上笑話說明，由於"地有南北"就導致"字有更改，音有轉移"。而"時有古今"，更會導致"字有更改，音有轉移"。前面我講秀才考舉人的故事就說明這一點。這就告訴我們：

認識字詞義的歷史狀態、古義、今義的區別，引申義和後起義的產生都必須有一個立足點才能給予正確辨析，這個立足點就是要對詞義作歷史性的把握。怎麼把握？我們後面會有專門的講座期待大家來分享。

趙珂：感謝劉教授今天給我們帶來的如此之多的精彩而有趣的故事。一個小小的漢字，包含了不同的時空條件下，不同群體的生命印記。因此，在學習語言的時候，不能孤立的去認識它們，而是要將漢字放在更為廣闊的歷史背景中去探索研究，才能觀得全貌。

那我們今天的內容就聊到這裏，期待下一次再見！

## 辨析字詞義的立足點

趙珂：上期內容中，劉教授為我們講解了字音字義的多樣性，關於字詞意義的辨析要領，劉教授，在這方面有沒有什麼絕招教給大家呢？

劉永康：在前面的講座中，我們已經明白"詞有古今、地有南北、字有更改、音有轉移"的道理，說明詞義始終處於發展變化之中。對於發展變化中的古字詞，就有一個辨析字詞意義的立足點問題。

那就是要對字詞的意義作歷史性地把握。詞義的內容會隨著客觀外界和使用主體的變化而變化，從而給一個詞義帶上特定歷史時期的痕跡，給同一個詞形中的不同意義帶上種種複雜關係。認識字詞義的歷史狀態、古義、今義的區別，引申義和後起義的產生，這就有了對詞義作歷史性把握的立足點，也才能對詞義給予正確辨析。

趙珂：這個我知道，就像我們熟悉的古今異義詞。

劉永康：沒錯，例如現代戰爭中最常用的一種武器就是"炮"。如高射炮、火箭炮等。這個"炮"字在《說文》中已經產生，但不同於現代意義上用於戰爭裝炮彈打人的火炮。那時，"炮"的詞義是表示一種烹調方法。把帶毛的肉用泥巴裹住放在火上烤。

《說文》中注釋為："炮，毛炙肉也。"

《廣韻》說："炮，合毛炙物也。"

這時的"炮"與現代意義上的兵器的意義八竿子打不著。可說是風馬牛不相及。因為在當時火藥還未發明。戰爭的規模形式也還停留在短兵相接的刀槍劍戟的冷兵器時代。"炮"還根本不具備武器的意義。

趙珂：可是，在我們的漢字中，有一個寫作"石"字旁加一個"包"的字，也就是"砲"字，它給武器有關係嗎？

劉永康：是的，恰恰這個"砲"字給武器有關系。那時，是冷兵器時代，與現代意義上的大炮有點相似的是一種靠機械發射石頭的砲，所以那個"砲"就有"石"旁。

據史料記載，真正的火炮是從南宋、元朝年間才開始使用的。這個事實說明什麼？說明：

一個詞很早就出現了，但一個詞的意義卻必須緊緊依靠社會的現實，它可以落後於社會而滯後地使用，則絕不可以超前於社會而產生。

當後來的"炮"字既用來指"烤肉"，又用來指發射遠程炸彈的武器時，就要看它用於哪個時代，並且要依據上下文來分析，方能準確認識它們在不同歷史時期的意義內容。

趙珂：劉教授，這種古今形同異義詞在我們中小學語文教材中多嗎？

劉永康：很多，比如《屈原列傳》中：

"楚懷王使屈原造為憲令，屈原屬草稿未定，上官大夫見而欲奪之。屈平不與。因讒之曰："王使屈平為令，眾莫不知。每一令出，平伐其功，曰：以為'非我莫能為'也。…"。

其中"見而欲奪之"的"奪"該怎麼理解？有語文教師給學生把"奪"字解釋為爭奪、搶奪。於是，這句話的意思就成了：楚懷王派屈原制定國家的法令，屈原編寫的草稿尚未定稿，上官大夫看見了，就想硬要走草稿，屈原不給。上官大夫就讒毀他說："君王讓屈原制定法令，大家沒人不知道的，每出一道法令，屈原就炫耀自己的功勞，說：'除了我，沒有人能制定法令了'這樣就把"奪"理解為"搶奪、爭奪"了，對嗎？不對。《說文》：

"奪"手持佳（鳥）失之也，從，又奪。"

意思是說："捉住的鳥兒又從手中飛走了。"因此"奪"的本義應是"脫""失去"，後來引申為"改變"。《論語》："三軍可奪帥，匹夫不可奪志也"。其中兩個"奪"也是"改變"。《屈原列傳》中的"奪"也是改變。屈原寫縣令草稿，還未定稿，上官大夫不是想奪去草稿，搶去草稿，而是想改變屈原的草稿，或者說是想修改屈原的草稿。屈平不與，就是不同意，"與"就是同意，而不是給予。

趙珂：沒想到看似容易的翻譯裏還有這些講究，今天跟著劉教授長知識了！其實不僅在文言文中，詩歌中也常常出現有爭議的字詞翻譯，劉教授能為我們講解一二嗎？

劉永康：某外交人員在某場合上誦讀杜甫詩：

朱門酒肉臭，路有凍死骨。

她把其中的這個"臭"（xiù）字讀成（chòu），顯然把"臭"（xiù）理解為難聞的氣味，這就錯了。"臭"（xiù）的本義指用鼻子辨別氣味，引申為氣味。"臭"不但不是難聞的氣味，甚至可以理解為香味。朱門大戶內的酒肉散發出撲鼻的香味，可是路上到處是凍餓而死之人的白骨。明人葉敬平詩曰：

"未進君家門，先聞酒肉臭"。

這"臭"也不是指酒肉腐爛的氣味，而是指香味。這個"臭"為什麼不是臭味，而是香味？我會在後面講"流俗詞源"專題時再詳細剖析。

【床】

《靜夜思》中"床前明月光，疑是地上霜"一句中的"床"是什麼意思？這個"床"字在古代有四個意思：1.睡覺的傢俱；2.窗戶；3.一種坐臥兩用的傢俱，相當於今天的板凳。如：

《木蘭詩》中：開我東閣門，坐我西閣床。

《孔雀東南飛》中：阿姆得聞之，槌床便大怒，小子無禮節，何敢助婦語。

杜甫詩中：馬上誰家白麵郎，臨街下馬坐人床。不通姓氏粗豪甚，指點銀瓶索酒嘗。

以上詩句中的"床"都指胡床，也就是交椅。

"床前明月光"中的"床"解釋為以上三種意思，似乎都能言之理，很難說這三種解釋哪種對，哪種不對。如果認定是睡覺的"床"，那又未免太絕對了。但這三個意思的"床"都在室內。"疑是地上霜"中的"地"，也就是室內的"地"，霜怎麼可能打到室內去呢？於是，我就想到這"床"的第四個意義來，那就是"水井周圍的欄杆"。具備這個意思的"床"，在古詩中不乏其例：

《樂府歌詞·淮南王》：後園鑿井銀作床，金瓶素綆汲寒漿。

是說再後園鑿井，周圍加上"床"這種"井欄"，然後在井中用轆轤取水。李白樂府詩《長幹行》其一，寫一位商婦回憶她的愛情經歷，開始四句是：

妾髮初覆額，折花門前戲。郎騎竹馬來，繞床弄青梅。

這個"床"字也是井欄。如果是指睡覺的床，那是無法繞的。因為古代的睡床是兩方靠牆，是無法繞的。試想，女孩折花是在門前，戲門前的自然是庭院，而男孩騎竹馬來也必然是在庭院，竹馬也不可能騎到房間裏去，騎到睡覺的床邊去。井欄在庭院中間，是孩童遊戲之處所。"青梅竹馬"二人繞井欄追逐遊戲，自然在情理之中。因此，對於"床"的解釋，雖然四個意思好像都說得走，但相比之下，取"水井周圍的欄杆"之義是不是更貼切些？還可以商榷。

再看這個"疑"字，在古詩文中，如：

山重水複疑無路，柳暗花明又一春。

飛流直下三千尺，疑是銀河落九天。

以及前面舉的"床前明月光，疑是地上霜"，有老師把其中的"疑"講成"惑疑"，錯！應該是"好像""恰似"。

【憐】杜甫《月夜》中："遙憐小兒女"，白香山《長恨歌》中"可憐光彩照門戶"，《孔雀東南飛》中"可憐體無比，阿姆為汝求"，《暮江吟》中"可憐九月初三夜，露似珍珠月似弓"……上面這些詩句中的"憐"就是"愛憐"的意思，而不能當今天的"憐憫"講。

晉·陶淵明《桃花源記》中"阡陌交通"，《孔雀東南飛》》中"枝枝相覆蓋，葉葉相交通。"

以上兩句中的"交通"就是交錯相通的意思；柳宗元《柳河東集》中"旁推交通"，那"交通"指的是"交往"。可是我們今天的"交通"卻是指從事旅客和貨物運輸及語言和圖文傳遞的行業。

趙珂：原來如此，看來我們在學習詩歌中，面對一些我們熟悉的字詞翻譯的時候也不能掉以輕心。那除了一詞多意之外，同義字詞之間的變化又是怎樣的呢？

劉永康：對來自古代詞的詞義作歷史性的把握，還要特別注意辨別詞義的歷史變化所帶來的相鄰詞義的錯位、失衡與再平衡的影響。

以"文"和"字"為例。

這兩個字早在《說文》的時代就已經可以相互替代地使用了。即用"文"的地方，可以用"字"來代替，用"字"的地方，可以用"文"來代替。如在許慎的《敘》中就有：

"九千三百五十三文"，"凡十三萬三千四百四十一字"，以上兩句中的"文"和"字"是可以互相替換的。但同是在《說文》中"文"與"字"又有各自不相同的意義。分別表示漢字中的某一部分。如："蓋依類象形，故謂之文。"

"文"是表示單體字這種字的結構是不可再分的，代表著漢字發展的第一階段。"其後形聲相益即謂之字"。

"字"表示合體字，這種字，結構上可分出兩個以上的單體字，代表了漢字發展的第二個階段。《說文解字》的書名就是用的此義。單體字的"文"，只可釋義，不可析形，是明形說義。合體字是合體會意，合體形聲，故要分解方法。

凡讀書就得識字。傳說蘇東坡年輕時讀了一些書，頗為自負地在自家門前貼了一副對聯："識遍天下字，讀盡人間書"。後來，一位老翁拿出一本書給他看，他卻一字不識。羞得滿臉通紅，忙把對聯改成："發憤識遍天下字，立志讀盡人間書"。

趙珂：可是，天下字何其多，天下書不計其數，稱得上是字海、書山呀，怎麼識得遍，讀得盡呢？

劉永康：是的，蘇東坡讀書識字但求韓信點兵——多多益善，這種精神是值得學習的，但人的精力是有限的，術業也有專攻嘛，沒有必要把天下的字識遍，把天下的書讀完。單以字而言，目前通過專家鑒定的北京國家資訊設備公司漢字字形檔收入有出處的漢字就是 91251 個之多，這些漢字中還有不少異體字，就像孔乙己說的，一個茴香豆的茴字就有四種寫法。還有更多的是專用字、生僻字，一生也難遇到一次，有誰能識遍天下字呢？我們只要掌握常用的字就可以了。從商朝開始到現在，一般使用的漢字就維持在五六千字左右，含古漢語和現代漢語的常用字。國家教育委員會制定的《現代漢語常用字表》分常用字（2500個）和次常用字（1000個）兩部分經電腦抽樣檢測，這 3500 個常用字在語料中的覆蓋率達到 99.48%，掌握了常用字就達到了運用漢語的基本要求。而這 3500 個常用字構成的詞，如前所說，它是從古代流傳至今，它會隨著客觀外界和使用主體的變化從而給一個詞義帶上特定歷史時期的痕跡，給同一詞形中的不同意義帶上種種複雜的關係。因此必須對其作歷史性地把握。

趙珂：原來如此！感謝劉教授的精彩解說。在浩瀚的文字宇宙中，每一個漢字就像一顆星星。它們乍看只有微光，卻帶著千年的光陰流轉延伸向前，彙聚成中華文化的璀璨星河。每一個都有自己的故事，在不同的歷史時期都存在獨特的含義。我們一個人的能力是有限的，但依然可以懷著篤學慎思的精神，一步一個腳印去認識、去感受它的奇妙。

## 古代詞義中的將錯就錯

趙珂：劉教授，有沒有古書中一些詞的意義被後人誤讀誤解，然後以訛傳訛至今，仍以錯為對的現象？

劉永康：有的，這種現象是客觀存在的。我先講一個故事，唐憲宗時，幽州節度使張弘靖部下有兩個"從事"，一個叫韋雍，一個叫張宗厚。兩人仗勢欺人，橫行霸道，品性非常粗暴惡劣。他們常吃喝玩樂，直到深夜才散，還要讓侍衛人員大隊兵馬，前呼後擁地護送他們回家，燈籠火把照得滿街通亮，鬧得雞犬不寧。他們一不高興，就拿士兵和百姓當出氣筒，隨意打罵，耀武揚威，無法無天。

有一次，他們喝醉了酒，又對士兵大罵起來：

"如今天下太平無事，又不打仗，你們這些飯桶，有什麼屁用！能拉得兩石的弓，還不如識一'個'字……"

這話明擺著是侮辱士兵，譏笑他們沒有文化，只有些粗力氣，任人指揮打仗賣命，平時什麼用處也沒有。從這個故事中，產生出一個四字短語來，那就是：

目不識個！

趙珂：不對吧，怎麼會是"目不識個"，應該是"目不識丁"啊？

劉永康：但我要說就是"目不識個"！這是涉及古典字詞意義的發展演變，是流俗詞源現象。

趙珂：那什麼是流俗詞源現象呢？

劉永康：所謂流俗詞源，就是歪曲詞的原有意義，另作一番解釋，而這種歪曲和解釋又得到慣用法的承認。這種流俗詞源實際上就是詞義的將錯就錯。

"就"這字是什麼意思？就是順著。將錯就錯就是指事情已經做錯了，索性順著錯誤繼續做下去。詞語的流俗詞源就是這樣的。

趙珂：那流俗詞源的產生大致有哪些情況呢？

劉永康：流俗詞源的產生大致有望文生義、諧音訛變、異讀訛變、字形訛變、變文生義、社會心理要求等。

## 1.望文生義

望文生義"是因文字的視覺效應而引起的流俗心理"。所謂視覺效應，包括字形結構、字序和字義生成的詞義聯想。說得更明白一點，就是對某一詞句的來源緣由和確切含義缺乏瞭解，僅從字面上的牽強附會，對詞句的意思作了歪曲的解釋。

"望洋興嘆"出自《莊子·秋水》："河伯始旋其面目，望洋向若而歎曰。"

這句話的意思是：這個時候河伯轉變了原來欣然自得的表情，面對海神若仰首慨歎道……可見，"望洋興嘆"的意思是"疑惑的仰頭興歎"，可是有人誤解為"望著海洋興歎"。這個被歪曲的意思已經約定俗成了。

《論語·季氏》："既來之則安之。"

原意為"已經是遠方的人來歸服了，就要安撫好他們"。後來的人誤解為"既然來了，就要安下心來"，這個錯誤的理解被後人接受，流傳至今。

"西王母"是古國名，後來附會為女神之名，就是玉皇大帝的老婆。

"跳樑小丑"

有人理解為"跳上屋樑的小丑"。這就是按照字面去牽強附會字義，不推求確切的涵義。"跳梁"是蹦蹦跳跳的意思。此語出自莊子的《逍遙遊》：

莊子曰："子獨不見狸狌（野貓）乎？卑身而伏，以候敖者；東西跳梁，不避高下；中於機辟（亦作"機臂"。捕捉鳥獸的工具），死於罔罟（指漁獵的網具）。"

可翻譯為：莊子說，你難道就沒有見過野貓嗎？它們趴伏著身體，伺機捕捉四處遊蕩的小動物；它們東蹿西跳，高高低低的地方都去，但往往會陷入捕獸機關，死於羅網之中。

"跳梁"是指野貓和黃鼠狼捉小動物時東跳西躍，不避高下。可見，"跳梁"本是中性詞，一經曲解就變成貶義，約定俗成，沿用至今。

趙珂：原來我們現在理解的都不是這些語句原本的意思呀！古人的望文生義雖然已得到後人的認可，但這畢竟是錯誤理解造成的。我們今天可不要再望文生義了，這會給語言交際帶來麻煩。

## 2.諧音訛變

劉永康：諧音訛變則是口語中的依聲別解。即同音（近音）詞（片語）的混用。

唐人李肇的《國史補》（卷下）記載了這樣的史實：

"舊說董仲舒墓，門人過皆下馬，故謂之下馬陵，後人訛為蝦蟆陵。"

別解若出於臆斷而乏理據則成為曲解，曲解義流行於世則成為流俗詞源。

《詩經》中："桃之夭夭，灼灼其華。之子於歸，宜其室家。"

意思是：桃樹啊繁茂長大，枝頭掛滿了火紅的花。姑娘出嫁到婆家，公婆喜歡丈夫誇。後人以"桃"諧音"逃"，戲言逃亡不知所往。"夭夭"二字則不可取義，其意義已經虛化。

趙珂：我發現《醒世恆言·賣油郎獨佔花魁》中就是把"桃之夭夭"寫成"逃之夭夭"的，那原話是：

"將店中資本席捲，雙雙的逃之夭夭，不知去向。"

今通寫作逃之夭夭。現在我算弄明白了，這種語言現象就有點像現在網路上流行的"諧音梗"，就像打碎了東西人們常說"碎碎（歲歲）平安"那樣。

## 3.異讀訛變

劉永康：漢字有一字多音，音轉義變的特點。異讀訛變是指利用漢字音義關係作流俗詞源解釋。

唐劉知幾《史通·六家》："至兩漢以還，則全錄當時紀傳，而上下通達，臭味相依。"

宋人牟巘《陵陽詞》中的《木蘭花慢》："不妨無蟹有監州，臭味喜相投。"

這兩例中的"臭"都讀 xiù，"臭味"就是"氣味"。（"乳臭未乾"尚存此義。）"臭味相依（投）"比喻同類的人和同類的事物，是一個不帶褒貶的中性詞。當後來的人將"臭"異讀為 chòu 後，意義也轉為專指壞人壞事。

趙珂：噢！聽了劉教授的講解倒讓我想起前段時間在網上引起熱議的"古詩詞發音修改"，一些詩句因為誤讀的人太多，因此直接將錯就錯，修改了原本的讀音。例如將"遠上寒山石徑斜"的"斜"字讀音從 xiá 改為了 xié。

劉永康：是的，以前的詩詞集注解中曾有特別提示，為了押韻，詩中的這個"斜"字可以讀 xiá，但可能是出於"規範字音"的需要，"xiá"的讀音被取消了，以至於連《現代漢語詞典》這樣權威的工具字典中都顯示"斜"字只有 xié 的讀音。對此，儘管有人很有意見，但約定俗成嘛，那是無可奈何的。類似的還比如"衰"字以前讀 cuī，"說"字以前讀 shuì，"粳"字以前讀 jīng。由於讀錯的人較多，現已更改拼音為衰（shuāi）、說（shuō）、粳（gě ng)。目前普通話規範讀音的依據為《新華字典》第11版和《現代漢語詞典》第7版。國家教委早有決定：在全國推廣普通話，在各級各類學校裏提倡學習普通話。特別是語文教學，無論念課文（包括古今散文）、朗誦古代詩歌都應該用普通話。凡遇有韻而讀來不相押的地方，可以告訴學生：這是古今音的不同。詩歌韻文的時代越古，現在讀來不相押的地方也越多，不足為奇。

## 4.字形訛變

我在講座開頭講目不識丁的故事，就含字形訛變的意思。

所謂字形訛變，也就是將語言中的某一個字讀成別的字或寫成別的字了，導致意義相應發生變化。

這在古籍中很早就有記載。如：

《舊唐書·張延賞傳》附《張弘靖傳》雲："今天下無事，汝輩挽得兩石弓，不如識一'丁'字。"

究其實，"丁"字當為"個"字之誤。

宋人吳曾《能改齋漫錄卷五<辨誤>》雲：

竇蘋《唐書音訓》雲："丁"恐當作"個"，予嘗以竇說雖當，而無所據。偶讀孔毅父《續世說》，引宏靖曰："汝曹能挽兩石弓，不如識一個字"。因知"個"誤為"丁"無可疑者。

"個"字誤為"丁"字，在世間廣為流傳。後來譏諷人一字不識或胸無點墨為"目不識丁"。

趙珂：是的是的，我看那明代楊連《劾魏忠賢二十四大罪疏》中，就已經把"目不是個"寫成"目不識丁"了，那原話是：

"金吾之堂，口皆乳臭，誥敕之館，目不識丁。"

劉永康：將目不識個誤讀為目不識丁，這已經習以為常，只好將錯就錯。這就是因字形訛變導致的流俗詞源。實際上是錯別字帶來對意義的誤解。有個學生在作文中寫道："今天放學回家時，我看見道路中間有一堆牛糞，不禁大吃一斤（驚）。"這個學生寫了同音錯別字。把吃驚的"驚"寫成了表重量的"斤"。老師閱後批道："海量！海量！"這個批語也很藝術，寓貶於褒，十分幽默。一個人有意無意地寫了錯字，就會令人費解或者誤解，這樣就會影響意義的表達。烏魯木齊一家企業讓日本印刷包裝袋，誤把"烏魯木齊"寫成"鳥魯木齊"，造成無法挽回的經濟損失。有的經營者在其看板上，將"花卷"寫成"花圈"，令顧客望字止步，誰願大清早出門排著隊買"花圈"？有人寫了一部著作送給一位知名教授，扉頁上恭敬地寫著"某某教授扶正"。弄得這位教授哭笑不得。因為"扶正"一詞本指舊時富貴人家正房太太死了，將下麵排序最靠前的小老婆轉為"正房"，這才叫"扶正"。像《紅樓夢》中的平兒在王熙鳳死後就被扶為正房。香菱在薛蟠出獄後被扶正，這位作者本來的意思是請教授"斧正"，應是"斧頭"的"斧"，這是請別人修改文章的敬辭，與"教正""雅正"同義。《聊齋志異》中有個準備赴京趕考求功名的讀書人，因三個錯字誤了一段姻緣。北宋趙旭因一個錯別字而落第。更有甚者，一個錯別字改寫一段歷史。

趙珂：從劉教授的講解中，我懂得了字形訛變，就是古人寫了錯別字，導致意義的變化，雖然"假作真時真亦假"，但畢竟給後人的理解帶來了不少麻煩。所以，我們要吸取這些古人的教訓，不要寫錯別字來給我們的後人製造新的字形訛變。

## 5.變文生義

劉永康：變文生義是指有意無意顛倒錯亂語詞的秩序，導致意義發生變化。變文生義的流俗詞源有的或有出典。

如《三國志・蜀志・彭漾傳》："枕石漱流，吟詠縕袍，偃惜於仁義之途，恬淡於浩然之域，高慨節行，守真不虧。"

"枕石漱流"，意思是以山石為枕，以清流漱口，比喻隱居山林而情志高潔。

《世說新語・排調》："孫子荊年少時欲隱，語王武子：'當枕石漱流'，誤曰：'漱石枕流'。王曰：'流可枕，石可漱乎？'孫曰：'所以枕流，欲洗其耳；所以漱石，欲勵其齒。'"

這本來是說錯話了，而後加的文飾辯解，是一時的搪塞之詞，但因其話語巧妙，圓滑，曲為之掩而言之成理，後世人對此大為讚賞。"漱石枕流"便作為成語而廣傳於世。這種因誤見奇或顛倒以示奇的變文訛變在古書中往往可見。

又如"每下愈況"源出《莊子・知北遊》，原文是莊子說"正獲之問於監市，履狶也，每下愈況"。意思是說，管理市場的官員從經紀人那裡知道，用踩踏豬的辦法來判斷豬的肥瘦，越是向下踩踏，就越能正確判定。以此比喻越向下、越深入推進，就越能瞭解到真實情況。而有人把"每下愈況"用來指事情越向前發展，就越能看出眉目來。這雖和原意有些不同，但並不相悖。

趙珂：可是現在人們都把"每下愈況"說成是"每況愈下"了，這又該作何解釋呢？

劉永康："每況愈下"源出南宋文學家洪邁的《容齋續筆・蓍龜蔔筮》。原文是："人人自以為君平，家家自以為季主，每況愈下。"意思是說，人人都自以為是，家家都自以為是，情況越來越糟糕了。由"每下愈況"變成"每況愈下"意思就變成了：越往下越明顯，表示情況越來越不好，形容走下坡路。

當然，變文也不一定都會生義。傳說乾隆遊咸陽宮，隨遊的是一位翰林，乾隆想考考他的學問，就隨便指了一尊塑像，要他說出是誰的像。那像是匈奴的祭天神像，大約在秦漢時期就被漢人引入關內，當作宮殿的裝飾物。這位翰林心頭一緊張，就把翁仲說成仲翁。乾隆心中不快，回宮後，下了一道詔書：

翁仲為何說仲翁，只因窗下少夫工。

從此不許作林翰，貶入朝房作判通。

乾隆故意顛倒語序寫詩，這是對翰林顛倒語序的諷刺。他告訴我們，使用字詞要細心，不要出差錯，越是有學問有影響的人，越不能出差錯，因為別人容易崇拜你，甚至迷信你，以為你總是對的。這樣你的錯誤就可能造成新的流俗詞源，給後人學習帶來麻煩。

趙珂：感謝劉教授的精彩講解。今天我們學習了古代詞義中多種將錯就錯的情形，看來語言在流傳的過程中由於種種原因也會出現各方面的偏差。我們在學習語言文字的時候要瞭解這種現象產生的原因，才能更加客觀、全面地看待文字這種精緻的符號，但日常學習和使用的過程中仍舊需要秉持實事求是的精神，儘量避免由於"將錯就錯"帶來的負面影響。今天的內容就到這裏我們下期再見啦！

## 一聽就清，一說就順，一讀就懂，一寫就通

趙珂：劉教授，你好，最近我聽了許多的培訓講座，總是聽到專家老師們說：我們要培養學生的言語能力。那麼言語能力到底是什麼呢？可以請劉教授給我們講一講嗎？

劉永康：什麼是言語能力？這首先得弄清"語言"和"言語"這兩個概念。語言，是一個社會集體共同擁有的音義結合的辭彙和語法系統，它外在於個人意志，是一種社會現象。言語則是個人運用語言的行為（說或寫）和結果（說出來的話和寫出來的文章）。語言是在人們具有的言事活動中形成和發展起來的，語言是對言語的抽象和概括；言語是語言材料和語言規則的具體運用。語言好比打字機的字盤，說出來的話好比是打出來的文章。一盤鉛字可以打出彼此毫不相干的種種文章來，而字盤裏的鉛字卻有一定的數目，排列也有一定的規則。因此，言語能力實際上就是語言進入交際層面之後的實際運用能力。

也就是一聽就清，一說就順，一讀就懂，一寫就通的能力。

聽和讀是吸收實用資訊的能力，說和寫則是處理實用資訊的能力，就是我們通常所說的表達能力。

人類社會進入資訊時代，這四種能力就更顯得無比重要了。現在《紐約時報》一頁的資訊量就等於十七世紀一個人一生所能得到的資訊量的總和。《人民日報》兩年的資訊量利用資訊高速公路一秒鐘就可以全部傳輸完畢。不在聽說讀寫中培養學生吸收和處理實用資訊的能力，那怎麼行呢？

聽說讀寫這四大能力是一個有機整體，四者缺一不可，缺了就無整體可言。就像一個人一樣缺胳膊少腿，就不是一個完整的人；就像一首歌曲一樣，少了幾個音符就不成調；就像一幅畫一樣，少了幾根線條或幾種色彩畫就不成其為畫；就像一部機器一樣，少了幾顆螺絲釘或幾個零件機器就無法轉動；就像《紅樓夢》裏的賈、史、王、薛四大家族一樣，幾家聯絡有親，一榮俱榮，一損俱

損。就是說，聽說讀寫其中一個得到加強，對其他幾個都有促進，其中一個出現短板，就會拖其他幾個的後腿。

那麼，聽說讀寫這四大言語能力的有機聯繫是什麼？是語感。

趙珂：原來如此，對於學習語言的人來說，語感真的很重要。對於在語言學習上有天賦的人，人們常常說是語感好。但是語感這個詞語，仔細想來好像也有些抽象，那可以再為我們展開說說嗎？

劉永康：語感是對語言的頓悟或直覺，是一種無意識的知識、是一種不自覺的能力、是一種活字典和活的語法、是一個聽、說、讀、寫功能齊全的語言電腦；是左右聽、說、讀、寫等語言活動的品質和效率的槓桿。失掉語感，言語能力就無異於一具僵屍。

趙珂：那麼，語感又是由哪些要素構成的呢？

劉永康：語感有口頭語感和書面語感之分。口頭語感就是聽懂別人說話的能力。書面語感是對書面言語的敏感。文字作為符號是死的，它有固定的概念意義。文字進入語言環境，用來表現生活、思想、感情，就有了豐富的思想內涵，有了活的意義，書面語感就是能讀出文字背後的東西。無論是口頭語感的聽，還是書面語感的看，其功能都表現在敏銳的感知力、深刻的理解力、正確的判斷力、豐富的聯想力。這裏我們就以口頭語感為例：

首先是敏銳的感知力。即聽別人的話首先要正確地感知語音，分辨語調，並且根據語音和語調來感知對方的態度，體會出談話中流露出來的感情。如別人向你發問：

"這是她的房間嗎？"

你就要仔細分辨問話人的邏輯重音。如果問話人把邏輯重音落在"她"這個字上，那主要問的是房間屬於誰，是不是她的。如果邏輯重音落在"這"字上，那主要問的是她的房間是不是這間。能根據說話人的語音語調體會出說話人問話的意圖，這就是敏銳的感知力。

趙珂：我明白啦！所以可以在閱讀過程中試著結合語境判斷話語中的重音來鍛煉自己語感！

劉永康：其次是深刻的理解力。在感知語音，辨析語調的同時，還要通過思維活動，概括出說話的中心，瞭解說話人的目的、意圖，並透過話語表層的意思揣摩出說話人的話外之音，言外之意。如果別人對你說：

"春天來了。"

這是什麼意思？你就要聯繫說話人的身份、場合，通過思維活動加以體會。如果這句話是指向自身以外的一個語境，那它就是對物候變化的一個判斷，那麼，它是指稱性的，顯然是指稱一年之內的一個季節。如果說話者是一個漂泊異鄉的遊子，它可能是說話者內心情感的反映，實際上是在慨歎"逝者如斯乎"，這時間過得真快喲！如果這句話是一個老農對他已經能幹活的兒子說的，在聽話的一方，領會到的是一個指令，意思是：兒子，一年之計在一春喲，要不誤農時，趕快耕種吧。

趙珂：如果這句話是某甲在一個公共場合對互不相識的某乙說的，那麼這句話是主動給別人打招呼，表示願意與對方交談的信號，其語義相當於"你好！或"我們可以談談嗎？"如果這句話是指一個美好憧憬的實現，它就與時令無關，而且是一個隱喻或象徵。比如粉碎"四人幫"後，郭沫若在全國科學大會上說："科學的春天到來了。"

劉永康：上面這個例子中的聽話人能聯繫說話人的身份、場合，透過語言表層的意思揣摩出說話人的話外之意，言外之音，這就叫深刻的理解力。

趙珂：哦！所以除了語言的字面意思之外，還需要結合語境思考上下文與該句話內涵之間的深層次聯繫，才能對文章理解透徹。

劉永康：再次是正確的判斷力。聽話人除了能聽懂話語的意思，理解說話人的思想感情外，還要能對話語內容作出正確的判斷，識別出話語的真偽、是非、優劣，判斷出說話人的立場、觀點和意圖。

《紅樓夢》三十二回中史湘雲勸寶玉：

"常會會這些為官作宦的，談講談講那些仕途經濟，也好將來應酬事物。"寶玉聽了大覺逆耳。便道："姑娘請別的屋裏坐坐吧，我這裏仔細醃臢了你這樣知經濟的人。"

醃臢就是骯髒，不乾淨。寶玉聽了史湘雲的話之所以大覺逆耳，是因為他從史湘雲的勸語中判斷出這些女兒們受封建禮教思想的毒害之深，竟然也熱衷仕途經濟。寶玉還當著史湘雲、襲人誇：

"林姑娘從來說過這些混賬話嗎？要是她也說過這些混賬話，我早和她生分了。"

沒料到這句話被黛玉偷聽到了，黛玉從寶玉在人前一片私心稱揚於她，其親熱厚密，竟至不避嫌疑中判斷出寶玉果然是個知己。寶玉、黛玉不僅能聽懂說話人的意思、理解說話人的思想感情，還能對話語內容作出正確的判斷，識別出話語的真偽、是非、優劣、判斷出說話人的觀點、意圖、情感、態度，這就叫正確的判斷力。

趙珂：看來，掌握正確的判斷力也是我們為人處世的重要學問，不僅要聽到別人說了什麼樣的話，還要去思考著背後的深意，瞭解為什麼要這麼說，才能夠做出正確的判斷。

劉永康：最後是聯想力。聽話人在理解和判斷的基礎上，還要從話語的內容產生聯想，從中引出新知識，新思想。

某工廠黨委書記與青年職工對話，有人問書記："實行廠長負責制以後，在你們工廠是廠長大，還是書記大？"書記聽了立即回答："你最好回家問問，在你們家裏是你爸爸大，還是媽媽大？"要知道，在廠長和書記之間分大小，是不恰當的。就像一個家庭，對於子女來說，父母養育子女的責任是不存在主次之分，是各司其職、各負其責，共同配合的關係。

趙珂：這個書記從青年的問話中產生聯想，從書記與廠長的關係聯想到家庭裏父母的關係，巧妙地回答了青年的提問，這就是豐富的聯想力。

劉永康：語感能力的實質就是聽說讀寫的言語能力。這種能力只有靠聽說讀寫的語文學習活動來訓練。有老師教茹志鵑的《百合花》，有這樣的一個教學環節：

假若文中的通訊員被評選為"感動中國文學人物"，請你給"通訊員"寫一段頒獎詞。（散文式、詩歌式等皆可，字數不限。）下麵是學生寫的兩段：

一枝野菊花，兩個硬饅頭，戰火紛飛下，你的眼裏是熱愛，你的心裏是溫暖。

一聲快趴下，全身撲為難，青春綻放中，你的英勇撼日宇，你的大義照汗青。每一個犧牲都是不朽，每一個偉大都不平凡。

以上教例就是一種讀寫結合的語文學習活動，有效地訓練了學生的言語能力。

趙珂：剛剛談到的各種語感能力，都是我們說文解字的必備的素質，那我們應該如何去培養這些能力呢。劉教授用教學案例作了說明，希望我們的語文教師，在自己的教學實踐中發揮自己的聰明才智，訓練學生的語感，通過你的引領讓你的學生也能做到"一聽就清，一說就順，一讀就懂，一寫就通"。劉教授在下一講中，就語文教學中怎麼培養學生的語感，要作更深入的研究，希望大家不要錯過。

仰望燦爛的語文星空

## 在語用活動中培養語感

趙珂：劉教授，從你上一專題講座中，我們已經明白語感"是一個聽、說、讀、寫功能齊全的語言電腦；是左右聽、說、讀、寫等語言活動的品質和效率的槓杆"。那麼，我們有什麼法子來培養學生的語感呢？

劉永康：既然語感能力就是聽說讀寫的言語能力，那麼這種能力也只有在聽、說、讀、寫的語言運用活動中來培養。

首先是在聽的學習活動中培養語感。著眼於讓學生辨音識義，從聽音中理解語義、語脈，概括歸納說話的中心、寓意，對幾個人發言的異同作比較。並對其內容作出判斷等。

我給中學生執教《荷塘月色》，引導學生欣賞荷葉的形態美：

曲曲折折的荷塘上面，彌望的是田田的葉子。葉子出水很高，像亭亭的舞女的裙。

我首先朗讀這段話，要學生仔細聽。然後我問學生："彌望、田田"這兩個詞，我是讀得重，還是讀得輕？學生說："讀得重"。我說："為什麼要讀得重？"通過思考討論和我的點撥，學生終於明確：因為"彌望"就是滿眼都是。"田田"就是葉子挨著葉子，很茂密。讀重，就對這兩個詞有一個強調的作用，就能突出荷葉茂密、翠蓋滿塘的情態。我又問："亭亭"這個詞我讀得輕還是讀得重？語速是快還是慢？"學生說："讀得輕，讀得慢。"我說："為什麼要讀得輕、讀得慢？"學生最後明確："亭亭"的意思是指美女靜靜地站在那裏、像青山一樣聳立，這裏是形容舞女的，說到底是形容荷葉的形態。讀得輕一點、舒緩一點，才能讀出舞女的那種柔美的姿態，實際上是讀出荷葉的柔美的情態。

我這個教學環節說明什麼呢？

赵珂：我明白了，就是说明要引导学生在"听"的学习活动中训练语感的能力。那么，在"听话"的学习活动中训练语感又有哪些具体方式呢？

刘永康：听话中训练语感的方式有：听想、听读、听说、听记、听写等。学生在听中去体会语调，透过语调去把握感情脉络的过程，也就使语感得到培养。

美国一位鲁迅研究者说："鲁迅风格中最打动人的因素是语调。他的语调有时恨、有时爱、有时讥讽、有时抒情，但从来没有漠然中立的时候。一听他的语调就知道他对所写事物是不是恨。老师在朗读中准确地再现鲁迅文中的语调，训练学生对鲁迅作品的语调做出准确地反映，让学生的思想感情对流契合，学生的语感也就自然得到训练。

赵珂：看来要想培养学生的语感，首先我们作为教师需要能够准确地把握语言文字的内涵，并且在教学过程中准确朗读、引导，在师生交流中长期地薰陶。

刘永康：其次是在说话中训练语感。

说话是在一定的时间、空间内，通过面对面的谈话或通过电波进行的一种有意识、有目的的交际活动，说话人既要考虑自己如何表达，又要考虑对方如何接受。还要察言观色、随时考虑听话人的态度和反映，并通过这种反映来随时调整自己的语言，以适应对方接受的可能性。

赵珂：在"说话"中训练语感又有哪些方式呢？您能否举例加以说明？

刘永康：在说话中训练语感的方式很多，如朗读课文、复述课文、口头串译文言文、答问训练、对话训练、讨论、演讲、辩论等。下麵训练说话的方式就很新颖别致。

某小学老师执教《学弈》，设计了一个教学环节：

兩個人在一起下棋，結果卻不一樣，不是因為智力的原因，那是什麼原因呢？假若我們召開一個"學弈經驗總結會"，在會上師徒三人會說些什麼？

趙珂：我覺得這個教學環節就是在閱讀中創設問題情境，引導學生把對課文的理解與說話訓練結合起來。使學生既加深對課文的理解，又在說話中訓練了語感和想像力。

劉永康：為了讓學生真正"說起來"，某小學老師——以"做回'和事佬'"為題，圍繞爸和媽誰煮飯一事，訓練學生學會"轉述"的說話技巧。下麵就是一個教學片段：

學生表演：

爸爸（不耐煩）：哎呀，你問你媽，這都幾點了，晚上吃啥？

孩子（不耐煩）：爸爸問，哎呀，這都幾點了，晚上吃啥？

媽媽（憤怒）：告訴你爸，想吃啥自己做去！我今天還就不伺候了。

孩子（憤怒）：爸爸，媽媽讓你自己做，她今天不伺候了。

爸爸（暴躁）：你問你媽，還能不能過了？

孩子（暴躁）：媽媽，爸爸問你，還能不能過了？

在這一片段中，因為孩子轉述的不當而造成了父母之間的矛盾，因此，老師讓學生思考：如何做一個更好的轉述者，幫助他們化解矛盾，做生活中的"和事佬"呢？以下是部分學生的思考片段。

片段一

生4：我會說："媽媽，今天晚上你又要做什麼好吃的呀？我和爸爸都饞了。"

師：你為什麼會這麼說？

生4：因為我的目的是問媽媽什麼時候可以吃飯，並且是想請媽媽來做這頓飯。我這樣問的話，媽媽可能就會回答"做什麼""什麼時候吃飯"，而且，這樣說還誇了媽媽做飯很好吃，媽媽也許就願意去做飯了。

師：好，你提供了一種誇讚的方法，你的轉述中，哪句話起到了誇讚的效果？

生4："做什麼好吃的？"

師：我們可不可以誇得更明顯一點？

生4：媽媽，你做飯是家裏最好吃的，我和爸爸都學不來。（板書："先誇讚"）

片段二

生5：我可能會把我自身放進去。比如，"媽媽，我和爸爸肚子都餓得咕嚕叫啦，咱們什麼時候吃飯呢？"

師：你為什麼認為，把自己放進去，媽媽就可能會做飯？

生5：因為媽媽一般都會對自己的孩子很好，我餓了，媽媽就可能會做飯。

師：看來你在轉述時考慮到了自己特別的身份。（板書"把自己加進去"）

片段三

生6：我會說："媽媽，既然你和爸爸都不太願意做飯，那我來做吧。不過萬一我把廚房給燒了，可不能怪我哦。"

師：那麼你的經驗是？

生6：我想用一種激將法。

师：那我们能不能就着这个办法再想一想，孩子既然已经进厨房了，说些什么可以让妈妈也进厨房？

生6：我会接着刚刚的话往下说："如果您也能一起来，指导我一下就更好了，就可以避免我失误啦。"

师：看来你是给了妈妈一个具体可行的建议。（板书"激将法""提供建议"）

赵珂：我认为，以上教例紧紧围绕"让妈妈做饭"的交际目的，让学生思考并分析不同对话所呈现出的转述效果，让学生感受到说话的方式不同，所产生的效果也会不同。该教例通过家庭的实际情境，使学生注意到说话的语气、方式、内容，充分地尊重了交际对象，学生参与的主体意识与，表达机会提高了说话能力。

刘永康：再其次是在阅读中训练语感。在阅读中训练语感，最重要的是让学生在具体的语言环境中去心领神会字、词、句、段的含义，熟读而有精思。可以说，在特定的语言环境中，每一个词或句子都处在一定的关系结构中，这种关系会限制着它的语义。在阅读中训练语感，教师要引导学生把语言知识当作深化、强化学生对课文言语的感受、领悟的武器，使之服务于语感的培养，使课文言语更快更好地对象化于学生的语感能力。

听话训练中可以采取读的形式，是别人读，让学生听。阅读训练更是要采取读的形式，那是要精心指导学生读。我给中学生执教《记念刘和珍君》，其中一段：

"沉默呵，沉默呵！不在沉默中爆发，就在沉默中灭亡。"

对这一段，我要学生明确：读第一个"沉默呵"，语调应该低沉，才能表现被压迫人民被压抑的情态。读第二个"沉默呵"，陡然高昂，充满愤怒与忧虑。读"不在沉默中爆发，就在沉默中灭亡"一句，因为这是深含哲理的论断，是被壓迫人民飽含血淚的鬥爭經驗的總結，是戰鬥的召喚，主要以莊重、深沉、剛勁有力的語調讀。"爆發"聲音洪亮；"滅亡"聲音沉重。強烈地對比，顯示出撼人心魄，讓庸人夢醒，使猛士更加憤然而前行的力量。像這樣來指導學生朗讀既可以訓練學生的閱讀能力，也可以訓練學生的聽話與說話能力，同時也培養了學生的語感。

趙珂：哇，劉教授這個教學片段對朗讀的把握建立在對文章內容的深刻理解之上，並非靠想象臆斷而為，當真精妙。我學到啦！剛剛我們聊到了許多在閱讀中訓練語感的辦法，既然讀寫不分家，那在寫作中又如何去訓練語感呢？

劉永康：是的，還要在寫作中訓練語感。

學生寫文章有三怕：一怕不新鮮，老生常談惹人煩；二怕平又淡，索然無味催人眠；三怕不精煉，拖泥帶水車軲轆轉。

寫文章有四貴：一貴新，讓人看了長精神；二貴奇，引人入勝著了迷；三貴深，發人深思動人心；四貴精，反復句酌又字斟。

文字經過長期的嚴格訓練使用，推敲研究也能培養語感。許多名作家都注重在寫作中訓練語感。托爾斯泰為寫一篇作品的序言，竟修改了多少次？105次。果戈理規定每寫一篇稿子，至少要進行八次修改。《欽差大臣》開頭部分：市長的臺詞初稿寫作：

諸位，我所以請你們來，是因為我要把一個極不愉快的消息告訴你們。我接到通知，一位帶著秘密使命的官員已經從彼得堡出來私行查訪了。他要來視察我們省份的所有民政機關。

定稿時，果戈理改為：

諸位，我所以請你們來，是因為我要把一個極不愉快的消息告訴你們。欽差大臣快要到我們這兒來了。

定稿不僅字數少了，人物性格也更加突出。

陳毅一首七絕：

二十年來是與非，一生系得幾安危。

浩歌歸去天連海，鵲噪夕陽送晚暉。

第二次修改時，將"天連海"改為"天無際"，把"鵲噪"改為"雅噪"，"送晚暉"改為"任鼓吹"，使詩詞境界更開闊，寓意更深刻，諷刺對象更明確。解放後，陳毅又把詩改為：

二十年來是耶非，一生能系幾安危？

莫道浮雲總蔽日，嚴冬過盡春蓓蕾。

而讀者從《陳毅詩詞選集》中可以看到的是"春蓓蕾"又改成了"綻春蕾"。

某初中教師執教高爾基的《海燕》，她設計了一個向課外拓展的練習題：人生並非只意味著陽光與鮮花，有時也會遇到坎坷，甚至面臨各種各樣的"暴風雨"，試以"面臨生活的暴風雨我該怎樣做"為話題，擬寫一篇發言稿在班上交流。這就是把閱讀、寫作、說話結合起來訓練學生的語感。

趙珂：謝謝劉教授的精彩講解。在寫作中，精煉語言和反復修改的過程都可以訓練我們的語感。在表達效果上，繁冗的文字有時不如簡短的話語，凝練精奇表達的往往更能震動心神，觸人情腸。在固有的格律下，反復修改往往可以讓文字綻放出更多的可能。

在今天的講座中，我們聊了培養言語能力、訓練語感的幾個方面。其實，語感的培養是一個長期的過程，還有很長的道路要走。那麼就在我們的日常語言運用中實踐起來吧。今天的內容就到這裏，我們下期再見。

## 你知道香菱學詩嗎？

劉永康：你知道香菱學詩嗎？

趙珂：當然知道啦，這可是紅樓夢的經典片段。不過這個故事和今天的內容內容有什麼關係呢？還請劉教授給我們講講吧。

劉永康：《紅樓夢》第四十八回寫了香菱學詩的故事。黛玉教香菱學詩，並未把著手一句一句地講析，而是給她一本《王摩詰全集》，要香菱把五言律一百首細心揣摩透熟了，然後再讀一百二十首老杜的七言律，次之，再李青蓮的七言絕句讀一二百首。肚子裏先有了這三個人做了底子，然後再把陶淵明、應、劉、謝、軟、庚、鮑等人的一看。

黛玉預言果能這樣，不用一年工夫，不愁不是詩翁了。後來，香菱硬是把黛玉選的詩讀盡了，對那些詩確有了感悟。黛玉想考香菱是否真正領悟了佈置給她讀的詩，就讓她談讀詩心得。

她說："據我看來，詩的好處，有口裏說不出來的意思，想去卻是逼真的；又似乎無理的，想去又有理有情的。"

黛玉笑道："這話有了些意思——但不知你從何見得？"

香菱笑道："我看那《塞上》一首，內一聯雲：'大漠孤煙直，長河落日圓。'想來，煙如何直？日自然是圓的。這'直'字似無理，'圓'字似太俗。合上書一想，倒像是見了這似的。要說是再找兩個字換這兩個，竟再找不出兩個字來。再還有，'日落江湖白，潮來天地青。'這'白'、'青'兩字也似無理。想來，必得這兩個字才形容得盡；念在嘴裏，倒像有幾千斤重的橄欖似的。還有：'渡頭餘落日，墟裏上孤煙。'這'餘'字和'上'字，難為他怎麼想來！我們那年上京來，那日下曉便挽住船，岸上又沒有人，只有幾棵樹，遠遠的幾家人家做晚飯，那個煙竟是青碧連雲，誰知我昨日看到了這兩句，倒像我又到了那個地方去了。"

寶玉聽後，贊香菱："'會心處不在遠'，聽你說了這兩句，可知三昧你已得了。"

香菱體會出詩句中"孤"字和"上"字的意韻來。這給她按照林黛玉的要求自己細心揣摩透熟所讀的詩有關，它啟發我們，在語文教學中，指導學生閱讀自悟，對於提高語言能力、培養學生的語感是多麼的重要。

趙珂：沒錯！在這個故事中，不論是黛玉重啟善誘的"教"，還是香菱樂察深思的"學"，放在今天都有許多可取之處值得我們深思。

劉永康：可是，建國以來的語文教學，始終存在著兩大錯誤：

第一個錯誤就是用煩冗地講析來淡化和取代學生的閱讀自悟。搞講重於讀，不講深講透，講者不甘休，聽者不過癮。

一個《孔雀東南飛》的標題可以講一個鐘頭。為什麼要用孔雀，不用麻雀，不用黃鵠、白鵠？為什麼要往東南飛，不往西北飛？抓住這兩點發岔，可以講成這個樣子：

人們解"孔雀東南飛，五裏一徘徊"，多引漢樂府《豔歌何嘗行》："飛來雙白鵠，乃從西北來。五裏一反顧，六裏一徘徊。"以為寫夫婦離散，往往借鳥飛起興。但其他詩言"白（黃）鵠西北來"，何以這首獨言孔雀東南飛？這是因為孔雀既能表現蘭芝的相貌美麗，又能見其忠於愛情，品德高尚。古書雲："古詩孔雀東南飛，此鳥非自偶者，終不相合，強以雌雄同籠，距如仇敵。"又雲：孔雀有九德：一、顏貌端正；二、聲音清澈；三、行步翔序；四、知時而行；五、飲食知節；六、常念知足；七、不分散；八、少淫；九、知反覆。至於"東南"，故事結局亦有徘徊庭樹下，自掛東南枝"語。"東南"二字前後呼應，可見絕非泛指。據有關考證，蘭芝家位於仲卿家東南方。這樣，兩個"東南"就突出地表現了焦劉二人生死相望，堅貞不渝的愛情。

趙珂：像這樣的解釋，問題出在哪兒呢？

劉永康：如此解釋，顯然違背了格式塔整體性原則。事實上，這一句是以托物起興的手法創設了一種纏綿悽楚的氣氛，為全詩定下了感情基調，感染讀者情緒，啟發讀者想像。至於是孔雀，還是白鵠，是"東南飛"還是"西北飛"，則是無關緊要的。格式塔心理學家韋特海墨·考夫卡說："知覺本身顯示出一種整體性，一種形式，一種格式塔，在力圖加以分析時，這種整體性就會被破壞。"這好比欣賞一朵花，本來它豔麗無比，你卻要用顯微鏡讓學生看其細胞分子，再用透鏡析出紅橙黃綠青藍紫的七色組合，再從化學生物學角度分析花的構成成分，用兩只老鼠的耳朵合在一起的形狀來比喻它。最後闡釋生長歷程，土壤氣候，人工培育，科屬綱目、作用貢獻、偉大精神，甚至要砍成段段，切成條條，剁成絲絲，磨成面面，化成水水。這時，你問學生：這花美不美，恐怕學生會說：你不說我倒覺得美，你越說我越覺得它醜惡乏味，快要嘔吐。可以說，我們一些語文教師就在幹這種蠢事。一些名篇佳作，學生一讀要流淚，老師一講就想睡。

趙珂：確實，原本可以完整感受詩句、字詞組合的精妙，卻將其拆解為繁瑣冗長的"部件"，破壞了原本的意境。學生還未感其意就要求究其深，未免強人所難。那第二個錯誤呢？

劉永康：第二個錯誤就是用大劑量的訓練去淡化甚至代替學生閱讀自悟，搞練重於讀。

當前，在應試教育的衝擊下，許多文質皆美的文章，其思想意義形同虛設。只是尋章摘句，用解剖刀加以肢解作為訓練語言的例子，學生在知情意方面有多少收穫要打問號。學校不聞讀書聲琅琅，但見習題如海洋。好端端的文章被肢解成若干習題扣這個字眼，扣那個層次，文章的靈魂不見了。用冷漠的理性分析取代辯證的語言感受。用枯燥繁瑣的題海抽筋拔骨，扼殺文章的氣韻和靈動。有老師教《白毛女》選段，其中有"北風那個吹，雪花那個飄，雪花那個飄飄年來到"句。老師備課時首先想到，要是中考考到對這句歌詞的理解會怎麼命題，於是她一口氣設計了 28 道題。上課時，不讓學生好好地朗讀課文，而是將課文跑馬似的稍稍瀏覽一遍，就去做他那 28 道題。不出所料，中考果然考到《白毛女》選段。老師也高興，學生也高興，心想皇天不負苦心人，有 28 道題墊底，何愁答不上中考題。但學生仔細看題，題目是"北風那個吹，雪花那個飄，雪花那個飄飄年來到"表現了喜兒什麼樣的性格特徵？平常做的 28 道訓練題都沒有把這道中考題點進去。這才叫"麻雀掉進糠堆裏——空歡喜"。於是老師在教室外猜，學生在教室內猜。有說是表現了喜兒的勇敢精神，她不畏風雪嚴寒；有說是表現了喜兒的樂觀精神，風這樣大，雪這樣猛，她還在那兒又唱又跳的。可是命題人提供的標準答案是什麼？是"表現了喜兒天真的性格特徵"。這真是一個天真的答案。

趙珂：以上劉教授批評了建國以來語文教學存在的兩大錯誤：講重於讀和練重於讀。那麼我們的語文教學還要不要講？要不要練？

劉永康：我們不是不要講，但不要搞講重於讀；我們不是不要練，但不要搞練重於讀。講也吧，練也吧，都不能代替學生讀課文，只是要幫助學生讀懂課文。我們反對講重於讀、練重於讀，提倡重讀而行導。因此決不能用老師的講授來代替學生的感受。

一個小學教師執教《湯姆歷險記》，在學生熟讀全文的基礎上，老師提出一個問題"在這段歷險中你對湯姆又有了怎樣的認識，請結合課文的具體內容來簡單說說。"學生通過思考，討論。七嘴八舌地說開了：湯姆是一個樂觀勇敢的孩子，當在山洞中迷路，貝琪絕望時，他三次探路最終找到通道；湯姆是一個足智多謀的孩子，他在已經迷路的情況下利用風箏線探路；湯姆是一個有愛心的孩子，他恢復後立即去看望朋友哈克；湯姆是一個頑皮的孩子，他在講精彩歷險的過程時，還不忘誇張地吹噓一番；湯姆是一個喜歡冒險的孩子，當遊人問他是否還想到那個山洞去走一趟時，他說自己不會在意的。這就是老師引導學生自己去感受課文。

讀書之於語文學習，就如同樹根之於枝葉，源泉之於河流，基礎之於大廈，血脈之於軀體，靈魂之於生命。要讓讀書成為語文教師和學生人生的樂趣：如聽音樂，如賞丹青，如觀風景，如嗅名花，一旦進入書中，就會換起一番天地，蕩起萬千風情。對於好的文章，還要熟讀而背誦。

趙珂：劉教授批評了語文教學的兩大弊端，指出了重讀而行導，熟讀而背誦的正確方向。如何導向熟讀背誦？我們期待劉教授能在下一講給我們做深入的剖析。今天的內容就到這裏，我們下期再見。

## "死記"與"記死"

趙珂：在上一講中，劉教授批評了重講輕讀與重練輕讀的弊端，指出了重讀而行導、熟讀而背誦這個培養學生言語能力、訓練語感的正確方向。那麼能否給我們講講為什麼要重讀？又怎樣去引導學生熟讀背誦文章？

劉永康：好的，說到讀書的好處，就有不少的古訓。

《春覺齋論文》說："人於讀文時熟，則作文時亦熟。"

《蕙風詞話》："學填詞，先學讀。抑揚頓挫、心領神會。日久，胸次鬱勃，信手拈來，自然豐神皆暢矣。"

漢朝學者董遇的"讀書百遍，其義自見。"

趙珂：據說，"讀書百遍，其義自見"，只不過是董遇不願回答別人提問的一句推口話，是嗎？

劉永康：是的，此話出自《三國志·魏志》。原話是：人有從學者，遇不肯教而雲："必當先讀百遍"，言"讀書百遍，其意自現。"從學者雲："苦渴無日。"遇言："當以三餘。"或問"三餘"之意。遇言："冬者歲之餘，夜者日之餘，陰雨者時之餘。"這雖然是不願回答別人提問的一句推口話，但的確也是讀書的經驗之談，實際上強調了文章的味道有時不是講得出來的，只可意會，不可言傳，只有在自讀中去心領神會。語文界同仁們多年的實踐經驗和教訓也證明了一點：就是要培養學生的語文能力，以熟讀為主比以講練為中心的效果更好。以學詩為例，如果說"熟讀唐詩三百首，不會吟詩也會吟"是許多前人的經驗之談，那麼"講析唐詩三百首，不會吟詩不會謅"卻成了今日的許多慨歎之聲。學文也是如此，如果說"熟讀古文二百篇，不會作文也會編"是許多前人走過的成功之路，那麼"講析今文二百篇，讀寫能力不沾邊"，卻成了許多今人面對的嚴酷現實。經典的書，不只是讀，還要背誦。朱自清說："與其讀一百部詩集，不如背誦一部詩集，泛泛地讀，讀得再多也是別人的，就像進了餐廳，看到琳琅滿目的美味佳餚，你不去吃它，也頂多是飽飽眼福而已。只有吃進肚子裏才會變成營養。"背書，就是把書吞進肚子裏，它會轉化為精神營養。目前，按照語文課程標準編寫的語文統編教材十分重視閱讀背誦，要求小學1—6年級背誦75篇，初中7—9年級背誦61篇，高中背誦32篇。

趙珂：這些看來語文的教學始終要把"讀"放在第一位呀。仔細想來確實如此。現在，新的教學理念、教學模式層出不窮，不少教育者在課堂上熱衷於在這些形式流程的推進上，疏忽了最基本的"讀"，這是不可取的。在閱讀背誦的問題上，有無方法可尋呢？作為教師又當怎樣正確引導學生去完成這麼多的閱讀背誦任務呢？

劉永康：讀書背書，當然是要講究方法的。有人主張"死記"，就是不需要理解，能背就行了；有人主張"記死"，就是要在理解的基礎上記牢。

趙珂：那你是怎麼看待"死記"與"記死"的？

劉永康：我認為，對於"死記"與"記死"，要區別對待，根據不同的年齡段各有所側重。原來人類有兩大學習能力：即記憶力與理解力。記憶猶如電腦的輸入與保存；理解猶如程式的設計和應用。沒有程式空有資料，則資料是死的；沒有資料空有程式，程式就是虛的，二者缺一不可。但記憶力與理解力在人生成長過程中的發展曲線是不同的。依據人類學家和心理學家的研究，一個人記憶力發展是從0歲開始。一至三歲上顯著發展，三歲至六歲發展更迅速，六至13歲是人的一生中記憶力發展的黃金時代，為一生記憶之最高峰。以後最多只能保持此高點。往往20歲以後，隨著心理的失衡，便有減退的可能。

而在記憶力正在發展的時候加以訓練，其記憶力會達到較高的高峰，一輩子維持在較高的水準上。但錯過13歲時機，將永無翻身之地。好像一個弱視孩子，過了15歲就無法再訓練了。因此，對於幼稚園、小學生讀書，不是不要理解，但不要過分強調理解。要理解，又不要過分，這是什麼意思？所謂要理解，就是說能瞭解一點字面意思也就夠了。所謂不要過分，就是不要去分析微言大義，不必去仔細推敲立意選材、佈局謀篇、遣詞造句、表現手法、藝術風格這些東西。有些人認為只有理解才重要，認為教一個不理解的孩子背書是不應該的。認為那是填鴨，譏諷為死背，食古不化而反對之，殊不知，該死背的時候就是要死背，這正是符合人性的教育，他如果善於背而給他背他很自然就背上了，怎麼是填鴨？填鴨是因為鴨胃口小，吃不下硬填。現在兒童背書能力強，像有四個胃口的牛，給他背書應該比喻為填牛，填多了他會慢慢反芻，不給他填就成了餓牛。相反，在幼兒記憶特強、悟性較差的階段，不讓他多記，卻要過分強調理解，這才叫填鴨。

趙珂：目前，學生的課業負擔很重，因此政府提倡要減負，讓學生大劑量地背書，是否有違減負的精神？

劉永康：減負是針對應試教育中老師煩冗的講析和大劑量地訓練來說的。特別是針對搞題海戰術、疲勞轟炸，弄得學生疲於奔命，窮於應付而言的。背書是發展記憶力的需要，巴金說："我小時候，私塾老師強迫我死記硬背了二百多篇《古文觀止》，其中每一篇都是囫圇吞棗，但我就是記住了它，為我後來從事散文創作奠定了堅實的基礎。"巴金說的小時候，也就是十二三歲以前吧。發展記憶力的最佳辦法是什麼？就是讓孩子大劑量地熟讀背誦，不要心太軟。

趙珂：那麼，從什麼時候開始？背書就要強調理解，就要由死記轉到記死呢？

劉永康：那就是從十二三歲開始，也就是進入小學階段，誦讀詩書就要強調理解了。生理學、心理學研究成果還告訴我們：理解力的發展與記憶力大不相同。理解力也是從 0 歲開始醞釀，一至三歲總是緩慢上升，13 歲以後方能長足發展。18 歲以後漸漸成熟，但依然可因為經驗及思考的磨煉而一直有所進步直到死為止。據此，對於已經進入初中以上的孩子，讀書就必須強調理解了，就不是死記，而是要記死。在這方面，也有很多古訓值得我們遵循：

管仲說："思之、思之，又複思之，思之不得，鬼神告之。"何謂鬼神，唐彪說："心之靈也。"

蘇東坡說："好書不厭百回讀，熟讀精思子自知。"

朱熹說："讀書之法在於循序漸進，熟讀而精思。熟讀，使其言皆若出於吾之口；精思，使其意皆若出於吾之心。"

讀書強調理解，就是要明其言、曉其義、感其情、悟其旨，得其所、體其境。

趙珂：劉教授，據說你還是負責命制高考語文試題的專家，在設計高考古詩詞默寫試題方面，對中學生古詩詞的熟讀背誦有何導向作用？

劉永康：高考古詩詞默寫題，原來只測試"識記"這一能力層級，於是全國考題，各省考題在背誦默寫板塊方面，全是什麼題型？我把它叫作補足型題，又叫完形填空型，即補寫名句名篇中的空缺部分，根據上文補出下文，或根據下文補出上文。使其意思完整。比如前面給一句"劍閣崢嶸而崔嵬"，下麵就要補一句"一夫當關，萬夫莫開"。下麵給一句"下有沖波逆折之回川"，上面補一句"上有六龍回日之高標"。這就是補足型。歷年全國卷及各省自主命題卷均採用了此種題型。這樣的題型引導語文教學要重視背誦，但缺點就是導向死記硬背。高考命題漸漸試行"理解性記憶"的考查方式。採用了根據理解提示進行默寫的考查方式，這種考查更能檢驗出學生是否真正理解所背內容。這對於那些只憑機械記憶期望得分的學生來說，就需要改變自己的學習方式了，不要再以為語文學習就是"死記硬背"。其實，在全國，最先嘗試考理解記憶命題方式的是由我負責的四川高考自主命題，從2006年開始就一直嘗試出"理解型""情境型"試題。如：

理解型。即根據題幹所給的名句名篇的分析或提示，寫出詩文內容。這種類型把識記與理解兩個能力層級綜合起來，這就要求考生不能機械地識記，更要能對所識記的內容理解吸收。如：

《詩經》中有兩句寫姑娘思念情人的詩，曹操在《短歌行》中借它來表達自己對人才的渴望。這兩句
是_____，_____。（青青子衿，悠悠我心）

上題不僅考了識記，而且考了理解；而且是從兩篇文章的聯繫來考理解。

情境型。所謂情景型，是指題幹創設了一定的情景，讓考生從中推斷出所填寫的答案。它要求考生在記識理解的基礎上把名句名篇真正內化為自己生命的一部分，並對這些詩文有一定的駕馭能力，難度係數較之理解型又有提升。如：

(1) 杜甫一生失意，常陷於病痛孤獨之境，他的《登高》和《登岳陽樓》對此都有描述，這些句子是：

《登高》_____，_____。（萬裏悲秋常作客，百年多病獨登臺）

《登岳陽樓》_____，_____。（親朋無一字，老病有孤舟）

又如：

白居易的《琵琶行》和柳永的《雨霖鈴》中，既交代秋天的背景又蘊涵離別之意的句子是：

《琵琶行》_____，_____。（潯陽江頭夜送客，楓葉荻花秋瑟瑟）

《雨霖鈴》＿＿＿＿＿＿＿＿＿＿＿＿＿＿＿＿，＿＿＿＿＿＿＿＿＿＿＿＿＿＿＿＿。（多情自古傷別離，更那堪冷落清秋節；或：寒蟬淒切，對長亭晚）

趙珂：總之在背誦古詩文方面，中學生和幼稚園以及小學生應該有所區別，後者以識記為主，也需要理解，但不必過分強調理解；前者則要把識記與理解結合起來。

在熟讀背誦中，為了幫助學生加深理解，有什麼好的方法？

劉永康：為了加深理解，在平時的教學中，有時甚至要把相同或相異的古詩文作比較分析。如學了《桃花源記》與《歸園田居·其一》後，讓學生說明其異同。那就是二者都是對和平寧靜農村生活的詩意描繪，都表達了作者對這種淳樸寧靜生活的嚮往。不同之處就在於《桃花源記》中的農村理想社會是作者虛構的。《歸園田居．其一》中描寫的農村理想生活是陶淵明辭職歸隱田園後的現實生活的一種寫照。如學了《六國論》與《過秦論》，就要讓學生比較兩文對六國滅亡的原因作不同的分析。又如《過秦論》與《阿房宮賦》都表達了仁政愛民的思想，應讓學生思考兩文各是怎樣表達的。《過秦論》用的是論證方法，主要是事例論證和對比論證，這兩種方法不是孤立使用，而是交叉進行，你中有我，我中有你。《阿房宮賦》全賦運用豐富的想像，以鋪敘、誇張的手法，富於抑揚頓挫的音樂節奏，展開描寫，語言工整而不堆砌，富麗而不浮華，氣勢雄健，風格豪放。總之在中學階段，要求學生背誦的課文，那就不是死記，而是記死，即在理解的基礎上記牢。

語文教學改革任重道遠，但不管怎樣，請先讓我們語文教師從管好自己的這張嘴巴開始做起，讓教學方法簡單點再簡單點，讓學生自我閱讀思考的時間多點再多點。從小學到中學，2700多個課時學語文，每節課騰出15分鐘，讓學生熟讀背誦一兩個語段，2700多學時背上幾千個語段，有了這個功夫，何愁無聽說讀寫能力。

趙珂："讓教學方法簡單點再簡單點，讓學生自我閱讀思考的時間多點再多點"，劉教授的話可謂一語中的。在今天的訪談中，不論是香菱學詩的故事還是先賢的箴言，再到如今科學的發現都充分向我們展示了學習過程中熟讀精思的重要性。在教學過程中，最重要的是學生在知識儲備和思維感受層面的真實收穫，而非機械繁瑣的形式空殼。今天的內容就到這裏，我們下期再見。

## 屢戰屢敗與屢敗屢戰

趙珂：劉教授，在文學作品中一個句子總是要表達一定的情感意緒，假若要改變句子的情感意緒，有什麼招數可循嗎？

劉永康：好吧，我先講一個故事。古代有一位將軍，他出師不利，老打敗仗，他不敢隱瞞敗績，想老老實實地給皇帝上奏書，說他是"屢敗屢戰，屢戰屢敗。"他手下看後提醒他：你這樣寫只能說明你一敗塗地，潰不成軍，不可收拾。皇帝一氣之下會砍你腦殼。你不如把這兩個詞顛倒過來，寫成"屢戰屢敗，屢敗屢戰"，這樣寫，說明你經得起失敗，不灰心，不氣餒，勇敢頑強，精神可嘉……

趙珂：這個故事告訴我們，要改變一個句子所隱含的情感意緒，其實是有些招數可尋的。那麼究竟有哪些招數，請劉教授告訴我們吧！

### 1.用標點改變句式帶來的情意變化

劉永康：標點符號是第二語言，文章的標點有導致句式變化進而引起語意變化的功能。

《水滸傳》79回中，寫天子降詔招安，詔書中有一句：

除宋江盧俊義等大小人眾所犯多惡並予赦免。

一看就是兩可話。這個"除"字，可以理解為"不計算在內""除非""除外"的意思。那全句可理解為：除宋江以外，其餘的梁山將士都可以赦免。還有一種理解是："除"字當"去掉"講，自然包括"殺掉"的意思，可見這句話是囫圇話，不肯定，宋江可殺可不殺。殺不殺都不會違反詔書精神。取哪個個意思就全憑高俅的意願了，"人無頭而不行，鳥無翅而不飛"，高俅殺了宋江，就群龍無首了，瓦解梁山好漢也就易如反掌。高俅當然是取"除掉""殺掉"的意思。好在他的陰謀被吳用識破，未能得逞。當梁山人馬在濟州城下聽聖旨的時候，吳用給花榮一個眼神的交流，花榮心領神會，一箭射死宣詔官員，鬧將起來。與此同時，吳用的伏兵四起，濟州城外一場大戰，高俅退出城中，宋江收兵回山。

這詔書要是在今天，那意思就不能兩可，就可以通過加標點的辦法來明確要表達的意思。

如果要表達不殺宋江的意思，你覺得該怎麼加標點？

趙珂：讓我想一下，哦，知道了：就可以在"除宋江"三字後面加一個逗號：

除宋江，盧俊義等大小人眾所犯多惡並予赦免。

劉永康：趙珂，這樣來標點，這句話就成了除宋江以外，包括盧俊義在內的梁山將士都可以赦免。

如果要表達殺宋江的意思，你認為又該用什麼標點？

趙珂：這好辦，那就在"除宋江"三字後面，由逗號變句號。即：

除宋江。盧俊義等大小人眾所犯多惡並予赦免。

劉永康：是的，這一變，一個句子就成了兩個句子了。意思也成了殺掉宋江。盧俊義等大小人眾所犯多惡並予赦免。

文章的標點有導致句式變化進而引起語意變化的功能。因此，在閱讀教學中，要解讀文章的意義，不可不注意分析由標點引起的句子結構的變化所帶來的語義變化。

趙珂：在《記念劉和珍君》中，魯迅敘述劉和珍遇難時有這樣一句話：

"聽說，她，劉和珍君，那時是欣然前往的。"

劉教授，要是讓你來執教，你會怎樣來引導學生推敲這句話？

劉永康：我曾經教這一課，就提出一個問題：為什麼句中要用這樣多的逗號？為什麼不寫成"聽說她劉和珍那時是欣然前往的"？學生經過比較思考、討論，最後明確：原來，在"聽說"後加上一個"她"來代稱複指劉和珍，然後分別在"她"與"劉和珍"後面加上逗號，這一加就增添了語言的頓挫，表現出先生在敘述學生遇難時的哽咽難言之狀，激動得連說話都不連貫了。假若用"劉和珍那時是欣然前往的"句式來敘述劉和珍遇難，這就減少了語言的頓挫，那意思固然緊湊，但先生因學生無辜遇難的無比悲痛，和對劊子手的無比憤怒就會被這樣平和的句式給沖淡。

趙珂：在《祝福》中，祥林嫂兩次給別人講阿毛：

第一次："我叫阿毛，沒有應……"

第二次："我叫，'阿毛！'沒有應……"

劉教授，針對以上兩句又該怎樣幫助學生理解？

劉永康：第一次逗號放在"阿毛"後，"我叫阿毛"是個主謂賓結構，其語氣也顯得平和，那是祥林嫂因為希望四嬸能收留她時說的話，從中看得出祥林嫂是在有意壓制心頭的悲痛，不便毫無顧忌地向四嬸流露，這是打掉門牙往肚裏吞。第二次將逗號放在"我叫"之後，使"我叫阿毛"這個主謂賓結構的句子一下變成兩個句子，一個是主謂結構的"我叫"，一個是獨詞句"阿毛"，並且在"阿毛"後加上感嘆號。從中，我們仿佛親耳聽到了痛失愛子的祥林嫂急切地呼喚愛子的悲慘聲音。這是祥林嫂在飽受鄙夷、奚落等各種精神折磨之後，對被狼吃掉的兒子更加思念，而又永遠見不到兒子的無助與無奈的真實寫照。

趙珂：劉教授用生動的故事和具體的教學案例告訴我們：文章的標點有導致句式變化進而引起語意變化的功能。在以後的語文教學中，不可不注意這一點啊！

## 2.由語序變化帶來的情意變化

劉永康：前面那個"屢戰屢敗與屢敗屢戰"的故事就是改變語序導致改變句意。文言中的主謂倒置、介賓結構後置、賓語前置、定語後置，現代漢語中的主謂倒置、定語、狀語的前置或後置……都是語序的變化，都可能導致句子意思的變化。

請看下麵兩個句子：

他什麼都懂。

他懂什麼？

上兩句都用了同樣的語詞，只是顛倒了一下順序，意思就變了。該怎麼理解？

"他什麼都懂"，是誇獎他很有學問；"他懂什麼"，是說他什麼都不懂，說明他無能。

趙珂：在閱讀教學中，要從語序的變化去把握情感意緒的變化。那麼，在你的教學中是怎麼體現的？

劉永康：我教孫犁的《荷花澱》設計了這樣一個教學環節：

《荷花澱》中：水生在區上報名參軍，很想告訴水生嫂，但又怕過早觸動她的心扉，勾起她的離情別緒，因此很糾結，欲言又止，欲說還休。料事精細的水生妻從水生說話的異樣神情和支吾其詞中判斷出一定有什麼隱情，便問道：

"怎麼了，你？"

接著我設計一問：水生妻為什麼不問："你怎麼了"，而要問："怎麼了，你？" 原來"怎麼了，你？"就是"你怎麼了"的倒裝，倒裝之後，用逗號隔開，使本來短促的語氣顯得更加急促，"怎麼了"也在倒裝中得到強調，這就把水生妻渴望知道丈夫的隱情，但又不得而知的急不可待的心情表達出來，而這個急不可待的心情恰恰表達水生嫂對丈夫的關愛和體貼。

在教學中老師不妨用改變句式的方式引導學生換位思考，從而領會句子組合規則的表現力。

趙珂：劉教授以上講析對我很有啟發，我就想到王維的詩句：

明月松間照，清泉石上流。

如果我來施教，我就會設下一問：

詩人為什麼不寫成"明月照松間，清泉流石上"？這樣寫不是更符合漢語主謂賓的常規組合嗎？然後我讓學生也通過思考討論來明確：從審美感受看，這就大大削弱了原來詩句發出來的靜中顯動的資訊。"照""流"置於句末，真切反映了詩人在靜謐的山林中對大自然生生不息，運動不息的極富情趣的感受。

**3.注意由成分省略帶來的情意變化**

劉永康：句子成分省略造成語言"缺陷"，會產生內在緊張力，以促使人的大腦皮層緊張的活動來填補'缺陷'，從而達到內心的平衡。對課文中省略的地方要通過想像去填補，借此加深對文本的理解，併發展學生的想像力。

趙珂：人教版小語第十一冊《荔枝》中有這樣一段話：

母親一見荔枝，臉立刻沉了下來："你財主了怎麼著？這麼貴的東西，你……"

這裏，為什麼這裏要用省略呢？

劉永康：要知道，母親一貫節約，平常買的沙果總是帶疤，還有爛皮的，每斤只花5分或1角。可兒子買的一斤要花幾元錢，在母親眼裏未免太奢侈，所以忍不住數落兒子幾句，但兒子畢竟是敬孝道，兒子孝敬母親的美德以及為兒子的一片孝心所感動的情懷，就是這省略號滲透出來的情味。

趙珂：曹禺《雷雨》第二幕中，當魯侍萍聽周樸園說她走錯了屋子時，有這樣一段臺詞：

哦——老爺沒事了？

魯侍萍"哦"了一聲，立刻有意將要想說的話停住，然後馬上將話題轉向"老爺沒事了"的詢問上去。這又是為什麼？

劉永康：這本來是魯侍萍從前住過的屋子，可現在她卻被周樸園認為是走錯了房間的人，魯侍萍能不倍感痛心嗎？面對這個道貌岸然的惡棍周樸園，她有恨，但發不出聲；走進這間曾經住過的屋子，她有情，又說不出口來，此時此刻魯侍萍心中的心酸怨憤，全都濃縮在一聲"哦"中。這短短的一聲"哦"卻蘊含了魯侍萍長長的悲慘身世。

趙珂：劉教授為我們分析了幾種使用頻率高的句子結構形式的表意功能，無非是窺一斑而見全豹。目的是提醒：語文教師要引導學生與文本作深層次的對話，就不要忽略對句子組合規則的分析。

## 不是語法無用，而是沒有用好語法

趙珂：劉教授，有人歎息語法無用，甚至有人埋怨創建漢語語法體系的馬建忠，說他的《馬氏文通》是模仿拉丁語語法而寫成的，不少地方看得出是明顯的套用，對此，你是怎麼看的？

劉永康：《馬氏文通》是中國關於漢語語法的第一部系統性著作。作者並非單純地模仿，而是把漢語同外語進行了比較，指出了漢語助詞和介詞的特點，這是具有獨創性的。此外，他還認為漢語的形容詞可以作謂語；漢語的主語有時可以省略等。這些都是他研究了漢語語法特點後所提出來的。《馬氏文通》這本著作開建了中國的語法學。該書以古漢語為研究對象，把西方的語法學成功地引進中國，創立了第一個完整的漢語語法體系，奠定了中國現代語言學的第一塊基石。《馬氏文通》發表之後，在知識界引起的震動自不待言，許多學者也都開始語法學的研究，相繼出現了一些語法學專著。如章士釗的《中等國文典》、陳承澤的《國文法草創》、楊樹達的《高等國文法》、王力的《中國古文法》等。這些語法書也都是以古代漢語為研究對象。大的理論框架和體系都是繼承了《馬氏文通》的。在語言學中，語法是一套結構規則，它影響任何給定語言中的從句、短語和單詞的構成。它是對一種語言的系統研究和描述，它有助於我們理解單詞及其組成部分是如何組合成句子的。語法規則可以幫助學習者養成邏輯清晰的思維習慣。學習語法後，學習者在使用語言時能夠變得更準確。

趙珂：經劉教授這樣一講，我就明白了，其實不是語法無用，而是沒有用好語法。一些教師講語言，僅僅停留在對詞性、單句成分、複句層次做靜態分析，未能從語用分析入手，把語言帶入交際狀態的言語層面，引導學生去深層次地探究句子的組合規則在表意上的奧妙。

劉永康：從符號論美學的角度看，句子的組合規則是帶有符號性質的，也就是說：

句子的組合規則本身就具有傳遞資訊的功能。尤其是文學語言，作家們總是絞盡腦汁地去發掘語言表現的內在潛力。他們把視線轉移到句子的結構形式，去尋找與所要表達的思想感情相對應的句法結構，讓句子組合形式也滲透著意義。

阿城《棋王》以懶散簡潔到只用幾百個常用字稍加組織就包打天下的"淡泊無為"的句法結構對應作品所揭示的恬淡寧靜、返璞歸真、"無為而治"的人生哲理。

陳春的《一天》，以單調、囉唆乏味的敘述句式，對應於主人公張三的單調乏味的一生，來揭示其麻木和惰性。

列夫·托爾斯泰的純潔道德感和心理體驗是從他重濁長句結構本身自然流露出來的。

喬伊斯的無標點句法結構，對應了無縫隙的意識流程。

加繆的運用跨度大非理性的短句結構，凝聚了他對現代人生的總體荒唐感，

趙珂：劉教授，我現在明白了，以上這些結構形式不只是內容的負載體，它本身就意味著內容。那麼你能不能結合一些詩文為我們作一點具體分析？

劉永康：好吧，那就請看下麵這首詩：

我有一朵玫瑰

我只有一朵玫瑰

我只能有一朵玫瑰

我有一朵玫瑰

這首詩文字很淺，但含義卻很深。該詩從一個簡單、一般句子開頭。詞語都是常用語，這兒的"玫瑰"應該說是沒有特別的用意。我們可以把它換成別

的什麼名詞。句子的結構主謂賓，不缺、不顛。謂語詞"有"前後不著任何修補，使得主體"我"、客體"一朵玫瑰"之間呈一種平衡關係。總之，句子的一般顯示出生活的一般狀態。第二句詩在波平浪靜的湖心投下一個石子"只"，曾有的常態被打破了，主客體間的關係動盪起來。為什麼這個石子投在謂語詞前？謂語是主客體之間的橋樑，它的變化自然引發出主客體關係的變化。此句可看出情節的發展。第三句在微起波浪的湖心再投下一個石子"能"，使曾經的關係再次變化、發展。聯繫前後可以看出這兒變化最大，形成了一座浪峰，和該句想要透露"我""臨死"醒悟的高潮合拍。最後一句又回到常態，簡單、平靜。終點又回到起點的人生真諦自然展露。如果上述是從時間上演示主題，我們還可以從空間上演示主題。放眼詩句，主體"我"和客體"一朵玫瑰"圍成了一個世界。這個世界裏，有浪靜波平，有微風漣漪，有兇濤高疊，他們相互轉化，合為一體，人生的悲歡陰晴倒映湖面。

徐志摩的《沙揚娜拉》：

最是那一低頭的溫柔，

像一朵水蓮花不勝涼風的嬌羞，

道一聲珍重，道一聲珍重，

那一聲珍重裏有甜蜜的憂愁——

沙揚娜拉！

趙珂：我覺得，詩中反復出現的"道一聲珍重"所形成的一波三折的句法節奏，顯然給了讀者一種甜蜜、纏綿而又帶著點哀傷的離別情緒的暗示。

劉永康：諶容《人到中年》有這樣一段話：

眼睛，眼睛，眼睛……

一雙雙眼睛紛至遝來，在陸文婷緊閉的雙目前飛掠而過。男的，女的；老的，少的；大的，小的；明亮的、渾濁的；千差萬別，各不相同。在她四周閃著、閃著……

這是一雙眼底出血的病眼，

這是一雙患白內障的濁眼，

這是一雙眼球脫落的傷眼。

趙珂：我覺得，以上句式結構類似電影中的快鏡頭頻閃疊印，各種印象同時湧現，令人目不暇接。

劉永康：是的，這種多視覺快節奏的鏡頭頻閃結構對應了眼科醫生陸文婷的心理結構，具有崇高醫德的眼科醫生陸文婷因勞累過度突發心肌梗死，處於昏迷狀態之中，而她的潛意識中仍然只有眼睛，只有病人一雙雙病眼紛至遝來，向她頻頻轟擊，與此相適應，齊頭並進的共時態語言結構給人一種膨脹感，產生一種轟擊效應。如王蒙所言："首先是我們的生活複雜化了，節奏加快了，而後我們的小說才變得多線條和快節奏了。"

趙珂：高中課文中，鄭愁予的《錯誤》以江南小鎮作為中心意象，描寫思婦盼望意中人歸來的纏綿悱惻的感情。其中一句：

"我打江南走過，那等在季節裏的容顏如蓮花的開落……"

為什麼要把"開落的蓮花"倒裝為"蓮花的開落"？

劉永康：這固然是造成音韻的和諧美，但主要還是要將重心落在"開落"二字上，藉以象徵思婦盼望意中人歸家的癡心與煩惱。蓮花由開到落，就像思婦盼歸人，已經由年輕美貌一直盼到年長色衰。

亞裏士多德曾說過，語言表現了情緒和性格，而又切題，那麼你的語言就是妥帖的。總之，結構產生內容。

還要注意句式的多樣性導致表意的複雜性。有時，句子的組合形式並非單一的，而是多種形式的綜合，這就導致句子在情感意緒表達上的複雜化。

趙珂：是啊，我由此就想起《祝福》中，魯家三次祭祀，祥林嫂都被四嬸阻止她插手酒杯、筷子及燭臺：

"祥林嫂，你放著罷！我來擺。"四嬸慌忙地說。

"祥林嫂，你放著罷！我來拿。"四嬸又慌忙地說。

"你放著罷，祥林嫂！"四嬸慌忙大聲說。

劉教授，請你講一講這三句有何異同，在表意上有何區別？

劉永康：在相同的語境中，四嬸阻止祥林嫂插手酒杯筷子或燭臺，都是祈使語氣。與第一，二句比較，第三句在句子的組合上多用了兩種形式，一是倒裝，將"你放著吧"放在了"祥林嫂"的稱呼之前，第二是省略，將不讓祥林嫂插手的藉口也省略了。前兩次不讓祥林嫂插手交代了原因："我來擺""我來拿"，雖然是藉口，但那語氣還比較委婉。第三句的倒裝是先阻後呼，省略掉"我來擺"，那就是說連藉口也不要了，不容分說，就是不讓你插手。加上"慌忙"後還用了"大聲"，這就是一道絕對的命令，語氣十分強硬、態度十分堅決。要知道，這是在祥林嫂自以為捐了門檻贖了罪，自認為不再是傷風敗俗的災星了，然後才去坦然地拿祭祀用品的。沒想到，遭到的拒絕比捐門檻前還要嚴厲，這對她來說，簡直就是五雷轟頂，這意味著她的社會地位在一階一階地下降，她遭受的歧視是一次比一次更嚴重。她的精神因此而徹底崩潰了，正是這種拒絕，逼得她最後走向死亡，因為她已經沒有再活下去的勇氣了。

句子有整散之分。整句如對偶、排比、反復，其句式整齊、音調和諧、氣勢充暢、能夠使文章的情感意緒更加鮮明；散句結構形式自由、散漫、靈活、富有變化。將整散句式交錯使用，能使語言於整齊中富有變化，在對稱中出現錯落，這種具有流動感的語言，傳情達意的功能會更強。

趙珂：《祝福》中寫道：

年年如此，家家如此，────只要買得起福禮和爆竹之類的，────今年自然也如此。

劉教授，你認為這個句子在表意上有何特點？

劉永康：那就是三個"如此"構成排比，使句式整齊，語氣流暢，在第二、三兩個"如此"之間插入"只要買得起福禮和爆竹之類的"這樣一個散句，節奏鮮明，音韻和諧，錯落有致，用整齊而富有變化的句式把魯鎮過年的風俗民情表現得淋漓盡致，從中可知，當時的革命新思潮對魯鎮並沒有絲毫的影響。

趙珂：真沒想到，句子的組合規則本身就具有符號的性質，它能傳遞資訊。所以，我們不要再說什麼"語法無用"了，而要思考怎樣去用好語法，那就是今後我們語文教學再也不能引導學生只對單句劃成分，複句劃層次了，一定要進入語用層面去推敲句子組合規則的本身所隱含的情感意緒。

## "舉三反一"與"舉一反三"

趙珂：劉教授，對於初中生學習文言文，課標的要求主要是記誦積累。能憑藉注釋和工具書理解詩文大意。而語文課程標準要求高中生在閱讀大量的文言文基礎上，需要掌握一些文言詞類活用與特殊句式等文言文知識，在幫助學生獲取這些知識方面，能給語文老師們提供一些行之有效的方法嗎？

劉永康：方法就是"舉三反一"與"舉一反三"的結合使用。

舉三反一就是邏輯歸納法，由個別性前提推出一般性結論，就是哲學認識論中所言：量的積累產生質的飛躍，也就是語感的形成過程。如果說舉三反一是歸納，那麼舉一反三就是演繹，它是由一般性前提推出個別性結論。說到底就是知識的遷移。

孔子《論語·述而》中的"舉一反三"、《公也長》中的"聞一知十"、《學而》中的"告諸往而知來"，孟子提出的"守約施博"，荀子提出的"以一持萬"，《學記》中講的"知類通達"，中國最早的天文數學《周髀算經》中提到的"方約而用博""問一類而萬事達""類以合類"……

以上內容講的都是同一個觀點，那就是通過老師的有效點撥，能夠讓學生形成自己的思想。這就叫舉一反三。可以說知識的學習與生成以及知識的運用，靠的就是舉三反一和舉一反三的結合使用。語言知識建構與運用也不例外。

趙珂：原來如此，歸納和演繹的能力其實就是我們訓練的核心，二者相輔相成不可分割。請劉教授再詳細說說吧！

劉永康：首先是舉三反一。比如老師要學生學習形容詞作意動詞的文言知識，就可從現行初中教材和高中的選文中舉出已出現過的幾個形容詞作意動詞的句子來引導學生研究：

漁人甚異之。——《桃花源記》

太子遲之。——《荊軻刺秦王》

群臣怪之。——《荊軻刺秦王》

老師可以叫學生思考討論這三個句子中的"異""遲""怪"在用法上有什麼特點？然後在老師的啟發下，讓學生明白：這三個詞都是形容詞，這三個形容詞都作意念上的動詞用，我們把它叫做形容詞作意動詞。這三個動詞都分別放在賓語"之"的前面，表示當事人（主語）主觀上認為賓語"之"所表示的人或事物具有這個形容詞所表示的性質狀態。翻譯時，應將作意動詞的形容詞與賓語換位。再在賓語前加"認為（以為）"，構成意動性兼語式，即主語+"認為（以為）"+賓（兼語）→作為賓語的名詞或代詞（像……一樣）。按照這樣的格式，"漁人甚異之"可翻譯成"漁人對這種景象感到很驚奇"。異：以之為異；感到驚奇。"太子遲之"可翻譯成"太子嫌他（動身）太遲"。"遲之"即"以之為遲"。"群臣怪之"可翻譯成"臣子們對他的神色都感到奇怪"。"怪之"即"以之為怪"，"對……感到奇怪"。

趙珂：劉教授的講述使我明白了，這就是從三個不同句子的比較中發現表意上的共同點，即均為"形容詞作意動詞"。這就叫舉三反一，它從幾個個別性的前提推出了一般性的結論。這是我們在後面思維板塊中，講抽象思維時要用到的歸納推理。

劉永康：從以上幾個句子中，一旦抽象出形容詞活用為意動詞的格式，當在後來學的課文《蘇武傳》中出現：

"單于壯其節。"

這時，老師不能再講，就要引導學生從回憶已學的幾個句子中抽象出來的結論來發現，"壯"也是形容詞作為動詞。"壯"即"大"，活用為意動詞後，應理解為"以其節為壯"。即"認為大""看重"。"單于壯其節"就可翻譯為單于看重他（蘇武）的氣節。《蘇武傳》中還有一句：

"雖蒙斧鉞湯鑊，誠甘樂之。"

趙珂：這下我弄明白了，"甘""樂"均是形容詞作意動詞。"甘樂之"即"以之為甘""以之為樂"。這句話就可翻譯成"即使受到極殘酷的刑戮，我也實在甘心樂意。"這就是讓學生在溫故知新中舉一反三。

劉永康：還比如《愛蓮說》文中有這樣的句群：

牡丹，花之富貴者；

菊，花之隱逸者；

蓮，花之君子者。

教師可讓學生在思考、討論，甚至爭辯中去發現其句式特點，那就是將定語成分"富貴""隱逸""君子"分別放在花這一中心詞的後邊，用"者"字煞尾，作為定語後置的標誌，用"之"字將中心詞"花"和定語隔開，表達一種現象上的分母和分子的關係，中心詞為分母，也就是事物的整體，倒置的定語為分子，也就是部分的關係。可翻譯成"其中的""當中的""裏頭的"。"花之富貴者"，就是花當中屬於富貴的那一類花；"花之隱逸者"，就是花裏頭屬於隱士這一類花；"花之君子者"，就是花其中的屬於君子一類的花。

趙珂：學生一旦掌握了"……之……者"這種定語後置的基本句式後，就可以去識別判斷與之相似的句子結構，從而有效地理解句意。

劉永康：趙珂，如下面的：

"石之鏗然有聲者。"

"馬之千裏者。"

"人馬之溺水者。"

针对以上句子，老师不能再讲，就要引导学生从回忆已学的几个句子中抽象出来的结论来加以识别、判断。那么学生就该明白，以上三个句子与已经学过的"牡丹，花之富贵者""菊，花之隐逸者""莲，花之君子者"是一样的句式，那就是将定语成分"铿然有声""千里""溺水"分别放在"石""马""人马"这些中心词的后边，用"者"字煞尾，作为定语后置的标志，用"之"字将中心词"石""马""人马"和它们各自的定语隔开，表达一种现象上的分母和分子的关系，中心词为分母，也就是事物的整体，倒置的定语为分子，也就是部分的关系。可翻译成"其中的""当中的""里头的"。

赵珂：刘教授，通过你的讲析，现在我明白了，"石之铿然有声者"，可翻译成"石头当中能被打出铿锵有声的石头"；"马之千里者"，可翻译成"马里头的能够日行千里的马"；"人马之溺水者"，可翻译成"人马当中，那些被水淹的人马。"

刘永康：看来，你也会举一反三了。这举一反三，就是知识迁移，就是学以致用。这就对了，这就是我们在后面思维板块要涉及的演绎推理的具体运用。一句话，学生语言知识的习得要靠教师提供语言现象，然后引导他们从对语言现象的分析中，水到渠成地得出结论，获取知识，而不能被动接受老师的填鸭式地注入。就是说，不是带着语言知识走向学生，而是带着学生走向语言知识，这就是举三反一。当学生在老师的引导下通过自己的思考一旦发现了新的知识，老师就要进一步引导他们把已经学习到手的知识引向"用"的层面，即凭藉已有的知识去发现新问题，解决新问题，作出新答案。这就叫举一反三，"闻一知十""知类通达""方约而用博""问一类而万事达"。如果在语言学习中能做到举三反一与举一反三的结合，那就能够让学生形成自己的思想。

赵珂：刘教授讲的这些对我很有启发，我就想到一个问题，在单元教学中，能不能用举三反一与举一反三的结合来处理课文之间的关系呢？

劉永康：你這個問題問得很好，完全應該這樣。比如，五年級下冊第二單元是名著學習單元，是一組略讀課文，含《草船借箭》《景陽岡》《猴王出世》《紅樓春趣》四篇課文。本單元學習目的之一就是要學生初步學習閱讀古典名著的方法。《紅樓春趣》是落實這一要素的最重要的一課。《紅樓春趣》寫的是《紅樓夢》的大觀園裏，寶玉、黛玉、探春等一群姑娘一起放風箏的趣事，表現他們放風箏時的自由快樂和對美好生活的熱愛。本單元前三篇是《草船借箭》《景陽岡》《猴王出世》，學這三篇時，老師已經對如何閱讀名著作了一些指導，在閱讀名著的方法上，學生已經積累了一些感性認識，《紅樓春趣》是本單元最後一篇。那麼在教學設計上，老師可採取溫故而知新的辦法設計教學。可以先讓學生回顧學習前三篇名著時，用到了哪些學習方法。在老師的啟發誘導下，讓學生自己總結出前三課學習名著用到的方法。使用暢言智慧課堂"PK"板功能，根據學生的回答，適時板書，即：借助資料、猜測語句意思、大致讀懂課文、瞭解故事情節、抓住人物的細節描寫、反復品讀、體會課文中主要人物形象的性格特點，感悟文中的寫作方法和語言特色。然後在老師適當引導下，讓學生運用這些方法自己去閱讀《紅樓春趣》，解決一些閱讀中的問題。這一設計意圖就是：回顧和總結之前所用到的閱讀方法，這是溫故，是舉三反一；運用歸納總結出的方法去閱讀《紅樓春趣》是引導方法遷移，促進學生對略讀課文的理解，是知新，是舉一反三。這樣的設計就是舉三反一與舉一反三的結合。

趙珂：太厲害了，聽完真的覺得豁然開朗！看來在教學過程中舉一反三和舉三反一除了對基本知識原則的把握，還需要教師留心鑽研、用心引導。這不僅僅是要求學生完成題目，更是激發學生探索知識欲望的過程。不僅是今天談到的文言文教學，舉一反三和舉三反一在其他地方仍舊可以發揮作用，現在就輪到你來舉一反三啦！

我們下期節目再見吧。

## 模糊語言不是糊塗語言

趙珂：在日常生活中我們常常會有詞不達意的時候，明明心有戚戚，一旦表達卻無法準確輸出心中所想。學生在寫作的時候時常出現缺乏重點、模糊不清的句子，面對這種情況，分不清是真的情感模糊，還是自己糊塗。還請劉教授給我們講講這種情形的內在邏輯。

劉永康：有一個學生在他的作文中寫了一句："面對此情此景，我的心中陡然產生一種異樣的感覺。"老師就在旁邊加了幾句批語：這種異樣的感覺是什麼？你能把它說得具體一些嗎？比如說是內疚？是痛惜？是痛苦？還是怨恨？學生在老師的批語後面寫道："我說不清當時自己的心裏是什麼滋味。"是的，人的感覺和情緒很多時候是難以言狀的。"不是滋味"本身就是一種滋味。它不是表達時的含混，而是用模糊語言對內心複雜情感的準確描摹。可見一味地強調精確、具體，是不行的。康德說："人類生活中，不能沒有模糊語言。不可能處處使用精確語言來代替模糊語言。"你看過徵婚廣告嗎？或者聽過紅娘們所提的徵婚條件嗎？大都是諸如身高一米七以上，品貌端正，身體健康，或者要求是幹部、做技術工作，性格隨和一類的話。這些條件說精確，也精確，說含混也含混。什麼叫一米七以上？是一米七三二一，還是一米八四九八二七？不明確。先不要說品貌的"品"，就說這個"貌"吧，是端正到可以選美的程度，還是看起來順眼就行？這距離也太大了。此外，身體健康、性格隨和、做技術工作，這些概念，細想起來都相當含糊。然而唯其如此，這位女同志才有找到對象的希望，假若她把話說得十分精確，恐怕要一輩子當老處女了。比如她把徵婚的條件說成下麵這個樣子：

身高一米七八（脫鞋量），沒犯過任何錯誤（包括上小學時老師沒有請過家長），瓜子臉，眼睛有神，但不要奶油小生。膚色微黑為佳，沒患過肝炎、胃炎、腸炎、氣管炎、腎盂腎炎。感冒一年不超過兩次……

這自然不過是個笑話，沒有人會這麼找對象。這就告訴我們，語言交際要求語義明確，不能含混不清，但是絕不是讓人脫離實際地去追求語言的精確。否則，像前面這個徵婚例子，條件固然是精確了，但由於選擇的範圍大大縮小，語言交往的目的便很難達到。於是，在語言的交際中，我們還得考慮語言的模糊性。

趙珂：哦，原來不論是心中那些無法言說的情感，還是看似模糊的標準其實是人類的正常表達方式。那就請您再給我們講講剛剛提到的"模糊語言"的特徵吧。

劉永康：模糊理論的創立者美國科學家查德認為，"在自然語言中，句子中的詞大部分是模糊集的名稱，而不是非模糊集的名稱"。模糊語言學專門從語言角度來研究事物的模糊概念問題，進行語言的定量分析。模糊概念之豐富，說明人們研究模糊語言，進行定量分析之艱巨。

所謂模糊語言，是指在語言運用中，人們可以明顯覺察到的那些沒有具體明確含義的言語，它包括無定量，無定界或無定指等多種情況。

趙珂：語言有語音、辭彙、語法三要素，那麼語言的模糊性是否在這三個要素上都有所反應呢？

劉永康：是的，語言的模糊性包括語音的模糊性、辭彙的模糊性、語法的模糊性三個方面：

語音是有模糊性的。

比如，一位挑選西瓜的行家在介紹經驗時說，將西瓜托在手中。用手指輕輕彈，發出"咚咚"的清脆聲，是成熟的瓜，發出"托托"的聲音，是成熟度較高的瓜；發出"噗噗"的聲音，是過熟的瓜；彈之發出"搭搭"之聲的則是生瓜。這裏的"咚咚"、"托托""噗噗""搭搭"，究竟代表怎樣的聲音？是不確定的。不會挑瓜的人還是捉摸不透這些聲音的區別，因此一開始仍然挑不好西瓜；只有經過多次實踐，才能漸漸領會這些象聲詞所描摹的聲音。這就是說，語音也具有模糊性。當然，語音上的模糊不只是表現在通過語音所顯示的意義上，也表現在發音器官功能和聽覺器官功能的不穩定上，表現在同音現象和語流音變現象上。

趙珂：這些語音模糊現象在語言交際的實踐中會不會妨礙資訊的正常傳遞，影響人們的交際？

劉永康：這些語音模糊現象一般並不妨礙資訊的正常傳遞，影響人們的交際。比如："父女"和"婦女"、"工人"和"宮人"、"越劇"和"粵劇"，"亨"和"哼""構"和"購"……。

這幾組同音詞語，它們在語音結構上是絕對模糊的，但是，當他們處在一定語流之中時，其意義便被語流嚴格規定著，一般不會導致誤會。再說，語言的語音形式，還受著表達環境、氣氛的制約。比如我們到書店說買ménlián，自然指的是"門聯"，也就是門上掛的對聯。營業員絕不會到雜貨店搬"門簾"賣給我們。這個"門簾"是門上掛的簾子。

有個笑話，一個男生終於鼓起勇氣問自己心愛的姑娘："你喜歡什麼樣的男生？"姑娘爽快地回答："我喜歡投緣的。"男生聽了，一時大腦沒轉過彎來，便摸摸自己的頭，有些緊張地問姑娘："頭偏一點的不行嗎？"這僅是個笑話而已。"投緣"與"头圆"音相同而義不同，孤立地聽，是容易產生誤解的。但在一對情人的對話中，一般不會這樣。這個笑話無非是諷刺這個小夥子的呆板、木訥而已。

趙珂：語音的模糊性相信大家在日常生活中都有所感受。要想消除語音模糊性的影響，將其關聯到具體的實踐情景中進行判斷即可，那辭彙的模糊性又是如何體現的呢？

劉永康：辭彙的模糊性主要體現在實詞方面。

名詞、動詞、形容詞、數量詞、代詞均可以表示模糊意義。帶模糊性的名詞大多是具有一定時間內涵和表示一定方位的。

如"少年""中年""拂曉"、"傍挽"的外延是什麼？"西方""溫帶"的具體界限又何在？

多義名詞和具有比較意義的名詞也有模糊性。

動詞可產生模糊義的並不多。如"小跑"與"快走"的界限就不好區分。

形容詞在辭彙中表意最不精確，絕大部分具有模糊性。它們的精確程度是難於量化的。這一類形容詞本身具有誇飾性、描寫性、比喻性，使用時候傾注了作者的思想感情。

例如肖像描寫："大大的眼睛，彎彎的眉，深深的酒窩，小小的嘴。其中"大大、彎彎、深深、小小"這些形容詞都是模糊的。大到什麼程度、彎成什麼樣子？你能說清楚嗎？"深深的酒窩"，那酒窩究竟有幾毫米深？"小小的嘴"又小到什麼程度，你說可以小到像櫻桃，不是說櫻桃小口嗎？對，那櫻桃是一個球體，櫻桃的球面面積是多大？球體的體積是多大？你能說清楚嗎？數量詞也有模糊的時候。表程度的"十二萬分"差不多等於"十分"，那十一萬九千九百九十，對於語言來說，幾乎等於零。

代詞中的指示代詞具有模糊性，例如 "那裏"和"這裏"，前者為遠指，後者為近指。但"那裏"，和"這裏"，到底分別在什麼樣的確切距離下採用？不好說。

趙珂：看來辭彙中的模糊性表達還真不少。只是依據表達需求而言，有時候模糊語言是凝練表達所必要的，但有時候模糊語詞的使用會讓人感到迷惑，因此需要依據現實情況來進行取捨。

劉永康：語言的形式結構，同樣具有模糊性。

語法上的模糊特性，既可以表現在單句上，也可以表現在複句上，甚至可以表現在片語上。表現在單句上的，如：

"她說不下去了"一句，可以是"話說不下去了"也可以說是"不深入到基層去了"。

表現在複句上的，如"今晚有事，我不去看電影"，這一句其前後分句的關係是不好確定的。可以有四種理解：

①只要今晚有事，我就不去看電影；

②只有今晚有事，我才不去看電影；

③如果今晚有事，我就不去看電影；

④因為今晚有事，我就不去看電影。

可見"今晚有事，我不去看電影"，既可以是條件句，又可以是假設句，還可以是因果句。語法上的這些模糊性，一般並不影響和妨礙人們的交際。在書面語言上，有句群，即上下文意的制約，規定了它的確切內涵，在口頭語言上除了上下句及環境規定著確切意義外，還有語調等幫助區別意義。

總之，語音、辭彙、語法都可以產生模糊性，即均可造成語義界線上的不確定性。

趙珂：雖然剛剛的例子聽起來有點繞口，但我們也能看出：同一複句，沒有關聯詞語，竟然可以有這麼多不同的理解，可見其模糊性之大。既然模糊語言會造成語義界線上的不確定性，那它和其他表意不明的語言的區別在哪里呢？

劉永康：模糊語言跟黑話、隱語不同。模糊語言是屬於全民的，大家能用，也能聽懂、看懂。至於黑話、隱語，則是屬於某階層、某集團的。比如舊社會，商人把"九"說成"大勾勾"，把"六"說成"小勾勾"，把"五"說成"一巴掌"等等。小說《林海雪原》中偵察排長楊子雲與土匪座山雕對話，座山雕說："天王蓋地府"，楊子雲回答："寶塔鎮活妖"。

以上都是黑話，同行懂，外人不懂，那都算不得模糊語言。

模糊語言跟兒童語言也有區別。兒童處在牙牙學語階段，還沒有完全學會，有時只好以一當十，以簡代繁。比如用一個"糕糕"可以代替"蛋糕、年糕、糖糕、雪糕、雲片糕"等各種各樣的"糕"。這也不能算作模糊語言。

趙珂：劉教授，那傳統修辭學上所講的雙關、反語、委婉等手段，是不是模糊手法的運用？

劉永康：傳統修辭學上所講的雙關、反語、委婉等手段，在某種意義上都可以看成模糊手法的運用。

以雙關語為例在抗戰時期，四川有首民歌，這民歌就是利用同音詞造成語義雙關的辦法，對國民黨反動派壓榨剝削人民的重重黑幕作了無情地揭露和諷刺：

從政不如從良

從良不如當娼

當娼不如下堂

下堂不如下鄉

其中"良"與"糧"同音相關，指管糧的官。"娼"與"倉"同音，指管倉庫的官。"堂"與"糖"同音，指管糖的官。"下鄉"指當鄉長。這首民歌用同音義雙關的辦法揭露了國民黨大大小小的官吏：政府官、糧官、鄉長其實都不如娼妓，而且一個比一個壞。

總的說來，模糊語言的成因總是與交際的需要相關。它是語言環境的產物。模糊性的構成，作用的體現，都要依賴一定的語用條件，服從交際的需要。大體來說，在不願精確、不必精確和不能精確等特定條件下，都要用模糊語言才能收到更好的表達效果。

趙珂：感謝劉教授的精彩分享。今天的內容中，讓我們認識到：模糊語言不是糊塗語言，如果沒有特定語境輔助的情況下，濫用模糊語言則會讓人感到雲裏霧裏，不知所云。因此，在日常生活和教學指導過程中我們既要認識到模糊語言的必要性，又要正確地使用它，才能語言表達發揮最好的作用。

今天的內容就到這裏，我們下期再見！

## 準確就一定是精確嗎？（一）

趙珂：在上期內容中，劉教授講述了什麼是模糊語言，以及模糊語言在語音、辭彙、語法中的表現等問題，使我們把模糊語言與糊塗語言劃清了界限。在前面的講解中可以知道，模糊語言在我們的生活中同樣無處不在。可是我們平常總說語言要準確，那怎麼來看待語言的準確呢？模糊語言是不是準確語言呢？請劉教授給我們講講吧？

劉永康：我還是先來講一個故事吧。有位來華訪問的美國朋友，對中國語言曾深感迷惑，他認為中國語言太奇妙了。他以體育比賽為例說："中國人說'中國隊大勝美國隊'，意思是說中國隊贏了；中國人又說'中國隊大敗美國隊'，還是說中國隊贏了。總之，怎麼說都是中國隊贏，真是不可思議。"可見，在特定語境中，意義相反的詞語構成的語言，反倒可以表達相同的語情資訊。楊振寧博士曾說過："中文的不精確，常常是優點。中文用來寫詩極好，因為寫詩不需要精確。太精確的詩是不好的。"楊振寧博士所說的不精確，其實是準確地說出了漢語言語情資訊中美感形態的一種特殊的多意向性和含隱性特點。

傳統的語言觀是把語言的準確與語言的精確劃等號的。模糊理論的出現，使人們對傳統修辭學的"準確性"標準有了新的認識。語言表達要求準確，但準確不單是精確，有時模糊些才更準確，即模糊也是達到準確的一個重要因素。該精確則儘量精確，該模糊的就要模糊，達到精確與模糊的辯證統一。

趙珂："精確與模糊的辯證統一"這個標準聽起來也有點抽象呢，可以請劉教授詳細地跟我們講講，在語言使用過程中，模糊語言會出現的不同情況吧。

劉永康：這裏有三種情況需要瞭解，今天我們只能講其中的一種情況：

不能明確說清的意思只能用不確定的語言來表達。

應該看到，模糊乃是自然語言必然存在的屬性。要用語言來反映的客觀事物是具體的、無窮盡的，而語言是抽象概括的，其單位不能無限增加。因此，人們必須允許語言單位有時不像客觀事物或概念那樣逐個分辨，而是只能籠統一些，只要能完成交際任務即可。本來無法明確說清的意思，當然也就只能用不確定的模糊語言來表達。這樣的模糊反而更準確、更貼切。

趙珂：是的是的，您講這些，就使我想起魯迅先生在《且介亭雜文二集·人生識字糊塗始》一文中寫道：

"例如我自己，最常常會用些書本子上的辭彙的。雖然這不是什麼生僻字，然而假如有一位精細的讀者，請了我去，交給我一支筆和一張紙，說道'你老的文章裏，說過這山是崚嶒和巉岩，究竟是什麼一副樣子呀？你不會畫畫也不要緊，就鉤出一點輪廓來給我看看吧，請、請、請……'這時，我會腋下出汗，恨無地洞可鑽。因為我自己也不知道崚嶒和巉岩究竟是什麼樣子，這些形容詞是我從書上抄來的，向來並沒有弄明白，一經切實考察，就糟了。此外，如幽婉、玲瓏、蹣跚、囁嚅……之類，還多得很。"

我們可以看到就連文學家魯迅先生也會對一些詞感到"糊塗"。

劉永康：對啊，就連淵博精深如魯迅先生，也竟說自己對這些字詞是模模糊糊的，這究竟是怎麼一回事？難道他真的不懂嗎？原來這都是在表達上引起的概念上的模糊。看起來不明白，講起來不清楚，但人們都能理解。

在語言交際中，有時要求語義精確，使人聽起來清楚明白。如人家問你："火車幾點鐘開出？"你只能把確切的時刻告訴人家；而不能說"早晨"或"黃昏"，讓人聽了模模糊糊。但是，客觀事物是千差萬別的。有時我們無法把話說得那麼確定。比如，人家問："你幾點鐘到我家來"？如果一下子無法確定幾點鐘到達，就不能肯定地說"九點二十分十一秒"或"十一點二十三分半"等等。只能說"九點左右"或"大約十一點"等等。以名詞來說，所指的時間往往邊界不清，外延模糊。比如"夜間"，這個概念就是非常模糊的古代先民"日出而作，日落而息"，那麼所謂的夜間也就是從日落到日出這段時間，但是地球轉動到不同地方陽光直射在南北回歸線之間的移動會造成日出、日落在不同的季節時間就會有差異這就造成對"時間一詞界定的模糊性"。如土豆，在我國關內和法國，都被認為屬於蔬菜。而在我國關外和德國卻可以把它歸為糧食類。可見，糧食、蔬菜兩個詞指稱的範圍界限可以移變，詞義是模糊的。"春夏秋冬"四個詞分別所指的時間，全世界有許多不同的分法。"拂曉""黃昏"是指什麼時間，誰也說不具體，只能指出一個大致的範圍。而"前、後"竟然可以表達各自相反的意思（向前看——未來，前幾天——過去）。形容詞、副詞更是模糊的，沒有精確不變的標準，隨著不同的使用條件，意義伸縮範圍很大。同是一條河，牛說很淺，老鼠說很深，小馬無所適從。公認的"大貓"與公認的"小象"相比，"小"的體積、重量可能是"大"的幾十倍、幾百倍。我們說："這個姑娘像花一樣美？"這個"花"也是模糊的。是哪種花？是牡丹還是紅梅？是哪一朵牡丹，哪一朵紅梅？你能說清楚嗎？反正"花"在人們的審美心理中已經成了"美"的代名詞。說得模糊一些，讓你自己去想。你喜歡什麼花，那姑娘就像什麼花。"我愛你"，這個句子是極為模糊的，什麼是愛？為什麼愛？愛什麼？怎麼愛？愛多深？這些個問題，你能說得清楚嗎？你這些分析性的問題都是很難說清楚、道明白的。愛情當然是可分析的，這也給了大量愛情專家飯碗。然而通常分析完，很多愛情都會死亡。可能這依然是戀愛中的高頻詞，所以，從某種意義上，語言的模糊性通常拯救了愛情，甚至拯救了我們的生活。又比如"雙方進行了建設性的會談，取得一些積極的成果。"這裏，"建設性"可能包括了爭執，而"一些積極的成果"，暗示存在一些分歧。顯然，政治語言是很微妙的，表達了微妙的想法和考慮，而這些想法和考慮，不適合用直白的話語表達。就是想直接表達也表達不清楚。政治語言形式的模糊性，即給各方留下迴旋的餘地，並且保護雙方的感情和尊嚴。

與含糊語言相比，模糊語言具有客觀上的明確性與肯定性。這種明確性與肯定性反映在語言內涵上。如：

林區內列為國家保護的野生動物，禁止獵捕；因特殊需要獵捕的，按照國家有關法規辦理。

趙珂：劉教授，對你上面說的這句話，我的理解是：獵捕國家保護的野生動物按照法規辦理是明確的、肯定的，這是表層的意思；但按哪一個法規辦理則是不明確、不肯定的，是沒法說具體、說清楚的。只能用"有關"這個模糊詞來概括，這是深層的意思。您說我理解得對嗎？

劉永康：對的，你的理解沒錯，由此可見，模糊語言具有兩重性特點。即在本質上是明確的，在表象上是模糊的；在定性表述上是肯定的，在定量表述上是變化的；在內容上是明確的，在形式上是靈活的。

以上這些現象情況各有不同，但表明了語言模糊性的存在，它有著主觀性、非定量性、相對性、變異性等特點。不能明確說清的意思用不確定的語言來表達，反倒是從實際出發，使意思表達得更為準確、貼切。因為它符合認識實際，認識到什麼程度，就表達到什麼程度。

趙珂：我明白了，由於人們衡量不同事物的標準有差異，所以有時候看似模糊的表達實際上更能夠幫助人們準確地理解表達者的意圖。所以我們才說需要用不確定的語言來表達不能明確說清的意思。那麼，能明確說清的意思，能否也用模糊語言來表達呢？還有，一些精確的詞能否表達某種模糊的意義呢？我們期待劉教授在下一講給我們說清這兩個問題。

今天的內容就到這裏，我們下次再見。

## 準確就一定是精確嗎？ （二）

趙珂：在上一講，劉教授告訴我們，準確不一定是精確，不能明確說清的意思，只能用模糊語言來表達，那麼，能明確說清的意思，能否也用模糊語言來表達？還有，一些精確的詞能否表達模糊義？就請劉教授來為大家答疑解惑吧！

劉永康：好的，下麵我就來回答這兩個問題：

能明確說清的意思故意用不確定的語言來表達。

人們在交際中常常有難言之隱。說話有顧忌，怕招惹是非；對對方不了解，有戒備之心；直說帶刺激的話怕傷害對方；有的話羞於啟齒；在敏感微妙的問題上為擺脫困境或不與糾纏；尚無把握回答別人的問題等。遇到上述種種情況，只好用不確定的模糊語言，也就是平常所說的閃爍其辭。

男青年小黃和女青年小李是同一單位的同事。小黃在戀愛問題上比較自卑，而小李恰恰已經愛上了他，他並不知道。下麵是他們的兩句對話：

小黃：……誰能愛上我呢？

小李：有人已經愛上你了。

這裏的"有人"的語用寓意是"我"，顯然，"有人"的語意比"我"的語意籠統，聽話人要推出這個詞的言外之意，就必須知道這個"有人"並不是最終的實際選詞，而是一個模糊的代用品。在言語交際中，人們常用這種模糊的代用詞表達某一不便直接表達的意思。在這裏，是小李用來表達羞於啟齒的意思。

一對戀人在公園裏玩。

女：這裏的風景真好。

男：都是因為你來了啊。

女：真討厭!

趙珂：我懂了，這裏的討厭是反語，言外之意就是喜歡、喜愛的意思。這也是不便直說，羞於啟齒，故意繞個彎子來表達。

劉永康：趙珂，我們再看，劉邦上殿參見項羽，項羽說："寡人封你到南鄭去，你願意不願意去？"工於心計的劉邦一聽就明白，這是範增幫劉邦設的圈套。如果說"願意去"，項羽就可以說："南鄭是個好地方，在那裏可以囤糧聚草。等羽翼豐滿了，就好同我爭天下，所以我要把你殺了。"如果劉邦說不願意去，項羽又有藉口："我就知道嘛，楚懷王有約在先，'先入關破咸陽者，王之。'你先入了關破咸陽，說明你想當關中王，所以，我要殺你。"無論說願意還是不願意，都會招殺身之禍。因此，劉邦既不能說去，也不能說不去，然後就用模糊語言加以搪塞。你要是劉邦，這模糊語言該怎麼說？劉邦是這樣說的："大王啊，臣食君祿，命懸於君。臣如君之坐騎，鞭之則行，收轡則止，臣唯命是聽。"劉邦就是借模糊語言免遭殺身之禍。

侗族姑娘結婚很早，使得整理侗族民間故事的同志碰到了難題：寫"姑娘十五了，還沒有成家"，漢族人就不好理解，也不符合我國婚姻法和提倡晚婚的精神。想改為十八或二十八歲，又不符合事實，當地敘述人也不同意，真是左右為難。假若你就是那位整理侗族民間故事的同志碰到這樣的難題，你該怎麼辦？

趙珂：我想遇到這種情況，是否也可以借助模糊語言來解圍，我就說："到了侗族姑娘結婚的年齡，她還沒有成家。"您看行嗎？

劉永康：趙珂，你這個取代精確數字的概括說法，不同民族的人會有不同的理解，是模糊語言，但在這裏最恰當，收到了兩全其美的效果。外交場合既要周全而不留漏洞，又要避免具體問題的糾纏，更是離不開模糊語言的恰當運用。如在一次記者招待會上，有一位記者問陳毅，中國的第三顆原子彈什麼時候爆炸，陳毅回答說："中國爆炸了兩顆原子彈，我知道，你也知道。第三顆原子彈可能也要爆炸，何時爆炸，請你等著看公報好了。"這是一種外交語言，一種偉大的廢話。說沒回答吧，該說的都說了。說回答了吧，需要的一點沒說。這是保密的需要。

趙珂：劉教授，在平時的語言交際中，我發現，有時雖然能夠按實際情況說清，也沒有難言之隱，但說話人仍然用了不明確的語言來表達，你覺得這樣使用語言這對嗎？

劉永康：在平時的語言交際中，有時雖然能夠按實際情況說清，也沒有難言之隱，但照直說好像沒有這個必要，因為這反而顯得麻煩和累贅，這時也可借助模糊語言來表達，比如下麵一段對話：

醫生：頭痛得厲害嗎？

病人：挺厲害。

醫生：發燒嗎？

病人：有一點。

醫生：多久了？

病人：好幾天了。

醫生：怎麼不早點來？

病人：太忙了。

在這段話中，因為醫生只需要瞭解病人的大致情況，所以病人就可以用"挺厲害"、"有一點"、"好幾天""太忙了"等模糊語來回答問題。當然，即使病人想用表示精確語言的詞來回答，也是不容易的，因為頭痛的程度不能用精確數字來描述。另外，如果病人對"怎麼不早點來"的回答是"大前天忙於……，前天忙於……，昨天忙於……"的話，詳盡是詳盡了，明確是明確了，但交際雙方一定都感到累贅，實在沒有必要。因此，在交際中，即使能明確說清，但不宜說清或不必說清的，也可用模糊語言來表達。

趙珂：看來模糊語言的熟練運用還能夠幫助我們巧妙化解一些特殊時刻的難題，在一些特定的語境下，提高交流效率，畢竟生活中遇到的許多問題，並不需要事無巨細地詳細描述。有時候語言過於清晰，反倒會讓人感到煩冗，成為交流過程中的累贅。

劉教授，我發現，有一些詞看似精確，但它表達的實際意義又並不精確。這到底是怎麼一回事，你給我們講講吧。

劉永康：精確的詞語也可以構成模糊語言。

杜牧之《江南春》："十裏鶯綠啼映紅。"

後來的版本將"十裏"改成"千裏"。明朝楊升庵卻說：

"千裏鶯啼，誰能聽得？千裏綠映紅，誰能見得？若作十裏，這鶯啼綠紅之景，村閣、樓臺、僧寺、酒旗皆在其中矣。"

楊升庵這個說法對嗎？

趙珂：我認為不對！根據人們視聽經驗，只憑人的眼睛與耳朵，別說千裏以遠，就是十裏以內，也未必聽得著，看得見。

劉永康：是啊，千裏也罷，十裏也好，其意義並非確指，無非是說畫面的廣闊而已。楊升庵認為千裏不如十裏精確，實在是不知模糊語言的妙用。

《記念劉和珍君》第一句中的第一個短語：

中華民國十五年三月二十五日

趙珂：這個短語所指的時間是夠精確了吧，難道它仍然是模糊語言嗎？

劉永康：是的，因為這裏並非簡單地指明作者參加劉、楊追悼會具體時間。文章寫於同年四月一日，而記敘同年發生的事情一般並不需要標明年份或僅說今年則可。但作者為什麼不說"今年三月二十五日"或"上月二十五日"，而要特別點一下"中華民國十五年"呢？這是要顯示追悼會莊重嚴肅，突出事件的歷史意義，這就是時間中的言外之意、弦外之音，這也是精確詞中隱含的模糊義。

在具體環境中，大量的模糊語言可以變得明白確定起來，而本來比較精確詞句卻可能傳遞實際上並不確定的資訊。

比如千山萬水、千言萬語、千差萬別、千村萬戶、三番五次，其中的數量詞是精確的，但實際上都表不確定的數。

趙珂：您說，像這樣用精確詞來表模糊義，有什麼意義在裏頭呢？

劉永康：用精確詞來表模糊義，往往是為了增強表達力量，或者渲染程度。如：

"桃花潭水深千尺，不及汪倫送我情。"

"千尺"並非實指，無非藉以表述送友之情很深厚。

有的增添形象感，如"我登上三尺講臺感到自豪。""三尺"使講臺的形態、面積具體可感。

或者增強真實感，如"九拐十八彎"。"九"與"十八"增添了道路曲折的真實性。表模糊義的精確詞差不多是數量詞。我的老鄰居是在大學教政治的，他給兒子講"黨的基本路線一百年不變"，兒子反問他："那一百年結束的第二天，基本路線不就要變嗎？"其實這裏的"一百年"不能作機械的理解。它表達的真實意思是"在一個相當長的歷史時期"。這都是精確詞表了模糊義。

我的孫兒看到公園的水從高坡上流下來，就立刻想到李白的"飛流直下三千尺"。後來，他隨我們去看黃果樹瀑布，那個水勢較之公園看到的來得更高，他就覺得用三千尺來形容黃果樹的水勢已經不夠用了，於是就說了句"飛流直下九千尺"。孫兒能根據表達的需要對李白的詩加以改造，是動了腦筋的。但他對"三千尺""九千尺"的含義缺乏理解。他並不懂精確詞表模糊義的道理。我就告訴他。其實"三千尺""九千尺"都是一個意思，都是說明瀑布的水從很高的地方射下來。"九千尺"雖然比"三千尺"多了"六千尺"，可是對於語言來說，多出的六千尺等於零。

精確詞表模糊義不獨是數量詞，一般的精確詞句也可以表模糊義。有個笑話，在某城市的街道上豎著一塊招牌，上書大字標語："隨地吐痰，罰款五元！"某青年看後擤一把鼻涕往地下一甩，衛生監管員過來要罰他的款，他詭辯說："我是擤鼻涕，不是吐痰"。該青年的無理且無奈自不待說，問題是"隨地吐痰"這樣的表述合不合理，該青年鑽的空子究竟在哪里？原來"隨地吐痰"這個短語就是精確短語表了模糊意義。就是說"隨地吐痰"泛指一切妨礙公共衛生的行為，自然包括"亂擤鼻涕""亂拉大小便""亂扔果皮"等破壞公共衛生的行為。同理，我們通常說"洗碗"，自然也包括洗筷子、調羹、勺子、碟子、盤子、鍋子、鏟子，甚至包括抹桌子。通常說"吃飯"，自然也包括飲酒、喝湯、吃菜、啃骨頭。"穿衣"自然也包括穿褲子、穿襪子、戴帽子、系皮帶、系領帶……

趙珂：哈哈，雖然是生活中的語言笑話，但是卻向我們透露出模糊語言在交際中的作用。在某些時候，看似精確的表達，其實更大程度上是包含了作者自身的豐富情感，因此，其客觀層面上的含義反倒不是我們理解時候主要考慮的問題。看來模糊語言還能夠幫助我們巧妙化解一些特殊時刻的難題，在一些特定的語境下，提升交流效率。

今天的內容就到這裏，我們下期再見！

## 文學的朦朧美來自語言的模糊性

趙珂：在上期內容中，劉教授給大家講了使用模糊語言的原因和部分功能。看來在日常生活中模糊語言的使用也是大有學問，那麼，在文學作品中使用模糊語言又有什麼功能呢？

劉永康：好的。在文學作品中，模糊語言還可以給文學帶來朦朧美。這要借助符號論美學的理論才能說清。符號論美學認為："符號是揭示意義的一切現象的結合。它由"能指"與"所指"兩部分組成。"能指"是符號直觀呈現出來的現象，是一種物質性的存在物。"所指"是內在於這一直觀形態中的意義，其自身無法自我呈現。"解放戰爭時期，地下工作者到某個屋子接頭。窗前放一把掃帚，就意味著有危險。那掃帚就是傳遞危險性質的符號。掃帚就是"能指""危險信號"就是所指。"所指"需借助於"能指來顯現。沒有窗前那把"掃帚"這個"能指"，"危險信號"這個"所指"就無法呈現了。以語言為例，"能指"是語音、文字及結構。"所指就是語音、文字、結構呈現的意義。又如繪畫，"能指"是色彩、線條及結構，"所指"是色彩、線條組合中呈現出來的意義。正是由於能指與所指的錯位，使藝術呈現出朦朧之美。一個符號系統所發出的資訊有它的指示性。否則無法釋讀、理解。但又無可否認，符號所傳達的資訊並不等於客觀事物的實體，它有一定的虛涵性。所以，符號論美學認為符號雖然由"能指"與"所指"構成，"能指"與"所指"並非一一對應關係。尤其是藝術符號中，一個"能指"往往有多個"所指"。正如符號論美學家蘇珊朗格說："科學家的太陽只有一個，而藝術家的太陽每天都是新的。不僅如此，每個一個眼裏的太陽都是不同的。"正是由於"能指"與"所指"的錯位，使藝術呈現出朦朧之美。藝術中的文學，其符號除了有語言形式和語義問題，還有修辭問題、美學問題、思想意識等問題的參與，因此文學的代碼往往具有多元的價值。作品中的話語就有自動編碼的可能，作家就可以不顧文學符號的編碼規則有選擇有個性地加以運用。這就導致了文學語言的模糊性，並由此而生出朦朧美。

趙珂：劉教授，那到底什麼是"朦朧"呢？

劉永康：朦朧的含義，正如朦朧一詞本身一樣，難於界定。古往今來，詩家說法相距甚大，褒貶不一。

大體說，它是一種隱約縹緲、寓意難定的風格特徵，屬於模糊美。它的長處在於含蓄蘊藉、如真似幻，讓人不知深淺，產生一種好奇心、神秘感。棱角分明的山峰，一目了然的江河，固然有通透明亮之美，但不耐人尋味，久窺則厭。雲霞飄繞的峰影，曲折掩映的水色，就能激起人無盡遐想。朦朧為我國古典詩歌常見的風格之一。朦朧美尤其表現在詩歌、散文之中。

趙珂：其實，在詩歌閱讀答題的時候經常出現"朦朧美"這個關鍵字。但是很多時候，教師自己都無法將這個模糊的表達為學生講解清楚。請劉教授深入給我們講講"朦朧美"的特徵吧。

劉永康：好吧，關於朦朧美的特徵主要表現在兩個方面：

## 1.境界的模糊性、不確定性

白居易《琵琶行》中，寫道："東船西舫悄無言，唯見江心秋月白。"

這是船客們聽了琵琶女高超彈奏後船上的氣氛。這兩句詩留下一個很大的空白。此時，所有的人首先是被琵琶女的高超彈奏藝術所感染，靈巧的手指撥動了琴弦，也撥動了聽客的心。

趙珂：這時，琵琶女在想什麼？詩人白居易在想什麼？其他聽客又在想什麼？這一切是那樣的耐人尋味。這真是一個無聲勝有聲的境界啊！這大概就是劉教授說的境界的模糊性吧？它也太朦朧了。

劉永康：如果說對於一般好詩的要求是狀難寫之景如在目前，含不盡之意見於言外的話，那麼朦朧恐怕只取其後，不求其前。朦朧詩文中，語言描寫的境界往往是不清晰、不明確的。它具有空靈之美，空則靈，或意在言外，或言不盡意，讓讀者去想像或再創造。

趙珂：對的，我們常說："一覽無餘的作品並非佳作，而讀後引人遐想、發人深思、回味無窮，才是真正的藝術作品，所謂藝術魅力也在於此。"

劉永康：是的，嚴羽在《滄浪詩話》中言：

"盛唐詩人惟在興趣，羚羊掛角，無跡可求。故其妙處透徹玲瓏，不可湊合。如空中之音，相中之色。水中之月，鏡中之象，言有盡而意無窮。"

司空圖《與極浦書》中說：

"詩家美景，如藍田日暖，良玉生煙，可望而不可置之眉睫之前也。"

這裏說的 "羚羊掛角" "鏡象水月" 或是 "良玉生煙" 都是比喻文學使用模糊語言能創造出朦朧、縹緲的境界。雖有些玄虛過分，但它們確實道出了朦朧的一個基本特徵，那就是什麼？

趙珂：我覺得朦朧的意象、那就是境界不能十分明確、具體可指，它具有模糊性，往往是虛虛實實，如真似幻、似有若無，需要經由讀者的想像去補充，去重新組織，您說對嗎？

劉永康：趙珂，我們來看看薑夔的《疏影》便可解朦朧之味：

苔枝綴玉，有翠禽小小，枝上同宿。客裏相逢，籬角黃昏，無言自倚修竹。昭君不慣胡沙遠，但暗憶江南江北。想佩環，月夜歸來，化作此花幽獨。

猶記深宮舊事，那人正睡裏，飛近蛾綠。莫似東風，不管盈盈，早與安排金屋，還教一片隨波去，又卻怨玉龍哀曲。等恁時，重覓幽香，已入小窗橫幅。

薑夔在風雪中造訪詩人範成大寫下了這首詞。薑夔看中了梅香含蓄悠長、梅影搖曳恍惚的特質，以香化情，用影喻怨，達到一種朦朧寫意、只可意會不可言傳的效果。這首著名的梅花詞通篇是讚美梅花的美麗、雅靜、孤獨，寄託詞人對遠方情人的愁緒。除了開頭兩句是寫梅花的景狀外，後面都進入了詞人隱秘的想像領域。他想到了遠嫁異域的王昭君，因思念家鄉，月夜魂歸，化成了這株幽靜、孤寂的梅花。想到了南朝宋武帝的壽陽公主的梅花妝。那是在睡夢裏，梅花落到了她的眉心，留下的花瓣痕跡。他埋怨春風對梅花的無情，不給她細心的照料，卻任她隨波逐流。他仿佛又聽到了那玉龍笛吹奏《梅花落》的幽怨笛聲。三奏為終頭以白，引起人無限哀傷。最後詞人又想到落梅無人愛惜，以後再難見到。怕只能在畫幅中找到她的倩影。但早已幽香難覓，貌合神離了。

這些，是我們對這首詞的大致理解。實際上，詞作中，梅花的形象是虛幻的、模糊的、不可確定的。不同讀者可根據自己的生活經驗馳騁想像的羽翼，作出不同的理解，構築不同的意象和境界，領略到不同的美感。可以說，這就是湯顯祖所說的：

"詩以若有若無為美。"

文學用虛筆寫實景，借暗喻聯想傳達微妙的情思，是構成朦朧境界的主要手段。這種寫法在南宋格律派詞中並不少見。即便以紀實為主的寫景之作，同樣也可以寫得朦朧空靈。而虛筆與暗喻恰恰是文學中的模糊語言運用。所謂"詩無達詁"，就是說它留下了藝術空白，具有空靈之美，空則靈，或意在言外，或言不盡意，讓讀者去想象和再創造。我們常說，一覽無餘的作品並非佳作，而讀後引人遐想，發人深思、回味無窮，才是真正的優秀作品，所謂藝術的魅力也正在於此。

趙珂：我明白了。作者在造境的過程中，有意識地使用模糊性表達會讓作品產生獨特的藝術性，正如"無聲勝有聲"一般餘韻悠長。就像縹緲悠遠的水墨畫，看似大片大片的留白下，千萬浮雲皆入眼，山丘水壑盡在心。看似邊界不明，實則境界全出。那朦朧美除了"境界的模糊"還有別的特徵嗎？

## 2.寓意的隱晦性、多義性

劉永康：《祝福》中魯四老爺掛在嘴上的"可惡——然而——"。

這四個字，幾乎是他出場的全部臺詞。反映了他衛道士的嘴臉嗎？反映了他的沒落和底氣不足嗎？還是表現他的麻木不仁？或者對此不屑一顧？總之，對這兩句的理解是仁者見仁智者見智，難分高下。說穿了保持這樣一個形象的模糊性，包括語言的完整性，要比清晰、準確地選擇要好得多。這就是寓意的隱晦性、多義性。

如果說意象、境界的朦朧是外在的，易於為人感受，那麼寓意的朦朧則是內在的，既不易感受，也較難辨別。葉燮在解說"詩之至處，妙在含蓄無垠，思致微妙，其寄託在可言與不可言之間，其指歸在可解不可解之會"時，提出了"幽渺以為理，想象以為事，惝恍以為情，方為理至、事至、情至之語"。

趙珂：我覺得這裏的"理至、事至、情至"的語言具有幽渺、想象、惝恍的特點，也就是模糊的特點，它造成了朦朧寓意的多義性，令人仿佛中如燈鏡傳影，了然目中，卻捉摸不得。

劉永康：你這理解，算是到位了，你看，李商隱的名篇《錦瑟》就是這樣：

錦瑟無端五十弦，一弦一柱思華年。

莊生曉夢迷蝴蝶，望帝春心托杜鵑。

滄海月明珠有淚，藍田日暖玉生煙。

此情可待成追憶，只是當時已惘然。

對這首詩的理解歷來有分歧。朱彝尊說是悼亡詩，而蘇東坡說是詠瑟詩，何焯說是感傷身世，劉頒、許凱說是愛情詩，張采田說是政治詩。今人對此詩的理解也莫衷一是。有講述作者晚年回顧一生的政治遭遇，有解為生離死別之恨。之所以產生這種分歧情況，就是由於詩的語言本身具有模糊性，尤其是關鍵的中間四句，完全採用象徵、隱喻的模糊手法，各自獨立，互不連貫。每一句都用典，典故的寓意也模糊，可作多種注釋。似乎都能言之成理，似乎又都不能天衣無縫。到頭來，只能見仁見智，任憑讀者自己想像和判斷。正如謝榛所說："不必執於一個意思，或此或彼，無適無可。"法國象徵派詩人馬拉美說："詩永遠是個謎，指出對象，無疑是把詩的樂趣四去其三。詩寫出來，原就是叫人一點一點地去猜想。"這就是暗示，即夢幻。這就是種種神秘完美的應用。清人劉熙載說：

"大抵文善醒，詩善醉，醉語中亦有醒時道不到者。蓋其天機之發，不可思議也。"

他們所說的"謎"也好，"醉中語"也好，都是說詩的語言的模糊性，不確定性。

趙珂：原來如此，寓意的隱晦性與多義性為我們的表達賦予更深的含義，增加了語言的質感、美感、層次感。

從這麼多的列舉中可以看出，我們的先祖早已貫徹了用模糊語言抵達朦朧美的要義。腳下這片廣袤的土地孕育了華夏五千年的文明，在歲月長河中，我們的民族性格生成了內斂含蓄的特點。我們輕易不說相思，只看明月紅豆；不說韶華不再，只歎江水東流；不言孤寂無依，只道寒鴉孤舟。模糊語言在文學作品中自帶一種朦朧含蓄的美，正如"道法"與"禪機"的玄妙，不可言說。在這許多的"只可意會不可言傳"裏，藏著東方美學的獨特氣韻。那些古今文學作品中的模糊語言，仿佛自時空之外射出的無形箭矢，依靠相同的感應與靈犀，我們的心也隨之而起，與這份朦朧之美相引相吸。

今天的內容就到這裏，我們下期再見！

## 按畢加索的畫抓不住盜賊

趙珂：在上期內容中，劉教授給我們講述了文學語言中的模糊美，那麼，文學為什麼特別青睞模糊語言？我們又該怎麼引導學生去研究文學中的模糊性，從而達到準確深入解讀文學作品的目的？還想請劉教授給我們講講好嗎？

劉永康：好的！據說畢加索家中遭竊，員警讓他和保姆憑記憶各畫了一張竊賊的像。而最後根據保姆的畫像抓住了盜賊。這是為什麼？是因為畢加索畫的竊賊是經過藝術化了的竊賊。這個竊賊甚至靈魂都是透著一股竊氣，它是被典型化了的竊賊，適應於所有的竊賊。而保姆畫的只是"這一個"，也就是具體偷畢加索東西的這一個。這個故事說明什麼？說明包括文學在內的藝術的模糊性常常是要比明晰、精確的知識更有審美價值和思想內涵。

趙珂：文學從來就是青睞模糊語言的，文學與模糊語言結下了不解之緣。劉教授，你說這是為什麼？

劉永康：我認為，這有三個方面的原因：

第一，文學是人學，人的性格和感情都具有主觀性、非定量性、相對性、變異性，即不確定性的模糊特點。

第二，文藝作品所反映的生活是極其複雜的，其中具有大量的模糊現象，模糊現象自然就要借助模糊語言來反映。

第三，文藝作品的價值，無論是真的、善的、美的價值，經常表現為多義的、多值的、多爭議的狀況，構成了文藝現象的模糊性。

趙珂：我明白了，就像"一千個讀者眼中有一千個哈姆雷特"一樣。優秀的文學作品本身就是因為其模糊性留給了後人廣闊的解讀空間才得以流傳千古。看來我們也要用"模糊的眼光"來看待模糊的文藝現象。那麼文學大量地使用模糊語言究竟有什麼功能？

劉永康：文學使用模糊語言可產生凝練、生動、形象的語言魅力。

以一首詩為例：

海棠 （蘇軾）

東風嫋嫋泛崇光，香霧空蒙月轉廊。

只恐夜深花睡去，故燒高燭照紅妝。

詩人在詩中寓情於景，運用"嫋嫋"、"空蒙"、"夜深"等詞語所表示的模糊語義，把清風徐徐、香霧漫漫的幽靜月夜的動人景象描繪得生動而逼真，從而使讀者如親臨其境，產生情感上的共鳴。如果作者將"東風嫋嫋"改為東風風速每秒多少尺，將"夜深"改為"晚上一點鐘，那就會失盡詩意，索然無味。任何文學作品的文學形象都要求是清晰的、明朗的。然而要達到這一目的，往往離不開模糊語言。比如，我們經常看到這樣的文字，"這姑娘圓圓的臉蛋，白裏透紅。"這裏所運用的都是模糊語言，但能給人以清晰的印象、真實的美感。如果換用精確的數據來刻畫：姑娘的臉呈一個半徑為7.5釐米的圓盤，60%是白色，40%是紅色。這樣看來好像很精確，但絲毫不能給人以美感，甚至連真實感也消失殆盡了。

王朝聞在《新藝術創作論》中說得好，"如果把包圍廬山的雲霧取消，明確地描寫山形，好像很真實，效果上卻是模糊了藝術家對廬山特徵的感受，廬山取消了雲霧，廬山的神反而含糊。"這段話也恰好是對模糊語言在文學中的功用的最形象的闡釋。

趙珂：劉教授，那模糊理論對於我們的文學教學有什麼啟迪呢？

劉永康：模糊理論對文學教學有多方面的啟迪。

## 1.抓住課文的模糊處，鼓勵學生獨特體驗，各抒己見

長期以來，語文教學只在精確領域內做文章。教材一次又一次變更，師生一代又一代交替，唯獨文本的意義的解釋永遠不變。如說《伐檀》，"刺貪也"；《木蘭詩》讚美"代父從軍的古代英雄"；《愚公移山》謳歌百折不撓的移山精神，等等。這些解釋作為一種歷史存留，我們自然是應該理解和繼承的，然而把它看成現在的無須解讀的"真理"蓋棺論定、一錘定音地傳授給學生，就會僵化學生的頭腦，使之失去探索的興趣和閱讀的創造能力，失去思辨能力與思維能力。文本的意義不應該是先天的、確定的，更不應該把它當成一個永恆的結論傳遞給學生。閱讀是一種體驗，最具個性特徵，由於各人的認知結構、人生態度、性格愛好和閱讀經驗不同，即期待視野不同，所獲得的感受或結論也就不完全相同。這就是閱讀的多元理解。比如，一位教師教《花兒為什麼會開》，她用課文的標題問孩子。第一個孩子說：她睡醒了，她想曬太陽。第二個孩子說：她一伸懶腰，就把花骨朵頂開了！第三個孩子說：她想和小朋友比比，看誰穿得漂亮。第四個孩子說：她想看看，小朋友會不會把她摘走？第五個孩子說：她也長耳朵，她想聽聽小朋友唱歌。突然，第六個孩子問了老師一句：老師，你說呢？老師想了想，說：花特別懂事，她知道小朋友們都喜歡她，就仰起她的小臉笑了！老師原來準備的答案是"花開了，春天來了"。

趙珂：我覺得，這位教師就懂得用模糊性去引導學生獨特體驗、各抒己見。美國學者柯倫曾經說，教師掌握一種神奇的力量，他們能喚醒自己，也喚醒他們接觸的人。如果這個教師僅僅拘泥於自己的標準答案，那麼很難想像我們的教學還有多少藝術空間啊。

## 2.將對課文的不同理解交給學生作比較思考

劉永康：抓住課文的模糊處，將對課文的不同理解交給學生作比較思考。比如清代著名詩評家王國維在《人間詞話》裏對宋祈所寫《玉樓春》中的名句：

"綠楊煙外曉寒輕，紅杏枝頭春意鬧"作過如下評價："著一鬧字而境界全出"。

一個字即傳達出春日萬物爭喧的情景，這正是詞人的高明之處。不過也有人反對這個"鬧"字，清代學者李漁曾寫道：

"'鬧'字極俗，且聽不入耳，非但不加於此句，並不當見於詩詞。"他在《窺詞管見》裏說："此語殊難索解，爭鬥有聲之謂'鬧'，桃李爭春則有之，紅杏鬧春，餘實未之見也。"

教師可將王國維與李漁對"鬧"字的不同看法讓學生比較。然後就會發現，王國維的評論更符合審美法則。這兩句寫初春景色，不直寫春意，也不羅列春景。僅從紅杏枝頭取意，確實是著一鬧字而境界全出。它妙就妙在運用了通感。春景是可見的視覺範圍的畫面，而"鬧"字是聽覺方面的感知，這裏將無聲的畫面變成了枝繁花盛之態，又寫了群鳥競唱的情狀，於是濃郁的春意就在這喧鬧的紅杏枝頭活現出來了。

趙珂：這是把視覺藝術轉換成聽覺藝術表現的奇妙效果。而李漁因為對宋祈的藝術匠心缺少內在審美心理的感應，體會不出外在的感覺器官可以互通資訊，所以不懂得"鬧"字的妙用。這就是在比較中辨正誤、說優劣。

### 3.運用模糊性，讓學生感受藝術形象的曲折深邃之美

劉永康：作品中的模糊處，深深地隱含著難言之意，難表之情。它不外露於字面，迷離恍惚，難於捉摸，往往是全文的精微之處。抓住作品的模糊處，就能探出文中之幽，發出詩中之微來。

趙珂：孫犁《荷花澱》一文中有此一句：

"不要叫敵人漢奸捉活的；捉住了要和他們拼命。"

這才是那最重要的一句，女人流著淚答應了他。

這句話還真是模糊，耐人尋味啊，劉教授，你能把這句話深深隱含的難言之意，難表之情給我們作一個剖析嗎？

劉永康：那麼，在這裏，文中加著重號的一句，人物視角和敘述人視角就發生了模糊。因為我們很難說出這句話究竟是水生嫂的真情流露，還是作為作品敘述人的從旁點評，它給讀者留下了鑒賞的兩可性。從水生嫂的角度看，這句樸素的話蘊含著豐富的情愫。"過盡千帆皆不是"，一連應付了丈夫的兩句話，只有"不要叫敵人漢奸捉活的；捉住了要和他們拼命"這一句才是那最重要的一句。體現了水生嫂對革命事業的理解和對美好感情的忠貞，其栩栩如生的形象躍然紙上。從敘述人物的角度看，通過對看似恬然實則激越的環境場面和人物行動的描寫，敘述人已經對作品人物寄寓了溫婉細切的愛心。"這才是那最重要的一句，"既表現了敘述人參與和解說的敘述功能，又表現了敘述人物熾熱由衷的感情色彩，反映出對水生嫂的理解和讚歎，具有攝入的語氣感染力。

《娘子關前》中，蔣家村的老嫗，在兵荒馬亂的年月裏，微笑地招呼祖國的兵士："進來坐坐吧，裏面暖和一點"，這僅僅表現華族的人心永存嗎？這寥寥幾筆，簡直可以說托起了一個傳統美德和時代精神的偉大的女性的形象，幾個字就構築了一個豐富的人物，這種形象所表現的感染力常常是深邃而又模糊的。

趙珂：由此，我又聯想到路瓦栽夫人在償清所有債務之際，帶著天真得意的神情笑了。此時，你僅僅當她還是整日處在富麗堂皇的夢想之中的小資產階級婦女形象嗎？當然不是啊！

劉永康：葉聖陶先生的《夜》中的朦朧、細微、黃暈、慘澹、隱隱閃閃，霧海似的迷茫、渺茫、模糊、朦朧的夢等的描寫，整個作品從頭至尾都籠罩著壓人的陰沉之氣。與其說這"陰沉"是指白色恐怖，倒不如說，在那白色恐怖的年月，再加上這樣令人壓抑的陰沉，要比單指暗示要好得多，藝術的效果是自不待言的。各種模糊意識形態和語言表達，在人交際活動中和知識交流中，具有廣泛、完美和高效的特徵。它不僅節約了資訊傳遞，使人們之間彼此迅速溝通，而且可以有效地引起對方表象的集合，賦予認識和表達的豐富性、生動性、深刻性。

模糊語言對語文教學的啟迪遠不止這些，我們在以後的形象思維能力發展方面，還會談到運用模糊性發展學生的想象力。

趙珂：確實如此，文學作品中那些未被描摹殆盡的輪廓就是我們對美的創造空間，過於細節化反而喪失了感受藝術形象的機會。許多千古名句正是因為其凝練、生動、形象的表達，讓世人反復吟詠，細細咂摸其中的味道才得以流芳百世。劉教授說，模糊語言對語文教學的啟迪遠不止這些，我們期待著在後面的相關講座中，還有機會涉及這個問題。今天的內容就到此結束、下次再見。

## 揭開語言文字的面紗

趙珂：劉教授，我有個問題想要請教您一下。一直以來都有學生向我反映："很多時候做閱讀題的時候總是讀不出那個味兒來，讀完一篇，心中對於情感內涵的把握總是模模糊糊的。"說實話，作為老師有時候其實也有同樣的感覺，這種情況應該怎麼辦呢？

劉永康：語言文字好比是面紗，被她罩著的是情感意緒。只有揭開這層薄薄的面紗，才會露出情感意緒的真容來。這面紗該怎麼揭？那就是要把握語言環境、善於平中見奇、注意比較異同。

### 1.把握語言環境

一般地說，一定的語言符號與其意義是相對應的，這是語言交流得以實現的基礎。但是，意義又不是一個自由傳遞的穩定不變的實體，一個詞或句子的具體含義往往不是由它自身決定的，特定的語言環境，說話者或受話者的狀況，接觸交流方式等，都可能影響話語的意義，決定一個詞或句子所要傳遞的資訊。因此任何一個詞的準確性、形象性、生動性、含蓄性都是從結構關係中表現的。

孤立的"一"字無所謂準確不准確，若把"一"如此安排：

"前村深雪裏，昨夜一枝開。"

這個句子裏，"一"就準確。因為它顯示出"早梅"的"早"來。詩人最早寫的是"數枝開"，是別人建議他把"數"字改為"一"字的，較之於"數"字，當然是"一"字更能突出"早梅"的"早"來。

孤立地看一個"搶"字，無所謂含蓄不含蓄，但把它放在京劇《杜鵑山》赤衛隊隊長雷剛亮相時的一句臺詞中：

"搶一個共產黨前來領路。"

那意味就深長了，它把共產黨在赤衛隊中的威信，赤衛隊扯旗造反遭到失敗後對共產黨前來領導的渴望，赤衛隊未能得到改造前的流寇習氣 以及雷剛的魯莽性格都通過一個搶字表現出來了。

周立波《山鄉巨變》中有一個下三濫叫胡建庚。他想調戲村子裏最美的姑娘盛淑君。姑娘在走投無路時施緩兵之計，假說現在不方便，約他第二天在松樹林與他相會。第二天，盛淑君邀約她的女伴，準備了一些泥團和松樹果趴在樹丫上等候胡建庚的到來，當胡建庚出現在樹下時，二人用泥團和松樹果使勁地打胡建庚，打得他抱頭鼠竄，好事不出門，壞事傳千裏，這事很快就傳遍全村。村裏的團支部書記叫陳大春，他正在給盛淑君談戀愛。於是就去質問盛淑君為什麼要打胡建庚？盛淑君怕說出真相後，產生誤會，影響他們二人的感情，於是支吾其詞，欲言又止，欲說還休。陳大春氣得桌子上一巴掌，指責盛淑君怎麼這樣粗魯，然後轉身就走。下麵有這樣一段描寫：

盛淑君聽了他最後的話，心裏著急，連忙走出房間，扯起她那嘶啞的喉嚨慌忙叫道："團支書！大春同志！大春！"

同一個陳大春，為什麼會在盛淑君嘴裏出現三個不同的稱呼？孤立地看這三個稱呼，是看不出什麼意思來，但聯繫小說前面的故事情節，原來這簡單的三個稱呼是盛淑君在頃刻間的複雜心理活動的真實流露。他迫切要求入團，生怕因打了符癩子的事而受影響，她敬畏他，不能不懷著嚴肅的感情叫他一聲團支書。她是一個進步青年，陳大春也是一個進步青年，他們在工作上是平等的，她有權要求他瞭解事情真相，她不能接受他武斷地批評和生硬的態度，所以，她懷著埋怨的感情叫了聲大春同志。她喜歡這個有剛性有威嚴的陳大春，她熱戀著他，所以在被人誤解的時刻，她求他理解她，她無法遮掩自己的真情，親昵地求援似的叫了一聲"大春。""團支書，大春同志，大春！"不過短短的三個稱呼，卻表現了盛淑君那種怕大春，怨大春，而又愛大春的極其複雜的心態。使讀者窺見了盛淑君心中頃刻間所掀起的騰挪跌宕的感情波瀾。

高中課文《雷雨》中，當周樸園認出眼前魯侍萍後，有一段二人的對話：

周樸園：　（忽然）好！痛痛快快地！你現在要多少錢吧！

魯侍萍：什麼？

周樸園：留著你養老。

這裏，"你現在要多少錢吧！"是詢問的意義，但聯繫語境顯然還是有另外的意義——

趙珂：劉教授，你就聽我說，我覺得，上文正好說到他們的兒子魯大海，周樸園震驚於兒子帶頭鬧罷工，反對他，魯侍萍則明確地說大海不會再認周樸園做父親了。於是周樸園"忽然"說出這句話來，那言外之意也是再明顯不過了："給你一筆錢，我們一刀兩斷，不准再來纏我！"這就含有決絕的陳述意義和明確的指令意義。

劉永康：看來，你算是能解其中味了。要知道，有時，在語境的作用下，看似不完整的句段反而會產生一種全新的情感世界。《紅樓夢》中寫黛玉之死時寫道：

"猛聽黛玉直聲叫道：'寶玉，寶玉，你好——'說到'好'字便渾身冷汗，不作聲了。

黛玉究竟要說什麼？好狠心？好可恨？好絕情？好糊塗……這千般滋味，萬種風情不必去規定性地虛擬幾個選項來補白的。因為在這特定的語境中所生成的話情資訊，大可涵蓋所有命題的思考。在這裏，語言符號的短缺反而帶來了語情資訊的增值，充分地顯示出語情資訊的特有的表現力。

以上分析說明在引導學生閱讀作品時，要把作品看著是一個整體網路，無論解詞釋義，或是分析內容，都要考慮整體對局部的制約關係，要本著字不離詞，詞不離句，句不離篇的原則來鑒賞作品。

趙珂：有時候不得不感慨大家作品的精妙絕倫。作為讀者，我們只有將文字放回作品整體中去感受，才能更加具體地認識文字所塑造的人物形象、思維活動。把握文章整體的語言環境，也有助於我們更加全面地看待作者筆下的事物，這是一個由單薄片面到豐滿立體的過程。

**2.善於平中見奇**

劉永康：除文言外，現當代文章均是大白話，多數學生能認，字面意思能解。學生對白話文總是似懂非懂的，有一種一覽無餘的滿足感，這種滿足感把學生的思想封閉起來，導致學生不能透過語言文字符號深挖隱含的情感意緒。一些教師也看不出淺顯語言中包含的奧妙，不能引導學生與文本作深層次的對話，師生都在打週邊戰，課堂氣氛也許很活躍，但活躍的背後是膚淺。

趙珂：其實，文本的許多微言大義，並非一定要借助華麗的辭藻和巧妙的修辭手法來表達，許多看似普通的詞和句卻隱含了極其深刻的思想感情。

劉永康：趙珂，正因為它普通，就很容易被學生忽略，引導學生學習語言，就要善於發現這些極富表現力但又看似極普通的詞句，讓學生去琢磨其中的韻味，從平中見奇。

趙珂：高中課文《林教頭風雪山神廟》中：

"那雪正下得緊。"

這個"緊"字就極普通，學生往往不屑一顧。劉教授，你能不能給我們講一講，這個看似平常的"緊"字，它奇在哪里？

劉永康：我教這篇課文就設下一問：這個很不起眼的"緊"字，居然得到許名家的讚賞，金聖歎說："一個'緊'字境界全出"；魯迅說："一個'緊'字富有神韻"；周先慎先生把一個"緊"字作為言簡意賅、凝練厚重、惜墨如金、一字傳神的典範。這是為什麼？ 原來，這個"緊"字，既是指雪下得越來越大，越來越猛，越來越狠，下得不鬆勁，下得緊，又是指故事情節發展很吃緊。它暗示在一場大風雪的背後，迫害林沖的陰謀活動正進行得緊，使讀者不得不為林沖當時的處境感到心緊。因為雪下得大，草料場才坍塌。正因為草料場坍塌，林沖才會到山神廟避風雪；正因為林沖到山神廟去避風雪，才有機會從陸虞侯、福安的口中得知高俅要置他於死地而後快的狠毒，從而怒火中燒，演出了一場報仇雪恨的好戲，終於在風雪中上了梁山。因此，一個"緊"字先是在蓄勢，最後是勢不可擋，噴薄而出。所以說一個"緊"字境界全出、富有神韻、言簡意賅、凝練後者、一字傳神，真實當之無愧。

趙珂：這樣看來，這一平淡無奇的"緊"字當真妙哉！深刻的筆觸往往不僅拘泥於眼前描寫的對象，更是能與文章的整體形成前後呼應。只有精心打磨的文字才能有如此的質感與厚度，在閱讀的時候我們也要擦亮眼睛，平中見奇呀。

### 3.注意比同究異

劉永康：事物總是相比較而存在，比較是確定事物異同的思維過程，是從分析與綜合到抽象與概括的橋樑。通過比其同，究其異，尋其合，追其分，更能辨認事物的本質特徵。

趙珂：其實高中教師執教歌德《漫遊者的夜歌》就可以和王維的《鳥鳴澗》作比較鑒賞。劉教授，要是你來執教，你怎麼來引導學生對這兩課進行比較鑒賞？

劉永康：老師可首先問學生：

"人閑桂花落，夜靜春山空。月出驚山鳥，時鳴春澗中。"

這首詩是怎樣寫靜景的？學生通過思考、討論，應該明確這首詩是寫春山之靜。花落、月出、鳥鳴、這些"動"景，實際上是用花月的動態和鳥鳴的聲音描寫反襯春山的幽靜與閒適。這種以動襯靜的手法與王籍的"蟬噪林逾靜，鳥鳴山更幽"（《入若耶溪》）有異曲同工之妙。老師可接著問學生：王維的《鳥鳴澗》與歌德的《漫遊者的夜歌》在寫法上有什麼不同？學生就應該明確：王維的《鳥鳴澗》包括王籍的《入若耶溪》更喜歡用聲音和動態來表現寂靜，即以動顯靜。而歌德在詩中，則是以靜寫靜來營造一種"絕對的寂靜"，從而來表現人與自然的融合。表達一種在中國人常有而西方人中少有的"天人合一""物我兩忘"的境界。接著老師讓學生讀李白的《獨坐敬亭山》：眾鳥高飛盡，孤雲獨去閑。相看兩不厭，只有敬亭山。然後讓學生將李白這首詩與歌德的《漫遊者的夜歌》作比較，看它們又有什麼相似的地方？老師可以從空間的構成、意境、心境等方面啟發學生進行分析探究。然後明確：1.空間結構相似：由遠及近，由物及人。2.境遇相同，心境相通。3.意境相似。

趙珂：我知道，比較閱讀是需要找准比較點的。比較點，是學生進行比較閱讀的方向和著力點。沒有比較點的比較閱讀，費力不討好。劉教授，你能結合具體的教例給我們說說怎樣找比較點嗎？

劉永康：比如老舍的《在烈日和暴雨下》和朱自清的《春》中都寫到了"雨"，比較閱讀時可以抓住兩個比較點：一是所寫雨景的特徵，二是寫雨的意圖。二者都是寫"雨"，但前者寫的是夏日暴雨，後者描寫的春天細雨，兩篇文章都抓住了事件的特徵進行描寫。前者將雨寫成"箭頭、瀑布"，突出夏雨急驟、猛烈的特點，比如，一個"砸"字，寫出了雨的"大"而"急"。而後者將雨比作"牛毛、細絲、花針"，突出了春雨細密、輕盈的特點，比如一個"織"字，寫出了雨的"細"和"密"。兩篇文章寫"雨"的意圖也不同。前者借對暴雨的描繪來襯托祥子生活的痛苦，讀者仿佛看到暴雨中祥子被雨"砸"得痛苦不堪的樣子，反映出舊中國勞苦人民的悲慘生活，揭露出舊社會的黑暗。而後者寫"雨"是為了創造和平安寧的景象，渲染春雨沐浴下的溫馨，讚美生活的甜美。

赵珂：刘教授的讲座告诉我们：语言是有面纱的，它照著语言的情感意绪，只有把握语境，平中见奇、比同究异，方能揭开语言的面纱，露出情感意绪的真容来。今天的讲座到此结束，下次再见。

## 打開語言運用大門的金鑰匙

趙珂：在語文課程標準中，不但要求學生能夠建構語言，還要學會運用語言。在建構語言方面，劉教授前面的若干講座已經從不同的方面作了詳盡透徹的講解。在指導學生提升語言運用能力方面，也希望劉教授能為大家指點迷津。

劉永康：課標指出的語文核心素養首先涉及的是語言的建構與運用。語言的建構和語言的運用在實際學習過程中是如膠似漆的，密不可分，並非先建構好了語言才去運用語言，而是在語文的聽說讀寫實踐學習活動中緊扣教材、貼近生活，在運用中建構，在建構中運用。

我認為，語言運用的訓練應該包括實詞、虛詞、熟語的運用，病句的辨析與修改，擴展語句、壓縮語段，選用、仿用、變換句式，語言表達的連貫、得體，常見修辭方法的正確運用等。這樣的語言運用訓練應該與閱讀、寫作、口語交際教學恰當地結合起來進行。仔細研究一下，歷年中考與高考測試語言表達與運用這一能力層級，其考點也就是以上這些。

如高考全國卷有這樣一道題：

在下面的橫線處填入恰當的語句，組成前後呼應的排比句。

人民共和國迎來了她50誕辰。50年像一條長河，有急流，也有緩流；50年像一幅畫卷，有冷色，也有暖色；＿＿＿＿＿＿＿，＿＿＿＿＿＿＿50年像一部史詩，有痛苦，也有歡樂。長河永遠奔流，畫卷剛剛展開；＿＿＿＿＿＿＿＿＿＿，史詩還在繼續。我們的共和國正邁著堅定的步伐，跨入新的時代。

本題就是修辭與擴寫、仿寫三個考點的結合。要求考生緊承前兩個比喻句再擴展一個比喻句，與前後的比喻句形成一共四個比喻分句組成的排比句。擴展部分也帶有仿寫的性質，藉以表達共和國前進與挫折的歷程。因此，擴寫部分應與前後文緊緊相關，在詞語、內容、結構、字數上都要講究一致。可是，有些考生平時缺乏這種語用訓練，寫的是"50年像產婆，有順產也有難產，現在正在順產""50年像一次會議，有相聚也有分離，會議即將開始""50年像一個冬天，有太陽也有雨水，冬天正在伊始""50年像一群少女，有美的，也有醜的，美的少，醜得多""50年像一群細菌，有病菌也有益菌，病菌正在蔓延""50年像我媽，有責罵，也有讚揚，媽依然健康""50年像條蛇，有頭也有尾，蛇正在爬行"。這些答案讓人不著邊際、無法理解、十分荒唐。這些，從句式上看都滿足了排比的要求，也彷彿用了比喻句，但仔細分析，卻無法和前後搭配，更無法表達建國50年的厚重、綿長與曲折。

有一年全國試題要求考生寫春聯，這當然是考語言的表達與運用能力，出了一個上聯：

國興旺，家興旺，國家興旺

要考生對下聯。由於考生缺乏寫春聯的語用訓練，對的笑話百出。如"人衰亡民衰亡人民衰亡""你誠信我誠信你我誠信""妖亂舞魔亂舞妖魔亂舞""喜洋洋氣洋洋喜氣洋洋""生由命死由命生死由命""男廁所女廁所男女廁所"……這些對法在思想取向、感情傾向上與春聯特定的習俗相悖。

考作文是最大的語言表達與運用測試。江蘇作文話題：

沉穩的山，靈動的水。

面對這樣的考題，許多考生成了牛啃南瓜——無從開口，有個考生無奈地寫了一句：我登上"沉穩的山，望見靈動的水，大呼一聲，啊，我寫不出來。"

趙珂：這些令人啼笑皆非的答案背後都折射出學生語言運用能力的薄弱。面對這方面的問題，教師應該如何對學生的語言運用能力展開訓練呢？

劉永康：訓練的途徑主要有：

**1.結合教材進行語用訓練**

如年年高考仿寫，而高中閱讀課文中本來就有很多精彩的名句，為什麼不讓學生去仿寫？我曾經出過一道仿寫的高考試題，後來我把它轉化為鑒賞課文的一個教學環節：

請仿照《荷塘月色》中的這句話，另選一種景物進行描寫，要求用下麵的基本句式，並運用排比、比擬和比喻的修辭手法。

層層的葉子中間，零星地點綴著些白花，有嫋娜地開著的，有羞澀地打著朵兒的；正如一粒粒的明珠，又如碧天裏的星星，又如剛出浴的美人。

學生閱讀上句後，我讓學生思考上句描寫了哪些內容，用什麼句式來描寫，用哪些修辭手法來描寫？從而讓學生明確：

層層的葉子中間，零星的點綴著些白花（點出了描寫的對象是"荷花"）有嫋娜地開著的，有羞澀地打著朵兒的（這裏運用的是兩個擬人的修辭手法，擬的是少女的姿態和情態，富有神韻，惹人愛憐。將一個狀動結構和一個狀動賓結構分別放入"有……的"之中。）正如一粒粒的明珠，又如碧天裏的星星，又如剛出浴的美人，（運用三個比喻構成排比句，描摹出在淡月之下的荷花的神態。"明珠"比喻在那淡月的輝映之下，荷花晶瑩剔透的閃光；"碧天裏的星星"比喻在綠葉襯托之下，荷花在忽明忽暗的閃光，"剛出浴的美人"比喻荷花不染纖塵的美質。三個比喻是三個偏正短語構成的並列關係。）

通過以上步驟，學生對所仿之句的修辭手法和基本句式就有了基本瞭解，這就為仿寫訓練提供了遵循，解決了仿寫仿什麼的問題。接著我就自仿一句，為學生仿寫示例，並讓學生思考示例的修辭手法和基本句式是否與原句相符。

示例：悠悠白雲中，隱約地橫亙著一座座青山。（點出描寫對象：青山）有靦腆地躲進霧靄的，有大方地露出真容的（兩個擬人擬出山或隱或顯、撲朔迷離的朦朧美），正如一柄柄直指碧空的利劍（比山挺拔高峻）又如蒼穹中騰飛的一條條巨龍（比山形的綿延起伏）又如一道蜿蜒的綠色屏障（屏障比山緊連著山，嶺緊挨著嶺的態勢）這就寫出了雲霧中山的美感。

通過以上步驟，學生不僅對所仿之句的修辭手法和基本句式有了進一步的理解，而且從教師示例中得到如何仿句的啟發。又比如《荷花澱》中有這樣一個句子：

她們奔著那不知道有幾畝大小的荷花澱去，那一望無邊際的密密層層的大荷葉，迎著陽光舒展開，就像銅牆鐵壁一樣。粉色荷花箭高高地挺出來，是監視白洋澱的哨兵吧！

像上面這個句子，老師就可以設計這樣一個問題：

上面這段話從葉和花兩個方面對荷花進行描寫。仿照這段話另選一種場景，也從兩個方面進行描寫。要求用上面這段話的基本句式，並用比喻手法。

**答案示例一**：遊人站在觀景樓上放眼萬頃竹海，那漫山遍野緊緊依偎著的竹葉隨風蕩漾，宛若大海碧波一般。翠綠的竹竿堅毅地挺立著，成為守望中華文化的君子。

**答案示例二**：山下的這條河，河岸又細又長，彎彎曲曲，宛若一條飄帶，不知是誰拿著它在起舞。河水無聲無息，好像脈脈含情的少年，面對心上人竟無語凝噎。

趙珂：結合課文中的名句進行仿寫訓練，這還真把備考與閱讀教學結合起來了。劉教授這一招真是在變教考分離為教考結合，省得學生去搞題海戰術，弄得學生疲於奔命，窮於應付。其實，教材中值得仿寫的名句一抓就是一大把。望大家能效法劉教授的方法指導學生進行仿寫訓練。

### 2.貼近生活進行語用訓練

劉永康：要把學語言用語言的活動拓展到學生生活中去。讓生活豐富學生的語言，讓語言描繪學生的生活。我曾經親自出過一道高考題：

下麵是一張汶川特大地震中搶運傷患的照片，這張照片震撼人心，請對此寫幾句簡明得體、鮮明生動的話，表達你的頌揚之情（100字以內）

我還為閱卷教師提供一個示例：

說什麼非親非故，道什麼生人熟人，你們肩上扛著垂危的生命，垂危的生命連著一顆滾燙的心，山高算個啥？翻過去；無路也要行，踩著亂石攀登。這就是大愛無疆，有什麼義比它更長？這就是捨己救人，有什麼情比它更深？

這道試題測試考生語言表達與運用這一能力層級，考點是"簡明得體、鮮明生動"。試題中的攝影把考生帶入當年汶川地震的真實的現場，思考怎樣去讚美抗震救災的英雄。這就間接地把學語言用語言的實踐活動與現實生活緊密地聯繫起來。我出的這道高考題，其意圖就是要讓語文老師明確：要把運用語言的教學活動導向生活。

趙珂：沒錯！學生結合日常生活相關的素材進行表達其實就是在訓練自身語言運用的過程，讓知識與學生的真實生活產生連接。那還有一種方法是什麼呢？

### 3.創設情境進行語用訓練

劉永康：教師要從語言運用訓練的實際需要出發，依據訓練目標創設以形象為主體、具有情感體驗的自然或社會環境，以吸引學生的注意，激發學生的興趣，從而完成語言運用訓練的任務。請看下例：

根據括弧內的要求寫一段鳥兒與樹林的對話。

鳥兒（感激地）＿＿＿＿＿＿＿＿＿＿＿＿＿＿＿＿（排比）

樹林（謙虛地）＿＿＿＿＿＿＿＿＿＿＿＿＿＿＿＿（比喻）

示例：

鳥兒（感激地）：你是我棲息的家園，玩耍的樂園，成長的搖籃；為了你。我要把歌兒唱得更甜。

樹林（謙虛地）：你是我的開心果，沒有你寂寞，有了你歡樂。我要終身與你為伴，一塊兒愉快地生活。

以上也曾經是我親自命制的一道高考試題，其命題意圖就是啟發教師從語言運用訓練的實際需要出發，依據訓練目標創設以形象為主體、具有情感體驗的自然或社會環境，以吸引學生的注意，激發學生的興趣，從而完成語言運用訓練的任務。

### 4.運用群文教學進行語用訓練

趙珂：17版《課標》中提出了"語言積累、梳理與探究的任務群"，教師可以在課堂教學中圍繞任務群的學習來展開相應的教學活動。就是說，教師可以通過群文教學來進行語用訓練。怎麼操作？您能舉例說明嗎？

劉永康：比如教師在講解李煜的《虞美人》的時候，可以和李清照的《武陵春》進行群文教學，《虞美人》中的"問君能有幾多愁，恰是一江春水向東流"，李煜把抽象的愁緒具化為江水，表明了自己的愁緒如江水一般滔滔不絕；而《武陵春》中"只恐雙溪舴艋舟，載不動，許多愁。"，李清照將抽象的愁緒賦予重量，說明小船承載不住她此刻的愁緒。通過群文教學，可以幫助學生積累有關愁緒的表達方式，對於愁的表達，可以具化為某種事物、賦予重量，甚至還可以增添顏色。

趙珂：劉教授為我們提供了打開語言運用的四把金鑰匙：結合教材進行語用訓練、貼近生活進行語用訓練、創設情境進行語用訓練。通過群文教學進行語用訓練。我覺得這些訓練方法具有很強的針對性、實用性和可操作性，如果將這些方法運用於教學實踐，一定會收到良好的教學效果。

特別值得一提的是劉教授運用語言的訓練是用教考結合代替了教考分離，避免了題海戰術，減輕了學生的課業負擔。"學生，要學還要生"，現在的學生因課業負擔過重不能充分運動、娛樂、參與社會實踐、生活的權利被剝奪。巴金暮年說過這樣一句話："在我靠藥物延續生命的日子裏，我始終擺脫不了夢魘的折磨，我給一個朋友寫信說，使我感到痛苦的是看見孩子們失掉他們的童年。"當前課程改革乃至整個教育改革的又一基本任務就是歸還學生過自己生活的權利。因此，語文課堂教學再也不要搞無效勞動，一定要事半功倍。劉教授在語言建構與運用訓練中搞教考結合，那的確值得我們語文教師很好地效法。

各位語文愛好者，大家好！到現在，劉教授已經講述了 18 個專題，全聚焦在"語言素養"這個語文核心要素上。

從劉教授的講座中應該得到啟迪：那就是理解"語言素養"這一目標時要關注三組名詞。第一組是語感和經驗。學生要在日常生活和語文學習中培養自己的語感，在語感逐漸敏銳的過程中，讓自己的語言經驗變得豐富，進而提升自己的語言品質。第二組是意識和能力。發展這樣的語感和經驗，需要學生有自覺的意識和自主發展的能力。第三組是內涵和情感。要感受語言文字的內涵，培養對國家通用語言文字的情感和對多元文化的尊重意識。

從下一期開始，劉教授的講座要轉入語文核心素養的第二個要素——思維要素。劉教授將會用 26 個專題來談思維的發展與提升。別看這個板塊很抽象，劉教授講起來仍然是有用處、有新意、有深度、有趣味。相信你聽起來會是如沐春風，趣味盎然。

那我們就期待下期再見。

# 第二編　思維素養——內化語文課程核心素養的關鍵

　　思維和語言是一對孿生的姊妹。思維離不開語言，思維形式中的概念用詞來表達，判斷用語句來表達，推理用語段來表達，沒有語詞，概念就沒有載體；沒有語句，判斷就沒有依託；沒有語段，推理就沒有憑藉。同樣，語言也離不開思維，思維是語言的靈魂。理解語言，必須深入到內部思維過程。運用語言，也必須經過思維才能表情達意。語言和思維是相互作用的。一個人在頭腦中思考問題的時候，憑藉內部語言進行思維加工。要把思維結果傳遞給他人，就必須將思維結果轉換為外部語言。思維的明晰性體現為語言的準確性，思維的條理性體現為語言的連貫性，思維的形象性體現為語言的生動性，反之亦然。義務教育階段，對思維素養提出了思維能力的要求，"思維能力是指學生在語文學習過程中的聯想想像、分析比較、歸納判斷等認知表現，主要包括直覺思維、形象思維、邏輯思維、辯證思維和創造思維。思維具有一定的敏捷性、靈活性、深刻性、獨創性、批判性。有好奇心、求知欲，崇尚真知，勇於探索創新，養成積極思考的習慣"，高中階段，對思維素養的表述是思維發展與品質提升。兩者皆指出語言的發展與思維的發展相互依存，相輔相成。學生在語文學習過程中，需要培養邏輯思維能力和批判性思維能力，能夠分析、推理和解決問題。同時，還需要理解和尊重多元文化，具備跨文化交流的能力，形成全球視野。"永康教授講語文"共設計了25個專題對課標關於思維素養的要求作了全面、系統地闡釋。

## 思維究竟是什麼模樣？

趙珂：前面，劉教授用 18 個微內容講述了有關語文核心素養中"語言素養"的問題，從本講開始，劉教授要用 25 個微內容來講述語文核心素養中的第二個要素："思維素養"。對"思維素養該怎麼理解？"請劉教授給大家講講吧。

劉永康：思維素養包括積極思維的願望、主動思考的態度、參與思維活動的行為以及思維能力等，其中最為核心的是思維能力。思維能力，是學生在語文學習過程中的聯想想像、分析比較、歸納判斷等認知表現，主要包括直覺思維、形象思維、邏輯思維、辯證思維和創造思維等。思維具有一定的敏捷性、靈活性、深刻性、獨創性、批判性。要培養這樣的思維，需要有好奇心、求知欲，崇尚真知，勇於探索創新，養成積極思考的習慣。[4]

思維和語言的發展是密不可分的。學生在語言運用的過程中會關注到語言的思維表現，通過思維和語言的互動，促進語言運用和思維能力的共生共長。因此，語文課程要通過語言的建構與運用，培養學生的直覺思維、形象思維、邏輯思維、辯證思維和創造思維，促進學生形成崇尚真知、勇於探索創新的精神。義教課標第 6、7 條主要是關於思維方式、思維品質的培養要求的。其中，第 6 條側重於形象思維、直覺思維、創造思維等的培養目標，第 7 條側重於邏輯思維、辯證思維等的培養目標。

趙珂：課標既然要求要發展學生的思維素養，那什麼叫思維呢？能給我們講講嗎？

劉永康：思維的種類很多，如果按不同的標準就有不同的劃分。如果以科學提供的具體知識為基礎，以思維的不同內容、特徵、功能為依據來對思維進行分類的，就包含直觀動作思維、具體形象思維與抽象思維。如果按照思維過程中是以經驗作指導還是以理論作指導為標準，可將思維劃分為經驗思維和理論思維。如果按照思維結論是否有明確的思考步驟以及思維過程中意識的清晰程度劃分，可以分為直覺思維與分析思維。如果按照解決問題時的思維方向，可將思維劃分為發散思維與聚合思維。如果以思維的智力品質為標準，根據創新成分的多少，就可以將思維劃分為常規思維和創新思維。如果按照思維達成的目的性為標準，就可把思維劃分為求解性思維與決斷性思維。如果以思維主體對思維運動的過程和結果能否意識為標準，又可以將思維劃分為意識思維、潛意識思維和無意識思維。

趙珂：我覺得以上思維的歸類是用了不同的標準。其實，同一種思維，按不同的標準就可以歸為不同的類型，劉教授，是這樣的嗎？

劉永康：趙珂，比如經驗思維和理論思維其實都是抽象思維，決斷性思維實際上是發散思維與聚合思維的綜合運用。因此思維的類型雖多，其主要的思維方式還是形象思維、抽象思維、直覺思維、辯證思維、創新思維。而創新思維更是多種思維的綜合。這些，正是語文課程標準對學生發展思維能力提升思維品質的要求。

我打算用 26 講來研究課標中對於發展學生思維能力與提升學生思維品質的要求。本講主要是從抽象思維的角度來說什麼叫思維。至於形象思維、直覺思維、辯證思維、創新思維以及與之相關的發散思維、聚合思維中的思維特徵，我們會在相關專題中研究。本講只是講抽象思維中的思維，而這是在各種思維中最基本、最重要的思維。

抽象思維中的思維就是人的大腦對客觀事物間接地、概括地認識和反映。它始於問題、又終於問題。間接性、概括性、問題性就是思維這種認識和反映事物的基本屬性。

思維的間接性。思維是人的大腦對客觀事物的間接反映。所謂間接，就是根據已知來推導未知。

世界上有許多東西可以憑感覺器官認識它：這座山很清秀，眼睛看得到；這首歌很優美，耳朵聽得到；這朵花很香，鼻子嗅得到；這塊糖很甜，舌頭嘗得到；這塊衣料的質地很柔軟，手觸摸得到……憑眼耳口鼻等感覺器官對事物進行反映，這是直接反映，這不叫思維。但世間有許多東西，比如光運動的速度、微觀世界元粒子的運動規律、地球的品質……眼睛看不見；耳朵聽不見；手觸摸不到；口舌嘗不到。但人要去認識它們，靠什麼？就只有靠已知去推測未知。比如地球的品質有多大？英國的物理學家卡文迪許就根據牛頓的萬有引力定律來測算。牛頓發現了萬有引力定律，但引力常數質是多少，牛頓並不知道，卡文迪許根據充分條件的假言推理求出引力常數品質為 $6.67 \times 10$ 的 $-8$ 次方，即 15000 分之一達因，也就是 1 毫克，然後將引力常數質帶入萬有引力定律公式，計算出地球的品質為 $5.98 \times 10$ 的 21 次方公斤。人的大腦對地球品質的認識就是間接的認識，這種認識就是思維的認識。它具有間接性。

呂春秋《察今》中寫道："故察己則可以知人，察今則可以知古。古今一也，人與我同耳。有道之士，貴以近知遠，以今知古，以所見知所不見。故審堂下之陰，而知日月之行，陰陽之變；見瓶水之冰，而知天下之寒，魚鱉之藏也。嘗一脟肉，而知一鑊之味，一鼎之調。"

這就把人類憑藉思維間接認識事物的意義闡述得十分透徹。

趙珂：思維的間接性就註定了我們無法像通過感官一樣直接去感觸和認識，需要憑藉已有的事物借助於大腦的一番運作才能抵達我們想要的結果。

劉永康：思維的概括性。

思維反映客觀事物又具有概括的特點。所謂概括反映就不是現象的反映，而是透過事物的現象看到事物的本質規律。

比如閱讀完一部《紅樓夢》，你產生這樣的認識：《紅樓夢》不過就是一部言情小說，寫的就是賈寶玉、林黛玉、薛寶釵之間的三角戀愛。這也算是人的大腦對《紅樓夢》這部書的反映，這樣的反應是概括的嗎？不是。因為這只是看到了表面現象。《紅樓夢》言情是手段，"論政"才是目的，所以說是"托情以論政"。就是說，《紅樓夢》是以賈寶玉、林黛玉、薛寶釵三人的愛情糾葛為主線，以大觀園為背景，展開對賈、史、王、薛四大家族的描寫，藉以暗示康乾盛世下潛伏的危機，揭示整個封建社會由盛到衰、沒落崩潰的總趨勢，這個總趨勢是任何人也無法逆轉的，"頑石無才補蒼天"。對《紅樓夢》能夠認識到這一步，那就是透過現象看到了本質，這樣的認識就是概括的認識，就是思維的認識。

在我們一些老師的閱讀教學中，總是引導學生打週邊戰，在皮面上跑，不能引導學生與文本作深層次的對話，表面熱鬧，熱鬧背後就是膚淺。究其原因，就是缺乏概括能力。

趙珂：是啊，比如有的老師教《故鄉》，其中閏土說：

"冬天沒有什麼東西了，這一點幹青豆倒是自家曬在那裏的，請老爺……"

教師問："這個省略號省掉的是什麼？"學生回答："請老爺收下這包乾青豆"，然後就完了，我認為，這就是膚淺。其原因就是缺乏概括能力，就是只看到語言的表面，未能透過語言現象發掘出語言背後隱含的情感意緒。劉教授，要是你來執教這句話，你會怎麼來引導學生挖掘語言文字後面隱含的深意，訓練學生思維的概括性呢？

劉永康：我曾經在施教中，有這樣一個教學環節：我說，閏土這句話是一個半截子話，他說到"請老爺……"就說不下去了，語塞了，留下一個省略號，這省略的內容是什麼呢？有學生說是"請老爺不要見笑。"有學生說"請老爺笑納。"有學生說"閏土是個文盲，說話不可能這樣文雅，就是請老爺收下。"

我又問："那閏土為什麼不把這些意思明確地說出來，而要省略掉？"多數學生語塞，聰明的學生說："魯迅用語一向精煉，大家都心知肚明的就不必講了。"我又問："難道僅僅是為了用語精煉嗎？這裏面還有沒有更深層的意味？"這時，學生都不能回答。於是我就引導學生聯繫全文，從閏土與迅哥兒社會地位的變化，以及送禮的輕重來考慮，學生終於明白，兒時的迅哥兒現在已經是老爺了，而閏土還是一個土農民，一個土農民來看望一個老爺，由於社會地位發生變化就必然有一種拘束感。中國是禮儀之邦，走親訪友總要捎帶一點禮物。閏土去看老爺，只能送一包乾青豆，就會產生一種拿不出像樣禮物來的尷尬。那拘束與尷尬正是省略中的意味。讓學生能體會到省略號隱含著閏土因社會地位變化帶來的拘謹以及拿不出像樣禮物來的尷尬，這就是深刻。這樣的教學就是訓練了學生思維的概括性。

趙珂：由此我又想到有教師教《藥》，其中華老拴買回人血饅頭，與華大媽對話：

"得了麼？""得了。"

老師問學生："得了什麼？"學生回答："得了人血饅頭"，然後就完了，恐怕這也叫膚淺吧？劉教授，要是你來施教，那又該怎麼來引導學生進行深度發掘，達到訓練學生思維概括性的目的？

劉永康：我曾經教這課，就引導學生從康大叔騙華老拴夫婦買人血饅頭這一事件的意義上去思考。也有這樣一個教學環節：我問學生這裏的"得了嗎？""得了。"究竟是"得"了什麼？學生異口同聲地說："得了人血饅頭"。我有問："華老拴夫婦怎麼不把人血饅頭直接說出來？"學生仍然只能從魯迅用語精煉來理解。然後，我讓學生聯繫全文來體會華老拴夫婦對話時的心態，學生終於明確，這簡單地對話把華老拴夫婦渴望得到人血饅頭，但又害怕那個血淋淋的人血饅頭，因而忌諱說人血饅頭的複雜而又愚昧的心態，以及劊子手康大叔不僅直接操刀殺害了夏瑜，還拿他的血蘸饅頭騙取華老拴夫婦錢財的兇狠、貪婪的醜惡嘴臉都暴露無遺。這就叫深刻。而這就是透過語言現象的表面發現其中帶本質的東西，這就是概括。如果把對話寫成"你買到人血饅頭了嗎？我買到人血饅頭了"，那魯迅就不叫魯迅了。

趙珂：剛剛劉教授涉談及他執教中學課文的這幾個教學環節，其實就是通過課文已呈現的具有概括性的文字結果去深入挖掘作品中人物的心路歷程。在整個過程中，學生可以從看似簡略的文字中體會到複雜的情緒，這就有效地訓練了學生自身的思維概括能力。那麼思維的問題性又是什麼意思？

劉永康：思維的問題性。可以說，沒有任何一種人類活動是與問題不沾邊的，一部人類文明史就是問題的演變史。人類的認識活動就是以問題作為啟動器和動力源。人類由未知通向已知的過渡形式，轉換器、橋樑就是問題。學起於思，思源於疑。思維的起點是問題，一切思維過程都指向問題。關於思維的問題性質，亞裏士多德早就論述過，大意是："思維自驚奇和疑問開始"。

語文教學要質疑激思，開啟學生思維的門扉靠的就是問題。我教《鴻門宴》就設計了一個問題：

在弄清故事情節的基礎上，我提出一個問題：假若你就是項羽，面對這個要和你爭天下的劉邦，你該怎麼辦？

這個問題一下子把學生帶入了鴻門宴的特定場合中，去充當項羽的角色，去思考怎樣對付劉邦。這是一石激起千層浪，學生的思維一下子活躍起來。想出了各種招數。有的說，我要採納範增的計謀，借項莊舞劍，一刀把劉邦的二斤半取掉，除掉這個和自己爭天下的隱患。有的說，劉邦是個草包，厲害的是他的謀臣張良，殺掉張良，劉邦就束手無策，這叫釜底抽薪。有的說，我在鴻門宴上既不殺劉邦，也不殺張良，還要酒酒菜菜地好好招待他們，然後在他們回家的途中，在人跡罕至的樹林打他們的埋伏，鋼刀殺人不見血，既除掉了爭天下的隱患，又不為天下人恥笑，這一招夠"陰險"啊！還有的說，我不暗算劉邦、張良，還要讓他們平平安安地回到霸上，不僅麻痺他們二人，還要通過他們去麻痺全軍將士，然後來個夜襲沛公軍，管叫他全軍覆沒。我這個問題的設計就是引導學生思維發散，想出各種辦法來，這已經是在對鴻門宴的故事情節進行二度創作了。

再如有教師在教學《面朝大海，春暖花開》時，設計了這樣五個主問題：

"你所認為的幸福是什麼？" "詩人所認為的幸福是什麼？" "詩人擁有這樣的幸福嗎？" "詩人會去追求這種幸福嗎？" "詩人為什麼不去追求這種幸福？"

引導著學生步步深入地進入文本。主問題最大的教改意義，是改變了課堂教學對話中"碎問碎答"的流弊，將談話式、答問式、講析式的教學引向了以學生為主體的整體性閱讀。

趙珂：劉教授，你前面談的這些都是由老師設計問題問學生，可不可以讓學生提問來問老師，然後與學生互動，共同來分析問題、解決問題？

劉永康：當然應該這樣。為了發展學生的思維能力，就要允許和鼓勵學生大膽地提出新問題、發表新見解、做出新答案。

比如有老師執教《陌上桑》，學生對秦羅敷有無丈夫的問題提出了質疑。學生認為，別看詩裏左一個夫婿，又一個夫婿，其實，秦羅敷是沒有丈夫的。老師說，何以見得？學生以詩為證："羅敷年齡幾何？二十尚不足，十五頗有餘。"可見羅敷也就是十六七歲，十七、八歲。這樣小的年齡，怎麼會有丈夫呢？再說："既然她說她的丈夫是當大官的，封建社會官老爺的夫人都是衣來伸手，飯來張口的，出門都是八抬大轎，前呼後擁一大群。怎麼會去鄉下養蠶，從事體力勞動，可見她沒有丈夫。"老師說："既然她沒有丈夫，為什麼她要說有，而且是當大官的？"學生說："因為她面對使君的無理糾纏，不得不借誇夫婿來打消使君的不良念頭。"老師說："既然她沒有夫婿，又說她有夫婿，這個夫婿又指的是誰？"學生說，她是一個采桑女，說的是蠶、養的也是蠶，因此這夫婿就是她養的蠶。老師說，這就奇了怪了。詩中明明說她夫婿"十五府小吏，二十朝大夫，三十侍中郎，四十專城居……坐中數千人，皆言夫婿殊。"這該怎麼解釋？學生一一作了說明："十五府小吏"，是說蠶兒養到十五天，還是一條小蟲。"二十朝大夫"是說蠶兒養到二十來天，就把頭抬起來，就像跪拜皇帝的朝中大夫。"三十侍中郎"，是說蠶兒養到三十天，經過幾次安眠，已經變成一條胖乎乎的大蟲了。"四十專城居"，是說蠶兒養到四十來天，就要作繭抽絲，把自己圍起來。獨個兒坐在城裏，實際是獨個兒坐在自己的繭殼裏。其實，夫婿是不是蠶，並不重要。重要的是學生能針對課文提出新問題，發表新見解，作出新答案，讓思維處於發散狀態。這樣，哪怕是錯的，也錯得有價值。

趙珂：思維的問題性就決定了我們在教學過程中一定要善用問題去激發學生的思考，不能將觀點直接灌輸給學生。正所謂"讀書貴有疑"，不論是教師還是學生都需要有發掘問題的眼光，才能將被動接受化為主動思考，獲得新知。

在今天的內容中，劉教授為我們講解了按不同的標準，思維就有不同的劃分。然後強調了要按課標的要求預計用十九個專題來研究發展學生思維能力和提升學生思維品質的相關問題。今天是研究思維板塊的第一講。他講了抽象思維的幾種特性。培養思維能力的前提是認識思維，這將幫助我們更有針對性地開展教學。在接下來的日子裏我們還會一起探討關於"如何發展思維能力，提升思維品質"這一話題，我們下期再見。

## 華羅庚瞧不起胡適的《嘗試集》

趙珂：劉教授您好，邏輯學告訴我們，概念是用語詞來表達的，但概念和語詞究竟是一種什麼關係？你能給我們講講嗎？

劉永康：好吧，我還是先來講一個故事。華羅庚讀初中時，老師要他讀胡適的《嘗試集》，然後在班會上與同學談讀書心得。可是，華羅庚對《嘗試集》序詩很不以為然。序詩是這樣寫的：

　　嘗試成功自古無，放翁此言未必是。

　　我今為之轉一語，自古成功在嘗試。

華羅庚認為：詩中的兩個"嘗試"不是一個概念。第一個"嘗試"是指一次，第二個"嘗試"是指多次。就是說，陸放翁說的"嘗試成功自古無"，那意思是說，要想通過一次嘗試就要想獲得成功，恐怕沒那麼容易吧？這種情況從古至今還未出現過。按照這樣的理解，放翁此言就不應該是"未必是"，而是"一定是"。放翁是對的，胡適否定放翁是不應該的。在詩中，他用"多次嘗試"的嘗試，來否定"一次嘗試"中的嘗試，這是混淆概念。華羅庚說：連"嘗試"的含義都沒有弄懂，這樣的《嘗試集》還值得一讀嗎？

從以上故事中，我們要明白一個道理：一個語詞可以表達不同的概念，同一概念又可以用不同的語詞來表達。因此，概念要明確，用詞就要準確，這就需要仔細辨別詞義，字斟句酌，反復推敲。

趙珂：現在，我明白了，原來，詞義是與概念的表達有關係的啊。有關"字詞概念的選擇與理解"的相關知識，雖然我們在前面的語言板塊也有所提及，但說到"斟酌辨別"，"反復推敲"卻需要我們充分調動思維。其實在詩文的創作過程中，也少不了反復推敲。請劉教授再給我們展開講講吧！

劉永康：王安石第二次在出任宰相的時候，從鐘山（南京）經過京口（鎮江）到了瓜州（揚州），寫過一首詩：

京口瓜州一水間，鐘山只隔數重山。

春風又綠江南岸，明月何時照我還。

"春風又綠江南岸"是全詩的主題所在。據說，這個"綠"字是經過反復推敲才選定的。先寫作"到"，後改作"過"，再改為"入"，又改作"遍"等，改了十來個字，才確定下來。這個"綠"字好在哪里？好在它描繪了春風的力量，透露了作者對充滿生機和春光的讚美。這裏表面上是寫景，骨子裏是抒情。沒有這個"綠"字，就不能充分表達這個意思。所以講到用詞精當，人民都喜歡這個例子。

郭沫若曾經應邀去重慶北碚觀看他寫的大型歷史劇《屈原》的演出。他抱著自家用的大瓷瓶準備給嬋娟做道具。一路遇雨到了劇社，詩興大發，脫口吟出一首打油詩：

不辭千裏抱瓶來，此日沉陰竟未開。

敢是抱瓶成大錯，梅霖怒灑北碚苔。

演員們聽了說："兩個'抱瓶'字重複了，不大好。"便把第三句改為"敢是熱情驚大士"。飾嬋娟的演員張瑞芳進來插嘴道："這'怒'字太凶了一點。"郭老馬上高興地表示："好的，我要另外想一個字來改正。"他將"怒"字改為"遍"字又覺不好，最後才改定為"惠"字。

既然語詞是用來表達概念的，概念又是用來反映客觀事物本質屬性的，這是指概念的內涵；還要反映具有這些本質屬性的具體對象，即概念的外延。因此用詞是否精當不僅需要弄清詞義，還需要弄清描述對象的實際情況。王安石曾經寫過另外一首詩：

黃昏風雨打園林，殘菊飄落滿地金。

折得一枝還好在，可憐公子惜花心。

這首詩被蘇東坡看到了，覺得第二句有問題。菊花謝了，花瓣卻是在枝頭枯萎的，怎麼會飄落得滿地金黃呢？他於是在原詩後邊添上兩句：

秋英不比春花落，說與詩人仔細吟。

意思是笑話王安石的詩不切實際。王安石為了替自己辯護，引了屈原《離騷》中的兩句：

朝飲木蘭之墜露兮，夕餐秋菊之落英。

這兒不是明明說吃秋菊的落花嗎？既然屈原都這麼用了，我又為什麼不能這樣用呢？這裏，王安石又錯了，因為屈原在這裏講的"落英"不是指飄落的花。"落"在古代可以作"開始"講。我們今天把高樓開始建成還說成"落成"，就是這個意思。像王安石這樣由於觀察事物不仔細，造成表達意思不符合客觀實際的情況，在平日的寫作中也常常可以見到。例如有位作者寫了一篇《春蠶贊》，讚美春蠶那種孜孜不倦、努力工作的精神，當中有這麼一句：

"當它吐完最後一根絲時，卻默默地作繭。"這樣的描寫妥當嗎？

趙珂：我認為，這樣的描寫是不妥當的，我聽說，春蠶一吐絲就開始作繭，吐完絲的時候作繭也就結束。而且，蠶的絲從頭到尾也就只有一根，哪來的"最後一根"啊。

劉永康：當然在理解詞義方面是否符合實際，也不能機械地看待這個問題。神仙、天堂、靈魂、鬼怪等，它們代表的並不是客觀存在的事物，但是它們仍然是客觀存在於人民頭腦中的一種反映。不過，這種反應是對客觀現實歪曲了的結果。同樣一句話，用來說明客觀現象不合實際，但用來說明主觀感覺，卻是符合實際的。比如"太陽從東方升起"，按照天文學的說法太陽是恒星，地球繞著太陽轉，同時自己繞著地軸轉。所以，"太陽從東方升起"是不可能的，是不合客觀實際的。可是我們都是地球人，我們的感覺就是這樣，這句話用來表達我們的感覺，就無可非議了，因為人們的感覺，也是一種實際，是表達感覺這個實際啊。

趙珂：原來如此，看來語詞的概念表達的準確性不僅依賴於客觀事實，同樣需要顧及人們的共通感知。因此我們的語言不是機械地輸出，需要深刻地思索和推敲，這又是一門功夫了。

劉教授，您剛剛為我們講解了這些用語詞表達概念的常識，回到語文教學上，我們教育者該如何去運用呢？

劉永康：在閱讀教學中，要培養學生使用概念的思維能力，就要引導學生推敲表達概念的語詞。

人教版語文八年級上冊《老王》一文中，寫病中的老王有一句：

"他簡直像棺材裏倒出來的，就像我想像中的僵屍，骷髏上繃著一層枯黃的幹皮。打上一棍，就會散成一堆白骨。"

施教中，教師可讓學生品味這個"倒"字。讓學生比較，能否將"倒"換成"爬"？為什麼？學生通過思考討論就該明確："爬"標誌自己還能動，"倒"和後面的"僵屍"照應，更形象地表現了老王當時已沒有一點活力。到了生命的盡頭。這就流露出作者對老王的同情和關心，含蓄地提出了關懷不幸者的社會問題。表現了作者的人道主義精神、平等的觀念和博大的愛心。

孫犁的《荷花澱》中，作者通過婦女的眼光描寫遊擊健兒在荷花澱裏伏擊日寇時的隱蔽情況：

她們看見不遠的地方，那肥大的荷葉下麵有一個人的臉，下半截身子長在水中？

這時，就可以啟發學生思考比較這裏作者為什麼要用一個"長"字？因為"長"字在這裏是生根的意思。就是說，隱蔽的戰士像一株株荷花似的深深地紮下了根，不可動搖，這就生動地表現了遊擊戰士在伏擊日寇時那種專注、鎮靜的神情，堅定、挺拔、穩如泰山的英雄風度。接著老師可以啟發學生推敲：這裏的"長"是否可以換成別的更好的字眼？學生試著把它換成"淹""浸""泡""蹲"等動詞，認為都不能傳達出"長"字所表達的神韻，尤其是那個"泡"字，更有損英雄氣概。至此，大家才深深嘆服作家用字的精當穩妥。看似極為平常的"長"字，竟達到了不可易移的境地。

《孔乙己》中有一句話就是孔乙己勸小夥計記住茴香豆的"茴"字有四種寫法，那原話是：

"記住！這些字應該記著，將來當掌櫃的時候，寫賬要用。""我暗想，我和掌櫃的等級還很遠呢……"

其實，《孔乙己》最初發表在《新青年》上時。沒有"暗"字，後來收入《吶喊》時，魯迅在"想"前加了一個"暗"字，應仔細思考，魯迅為什麼不用"想"，而用"暗想"？加這個"暗"字妙在哪裏？

趙珂：我覺得，文中的小夥計把孔乙己看著討飯一樣的人，對他採取"回過臉去，不再理會"、"努著嘴走遠"的冷漠態度；另一方面相較於掌柜，又感到等級相差太遠，表現出一種妄自菲薄的自卑感。一個"暗"字，就把對孔乙己的冷漠和相較於掌櫃的自卑感兩方面構成的複雜心態刻畫得入木三分。

劉永康：在閱讀教學中對於詞義的把握，還要注意詞義在感情色彩上的變化。詞義在感情色彩上有褒貶之分。褒貶還可以轉化。

"狠心賊"不是罵人的話嗎？可是在孫犁《荷花澱》中幾個去探夫的女人撲了個空，接著就寫道：

幾個女人有點失望，也有些傷心，各人在心裏罵著自己的狠心賊。

這句話中的"狠心賊"不也是寓愛於罵之中嗎？

作為抽象思維最基本形式的概念，是用語詞來表達的，那麼掌握概念就是掌握語詞的形聲義。根據課標的要求，在小學一至二年級，學生累計認識常用字1600個左右，到了初中三年級，學生累計認識常用漢字量已是3500個左右。識字量的增加就意味著概念的豐富。作為思維形式之一的概念的豐富，就為判斷、推理等思維形式的發展奠定了堅實的基礎。

趙珂：漢字的數量是有限的，但不同的搭配展現出的精妙意蘊是無窮的。相似的表達有很多，但人們同樣熱衷於用大量的時間，通過不停地思考與感悟去錘煉一個足以動人心弦的字句。不論最終效果是蜻蜓點水般掠過心湖，還是振聾發聵喚醒朦昧之人，這份不懈思考的背後折射出的是語言之美的終極。我們引導著學生思維，在不停地煉字、涵泳、替換、糾纏之中，語文教育的意義也於此顯現。

今天的內容就到這裏，我們下期再見。

## 縣官畫虎成貓

趙珂：各位觀眾朋友大家好，今天我們的"永康教授講語文"欄目邀請到了四川師範大學的博士生導師、全國語文學習科學專委會常務副理事長李華平教授來和我們一起探討關於語文教學思維層面的話題。

從劉教授上一講的內容中，我們已經明白了，概念是抽象思維的一種基本形式，它是用語詞來表達的，所以研究概念就必須研究用詞。那麼抽象思維還有別的形式嗎？它和語言又搭上什麼關係？我們請主講教授劉永康先生給我們作一些分析，也邀請李教授就此發表寶貴的意見。

劉永康：我還是先來講一個笑話：

從前有個縣官，很喜歡畫老虎。可是水準不高，往往畫虎成貓，一點沒有虎味。一天，縣官畫了一只老虎，貼在牆上，叫一個衙役來，問道："你看這是個啥？"

衙役一看，直率地回答："是貓，我的老爺。"

這一下可惹惱了縣官，他破口大罵："你有眼無珠，把虎看成貓，真是膽大包天！"他下令把這個衙役重責四十大板。

縣官又叫另一個衙役來看，這個衙役一看，畫上畫的怪像是黑貓，可他不敢說。

縣官問："你說這是啥？"

衙役答："老爺，我不敢說！"

"你怕啥？"

"我怕老爺！"

縣官生氣地質問："那麼。我怕誰？"

"老爺怕皇帝!"

"皇帝又怕誰?"

"皇帝怕老天!"

"老天怕什麼?"

"老天只怕雲!"

"雲怕什麼?"

"雲最怕風!"

"風怕什麼?"

"風很怕牆!"

"牆怕什麼?"

"牆怕老鼠!"

"老鼠怕什麼?"

這時,這個衙役指著牆上掛的畫道:"老鼠什麼都不怕,就怕老爺這張畫!"

縣官氣得兩眼直盯著這個衙役,一句話也說不出來。

趙珂:咦?這是為什麼呢?明明兩個衙役都覺得縣官畫的是貓,一個就要挨打,另一個就能讓縣官吃啞巴虧呢?

李華平:這裏就涉及有關抽象思維的判斷問題了。第一個衙役回答縣官:"是貓,我的老爺。"這句話表達了這樣一個判斷:"你畫的是貓。"

說實話,反遭來一頓打。所以,第二個衙役既要不違心,又要不挨打,只有另想辦法了。他繞了一個大彎子,最後說:"老鼠什麼都不怕,就怕老爺這張畫！"這句話所表達的還是"你畫的是貓"這個判斷。只不過後一個衙役說得婉轉曲折，言語雙關，既表達了自己的意思，又使縣官抓不到把柄。結果縣官只好氣得連話也說不出來了。

以上故事是衙役對縣官畫虎畫得如何的評判。它已經涉及判斷這種抽象思維形式的運用問題了。

劉永康：抽象思維的第二種形式就是判斷，它是在概念基礎上進行的。概念揭示了事物的本質屬性，而判斷則是對事物是否具有某種屬性進行認定，或者肯定具有某種屬性，或者否定事物具有某種屬性。它包括簡單判斷中的性質判斷、關係判斷、模態判斷、規範判斷；還包括複合判斷中的聯言判斷、選言判斷、假言判斷、負判斷等。如果說概念這種思維形式是用語詞來表達，那麼判斷這種思維形式就要用語句來表達了。而一個判斷也是可以用不同的語句來表達的。

上面這個故事就是一例。對於縣官畫的虎，第一個衙役用"是貓，我的老爺"這個句子來判斷；第二個衙役是用"老鼠什麼都不怕，就怕老爺這張畫"這個語句來判斷。這是用了不同的語句來表達了同一個判斷，即"你畫的是貓。"。所不同的是前者判斷得直白，後者判斷得委婉。

語文課程標準在提升思維素養中要求"辨識基本的語言形象和文學形象"，其中"辨識"就帶有邏輯判斷的性質。

趙珂：這麼說來，同樣的意思以不同的判斷方式呈現，也會展現出不同的效果。這不同的判斷方式實際上就是不同的句式。因此，我們要把判斷這種思維形式與表達判斷的句式連起來研究啊，是嗎？

劉永康：沒錯，要訓練學生的判斷能力，在語文教學中要作辨識正誤的訓練，就要研究表達判斷的不同句式。

魯迅《孔乙己》的結尾一句：我到現在終於沒有看見——大約孔乙己的確死了。

我在教學中給學生指出：這句話包含著兩個判斷：一個是"孔乙己大約死了"，這是表或然性的模態判斷；第二個是"孔乙己的確死了"，這是一個表實在性的模態判斷。既是"大約"，又是"的確"，豈非自相矛盾？學生在我的啟發誘導之下，通過思考討論，終於明確了：孔乙己的死"我"到底沒有親見，非"大約"不足以表示審慎；而孔乙己被黑暗社會摧殘致死是必然的，非"的確"不足以表達真實，也不足以表達作者的悲憤。

李華平：這句話包含一個認識上的轉換過程。由"大約"的推測轉向"的確"的判斷。這是作者為了更準確地傳情達意而苦心為之的一種修辭手法。雖然理之所無，但情之所有，這感情上的因果關係就是一種邏輯方法。

趙珂：從以上事例我得到一個啟發，那就是研究判斷就要研究表明判斷的語句。

劉永康：是的，我教《荷塘月色》設計了一道辨識正誤的選擇題，實際上也是在訓練學生的思維判斷能力。

同學們已經欣賞了《荷塘月色》的美麗景色。可以說，散文的世界就是人情化的世界，"一切景語皆情語"，那麼，《荷塘月色》之景中，又含什麼情呢？我收集了一下，有五種不同的表達方法，我把它歸納出來：

1. 表現淡淡的喜悅夾雜著淡淡的憂愁。

2. 表現欲擺脫世俗煩惱而不得的苦悶。

3. 表現個體生命得以暫時超越的喜悅。

4. 表現思知音而不得的孤獨與苦悶。

5.表現對寧靜和諧的自然之美的嚮往。

我要學生來判斷一下，以上哪一種更能夠符合作者當時寫《荷塘月色》的心情？在我的啟發下，學生終於明白：

應該是第一選項更符合作者的心情。就是說文中是既有憂愁，又有喜悅，兩種感情交織在一起。說"憂愁"吧，文中一開始就說他"這幾天心裏"頗不寧靜"。聯繫寫作背景便知，文中說的"這幾天"正是發生"四一二"大屠殺的那幾天"。面對蔣介石轉過背就拿起血淋淋的屠刀殺共產黨人這種情況，愛國青年朱自清先生感到不解，感到困惑，感到苦悶，感到彷徨，因此文中說他"心裏頗不寧靜"，這就含蓄地表達了心中的憂愁。說"喜悅"吧，朱自清先生有沒有喜悅，就要看他筆下的景物好不好。文中無論是荷塘上的月色，還是月色下的荷塘都很美。景色的美好就恰恰反襯出他的心情的美好，喜悅就是這樣來的。

面對"四一二"大屠殺，先生的憂愁本該是濃濃的，怎麼說成是淡淡的？那是因為看到荷塘美麗的景色，排遣了他心中的"不寧靜"，所以憂愁被淡化了。為什麼說喜悅也是淡淡的？因為畢竟是帶著憂愁來遊荷塘，憂愁是揮之不去的，它可能暫時被淡化但不能消除。所以，憂愁是"淡淡的"，喜悅也是"淡淡的"。這就是我們確定第一個選項的原因。

至於第二個選項："表現欲擺脫世俗煩惱而不得的苦悶"。這一選項只說到憂愁，忽略了"喜悅"，只對了一半，所以第二個選項要排除。第三個選項：表現個體生命得以暫時超越的喜悅。這一選項只說到"喜悅"，忽略了"憂愁"，也只對了一半。第四個選項：表現思知音而不得的孤獨與苦悶。雖然說到苦悶，但說的是思知音，沒有這個釘，去掛這個瓶，叫無中生有，無稽之談，應排除。第五個選項：表現對寧靜和諧的自然之美的嚮往。這有一點和喜悅沾邊，但是沒有談到憂愁。

以上就是辨識正誤的訓練，也就是訓練學生思維判斷能力。

趙珂：以上案例給了我們一個很好的示範。在學生對於文章內容無法直接給出判斷的時候，教育者可以預先為學生提供一些判斷內容，讓學生通過文本細讀深入感知其中的內涵所在。

李華平：確實如此，判斷要準確，在語文教學中，就要多用比較的思維認知加工方式。通過比較讓學生分清是非，明白什麼是對的，什麼是錯的。

劉永康：是的。比如我教《簡筆與繁筆》一文，學生從道理上懂得了正確使用簡筆應該是言簡意賅，凝練厚重，而不是言簡意賅，平淡單薄，然後馬上提出一個問題：

請對比閱讀下麵兩篇文章，判斷哪篇符合正確使用簡筆的原則？

《二郎廟碑記》："勸人莫如勸人行善，勸人行善莫如勸人修廟宇，勸人修廟宇莫如勸人修二郎廟，二郎者，大郎之弟，三郎之兄，老郎之子也。廟前有古樹二株，人皆以為樹在廟之前，我獨以為廟在樹之後。廟內有鐘、鼓二樓焉，鐘聲嗡嗡，鼓聲咚咚，視為之記。"

《莊子·列禦寇》："朱澎漫學龍於支離益，單（殫）千金之家，三年技成，而無所用其巧。"

李華平：通過比較就應該認識到：《二郎廟碑記》不符合碑記的寫法。通篇只寫二郎的排行、廟和樹的位置及鐘鼓聲。對二郎姓甚名誰、生平事蹟及為何要建廟紀念隻字未提，是短而空。第二篇雖然只有 24 個字，可是誰在學藝、向誰學藝、所耗之資、所費之時，技成而無用的全過程寫得一清二楚。這樣的正誤對比使兩篇文章的好壞優劣自現，得失高下分明。學生既加深了對"簡筆"內涵的理解，又訓練了靈活運用所學知識去進行閱讀的能力。

劉永康：學生知道同一判斷可以用不同語句來表達，不同的語句表達同一判斷這又會給表達帶來新的意思。

在這方面也可借鑒賞詩文進行訓練。如初中課文《蒹葭》中，寫伊人"她在水中佇立"，一口氣用了"宛在水中央、宛在水中坻、宛在水中沚"，描寫同一對象，即在"水中佇立的伊人"就連用三個不同的判斷，寫出了伊人地點的轉換，行蹤不定，這就象徵著伊人的縹緲難尋。這伊人好像是水中月，鏡中花，可望而不可即，從中可以看出作者為尋伊人已經陷入了空前的煩惱。

趙珂：在今天的內容中，劉教授為我們分享了抽象思維中"判斷"的重要性。在語言學習之初，由於積累的欠缺和對語言的運用不夠嫻熟，學生往往無法迅速生成對於作品內容的準確判斷。作為教師需要關注到這些細節，進而對學生的思維進行深入引導，為訓練正確的判斷能力提供思維支架。唯有如此，才能化抽象的思維感知為具體的語言表達。

今天的內容就到這裏，我們下期再見。

## 曹操青梅煮酒論英雄

趙珂：在上期內容中，劉教授為我們分享了抽象思維中的第二種形式——判斷。當下的語文教學中，對已有的內容作出正確判斷的前提是需要研究表達判斷的語句形式。這需要多用比較的方法。今天我們也邀請到了四川師範大學的博士生導師、全國語文學習科學專委會常務副理事長李華平教授來和我們一起探討。

那麼抽象思維還有沒有更複雜的形式？若還有，同語言又是怎麼搭上關係的？針對這一方面，請二位教授也給我們聊聊吧。

劉永康：《三國演義》第21回寫了曹操青梅煮酒論英雄的故事：曹操試探劉備到底有無能耐，就問劉備誰是天下英雄，劉備故作不知，裝出一副肉眼凡胎的樣子說了一大串人物，如淮南袁術、河北袁紹、荊州劉景升、江東孫伯虎、益州劉季玉，還有西涼張繡、張魯、韓遂等輩，他說出這些在曹操眼裏都是平庸之輩的人物來敷衍曹操。這些人物被曹操一一否定之後，曹操亮出他對英雄的看法來：

操曰："夫英雄者，胸懷大志，腹有良謀，有包藏宇宙之機，吞吐天地之志者也。"

玄德曰："誰能當之？"操以手指玄德，後自指，曰："今天下英雄，惟使君與操耳！"

曹操說破英雄，把一心想韜光養晦、不露鋒芒的劉備嚇得筷子落地，恰好天上雷聲大作，劉備借此加以掩飾，才讓曹操對劉備暫時不加防範。

從曹操青梅煮酒論英雄的故事，我又聯想起一個"通古斯隕石"的故事來：

1908年6月30日早晨7時，在西伯利亞通古斯地區的森林上空，飛過一個大火球，立刻火球變成直沖雲霄的火柱，大地隨即發生了1000公里以內都能感受到的強烈振動。有些科學家推測這次災變是隕石引起的。但考察隊發現在受破壞最大的爆炸中心，樹木全都死了，只留下一些光禿禿的樹幹，好像許多木樁豎在這裏。凡是隕石墜地，總是要在地面造成深坑，主體埋入地下，碎片散佈在深坑周圍。奇怪的是，在這裏怎麼也找不到隕石的殘跡。於是考察隊認為，這次災變不是隕石墜地引起的。

趙珂：剛才，劉教授所講的兩個故事已經涉及抽象思維的第三形式——推理了。李教授，那什麼叫推理？就請您來給我們講解吧！

李華平：什麼叫推理？推理就是從一個或幾個已知判斷中推出一個新判斷的思維形式。含演繹推理和歸納推理。演繹推理又包括簡單判斷推理，如三段論推理、直接推理、關係推理、模態推理、規範推理。演繹推理還包括複合判斷推理，如聯言推理、選言推理、假言推理、二難推理等。歸納推理又包括完全歸納推理、不完全歸納推理、類比推理、概率歸納推理、探求因果關係的邏輯方法。課標在"學科核心素養"的"思維發展與提升"部分，談到的對基本語言現象和文學形象的歸納、概括、分析，實際上就是歸納與演繹推理的運用。如果說，概念這種思維形式是用語詞來表達，判斷這種思維形式是用語句來表達，那麼推理這種思維形式就是用語段來表達，前面講的兩個故事均屬於演繹推理，都是用語段來表達的。

趙珂：上面談到的故事耳熟能詳，但這背後的邏輯聽起來總是讓初學者半懂不懂。那什麼叫演繹推理呢？可以請老師們舉個例子講講嗎？

劉永康：所謂演繹推理，就是由一般性知識前提推出某種特殊性知識的結論。在這種推理中由於其結論所斷定的知識沒有超出其前提所斷定的知識範圍因而結論具有必然性。演繹推理中的三段論推理是以直言判斷為前提，它借助一個共同項，把兩個直言判斷聯繫起來從而得出結論。

曹操煮酒論英雄的故事以及通古斯隕石的故事都包含了演繹推理中三段論推理，下麵我將其格式化：

曹操煮酒論英雄的故事:

大前提:凡胸懷大志,腹有良謀,有包藏宇宙之機,吞吐天地之志者就算是英雄;

小前提:我(曹操)與你劉使君就是這樣的人;

結論:所以我(曹操)與你劉使君就稱得上天下英雄。

李華平:我也想到一個例子,若以通古斯隕石的故事,就可表述為:

凡是隕石墜地引起的災變總是要在地面造成深坑,主體埋入地下,碎片散佈在深坑周圍; (大前提)

這次災變沒有隕石墜地的任何痕跡(即沒有在地面造成深坑); (小前提)

所以,這次災變不是由隕石墜地引起的災變。 (結論)

趙珂:這麼一說就明白多啦!演繹推理的過程其實就是從一般到特殊的推論。那劉教授還有別的常用推理形式給我們分享的嗎?

劉永康:當然有,下麵我們繼續說故事:

德國著名數學家高斯10歲那年,有一次上算數課。老師給同學們出了一道算術題,他要孩子們計算一下: $1+2+3+4+\cdots\cdots+97+98+99+100=?$

老師想,要加的數目這麼多,可費心啦,而且稍不小心,答案就會弄錯。但是老師意想不到的是他剛把題目說完,小高斯就舉起手來,報出算題的答案:5050。老師和同學都十分驚奇地看著高斯,要他告訴大家是怎樣算出來的?高斯說:

他發現 1 到 100 這一百個數有一個特點，那就是：挨次把頭尾兩個數加起來都等於 101，而這樣的數剛好 50 對。這也就是說，在 1 到 100 中有 50 對 101。因此，這一百個數的總和就是 101X50=5050.

李華平：這裏，高斯算數又涉及一種基本的推理形式，這就叫歸納推理。歸納推理是運用得極其廣泛的推理。它有兩種形式：一種是完全歸納推理，就是根據對某類事物的全部個別的考察，已知他們都具有某種性質，由此得出結論：該類事物都具有某種性質。還有一種是不完全歸納法它是以某類中的部分對象（分子或子類）具有或不具有某一屬性為前提，推出以該類對象全部具有或不具有該屬性為結論的歸納推理。高斯算術用的就是完全歸納推理。而且推理的前提確實都是真的，即每對相應的兩位數之和確實都是等於 101，所以，他得出的結論必然是真實的。

趙珂：原來如此，其實歸納推理和演繹推理在邏輯上是相對的。儘管劉教授前面提到的推理形式很多，但課標要求中小學生主要掌握歸納與演繹兩種推理形式。弄清上面這些意思後，我們還是回到語文教學上來吧。在語文教學中，我們又怎麼來訓練學生演繹歸納的推理能力？

劉永康：語文課程標準在"語文學科核心素養"中談到的"對基本語言現象和文學形象的歸納、概括、分析"。對於中學生來說，這也就涉及演繹與歸納這兩種推理的最基本形式。在實際教學中，我們不必對學生大講什麼是演繹歸納的邏輯知識，頂多引出演繹歸納的邏輯概念來，不必去分析這些概念，在不知不覺中訓練學生的演繹歸納推理的能力。

小學課本中有《真理誕生於一百個問題之後》，這篇課文用事例論證，實際上就是歸納推理。老師可以設計這樣一個問題：作者運用三個例子來說明瞭"真理誕生於一百個問題之後"的觀點。

趙珂：劉教授這話是告訴我們，課文的事例論證就是歸納推理的具體運用。那麼我們也可仿照以上課文的寫法，引導學生進行一次小練筆。用具體事例來說明一個觀點。比如"功夫不負苦心人"、"虛心使人進步，驕傲使人落後"、"團結就是力量"等，訓練學生用事例說明觀點，也就是在訓練學生歸納推理的思維能力。

劉永康：對啊！又比如我教《簡筆與繁筆》一文就有這樣一個教學環節。我說：

同學們已經明確了使用簡筆的要求是：言簡意賅、凝練厚重、惜墨如金；

使用繁筆的要求是：窮形盡相、細緻入微，用墨如潑。

課文說明簡筆與繁筆的妙用，一共用了四個例子，從時代來看，這些例子中有古代的，又有現代的，為什麼要這樣用？通過思考討論，學生明確了：這樣來用例更具有代表性，說明從古至今歷來如此，這就突出了論點的歷史性和規律性。然後我又問：說明簡筆的妙用為什麼偏偏用洋洋灑灑數十萬言的《水滸傳》這樣的長文章為例？說明繁筆的妙用又偏偏一向惜墨如金的魯迅先生的短文章《社戲》中的例子？通過老師點撥，學生討論，大家明確了：這樣用例才典型。用長文章的例子來說明簡筆的妙用，這就說明不要因為文章長就濫用筆墨。用短文章的例子來說明繁筆的妙用，這就說明，不要因為文章短我們就脫離表達的需要而追求形式上的簡，導致短而空。這就剛好照應了第一自然"文章的繁簡又不能單以文字的多寡論，要做到各得其宜，各盡其妙"。最後我讓學生明確，為什麼用來證明觀點的事例既要有代表性，又要典型？那是因為事例論證所用的推理不是演繹推理而是歸納推理，是不完全歸納法的簡單枚舉法，個別性的前提推出一般性的結論，結論帶有或然性。如果事例不典型，沒有代表性，他的結論就站不住腳，他的論點的正確性就不能夠顯示出來。我設計這個教學環節，就是為了訓練學生運用歸納推理的能力。

趙珂：我覺得在閱讀教學中，歸納與演繹的訓練可以結合進行。劉教授在語言建構與運用專題中提到的"舉三反一"與"舉一反三"是不是歸納與演繹的結合使用？你能舉例說明嗎？

劉永康：是的，比如《愛蓮說》中有一句話：

菊之愛，陶後鮮有聞。

蓮之愛，同予者何人？

牡丹之愛，宜乎眾矣。

我們在閱讀中就會發現，這是句式相同的三句話。

其共同點都是為了強調賓語而將其置於動詞之前，並且都用"之"將前置的賓語與動詞隔開，"之"都是對賓語作稱代複指，翻譯時，可將前置的賓語複位在動詞之後。

菊之愛，蓮之愛、牡丹之愛，也就是愛菊、愛蓮、愛牡丹。這就是舉三反一，從三個不同內容的句子中發現其相同的句式特點，知識就在這樣的舉三反一中生成了。這個舉三反一就是歸納推理中的不完全歸納推理，或者叫簡單枚舉法。它是由個別性前提推出一般性結論。"菊之愛，蓮之愛、牡丹之愛"是個別性前提，為了強調賓語而將其置於動詞之前，並且都用"之"將前置的賓語與動詞隔開，"之"都是對賓語作稱代複指，翻譯時，可將前置的賓語複位在動詞之後。這就是結論。

李華平：是的，學生一旦掌握了用"之"字前置賓語的句式特點，當出現"句讀之不知，惑之不解""何陋之有"的句子時，就能憑藉已學知識去正確識別、判斷和準確翻譯，這就是舉一反三。這個舉一反三就是演繹推理，是演繹推理中的三段論推理。我們在具體的教學中，不必引出邏輯推理的術語來，但那思維的過程，實際上已經是在訓練學生的推理能力了。

趙珂：看來要想恰當地使用語言文字，即便是邏輯學的知識也不能忽視呀。在今天的內容中，劉教授和李教授為我們展現了推理的知識，以及在教學中的妙用。推理的過程不僅在於數學符號之間發生，也遊走於語言資訊的傳遞。作為教育者，我們需要有反復琢磨的精神，去學習其中優秀的表達技巧，而非走馬觀花一般放任掠過。如此一來，學生的閱讀理解才不會似懂非懂，思維的脈絡也會愈煉愈明。

## 遇到詭辯怎麼辦

趙珂：今天，我們有幸邀請到四川師大文學院博士生導師、全國語文學習科學專委會常務副理事長李華平教授參與討論。兩位教授好！之前我們聊了很多有關教學中抽象思維培養的話題。比如概念、判斷、推理方面的知識與訓練。而且在這些訓練中多半是從閱讀與寫作教學中涉及抽象思維的訓練，那麼發展學生的抽象思維能力還有沒有別的辦法？

劉永康：當然有，比如組織辯論活動就是發展學生思維能力和提升學生思維品質的絕佳方式。辯論要思想交鋒，達到明辨是非、追求真理的目的，辯論中，有時會遇到某一方講歪理，詭辯。這種情況通常是在做文字遊戲，玩的是偷換概念或者混淆概念的鬼把戲。

李華平：從邏輯思維的規律——同一律上講，在同一思維過程中必須保持概念內容不變，原來在某種意義上使用某種概念，就應該一直按照這個意義使用這一概念，決不能隨便變換某一概念的含義，也不能把不同的概念加以混淆。對講歪理進行詭辯的人，要注意抓住他偷換概念、混淆概念的地方加以反駁。

劉永康：是的。比如有人隨地吐痰，別人批評他："隨地吐痰不衛生。"他振振有詞地狡辯："有痰不吐更不衛生"。

這裏同一個詞語"衛生"，卻表達了兩個不同的概念。第一個"衛生"是指的公共衛生；第二個"衛生"是指的個人衛生。他是用個人衛生來混淆公共衛生的概念，違反了邏輯上的同一律。於是你就可以這樣來反駁他："有痰不吐是不衛生，但痰不要吐在影響公共衛生的地方。"

又比如有人擠公車，別人批評他："不要擠嘛，講一點社會公德。"那個擠車的人就嬉皮笑臉地說："我這是發揚雷鋒的釘子精神，一要有擠勁，二要有鑽勁……"

趙珂：我覺得，這仍然是在犯偷換概念的錯誤。你就可以這樣來反駁他："雷鋒的釘子精神是這樣的嗎？雷鋒擠的是時間，鑽的是技術，為的是大家；你擠的是車子，鑽的是空子，為的是你自己。"

劉永康：你這樣的反駁就很有說服力。要知道，我在前面的講座中已經講過，概念是用語詞來表達的，但概念同語詞並非一一對應的關係。

有時，不同語詞可以表達同一概念，比如大夫、醫生、郎中都是指以治病為職業的人。土豆和馬鈴薯指的是同一種食物。還如表"皇帝"這一概念的詞就很多，如朕、寡人、天子、陛下、皇上、上、飛龍、乘輿等。

李華平：有時同一語詞又可以用來表達不同的概念。比如"邏輯"這個詞可以用來表達客觀規律，可以用來表達某種理論觀點，也可以用來指一門學科，即邏輯學科。"杜鵑"這個詞可以指一種鳥，又叫布穀鳥。也可以指一種花，那就是杜鵑花，也叫映山紅。還如"少數"這個詞，它修飾的對象不同，意義也就不同。比如"少數民族"與"少數國家"。兩個"少數"的意義就不同。當"少數"修飾的是"民族"時，那"少數"是指它修飾的那個民族內部的人數很少，比如我國有56個民族，其中漢族雖然只有一個，但他的人數多，所以也不叫少數民族。其餘55個民族，就因為每個民族的人數都比較少，也就只能叫少數民族。而"少數國家"中的"少數"，是指在全世界所有的國家中的少部分國家，而不能理解為某個國家中人口很少的那個國家。偷換概念進行詭辯的人往往都是在利用同一語詞表達不同概念的思維屬性上玩文字遊戲。

趙珂：我明白了！就像上面舉的兩個例子裏面詭辯的人，一個是混淆了"衛生"所包含的兩個概念，另一個直接曲解雷鋒"釘子精神"的原意，為自己不文明的行為找藉口，本質都是不顧特定的語境，在語詞概念上張冠李戴違犯邏輯思維的規律一律。

劉永康：沒錯，類似的例子還有很多，比如"白頭翁"這個語詞既可以指白髮老人，也可以指一種鳥。就有這樣一個推理的笑話：

大前提：白頭翁會飛；

小前提：老張是白頭翁；

結論：所以老張也會飛。

這就是玩弄文字遊戲得出的荒謬結果。所以，我們反駁這種詭辯只要能識別在同一語言環境中，同一詞語表達了什麼不同概念，然後特別地那麼一提，直接加以揭露，就可以收到反駁的效果。

李華平：偷換概念的言論有一個特點，那就是荒謬。因此我們還可以用歸謬法來加以反駁。

所謂歸謬法，就是從對方錯誤的言論中引出一個荒唐可笑的結果來，從這個荒唐可笑的結果中，就暴露出對方言論的荒謬，從而達到反駁對方的目的。

劉永康：是的，比如在《史記·絳侯世家》裏記載著這樣一個故事：絳侯周勃和陳平等人一起平定了諸呂之亂後，擁立了漢文帝。後來有人誣陷絳侯謀反，漢文帝輕信讒言，要殺絳侯。此時漢文帝的母親薄太后極力為絳侯辯護。薄太后說：

"絳侯始誅諸呂，綰皇帝璽，將兵於北平，不以此時反，今居於小縣，卻欲反耶？"

這裏，薄太后要反駁的錯誤命題是"絳侯周勃謀反。"她首先假設周勃謀反為真，並以此為充分條件，推出"絳侯在統帥北平，掌握皇帝大印時反"的結果來。而這一結果早已被事實證明為是一個假命題。薄太后正是憑引申出的這一假命題推翻了"絳侯周勃謀反"的錯誤命題，荒謬命題來。那麼，由偷換概念得來的命題也一定是假命題，荒謬命題，自然就可以用這種歸謬法來反駁。

趙珂：又比如某某女孩多次向男朋友索要高檔商品，男朋友批評她，她不服氣地說："記得一位名人說過：'生命誠可貴，愛情價更高'嘛。所以，愛情當然要用高價才能換來的。"

假若你是這位姑娘的男朋友，你該怎麼用歸謬的方法來反駁她？

劉永康：那我就可以這樣來反駁："是的，裴多菲詩中是有一句：'愛情價更高'的詩，但他指的是愛情所具有的精神價值、倫理價值，而不是物質價值。如果你一定要把它曲解為商品價值的話，那麼，你不但褻瀆了神聖的愛情，也貶低了你自己。真正的愛情是無價的。古今中外多少情侶為了忠貞的愛情，可以不顧生命，以求得心靈的和諧。梁祝的彩蝶之戀千古傳頌就是一例。如果說高價可以換來愛情，那麼喜兒為什麼不嫁給黃世仁？而偏偏要嫁給大春？如果說愛情可以用金錢來衡量，那麼有一首群眾喜愛的歌詞是否可以改為"要問我愛你有多深，金錢代表我的心。""

李華平：上例那個女孩把"愛情價更高"中的"價"所代表的精神價值曲解為物質價值。劉教授反駁時就是假設它是對的，然後按照它推出"喜兒就應該嫁給黃世仁"等幾個顯然荒謬的判斷來，從而達到反駁的目的。

趙珂：您說得有理。那生活中，如果有人洗手後不關水龍頭，管理員批評他，他反詰道："難道你不懂得'流水不腐'嗎？這又該怎麼反駁呢？"

劉永康："流水不腐"出自《呂氏春秋.盡數》，是說經常流動的江河水不會腐臭，比喻經常運動的東西可以經久不壞。自來水管裏的水本來就是經常流動的，這裏在關，那裏在開。用不著用水龍頭常開的辦法使之不腐。可見"流水不腐"與"不關水龍頭使之不腐"是兩個不同的概念。前者反映了客觀真理，後者反映了浪費自來水的不良行為。這個洗手的人將浪費自來水偷換成"流水不腐"的客觀真理，這也是違反了同一律。

李華平：如果我是那個管理員，我也可以用歸謬法反駁：如果開水龍頭自來水就不腐，那麼你家的水龍頭也該永遠開而不關吧。

趙珂：哈哈，太有意思了！參與辯論活動其實並不一定是要參加辯論賽才可以，生活中就有很多可供我們辯論的地方。遇到詭辯也不用語無倫次地辯解，我們可以冷靜下來堅守自己語義中的根本立場，直接揭露對面混淆概念的意圖；或利用歸謬法"將計就計"，達到使其自相矛盾的效果，從而破解詭辯。辯論過程中，我們在抓住根本問題的同時，審視自身和對面語言的邏輯，與此同時思維能力也會得到發展。注意劉教授說的辯論不是和別人無腦爭論，而是有邏輯、有依據、有原則地輸出自己的觀點噢。今天的內容就到這裏，我們下期再見！

## 繪出七彩人生的三棱鏡

趙珂：在前面的學習中，劉教授的講座涉及抽象思維中的概念、判斷、推理和遵循思維規律的一些基本內容。從本講開始，劉教授要轉入對形象思維的研究了。在形象思維能力的發展過程中，我們時常宣導孩子們張開想像的翅膀，想像的能力似乎是每個人與生俱來的。那今天我們想請劉教授和我們聊聊在發展形象思維的過程中想像的重要性吧！

劉永康：想像猶如三棱鏡，它可以繪出七彩人生。不獨藝術、就是科學也離不開想像。

凱庫勒通過實驗與邏輯思維研究苯的結構式，費了很多精力和時間，毫無結果，後來，從咬到自己尾巴的蛇而產生出靈感，展開想象，終於研究出苯的結構式是環狀"苯環"。"環狀"也就是對"苯"的結構特點的科學判斷。這個判斷是從想象咬到自己尾巴的蛇的形象中受到啟發而得出的。愛因斯坦的廣義相對論的創立就是起源於想像。有一天，他坐在伯爾尼專利局的椅子上，突發奇想，假如一個人自由下落，他是感覺不到自己的體重的。愛因斯坦說，這個簡單的理想實驗"對我影響至深，竟把我引向引力理論"。

趙珂：文藝學告訴我們，在形象思維中，無論是描繪形象，還是感受形象，都要借助想像。因此，培養形象思維能力，就要培養學生的想像能力。那麼什麼又叫形象思維？什麼又叫想像？

劉永康：所謂形象思維，也就是藝術家在創作過程中始終伴隨著形象、情感以及聯想和想像，通過事物的個別特徵去把握一般規律從而創作出藝術美的思維方式。形象思維能力的大小往往決定一個人的審美水準。形象思維有三大要素，就是無論是塑造形象還是鑒賞形象，始終都離不開想像，想像又要借助感情來推動。所以，形象、想像、感情，就是形象思維的三大要素。什麼叫想像？思維主體運用已有的形象創造出新形象的過程就叫想像。想像是溝通形象與感情的橋樑和仲介，是形象思維的認知加工方式。

陳壽的《三國志·諸葛亮傳》就是真實的史料，但它敘述劉關張三顧茅廬僅僅用了12個字：

"於是先生遂詣亮，凡三往，乃見。"

羅貫中的《三國演義》就將這12個字通過想像自由靈活的揮灑筆墨，將其演繹成將近"兩回"的內容，其間包括劉關張三顧茅廬的不同心態，臥龍崗上如同桃花源一般的仙境描繪，司馬徽、崔州平、石廣元、孟公威、諸葛均等人的形象描寫，劉備求賢若渴、禮賢下士的性格，諸葛亮的超人智慧和遠見卓識的高人形象，都活脫脫地躍然紙上。這就是"想當然爾"的藝術創造，它得力於作家想像力的自由馳騁。

想像是藝術感覺的還原。面對藝術形象，在想像中把那些未經作家情感同化、未經假定的原生的形態想像出來。比如《詠柳》一詩中，柳樹明明不是碧玉，卻要說它是玉的，不是絲織品，卻要說它是絲的。這個矛盾就顯示出來了。這是作者借助想像，讓柳樹的特徵轉化為情感的特徵。

語文教學是最容易培養學生想像力的教學，無論是識字與寫字教學，還是聽說讀寫的語文學習活動，特別是文學作品的教學最能培養學生的想像能力。

趙珂：沒錯！作為讀者我們只能通過紙張上的文字，無法直觀抵達那些情景，只有依靠豐富的想像才能真正實現創作者靈魂上的溝通，感受作品的魅力。那麼有哪些關鍵點可以引發我們的想像呢？

劉永康：當代法國現象學心理學家保羅·薩特指出："想像的活動是一種變幻莫測的活動。它是一種註定要造就出人的思想對象的妖術，是要造就出人所渴求的東西的；正是以這樣一種方式，人才可能得到這種東西。"文學語言主要是模糊語言，它表達感情和思想傾向的特徵就是含而不露，曲折隱晦，這就給讀者留下十分廣闊的想像空間，令讀者回味無窮。

趙珂：劉教授在前面講到語言的模糊性、文學形象的模糊，於是，我就想到教師能不能引導學生抓住課文的模糊性來品味其意蘊，從而發展學生的想像能力？

劉永康：你算是問到點子上了，教師引導學生抓住課文的模糊性來品味其意蘊，這是發展學生想像能力的有效途徑。具體說，可以從以下幾個方面著手：

### 1.用情節的模糊性引發想像

讓情節不斷向縱深發展的推測想像，能促進學生矢向思維的發展。學習《皇帝的新裝》，啟發學生討論：皇帝回宮後怎麼樣了？兩個騙子能否逃出城去？學習《傷仲永》後，讓學生猜測，仲永死前是什麼心情，會給後代兒孫留下什麼遺囑？學習《孔乙己》後，讓學生寫一篇悼詞，想像他可能死在哪里？他是怎麼死的？他留給我們哪些教訓？

趙珂：以上劉教授用大量的教學案例告訴我們，要利用情節的模糊性對學生進行想像訓練，於是我就想到小學教材中《荷花》一文，在引導學生學習第4自然段時，就可讓學生觀察彩圖，啟發他們以課文中的我想像一下荷花在一陣風吹來時會怎樣？風停了，又會怎樣？蜻蜓飛來告訴我，清早飛行是怎樣的快樂？小魚遊過來告訴我，昨夜做的什麼好夢？為了讓學生張開想像的翅膀，老師還可以作想像的示範，比如：我面對這一池美麗的荷花，仿佛自己也變成了一朵池中盛開的荷花，好奇地向四下一望，呵，許多小姑娘都聚集在這裏，我們都穿著雪白的上衣、碧綠的裙子，一陣風吹來，都按捺不住心中的喜悅，搖擺身子，抖動裙子，高興地跳起舞來。

劉永康：你這個教學環節的設計很好，這樣借助文中插圖激發學生想像，呈現在學生腦海裏的不只是畫面上的形象，而是通過畫面感受到畫中景、畫中境、畫中情和畫中音，這就能很好地培養學生的想像力。

### 2.用形象的模糊性引發想像

文學形象本身就具有模糊性。文學作品的審美價值是由作品的形象來體現的。但作品的價值無論是真善美，還假醜惡，都經常表現為多義的、多值的、多爭議的狀況，構成了文藝現象的模糊性。這種模糊性必然蘊含於作品創造的人物形象之中。唯其如此，才給人以想像的餘地，生出"象外之象"來。因而欣賞者只有通過想像的思維方式在頭腦中重新組合，達到呼之欲出的境界，才能感受到人物形象的栩栩如生，進而理解作者塑造人物形象的深刻含義。

有教師教《福樓拜家的星期天》，有這樣的一個片段：

同學們都知道福樓拜幽默、健談，都德活潑、開朗、左拉沉默寡言、屠格涅夫博學多識、老成持重。假設此時四位作家正在談論文學方面的事情，這時門鈴響了，來者不是別人，正是莫泊桑，請你抓住四位作家的不同性格特徵來想像一下，此時四位作家會用什麼樣的表情、語言和動作來迎接莫泊桑的到來呢？同學們討論一下。

生：福樓拜打開門，一看是莫泊桑，他一下抱住了莫泊桑，"啊，莫泊桑！是哪陣風把你給吹來了？"然後，拉著莫泊桑向裏屋跑去，邊跑邊叫："大家快來看呀，我們的么兄弟莫泊桑也趕來湊熱鬧了！"剛剛爬完六層樓還氣喘吁吁的莫泊桑還沒等站穩，就被福樓拜拉著做了一次小跑練習。莫泊桑面對著熱情的朋友們，十分高興，像個小弟弟似的跟在福樓拜的身後。

生：屠格涅夫仰坐在一個沙發上，用一種輕柔的聲調慢慢地講著："莫泊桑，好久不見了，你還記得以前我們在你家談論文學史方面的事嗎？最近又有什麼新作品了？可不可以讓我們一飽眼福呀？"莫泊桑有點不好意思了，"這些日子我確實很忙，我今天來正是想讓大家對我新寫的這部小說提意見，還希望你對我多加指導！"屠格涅夫喜愛地看著莫泊桑笑了。

生：剛才在對幾位作家介紹時，我們已經知道福樓拜比莫泊桑大29歲，而且莫泊桑在創作上受福樓拜的影響很大，因此可以說，莫泊桑是福樓拜的學生，我先做一個假設，假設這四位作家正在談論莫泊桑的寫作技巧方面的問題，這時門鈴響了，都德說："中國有句古話'說曹操，曹操到！'你們看，准保是莫泊桑來了！"門開了，果真是莫泊桑，他擁抱著福樓拜，不住地叫著"老師"。都德回過頭來對大家說："想不到福樓拜竟有這麼優秀的弟子，你看他濃眉大眼，氣質不凡，像不像當年的我呀！"大家都哈哈大笑起來。

生：左拉歪坐在沙發上，壓著一條腿，用手抓著自己的腳腕，莫泊桑走到他的眼前："最近過得好嗎？"

"好，謝謝！"說完左拉又恢復了剛才的動作，觀察著每一個人。

在上面的教學片段中，教師只把福樓拜、都德、左拉、屠格涅夫的個性特徵作了概念性的抽象概括，然後讓學生展開合理的想像，使文中四個模糊形象一下子清晰起來。學生的想像被啟動，口頭表達能力也得到訓練。

趙珂：劉教授在上面談到的借助文學作品中情節和形象的模糊性引發想像，其實為我們提供了很好的想像教學支架。正如教學案例中，我們可以通過對任意情節和人物形象的排列組合來引導學生想像，在這個過程中也可以幫助學生更加深入地把握人物特點。那麼還有別的引發想像的關鍵點嗎？對此，劉教授將會在下一個專題中來解答這一問題。下次再見！

## 另闢蹊徑促想像

趙珂：在前一講中，劉教授講了作為形象思維認知加工方式的想像的重要性，並且談了用情節的模糊性引發想像，用形象的模糊性引發想像。今天我們邀請到了成都市語文教育名師，當代頗具影響力的詩人，劉小芳老師一同來參與我們的討論。引發想像還有沒有別的辦法呢？請劉教授和小芳老師來為我們指點迷津。

劉永康：其實，辦法不止前面談到的兩種，本專題將繼續探討這個問題。

### 1.借助情感的模糊性引發想像

羅丹說："藝術就是情感。"對於情景交融的詩文，其傳情點正在那景那物上。這些景物就給情感罩上一層朦朧的面紗，給人模模糊糊，若隱若現，欲出不出之感。

劉小芳：就是，這樣，讀者的閱讀鑒賞就不是一目了然，一覽無餘，它必須經過由表及裏的欣賞玩味，然後才能悟出形象的弦外之音，言外之意，從而獲得蘊藉雋永，餘味無窮的審美享受。

劉永康：是啊，詩文的妙處有時就恰在這未直接顯露感情的景物上，它造成蘊藉空靈的審美境界，給想像力的馳騁拓展了廣闊的領域。這種引而不發的婉曲表達方式形成一種特定的審美品德，成為抒情作品的重要特性。

趙珂：那這層朦朧的面紗，怎樣揭開呢？

劉永康：對此，教師要引導學生"知人論世"，透過背景，展開想像，領會作者此境此情中的真實意圖。

教《雨霖鈴》，作者在與戀人惜別時，迸出：

"執手相看淚眼，竟無語凝噎。"

此二句語言通俗而感情真摯，形象逼真，如在目前。寥寥十字，真是力敵千鈞。後來，傳奇戲曲中常有"流淚眼看流淚眼，斷腸人同對斷腸人"的唱詞，然而卻不如柳詞凝練有力。那麼詩人凝噎在喉的是什麼話呢？這話中含的是什麼情？這就是一個未定點，一個空白，老師可以讓學生聯繫全文，調動自己的生活經驗去想像，去填補空白，這樣，感受一定是多元的。

劉小芳：我記得這也是李華平教授宣導的"U+T"學習模式，先用已有的生活與學習經驗來關聯新的學習內容，進行還原與下沉，再體驗與探究。

劉永康：是的，作者在詞的下闋寫別後對戀人的思念。結尾寫"便縱有千種風情，更與何人說"，可見鍾情之殷，離別之深。這兩句歸納全詞，猶如奔馬收韁，有住而不住之勢。又如眾流歸海，有進而未盡之致。其以問句作結，更有無窮意味，耐人尋味。老師可讓學生品一品，這萬種風情的滋味是什麼？到底會向誰傾訴？又怎麼訴？這必然會引起思維的發散，解讀的多元。答案不求唯一，只要言之成理。

劉小芳：是啊，探究與體驗是個性的，發散的，也是豐富的。

很多時候心中翻湧的情感三言兩語難以言說，於是發於胸中之思，顯於世俗之事。正所謂"一切景語皆情語"，在閱讀過程中教師需要引導學生利用已有景物的描寫去定位那些看似模糊的情感描寫，在這個過程中想像的藤蔓也慢慢滋長。

趙珂：感謝二位的分享。看來，借助情感的模糊性引發想像，是培養想像力有趣又有用的方式，那還有其他方法嗎？

**2.創設想像情境引發想像**

劉永康：教師要善於圍繞教學目標，從課文中尋找點燃學生思想火花的導火索，從而啟動學生的想像。可以依據文本的典型環境、典型情節、典型人物進行再造想像。

如初中課文有高爾基的《海燕》，如果我來執教，我會設計這樣一個問題：

"除了海燕，課文還描寫了海鷗、海鴨、企鵝在暴風雨來臨時的表現。請你想像一下，海燕在海上振翅飛翔時會有什麼想法，它對海鷗、海鴨、企鵝會說些什麼，試以"海燕的宣言"為題寫一段話，充分表現出海燕的心理活動。

劉小芳：是的，文本是根基，可以從人物所處的生活環境想像人物的性情，從人物的肖像、語言、動作去想像人物的內心活動等。比如鄭愁予的《錯誤》結尾："我達達的馬蹄是美麗的錯誤，我不是歸人，是過客"。

這是寫閨中怨女聽到馬蹄聲，誤將過客當歸人的情境，這可以說是寫人物的典型環境中的典型活動，但這活動卻為女子的閨怨罩上了十分朦朧的色彩。

劉永康：這正是引起學生想像的"著火點"、"觸發點"。有教師設計了這樣一個教學片段：

老師說：達達的馬蹄聲傳來了，多麼動聽。我們設想一下，那位女子聽到了該是怎樣的反應呢？請扣住"美麗的錯誤"接著文中上面的情節進行推想。下麵是一個學生的推想：

那位可憐的女子，聽到達達的馬蹄聲，十分驚喜，從座上站起來，激動得差一點暈倒。稍稍定了神之後，便揭開窗簾，打開窗戶，急切地向外張望，甚至打開房門。跑下樓，沖到青石的街上。可是，當她跑到街口，馬蹄聲已遠了，人已不見了，留給她的是痛苦、失望和怨恨。日思夜盼的心中的"他"啊，究竟在哪兒？這時便情不自禁地埋怨起那個"他"來了。於是，她心中閃起了李益的《江南曲》："嫁得瞿塘賈，朝朝誤妾期。早知潮有信，嫁與弄潮兒。"

劉小芳：這個教例，就是教師抓住詩中典型環境的人物活動描寫，引發學生的想像去刻畫人物的內心世界。我們在今後的教學中也可以借鑒。

劉永康：教師還可以創設問題情境引發學生的想像。如：

在教學《孔雀東南飛》後，老師問學生："如果劉蘭芝沒有'舉身赴清池'，焦仲卿也沒有'自掛東南枝'，那麼他們倆還可能有什麼結局？"學生聽了，浮想聯翩，由近及遠地展開想像，各式各樣的情節都設想出來了，雖然大都離不開戲劇中的"大團圓"，但他們暢想的積極性得到了充分發揮，創造性思維也得到了訓練。

趙珂：我發現啊，在教學中像這種用問題引導學生探究、思考，發散想象的教學方式，很有趣，學生也喜歡。

劉小芳：我還想給大家分享一個創設問題情境，引發學生想象的案例：

請看下麵一幅畫，這是《和司馬光比聰明》的一幅插圖，請仔細看圖，再讀讀課文，說說圖上畫的是什麼事，司馬光是怎樣救小孩的？你覺得他這種方法好不好？如果您在場，您會怎麼救小孩？

一般學生看圖後，都知道司馬光是用石頭砸破水缸救小孩的。

許多學生在看圖後，覺得司馬光救小孩的辦法並不好，認為一個好端端的水缸就被砸壞了，多可惜啊！還有的小孩認為，水缸砸破後，碎片可能會傷了這個小孩。那麼有別的方法救小孩嗎？學生展開想象。有說周圍有很多楊柳枝，折下一枝放進缸裏，小孩抓住楊柳枝，就把他從水缸裏拖出來。有小孩說，我把褲腰帶解下來，拴上石頭放入水中，小孩抓住石頭，然後把他從水缸裏拖出來。有小孩說，我們一起用力，把水缸推倒，水流出來了，小孩也就得救了……

劉永康：是的，這個例子很具有代表性。學生這些辦法有優劣之分，但都是在展開想象。除再造想象外，還可以在整體把握文本的故事情節、人物形象、主題思想基礎上，引導學生對文本進行續寫、擴寫、插敘、補敘仿寫等，藉以拓展學生的創造想象。

比如小學課文《琥珀》本身就充滿了想象。它是根據一塊裏有蒼蠅和蜘蛛的琥珀想象這塊琥珀形成和發展的過程並由此判斷它在科學上的價值，課文為學生學習運用想象提供了很好的範例。

老師完全可以引導學生回憶課文所講的內容，根據自己的想象和推理，編一個與課文裏講的不相同的故事，把這個故事告訴你的好朋友或者講給你的爸爸媽媽聽。

下麵以五年級下冊第六單元為例：本單元以"思維的火花"為主題，編排了三篇課文《自相矛盾》《田忌賽馬》《跳水》，習作《神奇的探險之旅》要求能編一個驚險刺激的探險故事。這編故事的過程也就是訓練學生想象力的過程。那麼老師該怎麼來引導學生在編故事的過程中去訓練他們的想象力？

趙珂：聽了老師們的分享，我覺得可以按這樣的思路來進行：

第一步，自主學習生字詞。

第二步，根據故事的起因、經過、結果瞭解故事內容。探索人物的思維過程，梳理故事情節思維導圖，根據思維導圖講故事。

第三步，閱讀探險故事和書籍，能根據課內思維導圖，梳理感興趣的"遇險—求生"的故事情節。在閱讀中積累求生方法，積累把情節寫具體的語言材料。

第四步，能根據思維導圖列習作提綱，並根據習作提綱編一個驚險刺激的探險故事。運用描寫人物的語言、動作、神態、心理描寫，把故事寫具體。

劉小芳：這設計很好，是一個大單元教學的目標設計，也是"U+T"學習模式中的反思與上浮，形成可以遷移運用的思維方法。學生沒有真實的探險經歷，在選擇探險情境、探險裝備、探險夥伴之下創設合理的探險情節和求生辦法有很大難度，引導學生在文本裏探究、思考，明白習作都是與一個故事有關的，都與思維有關，特別是與想象有關，都要去探索"發生了什麼？""用了什麼辦法？""結果如何？"，從文本中探索出的"他是怎麼想的？"就是思維方法，就可以用到習作中對於情節合理性的設置安排。

趙珂：好的，謝謝劉教授與小芳老師的精彩對話與分享。我們最後談到的利用"創設想象情境引發想像"其實是至關重要的，因為它可以隨意搭配前面提到的幾種激發想象關鍵點。通過合理創設相應的情境，可以幫助學生理解作品中的人物形象、故事情節、情感表達等方面的問題。正所謂"教學有法，但無定法，重在得法"，看似不同想象之間其實是相互關聯的，只要找准了觸發想象關鍵點就可以幫助孩子打開新世界的大門。

今天的內容就到這裏，我們下期再見！

# 二郎神與孫悟空鬥變化

趙珂：今天，我們有幸邀請到四川師大文學院博士生導師、全國語文學習科學專委會常務副理事長李華平教授參與討論。在上期內容中，我們探討了在閱讀教學中激發想象的幾種策略。可是在作文教學中又怎樣啟動學生的想象呢？下麵請劉教授給我們作一些分析，也請李教授提供一些寶貴的意見。

劉永康：好吧，我先講一個《西遊記》中二郎神與孫悟空鬥變化的故事。大鬧天宮的孫悟空被二郎神追殺。追殺過程中，二人鬥起變化來。孫悟空變大鷥，二郎神就變海鶴；孫悟空變小魚，二郎神就變魚鷹；孫悟空變水蛇，二郎神就變灰鶴；孫悟空變花鴇，二郎神見孫悟空變得如此低賤，乾脆用彈弓把孫悟空打翻在地。伏在地上變成了一座土地廟，張開的嘴巴像是廟門，牙齒變成門扇，舌頭變成菩薩，眼睛變成窗櫺，尾巴不好處理，只好匆匆變成一根旗杆，豎在後面。可是沒有廟宇後面豎立旗杆的，又被二郎神一眼識破……

趙珂：不論是在小說中還是電視劇中，這段精彩的打鬥都是很多人的童年回憶。劉教授今天講的這段二郎神大戰孫悟空的故事能給我們什麼啟示呢？

李華平：我認為有以下兩點：

第一，想象是文學創作中不可缺少的能力。它可以讓作者突破現實的限制，創造出新穎的形式，表達出獨特的思想，激發出強烈的情感，也可以讓讀者拓展自己的視野，增加自己的知識，啟發自己的智慧，享受自己的快樂。

第二，想象是要合情合理的，它必須以現實生活為基礎，作者要對現實生活有非凡的洞察力。

劉永康：李教授總結得很好。孫悟空和二郎神不管怎麼變，都會有一個"搖身一變"的動作，這個動作妙就妙在它既顯示了變化的過程，也體現了變得合情合理。假若沒有身體搖晃的動作，直接就變過去了，這樣的變形就會顯得唐突和缺乏可信。可以這麼說，這個搖身一變，是想象力展開的時候，同時出現的洞察力為我們提供了現實的依據。這個合情合理，還表現在變什麼的問題上。二郎神變的動物總比孫悟空變的動物要高貴一些、厲害一些，總能戰勝孫悟空。這是由這兩個形象的身份決定的。二郎神是所謂的"正神"，有貴族身份。孫悟空是"草根"，在那些所謂"正統"的眼裏，孫悟空不過是"妖"，本來就與二郎神不在一個檔次上。不知道大家在看《西遊記》這段故事時，注意到沒有，就是孫悟空每變一次都會露出破綻，這是為什麼？

趙珂：我想，大概是因為孫悟空和二郎神變成動物後出現的破綻，這樣才可以讓故事順利發展，正是變形後不斷出現的破綻，才能讓二者之間的激戰不斷持續，我說得對嗎？

劉永康：不錯，但你只說到了一半。破綻可以讓故事順利發展，讓二者之間的激戰不斷持續，這是一方面。另一方面也揭示了文學敘述裏的一個準則，或者說是文學想象的一個準則，那就是洞察力的重要性。通過文學想象敘述出來的變形，總是讓變形的和原本之間存在著差異，這差異就是想象力留給洞察力的空間。這個由想象留出來的空間通常十分微小，而且瞬間即逝，只有敏銳的洞察力可以去捕捉。

李華平：想象豈止是藝術家的本領，中小學生作文也需要想象的本領。它能彌補學生生活不足的缺陷，豐富生活的內涵，賦予形象的審美價值，創造出形象生動的第二自然。

趙珂：確實如此，學生由於年齡和閱歷較少，並未被社會規訓的思維總是能誕生無數奇妙的想象。在作文教學中，老師怎麼指導學生發揮想象力呢？

劉永康：可以創設馳騁想象情境，進入角色揮毫為文。

前面談到，在閱讀鑒賞中，可以通過創設情境啟動學生的想象。其實作文也可以創設情境吸引學生想象作文。教師要善於從生活和教學活動中創設或捕捉那些可見、可聞、可曆、可感的情境，吸引學生身臨其境、身經其事、進入角色，將情境的誘惑轉化為寫作的需要，去觀察、感悟、思考、想象，從而展開延續式的作文訓練。德國中考有這樣一道作文題：

某商店店員，每天下班後，都要去取自動售貨器裏的錢，他連續好幾天都發現短款。先以為是自動售貨器出了故障，請工人來檢修，但發現自動售貨器並無問題。這到底是怎麼一回事？有一天，他提前下班，發現是老闆搶在他的前面去偷自動售貨器的錢，面對此情此景，這位店員該怎麼辦，請通過想象續寫後面可能發生的事情……

趙珂：我覺得以上是虛構的作文情境，它把學生帶入情境之中，去充當店員，這就把學生推到了風口浪尖上，去考慮如何對付偷錢的老闆。題目新穎，頗富吸引力，不由得學生不去思考，不去想象。情境作文還可以尋找真實生活事件，將學生置身其中、設身處地地展開想象，提筆為文。

劉永康：是這樣的，比如設計這樣一道作文：

一個女大學生曾寫信給愛因斯坦。信中訴說她學數學非常吃力，她沒有其他同學那樣聰明。她又寫道："所以，我要比別人花更多的氣力學習。我真是累死了！"

愛因斯坦給這位素不相識的女大學生回了信，回信只是泛泛而談，說教幾句嗎？或是深表同情，安慰幾句嗎？都不是。愛因斯坦回信的內容深刻，發人深思。請你設想愛因斯坦回信的內容，然後以愛因斯坦的名義給這位女大學生寫一封回信。

李華平：上面這些情境作文題所創設的情境具體而生動，能吸引學生的寫作興趣，它把你帶入情境之中去充當其中的角色，通過大膽地想象，去與情境中的人物或接觸或交往或溝通，或衝突，去解決情境中遇到的具體問題。這種作文的情境就像磁鐵石吸鐵一樣，能把學生的心給緊緊地粘住，令你欲罷不能，學生想象的花朵就在這情境的土壤裏綻放出絢麗的色彩。

赵珂：看来不论是阅读教学还是写作教学，创设情景都是引导学生发展想像力，深入思考的好法子。但我们要注意在设置情景的过程中一定要注意捕捉那些对学生而言可厉、可感的情境，这样才能最大限度地调动学生的想象。那在写作上还有什么指导办法吗？

刘永康：可以寻找课文艺术空白，引导学生想象作文。

艺术空白在哪里？它或者表现在省略的地方，或者表现在侧面描写的地方，或者表现在含蓄的结尾处。这种艺术空白在语文课文特别是文学课文中比比皆是。教师要善于引导学生寻找这些艺术空白进行想象作文。引导学生与作品人物进行心灵对话，发挥想象，进行生动细腻的细节描写。

比如在《苏武传》中，司马迁并未写出苏武在北海的生活状态，这就给学生提供了想象为文的空间，教师要求学生想象苏武囚在北海的处境，对其动作、语言、神情、心理、肖像进行描写，要明确突出一个中心，切入点要小，时间跨度不能过大，不少于800字。鲁迅先生的小说《孔乙己》虽然说到"大约孔乙己的确死了"，但究竟怎么死的？死的惨景怎样，不得而知，这就留下一个空白。

有教师布置以《孔乙己之死》为题的续写训练。有的同学以孔乙己在笑声中出场到笑声中死亡这样的结局，揭示了人们愚昧麻木的病态社会；有的同学写孔乙己在冰天雪地的除夕死在丁举人家的大门口，用对比的方式揭示封建科举制度的罪恶。

李华平：刘老这个办法可以让学生在课后依旧保持对于课文讲解的思考，还能在课堂之外联系自身生活去进行写作训练！教师也可以从学生的作品中瞭解学生对于课文学习的认知程度，可谓一箭双雕。

赵珂：在作文教学中，老师怎么指导学生发挥想象力呢？

就這個問題，兩位教授從創設馳騁想象情境，尋找課文藝術空白，兩個方面引導學生想像作文。除此之外，還有沒有別的辦法？

劉永康：還可以設計假設式作文題，借想象畫新的畫面。

假設式作文題是催生想象的發生器，它能引導學生對原有意象進行熔鑄，把平時生活的積累化為新的畫面。

請看下麵這道別開生面的假設式作文題：

不少科幻小說和影視作品中，都談到了神奇的"時間隧道"：向後或向前穿過"時間隧道"，人們可以返回歷史時代或前往未來世界。科學幻想當然可能永遠只是一種幻想，但事實上它又往往是科學創造的"先驅"。也許有那麼一天，我們真的跨入了"時間隧道"，或通過你能認同的另外某種途徑，回到了某個歷史時期、某個歷史事件中，那將是怎樣的一番情景呢？

請以"假如可以站在某個歷史（或"未來"）的坐標點上"為作文內容的範圍，寫一篇文章。

李華平：像這樣的作文題，寫作時可以大膽想象，內容只要與"假如可以站在某個歷史（或"未來"）的坐標點上"有關，就符合要求。具體的角度和寫法可以多種多樣，比如編述故事，發表見解，展望前景等等。

劉永康：這種假設式作文包括假想式，如"奧楚蔑洛夫在市場上""要是漁夫聽信了魔鬼""倘若我有一支神筆"等；包括科幻式，如"假如記憶可以移植""假如可以站在某個歷史（或"未來"）的坐標點上"；包括延伸式，如"今日的水生宏兒""南郭先生後傳"；包括推測式，如"未來的電腦""龜兔第二次賽跑"；命題方式也可多種多樣、生動活潑。可以是材料作文，話題作文、漫畫作文。如上面的"假如可以站在某個歷史（或"未來"）的坐標點上" 就是提供一則材料引出作文範圍。可以是標題作文，標題作文中，還可以是填空標題作文。

以上作文命題都是發展學生的想像力，挖掘積累，獲得新材料的有效方式。

趙珂：這樣假設作文題可以最大程度包容學生天馬行空的想像力，是一種很好的思維拓展訓練。在今天的內容中，二位教授重點從以現實為基礎的想像力出發，為我們生動講解了寫作教學中的想像激發方法。想像是文學創作中不可或缺的能力，是學生思維的源頭活水。作為教育者，我們只有耐心發掘、用心引導才能讓學生的思維綻放出絢麗的想像之花。

今天的內容就到這裏，我們下期再見！

## 深山觀虎與看潑婦罵街

趙珂：今天的專題討論我們不僅繼續請劉教授主講，還特邀四川師大博士生導師，全國語文學習科學專委會常務副理事長李華平教授參與討論。兩位教授好，在最近的寫作教學中我發現一個問題：有的學生平時思維挺活躍的，但是在寫想象作文的時候總是無法將這股機靈勁兒完全發揮出來，面對這種情況我們教師該怎麼引導呢？

劉永康：我講個故事你就明白啦。施耐庵的《水滸傳》裏有三次寫虎，而武松打虎一回寫得最為形象、生動，流傳更為廣泛。這是為什麼？據說，施耐庵為了熟悉虎的習性，抓住虎的細微特徵，他不僅翻山越嶺訪問獵戶，傾聽關於老虎吃人的描述，還親自跑到深山密林裏去，蹲在大樹上，觀察老虎的外貌、顏色和動作。他根據老虎的特徵，又親手紮了一只紙老虎放在書案上，並且在家裏養了一只貓，在寫作的時候，反復描繪它們的形象。由於作家掌握了第一手材料，對老虎的外貌、習性觀察入微，瞭若指掌，武松打虎一回才寫得那麼逼真形象。這也就是《水滸》令人百看不厭的原因之一。

趙珂：我明白了！就如斯坦尼的表演三要素一樣，優秀的想象表達需要建立在"真聽、真看、真感受"的現實基礎上。

劉永康：是的，我再舉一個例子。川劇藝術家周慕蓮在街上被一個潑婦罵街給吸引住了。那潑婦年紀約三十來歲，披頭散髮、又跳又蹦，哭罵不休。忽而對眾人哭訴，向朋友敘述；忽而又對站在店中的丈夫破口大罵，樣子很凶。一般人看到的潑婦大概就是這個樣子了。可周慕蓮眼中的潑婦比一般人生動得多。她向朋友敘述："你看她嘛，罵男人的時候，她可以控制不哭；哭的時候眼淚水只在眼珠上面轉，不讓它掉下來。她這種控制感情的能力不正是一個演員所必須具備的嗎？演員體會角色，既要鑽進去，又要跳出來，進進出出，這是演員的功夫。"周慕蓮又接著說："我還發現那個女人有一個很好看的動作，她哭的時候，肩膀聳得挺厲害。就在聳肩膀的同時，我看到她的頸項是把頭給支撐直了的，微微朝下，腮齶之間有顫動，表現出忍泣吞聲的情狀。這就既有外在，又有內在了。舞臺上人物哭泣的時候，也常有聳肩的這個動作，但我過去表演，只注意聳肩，沒有注意和整個頭部的動作聯繫起來，內在感情和外部動作也結合得不緊，如果將今天那個女人的動作吸收到表演中來仔細加加工，打磨打磨，我想一定會很生動、很美。"周慕蓮看罵街和分析罵街的事情過了不久，她就把那個婦女在罵街中的一些動作和神情熔鑄進折子戲《打神》中，由她創造的角色——焦桂英形象中去了。舞臺上，只見焦桂英手持信香，披頭散髮，背行出場。由於滿懷冤屈和憤怒，她的下顎顫抖，頸項僵直，泣不成聲、兩肩聳動，步履艱難。轉身亮相時，兩眼飽含熱淚，然後隨著淒厲的《端正好》曲牌，她唱出了世道人心的艱險，控訴了負心漢王魁的罪惡。

趙珂：從施耐庵觀虎寫虎，周慕蓮吸收潑婦罵街的動作融入自己的表演中，我們看到了觀察對於藝術創作的重要。藝術創作需要觀察，好像科學也需要觀察，那這二者有什麼不同呢？

李華平：科學的觀察與文學的觀察是不同的。科學地觀察要盡可能地排除一切可能的主觀色彩。有時為了擺脫人的感覺器官的局限，科學工作者常常要借助儀器排除錯覺。如使用顯微鏡、放大鏡、化驗等，藉以避免虛假的觀察成果。然而文學的觀察除了那種標準的帶普遍性的眼睛外，還得用自己的眼睛，用帶著自己鮮明個性的眼睛去觀察生活，使觀察的結果帶有染上個性的情感色彩。這就是劉勰在《文心雕龍》中說的：

"登山則情滿於山，觀海則意溢於海。"

趙珂：確實如此，創造藝術形象是需要想像的，學生作文也是需要想象的，而觀察正是為想象奠定基礎。想象不是憑空的，必須以對生活的感悟為源泉，沒有對生活的感悟，想象就會枯竭。王國維在人間詞話中也有過類似的表達：

"以我觀物，故物我皆著我之色彩"，優秀的想象表達前提是需要抵達一個"有我之境"。

劉永康：是的，對生活的觀察和感受就是感悟的"感"，針對生活中的觀察和感受所得進行領會和思考，這就是悟。在觀察中要有所感悟，感悟的本身就帶有想象的成分。

如果說在寫作與生活之間，觀察是橋樑，那麼感受與體驗則是橋樑的基石。僅僅滿足於表層的看得見、摸得著的觀察肯定不夠。如果觀察外物特徵時又能觀察自己內心感受的特徵，那挖掘生活的同時又能挖掘自我，那麼這種觀察才是充滿靈性的。老舍的《濟南的冬天》裏有這樣一段話：

"小山整把濟南圍了個圈兒，只有北邊缺著點兒口兒。這一圈小山在冬天特別可愛，好像是把濟南放在一個小搖籃裏，它們全安靜不動地低聲地說："你們放心吧，這兒准保暖和。"

這段描寫中作者賦予了老城與小山的性格，詩人感到這是一個溫馨的世界，生機勃發。因為它不僅是自然的再現而且是心靈的感應與溝通。於是，被心靈感受了的自然景物便充滿了生命的律動。靜物變成了動物，死物變成了活物。

"就是這點幻想兒不能一時實現，他們也並不著急，因為這樣慈善的冬天幹啥還希望別的呢！"

這"慈善"一詞，是作者在用心靈熱愛自然、感受自然的。因此，自然便有了生命，這自然的生命是作者給的，作者是把有生命的自然交給了讀者。

李華平：這些表達看似輕巧隨意，卻熔鑄了作者最真實的想象與感受。如此看來，有必要讓學生明確，觀察絕不能停留在一種單純的形式上，它還需融進作者自我內心體驗的對生活的真切感悟。

趙珂：這種感悟是含想象的成分的。那引導學生打開"感悟之門"的鑰匙在哪里呢？

劉永康：所謂感悟，就是要引導學生在對外部世界的觀察中去尋找與人的內心情感相吻合的東西，這種觀察一定要帶上自己的主觀色彩。這在格式塔心理學中，稱之為心物同形或異質同構。

比如我們去觀察白天鵝，從它那一塵不染的潔白羽毛、曲項向天歌的從容形態，就能夠感悟出與人的純潔善良、樂觀向上的性格吻合。於是，我們就可以借寫天鵝的潔白美麗、形態從容來歌頌人的心靈純潔、品質高雅、樂觀向上的精神風貌。我們觀察到黃鼠狼的體態是細長的、油滑的，它恰好同人類某種隱蔽狡猾的情感對應，於是我們就可以借黃鼠狼的形象來寫出某些人的陰險狡猾。"黃鼠狼給雞拜年——不懷好意"的歇後語就這樣產生了。

趙珂：從劉教授這番話中我也受到啟發，由此，我就想到：一支剛出土的嫩芽，假如你帶著自己的主觀色彩來觀察它的生長過程，你就會發現，它與人的某些情感因素有著某些吻合的地方，你就會展開想象的翅膀把它描繪成這個樣子：它先是伸出柔柔的芽尖，向周圍試探著，然後彎曲自己的身子，設法避開障礙物，或者是想推翻它，經過努力，它終於從重壓下解放出來，舒展姿容……這裏描述的是嫩芽生長過程的特點，滲透的卻是人類才有的渴盼、期待、努力、希望等情感因素。

李華平：總之，在作文教學中，要培養學生的形象思維能力，就要培養想象能力，要培養想象能力，就要培養學生對生活觀察的感悟能力。這一條要求我們語文教師的視野要衝破課堂的局囿而擴展到宇宙萬物中去，去引導學生發現那些具有生命形式的事物。讓我們帶學生去觀賞雄峰的峻峭，去傾聽瀑布的咆哮，去沐浴春光的嫵媚，去領略秋風的神韻。在大自然的懷抱裏，那泉水的叮咚，那野花的嬌豔，那遊魚的嬉戲，那燕子的穿梭，那柳枝的搖曳，那黃鶯的歌吟等等無不具有與生命同構的運動形式。

劉永康：當外物的完整、均衡、對稱、節奏等運動形式完全內化為學生自身的活動模式和習慣之後，學生的審美感知、審美想像、審美聯想、審美通感就會變得愈加敏銳靈活、細膩精巧，甚至是一聲蟬鳴、一朵浪花、一根野草、一陣秋風也能觸動深沉的思緒，也能掀起感情的波瀾。"汝果欲學作詩，功夫在詩外"，學生有了這詩外的功夫，吟詩賦文，何愁無靈感？何愁言之無物？

趙珂：說得太好了！今天的內容告訴我們，雖然我們日常的教學大多只在一方小小的教室中展開，但是思緒卻能不受時空的限制，縱橫千壑萬嶺，遨遊四海八荒。只要我們語文教師經常地引導學生去體驗和感受現象世界，耳濡目染，不斷薰陶，就能調動學生潛在的感知能力，並能使他們對外物的感知越來越敏銳。用當下流行的話來說就是：格局打開！

感謝二位教授今天的精彩分享，今天的內容就到這裏，我們下期再見！

## 籠天地於形內，挫萬物於筆端

趙珂：劉教授前面連續三講研究了形象思維的認知加工方式——想象，本講開始要轉入與想象相關的又一形象思維的認知加工方式—聯想。誒，劉教授，我注意到我們今天講座的題目有一種"包舉寰宇，吐納天地"氣勢，感覺大有玄機，可以請劉教授為我們講講嗎？

劉永康："籠天地於形內，挫萬物於筆端"，這是西晉陸機提出的一個美學觀點。那意思是說：將天地萬物構思為頭腦中的意象，然後再將這些意象驅遣於筆端。這就涉及寫作中的聯想問題。

趙珂：什麼叫聯想、它和你說的想象有什麼聯繫和區別嗎？

劉永康：聯想也是審美感受中最常見的心理現象。審美感受中的所謂見景生情，就是指曾被一定對象引起過感情反映的主體，在類似或相關的條件刺激下，而回憶起過去有關的生活經驗和思維感情，這就是聯想。聯想是由當前所感知的審美對象聯繫到與此相關的對象，是由此及彼，連類而及。而想象是一種觀念形態上再造或創造出現實的表象和形象的心理能力。審美主體在其感情和理性的驅使下調動原有的審美經驗，從而形成源於作品又異於作品的意會形象。雖然聯想與想象有所區別，但又均以表象為基本材料。所謂表象，是指過去感知過、觀察過的事物不在面前，而在頭腦中重新喚起的形象，本質上是形象的記憶。正由於想像與聯想都以表象為基本原料，所以有人把聯想也說成想象，即"聯想的想象"。而且審美欣賞中的聯想與想象都是緣文馳想，即以作品的反映內容為中心，向四面八方呈輻射狀展開，它們對於活化和豐富我們審美對象，體驗審美對象的思想內涵，深化審美感受都是大有作用的。我在前面談到形象思維的三大要素：形象、想象、感情。其實，那想象就包括了聯想。只是為了敘述的方便和考慮聯想與想象的區別，我們才把聯想從想象中抽出來作專門研究。所以，我們在後面討論培養形象思維時，涉及想象方面的內容實際上也涵蓋了聯想。

聯想是由一個形象聯繫到另一個形象的心理過程。寫作中借助聯想，你會發現可寫的東西不知增加了多少倍，你會發現原來你手中笨滯的筆突然靈活了起來，汩汩滔滔，將原來枯燥乏味的東西寫得形象生動。培養學生的聯想力，不僅可以結合閱讀教學來進行，也可借作文教學進行訓練。作文中發掘材料、豐富材料都要靠聯想。聯想可以思接千裏、視通萬裏、縱橫捭闔，由實到虛、由近及遠、由所見到所未見。

趙珂：既然學生作文和作家寫作一樣，都需要借助聯想，那麼，在作文教學中，應該怎樣來訓練學生的聯想能力呢？

劉永康：聯想的種類很多，如橫向聯想、縱向聯想、逆向聯想、多向聯想等，每一種聯想都可以通過作文加以訓練。

### 1、訓練橫向聯想

橫向聯想是一種接近聯想，是指在時間上、空間上或事理上比較接近的事物在人的體驗中形成的聯想。它反映的是一個事物在時、空、理上的接近關係。

如魯迅先生寫到百草園中的長草，就聯想到長媽媽給他講的美女蛇的故事。這就是橫向聯想。有學生寫《為了歷史的使命》，由"他窗前徹夜不息的燈光"，跨越空間展開聯想，想到了科技人員、退休老人、工人師傅、農民伯伯以及莘莘學子，顯然，這是"橫向"聯想。

有教師教《赤壁之戰》後，出了《華容道上留罵名》的作文題。要求學生對曹操從赤壁戰前橫槊賦詩、躊躇滿志，到華容道上落荒而逃，狼狽不堪的事實，議其兵敗赤壁的原因，總結出幾條教訓，進而面向社會生活展開類似聯想，揭示出這一歷史事件的社會意義，讓歷史成為現實的鏡子。這種聯想是對一事物的感知或回憶，引起對和它在性質上、氣質上相似的事物的回憶，這就是思接千載的橫向聯想。

趙珂：有教師執教高中教材《天工開物》也用了這種橫向聯想。首先要求學生針對課文中有關水稻種植的知識思考其意義，學生明確：種植要因時制宜、因地制宜的道理，接著老師就要求學生從"尊重自然、取法自然，人與自然和諧才能共贏"的角度展開聯想，自選角度，結合實際，寫一篇300字左右的文字。這樣的讀寫結合也是訓練學生的橫向聯想能力。

**2、訓練縱向聯想**

劉永康：縱向聯想：縱向聯想實際上是關係聯想中的因果聯想，縱向聯想就是要幫助人們厘清各種現象之間、事理之間的因果關係。

眾所周知，物質世界是一個非常複雜，又相互聯繫、相互依賴的整體。當你在考察物質世界中某些人或事物的普遍聯繫時，假如抽出相互聯繫中的某個現象加以思考，你就會發現：某一現象的發生正根源於另一現象的存在，或者另一現象的存在必然引起另一現象的發生。這種因果間的聯繫正是進行由果溯因或憑因探果的客觀依據。例如我在2010年為四川考生出了一道高考作文題：

"幾何學上的點只有位置而沒有長度、沒有寬度、沒有高度，正是那無數個點構成了無數條線、無數個面、無數個立體……"要求之一是："請就以上材料展開聯想，寫一篇不少於800字的文章。"

考生必須從材料中領會到"小與大""局部與整體""量變到質變"等的因果關係，其聯想的空間是非常廣闊的。比如從"小與大"之間的因果關係，即"大"這一果，是由無數個"小"這一因形成的來思考，就可以聯想到："小中見大""從一滴水看大千世界"；點是人生的起點，生命的開始，萬事萬物的源頭，可以想到："小洞不補，大洞一尺五""螻蟻之穴，潰堤千裏""小錯不改，鑄成大錯"；想到：要成就大事，必須從一點一滴的小事做起，"一屋不掃，何以掃天下"……從"局部與整體"的因果關係，即"整體是由局部形成的"昇華開去，就可聯想到如何處理個人與集體的關係，想到"眾人拾柴火焰高""團結就是力量""星星之火可以燎原""三個臭皮匠、頂個諸葛亮"……從"量變到質變"的因果關係,就可以聯想到"知識要靠積累""好習慣要靠平時一點一滴的努力來養成""千里之行始於足下""九層之臺起於壘土"……

趙珂:這樣看來,橫向聯想可以最大程度幫助我們拓展思維的寬度,而縱向聯想則更多側重於思維的深度訓練。那其他聯想類型呢?

### 3、訓練逆向聯想

劉永康:逆向聯想是一種正反對比的聯想。它是由對某一事物的感知和回憶,引起對它具有相反特點的事物的回憶,"取其相反",它反映的是事物間的相對性和矛盾性。

如《濃煙和煙囪》一文中煙囪回答濃煙的話:

"你比我高,比我粗大,還會舞蹈,這都不假。只是你的行動沒有一定的方向,你永遠只會隨風飄蕩,這也沒有什麼值得驕傲的"。

上面,煙囪對濃煙先是肯定,後是否定,這就形成了相反聯想。

2007四川高考作文:《一步與一生》

有考生寫:一個人的一生雖然是腳踏實地,一步一個腳印地走過來的,但在你的生命歷程中總有那麼一步是很關鍵的一步,一步對,步步對;一步錯,步步錯。所以,一步決定一生。

但有的考生寫的是:人的一生是一步一步走過來的,我們主觀願望是要走好生命歷程的每一步,特別是關鍵的一步,但實際情況是很難做到不走錯步,包括不走錯關鍵的一步。即使走錯了關鍵的一步,也不要灰心氣餒,回過頭來審視一下走過的足跡,總結教訓,振作精神,重新邁步,仍然會有光明美好的前程,一步不能決定一生。

趙珂：這兩個作文在立意上，一個是"一步決定一生"，一個是"一步不能決定一生"，後者對於前者，用的就是逆向聯想。觀點雖然相左，但都能言之成理。這後文的逆向聯想稱得上是反彈琵琶出新意。在立意上較之前文更勝一籌。

### 4、訓練多向聯想：

劉永康：多向聯想是指科學思維的多元性與換元性。它使思考者能從各種設想出發，不拘泥於一個途徑，不局限於既定的理解，盡可能做出符合條件的多種理解，這種聯想就是思維的發散。

比如漫畫作文的整體形象往往運用比喻手法隱含著對現實生活中某種人、事、現象、不良行為的一種諷刺。審題構思時，一定要聯繫生活現象和社會現象的各個方面來思考漫畫形象揭露或諷刺的多種現實意義，透過現象把握本質。這勢必要用到多向聯想。

有一個高考的漫畫作文題：

閱讀下麵的圖畫材料，根據要求寫一篇不少於800字的文章（60分）。

漫畫要素：一張餐桌；四只貓；每只貓前面桌上餐盤裏有一條魚；席間，一只老鼠從旁邊跑過，第四只貓毫不猶豫地丟下魚去捉老鼠，第三只貓指著第四只貓對第二只貓說："都什麼年代了，有魚吃還捉老鼠！"

從畫面的整體形象看，作者顯然肯定的是捉老鼠的貓，否定的是吃魚不捉老鼠還要譏笑捉鼠行為的貓。如果聯繫生活現象、社會現象來思考，那漫畫的諷刺意義就豐富而又深遠了。由貓捉老鼠可以聯想到警員抓罪犯，從而肯定打擊社會邪惡勢力的正義行為，否定對打黑掃黃袖手旁觀的不良行為。由貓捉老鼠可以聯想到那些在各行各業恪盡職守、愛崗敬業的人，正是他們在創造著物質文明和精神文明。他們應該受到讚揚而不應該遭受打擊。受批評的該是那些不務正業、遊手好閒的人。由不捉老鼠光吃別人剩魚的貓可以聯想到當下一些青年人不思進取，坐享其成啃老族的寄生行為。不捉老鼠光吃不勞而獲的魚，這種貓是多數，捉鼠的貓只有一只，是少數，還要被不捉老鼠的貓嘲笑，這使我們聯想到社會上某些地區、某些部門努力工作的是少數還遭受打擊，不幹工作的是多數，反而吃香。這就是是非不分，善惡不明，歪風邪氣占上風，正氣被壓抑。因此需要弘揚正氣，打擊歪風邪氣。不抓老鼠的貓有魚吃，抓老鼠的貓遭嘲笑，這又使我們聯想到社會上的分配不公，當年農村評工記分，生產隊的農民到了山坡上，記分員開始點名，只要你答應一聲，表示你上工了。然後就不管你在山坡上是幹活還是磨洋工，你都會有十個工分。這就叫："你上坡，我上坡，畫的圈圈一樣多；你下田，我下田，劃的圈圈一樣圓。"工廠工人吃大鍋飯。幹和不幹一個樣；幹多幹少一個樣；甚至大幹不如小幹，小幹不如不幹；不幹不如搗蛋。這種不講按勞分配、搞平均主義的分配，勢必影響社會和諧……以上聯想就體現了科學思維的多元性與換元性。它使思考者能從各種設想出發，不拘泥於一個途徑，不局限於既定的理。

趙珂：逆向聯想可以為我們提供思考事物的新角度，在立意層面逆向思考往往能出奇制勝！多向聯想就像一條紐帶，連接著具有相同本質的事物，活躍我們的思維。

今天的講座中，劉教授為大家分享了不同聯想類別在寫作訓練中的運用。其實，世間萬物都可以依靠聯想緊密相接，我們表達的多樣性其實就取決於知識範圍的大小與聯想能力的強弱，正如今天的主題"籠天地於形內，挫萬物於筆端"。

今天的內容就到這裏，我們下期再見。

## 從書法家改《涼州詞》到賈寶玉偷讀《西廂記》

趙珂：大家好，今天我們請到了四川省正高級教師，成都市名師工作室領銜人鐘亮老師來和我們一起聊語文。劉教授，在《籠天地於形內，挫萬物於筆端》中談到什麼是聯想？聯想與想象的區別與聯繫；聯想的種類和訓練方法。但聯想究竟是怎麼形成的？它的基礎是什麼？怎麼夯實這個基礎？這些深層次的問題還需要劉教授和鐘老師給我們指點迷津。

劉永康：這裏有兩個故事正好說明了這一問題。有一個書法家將王之渙的《涼州詞》替皇上寫在摺扇上，漏寫了"白雲間"的"間"，奸臣誣衊他"故意漏字欺君戲主"。書法家頓時感到大禍臨頭，嚇得一身冷汗，怎麼才能免除殺身之禍？這時他靈機一動，突然由詩聯想到了詞，就是把漏掉字的詩通過改變句中停頓的辦法變成一首詞，於是他隨即答道："我這不是寫的王之渙的原詩，是我寫作的詞：

"黃河遠上，白雲一片，孤城萬仞山。羌笛何須怨？楊柳春風，不度玉門關。"

上面這個由詩改詞的故事中，書法家是通過聯想救了自己的命。而這個聯想恰恰借助了寫詩填詞的文學知識。

《紅樓夢》第23回"西廂記妙詞通戲語，牡丹亭豔曲警芳心"。在這一回中，寫賈寶玉偷看《會真》，也就是後來王實甫改編的《西廂記》。被林黛玉發現了，兩人閒聊，寶玉借此笑黛玉是那傾國傾城容貌的鶯鶯，他自己則是為了相思而生病的張生。以此表達他對林黛玉的愛。寶玉巧妙地將《會真記》中張生與崔鶯鶯的愛情關係轉移到眼前他與林黛玉的關係上來，這也是一種聯想。如果沒有賈寶玉與林黛玉的愛情生活作基礎，賈寶玉也生不出這種聯想來。

趙珂：從劉教授講的兩個故事中，我終於悟出一個道理來，那就是：聯想要以知識和生活經驗為基礎。離開了知識和生活經驗，聯想便成了無緣之水，無本之木。

鐘亮：的確，聯想是需要知識和生活經驗的。聯想是由此及彼，那所及之"彼"就是由"此"而產生的聯想對象，這對象就是知識和生活經驗。離開知識和生活經驗，聯想就成了空中樓閣，就成了沙灘上建高塔。

劉永康：是的。唐代王維的《輞川閒居贈裴秀才迪》中有兩句詩：

"渡頭餘落日，墟裏上孤煙。"

這兩句詩的意思是渡口一片寂靜，只剩落日的餘暉斜斜照映，村子裏升起縷縷炊煙。詩人用白描手法表現黃昏第一縷炊煙嫋嫋升到半空的景象，描寫了田野黃昏的典型景象，渡頭構成一幅和諧靜謐的山水田園風景畫。《紅樓夢》中，香菱向林黛玉這個教她學詩的老師在彙報學詩的體會時，就談起了王維這兩句詩來。她說：

"'渡頭餘落日，墟裏上孤煙。'這'餘'字和'上'字，難為他怎麼想來！我們那年上京來，那日下曉便挽住船，岸上又沒人，只有幾棵樹，遠遠的幾家人家做晚飯，那個煙竟是青碧連雲，誰知我昨日看到了這兩句，倒像我又到了那個地方去了。"

鐘亮：這就告訴我們 在閱讀鑒賞教學中要訓練學生的聯想力，其方法就是以閱讀文本為媒介，調動學生的期待視野、整合學生的知識與生活經驗，對文本進行多元解讀。

趙珂：香菱就是憑著自己讀詩的知識積澱以及生活經驗，通過聯想，加深了自己對王維詩中"直"與"上"兩字的理解。那可以請劉教授給我們舉語文教學中運用聯想的例子嗎？

劉永康：當然可以，如下面有這樣一個教學片段：

師：《鄉愁》這首詩，作者選取郵票、船票、墳墓、海峽等事物，寄託了濃濃的思鄉之情。在生活中除了這些事物外，還有許多東西能觸動我們的心靈，引起我們的思鄉情緒。同學們能結合自己的理解，用具體的事物為"鄉愁"打比方嗎？

生：鄉愁是一枚青橄欖，苦苦的，澀澀的，別有一番滋味在心頭。

師：非常好，巧借了李煜的詞：別有一番滋味在心頭。

生：鄉愁是一根電話線，我在這頭，母親在那頭。

生：鄉愁是一碗老醋，每嘗一口，都讓人心酸。

生：鄉愁是一杯沒有加糖的咖啡，苦苦的，澀澀的。

師：同學們說得多好啊，我們把這些句子整理出來，不就是一首很美的鄉愁詩嗎？同學們就是這首詩的作者，也可以嘗試作詩人。

鐘亮：上面這個教例，就是老師調動學生的生活經驗及已有知識，通過聯想生活中的青橄欖、電話線、老醋、咖啡以及李煜的詞，對愁這首詩品出各種滋味。這樣的訓練既加深了對《鄉愁》情感意緒的理解又訓練了學生的聯想力。

趙珂：由於個人經歷和外部環境的不同，鄉愁的代表物對每個人而言也不盡相同，但只要能激發出對於故鄉的懷念，那麼這些聯想就是準確恰當的。但在某些情況下，學生由於認知不到位，聯想產生偏差，作為教育者的我們該如何去引導呢？

劉永康：有老師執教《荷塘月色》的時候就遇到過類似問題，針對"有嬝嬝地開著的，有羞澀地打著朵兒的……"有同學問："什麼叫嬝娜？"老師回答："字典上說，嬝娜就是柔軟細長的樣子。"後來這個同學寫觀察日記："我們小組的同學在爬山時，發現一條嫋娜的小蛇從樹叢中鑽了出來，大家嚇得叫了起來。"於是就有同學笑他。他就說："笑什麼？嫋娜就是柔軟細長的樣子，那小蛇不就是柔軟細長嗎？"。這個學生由荷花的"嫋娜"想到小蛇的"嫋娜"，這就是聯想。可這聯想是有問題的，什麼問題？

鐘亮：問題出在對"嫋娜"這個詞的理解上。字典上把"嫋娜"解釋為"柔軟細長"，那只是"嫋娜"這個詞的概念意義。可作為文學作品中的"嫋娜"，它還有描述意義。這種描述意義甚至要帶褒貶的感情色彩。老師沒把這層意思講清楚，導致學生鬧笑話。

趙珂：我知道，劉教授應邀在全國很多學校都給學生執教過《荷塘月色》，那面對上面的問題，你又是怎麼處理的？

劉永康：我在教《荷塘月色》時，就給學生講明：嫋娜是柔軟細長的，但柔軟細長的不一定都是嫋娜。如果是美好的人或物具有柔軟細長的特點，就可以用嫋娜來形容，蛇雖然柔軟細長，但蛇是美好的嗎？所以，今後同學們遣詞造句，不僅要把握詞的概念意義，那是查字典就能解決的，還要考慮詞的感情色彩、褒貶意義。這就要憑藉知識和生活經驗。你們再想想，生活中哪些人或物同時具備美好與柔軟細長的特徵？可以用嫋娜來形容？（這時，同學們都在積極地展開聯想……）

生1：公園裏迎風搖曳的楊柳枝。

生2：神話裏梅花仙子的腰帶。

生3：舞臺上翩翩起舞的少女的腰肢。

鐘亮：看來，劉教授這個教學環節真是別開生面，又耐人尋味。他調動了學生的知識和生活經驗展開聯想，既加深了對"嫋娜"的理解，又訓練了他們的聯想能力。

趙珂：聯想過程中出現誤解是正常現象，我們作為教育者就應該像劉教授那樣，找到出現誤解的根源展開針對性引導，在這個過程中加深學生對於事物的理解，而非直接遏制學生的聯想。學習過程中，如果沒有想象與聯想的參與，教學也會變得機械死板，失去生命力。

那今天的內容就到這裏，我們下期再見。

## 一種敏感地直接臆測真理的能力

趙珂：劉教授在前兩講中研究了形象思維的又一認知加工方式——聯想，這就結束了對形象思維的研究，本講轉入對直覺思維的研究了。大家都知道，學習是為了認識真理。那麼認識真理需要具備什麼樣的能力，這種能力又該怎麼去培養呢？

劉永康：這個問題很重要，要引導學生在學習中發現真理、認識真理，除了需要前面講到的抽象思維能力、形象思維能力外，還需要借助直覺思維能力。

直覺思維能力就是一種敏感地直接臆測真理的能力。

在馬克思以前的哲學中，直覺被視為一種特殊的認識活動。17—18世紀的西歐哲學家認為，直覺是理智的活動之一。如：

笛卡爾認為："通過直覺能發現作為演繹推理之起點的無可懷疑而清晰明白的概念。"

斯賓諾莎認為："直覺知識是第三種知識，直覺是高於推理並完成推理知識的理智能力，通過它才能認識到無限的實體或自然界的本質。"

萊布尼茨認為："直覺是認識自明的理性真理（如A是A）的能力。"

在現代資產階級哲學中，則從非理性主義的觀點出發，將直覺和理智對立起來，強調人的直覺和動物的本能相類似，認為直覺是一種先天的、神秘的，只可意會不可言傳的體驗能力，運用它可以直接掌握宇宙的精神實質。

趙珂：我就覺得以上諸種說法有其共同的合理因素，即認識到直覺是敏感、直接地臆測真理的認識能力。

劉永康：因此，對直覺思維能力應做這樣的解說：

那就是突然地理解，就是不經邏輯地分析推理，僅憑直覺，一下子領悟到學習對象的本質特徵。

直覺這種認識真理的能力，從感知到有所悟、有所識之間沒有明顯的邏輯推論過程。正由於如此，對事物認識所得的結論來得迅速而又直接，它的結論僅是一種感受和體驗，不能或者難以用概念加以說明，雖不明說，卻又在感受之中，只可意會而不可言傳。由於它既省去了邏輯操作過程，又無待於概念的表達，僅憑感官的體驗而有所省悟，因此稱為直覺。

格式塔心理學派曾做過這樣一個實驗：猩猩被放在籠中，香蕉放在猩猩直接取不到的高處，籠裏放著一根手杖，兩根竹竿，一條繩子，兩個箱子。猩猩在未解決問題之前，不是亂動和摸索，而是安靜地在那裏看。當它看出幾根短棒接起來與高處香蕉的關係時，它便產生了直覺，解決了這個問題。

從實驗中，格式塔心理學派得出了這樣一個結論：

人類認識事物也可以依賴直覺。

好比說，你面對蔥蘢的林海感悟著人生的充實，仰望挺拔的松柏而激發起生活的意志，眺望翻騰的大海而體驗著生命的躁動，這一切無待思索的反應，任何概念也說不清表不盡，這身心律動中的內涵就是直覺。

趙珂：聽劉教授這麼一講，對什麼是直覺能力也就有了一點初步認識了。聽說佛學中有一種"頓悟"說，它和你講的"直覺"是不是一回事？

劉永康：是的，直覺又叫頓悟。佛教把對"真理"的頓然覺悟，說成頓悟。這與漸悟，即慢慢地領悟是相對的。

宋朝有一個叫道生的著名和尚，他非常快地、不假思索地悟出了佛教的教義來，當時的人都推崇他，對他心悅誠服。道生認為佛教的最高真理是不可分割的，對它的覺悟也是沒有階段的，在頓悟真理的同時也成就了法身。就是說，你一旦突然一下子理會了佛教的真理，你也就成了佛。其實，頓悟說並非所有的佛門弟子都信奉，它只是其中一個學派的理論。禪宗在唐代分為南北宗，只是南宗才主張頓悟說，其開創者為慧能和尚。他提出的主要依據是《金剛般若經》，認為眾生本有佛性，只要心中覺悟，明心見性，即可成佛。他寫了一本理論專著，叫《見真佛解脫頌》，書中說：

"迷即佛眾生，悟即眾生佛，我心自有佛，有佛是真佛。"

意思是說：沒有領悟真諦的時候，把有真智慧真領悟的人當成普通人來嘲弄。領悟真諦之後，即使對面是一群普通人，也能從他們身上學到智慧。佛是體悟之後才能成佛。佛的根源就是眾生。如果糊裏糊塗的，那佛就是個代名詞，跟眾生沒什麼區別。通俗點說，釋迦牟尼如果糊裏糊塗地也成不了佛，而我們只要能夠體悟並修行佛法也能成佛。

《金剛般若經》中也有類似的說法：

> 佛在心中莫浪求，靈山只在汝心頭。
>
> 人人有座靈山塔，只在靈山塔下修。

佛是什麼？就是覺悟心，就是修行，依照佛陀的教誨奉行。通俗來說，就是修正自己錯誤的行為、見解等。此詩的意思就是告訴我們，人人都有佛性，不要向外祈求，應該反觀自心。自心覺悟就是佛。顧名思義，頓悟也就是一下子領悟，可見西方的直覺性，就是中國古代的頓悟說。

趙珂：看來，古今中外人們對於"直覺"和"頓悟"的思考與追求從沒停止過。那可以請劉教授為我們講講，普通人應該怎麼去獲取直覺和頓悟這種能力呢？直覺這種認識能力的基礎是什麼呢？

劉永康：直覺這種認識真理的能力其基礎是什麼？是知識和經驗。

直覺、頓悟這種認識真理的能力並不神秘，它是以已經獲得的知識和經驗為其依據的。離開一定的知識和經驗，就沒有直覺和頓悟了。漁翁憑感覺就知道哪兒魚多，該在哪兒下網，這是因為他長期生活在水邊，跟魚打交道，積累了豐富的經驗。一個農夫憑感覺就能預測今年收成的情況，那是因為他長期和農作物打交道，摸透了農作物生長與氣候、土壤、施肥、水分關係的規律。煉鋼工人能十分精細地辨別馬丁爐火焰那淺藍色的微小差異。熟練的包煙工人能夠用手一次從一堆紙煙中正確而敏捷地抓取一包所需數量的紙煙。音樂家有高度精確的聽覺，調味師有高度完善的嗅覺和味覺，一些染紡工人能辨別40多種黑色，這都是靠實踐經驗。法國音樂家柏遼茲為貝朗瑞的一首詩譜曲，前面都譜完了，只剩最後一句無法譜寫，他思索再三，仍然想不出一段樂譜來傳達這句詩的意思，最後不得不把它擱置下來。兩年以後，他到羅馬去遊玩，失足落水，爬起來，嘴裏所哼的樂調，恰是兩年前，搜腸刮肚所不能得的，這也說明直覺頓悟需要經驗與知識來觸發。

頓悟依賴於直覺，直覺有人把它叫做思維的感覺，這是我們人類的一種奇妙的心理功能。這種直覺思維在我們祖先那裏是十分發達的，一部《論語》就有不少經驗的人生雋語。金聖歎、張竹坡的小說評點時而閃現著猜測的理論火花，而古代的詩論、詞論更是隨時可見悟性的睿智之光。

趙珂：正如我們提到的"香菱學詩"的例子，之所以能流傳至今、引起讀者的共鳴，也是因為這種直覺、頓悟在我們鑒賞詩文的過程中也時時發生。劉教授，你有類似的生命體驗嗎，能不能給我們分享一二？

劉永康：好吧，那我們就從唐代詩人張繼的《楓橋夜泊》說起：

"月落烏啼霜滿天，江楓漁火對愁眠，姑蘇城外寒山寺，夜半鐘聲到客船。"

"月落""霜滿天""江楓""漁火"等形象作用於視角，"烏啼""鐘聲"等形象作用於聽覺，產生直感反映，這是感性認識。從對"寒山寺"的鐘聲的直感反映中會產生這樣的推測：寺廟是出家人修行的地方，鐘聲是寺廟發出的信號，現在鐘聲響，說明寺廟裏的僧人正在進行佛事活動。

我們從這首詩中可以獲得的是否僅僅是這些感性認識呢？

趙珂：如果只有這些，這首詩就太無味了，絕不可能成為佳作。我好像從詩中獲得了很多帶情感性的認知體驗。似乎有一種超脫感，像置身世外，雜念頓時消失；又像有一種從寂靜中獲得的輕鬆感。

劉永康：是啊！"鳥鳴山更幽"，正是由於夜靜鐘聲才聲聲入耳，於輕鬆之中領略到了有卸下一身重擔的那種輕快感，名利心切的人聽到了這種作為禪的警悟的警世鐘聲，可能產生一種警覺，警戒感。

我也去過姑蘇城外寒山寺，體會過夜半鐘聲到客船的境界，再讀到張繼的《楓橋夜泊》，頓生感觸，便脫口吟出一首詩來：

科舉場上失意人，楓橋賦詩勝功名。

世人何須爭名利？細聽寒山鐘鼓聲。

如此種種都是我從張繼詩中領悟到的。這種領會，不必靠思索，靠邏輯推理。他是一種直覺，一種頓悟。在創作中，我們把這種直覺、頓悟又說成靈感。它是人們在創造性思維活動中產生的特異心理現象，具有偶然突發，不期而至的特性。在什麼條件下產生，什麼時候來臨，完全不受人的自覺意識的支配和控制。你要它產生，它偏不產生；當你沒有預期它的來臨時，卻會自動地敲開你的腦門，這就有點像是一個幽靈，使人們產生一種不可思議的神秘感。

趙珂：在今天的內容中，劉教授為我們講解了何為直覺與頓悟。我們都希望在面對許多現實問題的時候，能有直覺頓悟的產生，但這種能力並不可急於求成。唯有用心感受，持續思考，心無旁騖，靈山自有。

從思維的角度看，直覺能力就是直覺思維能力，那麼在語文教學中又如何去訓練學生的直覺思維能力？這就是我們下一個專題要涉及的內容啦。

下期再見!

## 憑直覺經驗破其卷而取其神

趙珂：在上期內容中我們聊到了神秘的直覺。擁有準確的直覺，在許多事情上可以說是如有神助，仿佛一切水到渠成。思維作為一種抽象事物是難以被主體感知的，可以請劉教授為我們細說一下直覺思維的產生最直接的感受是什麼呢？

劉永康：請看青年時代的高爾基是如何描述自己讀完一篇小說後的感受吧：

我記得，在聖靈降臨節這一天閱讀福樓拜的《一顆純樸的心》，黃昏時候，我坐在雜物室的屋頂上，我爬到那裏去是為了避開那些節日裏興高采烈的人。我完全被這篇小說迷住了。好像聾子和瞎子一樣，我面前的喧囂的春天的節日，被一個普通的沒有任何功勞，也沒有任何過失的村婦，一個廚娘的身姿所遮掩了。

這真是如癡如醉啊！我們的青少年學生雖未必都有高爾基那樣良好的先天素質，但只要廣聞博覽，熟讀深思，沉潛涵泳，自能憑直覺經驗破其卷而取其神，提高直覺頓悟能力。

趙珂：作為語文教師，我們應該如何指導學生在閱讀中來培養自己的直覺思維能力呢？

劉永康：辦法是：

### 1.不要用繁冗的講析與大劑量的訓練去淡化和取代學生的閱讀品味

眾所周知，語文學習重在培養語感，而語感就是靠直覺性。它一般不依賴分析思維，並未用語法規則和其他語文知識去進行專門分析，並沒有經過明確的思維步驟，靠直覺思維便能比較準確、敏捷地捕捉到某種語感。例如《木蘭詩》的開頭：

"唧唧複唧唧，木蘭當戶織，不聞機杼聲，唯聞女歎息。"

閱讀主體通過（十三轍）"以欺"的細微韻：唧、織、息，便能感到木蘭停機歎息時內心的痛苦。在她凱旋時，

"歸來見天子，天子坐明堂，策勳十二轉，賞賜百千強。可汗問所欲，木蘭不用尚書郎，願馳千裏足，送兒還故鄉。"

通過改用（十三轍）洪亮的"江洋"韻：堂、強、郎、鄉，也便感受到她歡樂愉快的心情，這種帶有直覺感受，直覺判斷性質的語感，是思維主體憑藉直覺思維獲得的。

文章的味道有時不是講得出來的，只可意會，不可言傳。這就叫"三分文章七分讀"。只有在自讀中去心領神會。

在前面的講座中，我也說過：語文界同仁們多年的實踐經驗和教訓也證明了一點：就是要培養學生的語文能力，以熟讀為主比以講練為中心的效果好。

錢鐘書先生從幼年起，不僅背誦大量的古詩詞，就連《西遊記》《水滸傳》《三國演義》《聊齋志異》《七俠五義》《說唐》等古代小說，任人從書中隨便抽出一段來考他，他都能不假思索，流暢無礙地背出來。正因為他在頭腦中儲存了大量的古今中外的文化知識，再加上他超人的智慧，寫起文章來，才能旁徵博引、左右逢源。成為名揚國內外的大學者。

建國半個多世紀以來，語文教學存在一個嚴重的偏向，那就是用繁冗的講析與大劑量的訓練去淡化和取代學生的閱讀品味。不講深講透，講者不甘休，聽者不過癮。因此用教師講課文代替學生讀課文，大搞題海戰術，弄得學生疲於奔命，窮於應付，不叫練得扎實，還美其名曰：抓死練活，死去活來。我們不是不要講，但不要搞講重於讀，我們不是不要練，但不要搞練重於讀，講也吧，練也吧，都不能代替學生讀課文，而是幫助學生讀懂課文。

中小學語文中的名篇佳作，在初讀之後，就要一下子領悟到學習對象的本質特徵。吟誦李白的《夢遊天姥吟留別》，能直接感受到一種自由生命的強烈律動；品讀朱自清的《荷塘月色》，能立即體味出一種騷動不寧的朦朧意緒；欣賞魯迅先生的《祝福》，能隨即產生一種人的命運的悲劇感，從而能摸到作者對社會人生的深刻剖析和思考。學生這種獨立的直觀整體頓悟，開始總帶有朦朧、飄忽、猜想的性質。但不要緊，只要堅持下去，感知經驗積累多了，他們的感覺就會變得靈敏起來，精微起來。

目前我們不難看出，"滿堂灌"式的教學已不得人心，已經退出課堂，但教師仍然是課堂的主角，熱熱鬧鬧的課堂仍然由教師那雙無形的手在操縱著。學生冷冷清清的自讀自感自悟的時間太少。課堂教學改革任重道遠，但不管怎樣，請先讓我們語文教師從管好我們的這張嘴巴開始做起，讓教學方法簡單點再簡單點，讓學生自我閱讀思考的時間多點再多點。北京教育科學研究中心曾經調查過初中生在課堂上的讀書情況：在45分鐘內，自己讀書的時間達10分鐘的佔29.71%；有5分鐘的佔35.9%；僅2分鐘的，佔29.71%。每週讀書僅5分鐘的佔22.49%。課堂讀書少於5分鐘的學生比例，初一佔84.99%，初三佔90.82%。可見，"讀書"這個學語文的最重要的手段被邊緣化到了何等可憐的程度！我想，要是從小學到中學，2700多個課時學語文，每節課騰出15分鐘，讓學生熟讀背誦一兩個語段，2700多學時背上幾千個語段，有了這個功夫，何愁無聽說讀寫能力。

趙珂：劉教授說得太好了。我們教師要做的應該是教會學生學習，而不是代替學生學習。如果對知識的感悟都能由教師代勞，那麼談何培養直覺思維呢！

## 2.借助生活經驗與知識培養學生的直覺性

劉永康：前面已經談到，直覺性、頓悟性並非什麼神秘的東西，它本身就是以一定的生活經驗和知識為基礎，生活經驗和知識越豐富，直覺、頓悟能力就越強。現在提倡跨學科學習，我們把學語文、用語文的空間拓展到各學科領域去，特別是拓展到生活中去，這就拉近了學生與社會、與生活的距離。直覺性理論也啟迪我們要研究拓寬語文學習的管道，把學生的目光引向社會，引向生活。語文天然是與生活聯繫在一起的，語文一旦與生活聯繫，馬上就生動活潑起來。因此，我們要研究在學習知識、鑽研課文，培養能力的過程中，怎麼有意識地聯繫生活，使學生感到自己平時的所見所聞，酸甜苦辣，喜怒哀樂等都可以在語文中再現，讓學生感到語文與生活息息相關。

新課程改變了教師一味傳授的權威地位，拉近了師生之間的距離。教師在教學中應本著立足課內，注目課外，由課內輻射課外，由課外拓展課內的大語文實驗宗旨，堅持以教材中的閱讀、寫作、口語交際活動來尋找與生活相聯系的銜接點。或者內引，即把學生已有的生活經驗引入閱讀中來；或者外聯，即把學得的成果延伸到生活中去。

小學四年級上冊的《觀潮》，描寫的是一年一度的錢塘江大潮的壯觀景色。課文中不僅有對壯觀景色的描述，而且表達了作者對祖國壯麗山河的熱愛之情。如果要讓學生更好地領會本文的景中之情，就要借助生活經驗，那該怎麼來設計教學環節？

趙珂：假若讓我來施教，我就把該課的教學時間調整到農曆八月十六至八月十八，以一年一度的觀潮盛事為教學情境，通過多媒體資源再現文本描述的錢塘江大潮的畫面，以收集關於錢塘江大潮的新聞報導為主題，開展系列學習活動，促進學生積極展開想象，經歷品味課文的語言和結合自己的觀察體驗、真實感受進行語言輸出的學習過程，從而更好地體會課文景中之情。

劉永康：這個設想很好。一位中學生在學完《祝福》後對老師說：

"學這篇小說時，不知道是怎麼一回事，我總是會聯想到小時候生活在鄉下外婆家時，住在外婆家隔壁的一位老太婆。這位老太婆跟祥林嫂的遭遇有些類似，她也時時遭到周圍的人們的白眼和嘲笑，但她仍然十分善良，喜歡小孩子。可是我也跟周圍的人一樣，每次看見那個老太婆都要罵幾句，或是瞪她幾眼。現在讀了《祝福》，我覺得自己有點像那個冷酷無情的魯四老爺，深深感到了羞愧和悔恨。後來再回外婆家時，鼓起勇氣叫了她一聲'婆婆'。她很激動，眼淚奪眶而出。我還想去說服周圍的鄰居去理解她、尊重她，而不是鄙視她，嘲笑她，這並不是她自己的錯。"

這個學生就從小說裏的祥林嫂發現了生活裏的祥林嫂；從小說中冷酷的魯四老爺身上發現了在現實中內心世界缺乏同情心的那個自己，讓她重新認識到了自我，從而去分解自我、改善自我、提升自我。

趙珂：作為教師，我們應該幫助學生架起書本知識與現實生活的橋樑，讓學生的心靈視野更加寬廣。其實剛剛聽了劉教授分享的這個學生對《祝福》的思考，我相信熒幕前的不少觀眾應該都有類似的經歷。在與優秀的文字作品相遇的時候，我們生命中的某一部分似乎又被喚醒，在這個過程中正是直覺思維在幫助我們觸摸文字本身的獨特魅力。

今天的內容就到這裏，我們下期再見！

## 讓學生的思維辯證起來（一）

趙珂：劉教授在第三十、三十一講，研究了直覺思維的有關問題，本講將轉入對辯證思維的研究。什麼又叫辯證思維，它和前面研究的抽象思維有什麼關係？該怎麼去培養學生的辯證思維？這些正是劉教授在本講和下講要研究的內容。

劉永康：抽象思維發展到高級階段便是辯證思維。辯證思維是指以變化發展視角認識事物的思維方式，世間萬物之間是互相聯繫，互相影響的，而辯證思維正是以世間萬物之間的客觀聯繫為基礎，而進行的對世界進一步的認識和感知，並在思考的過程中感受人與自然的關係，進而得到某種結論的一種思維。

辯證思維要求首先看到事物的內在聯繫，從而透過現象抓住本質。辯證思維還要求用發展的全面的觀點看問題，辯證思維要求要注意矛盾的兩面性，堅持用一分為二的觀點看問題。

辯證思維要求首先看到事物的內在聯繫，從而透過現象抓住本質。在文學鑒賞中，引導學生從人物的肖像、心理、行動、語言分析入手去把握人物的性格特徵，這本身就是訓練學生透過現象看本質。

趙珂：我們還是結合課文分析來體會劉教授所講的觀點。在孫犁《荷花澱》中，丈夫們都離開自己的妻子去打鬼子去了，可女人們到底有些藕斷絲連。過了兩天，四個青年婦女會集在水生家裏來，大家商量，於是就有一段探夫的對話：

"聽說他們還在這裏沒走。我不拖尾巴，可是忘下了一件衣裳。"

"我有句要緊的話得和他說說。"

水生的女人說：

"聽他說鬼子要在同口安據點……"

"哪里就碰得那麼巧，我們快去快回來。"

"我本來不想去，可是俺婆婆非叫我再去看看他，有什麼看頭啊！"

按照劉教授的說法，所謂辯證思維，就是要透過現象看本質，在上面一段探夫的對話中，就是要從幾個婦女各自的話語中看出各自的性格來。我知道劉教授給中學生教過《荷花澱》的，那你是怎樣引導學生從分析對話入手，把握幾個婦女各自的性格特徵的？

劉永康：我曾經教《荷花澱》，針對探夫的對話設計了這樣一個問題：

探夫是四個婦女的共同願望，說明他們都愛自己的丈夫，但表達愛的方式卻迥然不同。有什麼不同？在這不同中，你看出這幾位婦女在性格上各有何特點？

通過閱讀、思考、討論和我的點撥，學生明確了：

第一句："聽說他們在這裏沒有走，我不拖尾巴，可是忘掉了一件衣裳。"這明明是想見丈夫，又不好意思直說，偏偏要為探夫找一個藉口。"說什麼我不拖尾巴，可是忘下了一件衣裳"，這在感情的表達上顯得委婉含蓄，看得出她的文靜。

第二句："我有句要緊的話得和他說說。"想看丈夫就直截了當地說，至於要說什麼要緊的話，無需細考，愛夫之情溢於言表。說明這位大嫂性格外向，爽朗豁達，心直口快，赤裸地表達對丈夫的愛。

第三句："聽他說，鬼子要在同口安據點……"水生的女人說。水生嫂的話顯示了她謹慎、穩重、心細的性格，說明她有較豐富的鬥爭經驗。此話似乎與愛夫想夫相去甚遠，究其實，一根紅線還是拴在丈夫心上，她連探夫途中可能遇到的危險都想到了。可見，在探夫問題上，她比誰都想得深、想得細。

第四句："哪里就碰得那麽巧，我們快去快回。"從語氣上看可能出自第二個婦女之口，探夫心切，急不可待，未免有點冒冒失失。生怕探夫的事被水生嫂一句話泡湯了。

第五句："我本來不想去，可是俺婆婆非叫我再去看看他，有什麼看頭喲！"最後一個婦女的話情味最足。本來就是自己想去，卻偏偏要說是婆婆要她去。明明就是巴不得看看自己的丈夫，卻偏偏要說"有什麼看頭喲"。說的是假話，但假話中卻包含有真情，"東邊日出西邊雨，道是無情卻有情"。

透過現象看本質就是一種變膚淺的語文教學為深度的語文教學。

教《紫藤蘿瀑布》，有老師叫學生先自讀課文談感想，學生都認為課文是在描寫紫藤蘿花，並表達了作家對花的喜愛和讚美。這樣的認識顯然是膚淺的。因為他們都只看到了現象，沒接觸到本質？如果讓你來上這堂課，你又怎麼樣引導學生深入下去呢？

趙珂：我在想，學生得出這樣的結論是因為他們只注意了文本，而沒有注意到課文的寫作背景。還有就是不了解作者宗璞的生活經歷、成長環境。這就是需要老師補充相關的背景知識，介紹一下作者的生活經歷、成長環境。為學生深度解讀課文提供必要的支撐。

劉永康：趙珂。要讓學生明白，作者寫這篇文章的時代背景正是"文革"十年浩劫，她的一家在"文化大革命"中深受迫害，她的短篇小說《紅豆》運用倒敘的方式，描寫瞭解放前夕嚮往和追隨革命的女大學生江玫，與想逃離革命的銀行家少爺齊虹之間的戀愛悲劇，表達了一個在時代巨變面前如何選擇自己道路和前途的人生命題，然而，小說發表不久，"百花齊放"的風向開始變化，《紅豆》等一大批小說被打成"毒草"，受到批判，"疑惑"和"痛楚"一直壓在作者的心頭。《紫藤蘿瀑布》這篇文章寫於1982年5月，當時作者的小弟身患絕症，作者非常悲痛，她在《哭小弟》一文中寫道："他們幾經雪欺霜凍，好不容易奮鬥著張開幾片花瓣，尚未盛開，就驟然凋謝。我哭我們這遲開而早謝的一代人！"此時，作者徘徊於庭院中，見一樹盛開的紫藤蘿花，睹物釋懷，由花兒自衰感悟到生的美好和生命的永恆。而她寫《紅豆》和當年受批判的一批文學作品也於1979年結集出版，命名為《重放的鮮花》，宗璞正是在這樣的背景、這樣的情境、這樣的心境中寫的《紫藤蘿瀑布》，瞭解了這些之後，再讓學生在老師的啟發、誘導、點撥下，思考討論本文的思想內涵，學生就會覺得，作者表達的不只是一般的喜歡和讚美紫藤蘿，而是透過對紫藤蘿花的描寫表達了"對生命的長久要保持堅定的信念"以及"個體生命是有止境的，人類生命的長河是無止境的"，再深一層的意思就是厄運過後，不能老是讓悲痛壓到心頭，應該面對新生活，振奮精神，與祖國人民同呼吸，共命運，以昂揚的鬥志投身到偉大的事業中去。這樣的認識就是由現象到本質、由膚淺到深刻，這也就是在訓練學生的辯證思維。

趙珂：由此我就想到閱讀《散步》，就不能僅僅停留於對家庭親情的展示，最好能拓展為孩子對自我家庭角色的思考，喚起首先做好一個家庭成員的責任意識，如此更能貼近一個孩子的心靈，激發其孩子的共鳴。餘光中的《鄉愁》，對初中孩子，可在相同、相似題材的比較閱讀中加深對鄉愁的深切體驗即可。而對高中學生，則應注意"鄉愁中隱含的人類深層的"尋根意識"的發掘。

劉永康：是啊，要是叫我來執教《美麗的顏色》，我就會這樣來設計教學：

問學生，這美麗的顏色就僅僅是指鐳的顏色嗎？這就要引導學生回頭看1——16自然段寫了些什麼？

然後問：誰能概括一下這部分寫了些什麼？學生明確，寫了居裏夫婦探究提煉鐳的艱苦且微妙的快樂過程。

問：艱苦"是指什麼？明確，指居裏夫婦工作的環境極其惡劣，夏天燥熱，冬天嚴寒；設備極其簡陋，沒有排放有害氣體的"通風罩"；工作極其繁重，辛苦，使人"筋疲力盡"。

又問，"快樂"又是指什麼？明確，是指居裏夫婦對自己所從事的科學事業的熱愛，在科學研究中如癡如醉的心態，對科學研究的濃厚興趣使他們樂此不疲。

從這個過程中，學生對美麗的顏色的認識就會深入一步，那就是這美麗的顏色除了指居裏夫婦的工作成果——鐳的顏色，更是指居里夫人的美好人格，這才是人類世界最美的顏色。

這就是由淺入深。執教《哈姆萊特》。老師可向學生提出這樣一個問題：

戲劇上演之後，觀眾無不折服，為憂鬱而高貴的哈姆萊特最後的死亡而痛苦不已，紛紛要求更改劇本，希望讓哈姆萊特活下來。請聯繫劇本的內容思考：哈姆萊特是該活下去，還是必須死？

趙珂：我覺得要回答這樣的問題，老師就要引導學生從分析戲劇衝突入手，瞭解哈姆萊特做事猶豫、草率冒失、做事無計劃的性格上的弱點，正是這些弱點一步步把他推向死亡的邊緣。

劉永康：還有就是哈姆萊特作為西方人文主義的代表，還不具備戰勝封建勢力的條件。可見漢姆萊特必死無疑，他的悲劇是性格的悲劇，也是時代的悲劇。學生對戲劇的認識能達到這個高度，就是透過現象看到本質。

趙珂：劉教授以文學鑒賞的人物分析為例，讓我們懂得了辯證思維就是要能夠透過現象看到本質。那麼，學生要寫好作文就需要觀察生活，觀察是不是也要透過現象看本質？

劉永康：那是肯定的。觀察是在思維的參與下，有目的、有計劃的比較持久地主動認識某種對象的知覺過程，觀察要深入到事物的本質，不能進行純自然的描寫。有一年的高考作文是關於"打井"的看圖寫說明文。畫面是打井人已經打了五口深淺不一的井，有一口要是再挖幾鋤就可以見水了，可是，他仍然放棄了，還說這裏沒有水，再換個地方挖吧？考生觀察畫面，顯然應該看到打井人淺嘗輒止，應該從中受到啟發：做事要有耐心，要持之以恆。不是看到希望才堅持，而是堅持才會看到希望。這樣的觀察才是透過現象看到本質。可是一些考生對畫面觀察只看現象，不看本質，竟把"打井"說成是越南鬼子在挖地道，或者把圖畫中打井人說成是一個二流子遊手好閒。某年高考中的一篇文章，把笑星陳佩斯圓腦袋寫成："圓滾滾，亮光光，不帶一根頭髮，還有反光，不知是塗了油，還是打了蠟""如果停了電，不用蠟燭，光憑反光，這個腦袋也能亮得像個40瓦的燈泡。"這能說明笑星的本質特徵嗎？

趙珂：我覺得這個考生對笑星的觀察出了問題。笑星逗笑的特點主要是他的表演技能和內心體驗，而不是他的奇形怪狀。

劉永康：趙珂，假若這樣寫：圓腦袋上的每根眉梢，每條面紋，每塊肌肉，只要是每瞬間的小小牽動，都會為你提供豐富的笑料。特別是他那一對圓溜溜的小黑眼珠，鑲在他那大圓腦袋上，既流露出深深詩情，也蘊藉著濃濃的畫意。"這樣描寫，就把這位天才的藝術家刻畫無遺了。

劉教授告訴我們，讓學生的思維辯證起來，就是要通過語文的學習和實踐，讓學生學會透過現象看本質。此外，還要學會用發展的眼光看問題，用一分為二的觀點全面看問題，這些，就是我們下一講要研究的內容。

# 讓學生的思維辯證起來（二）

趙珂：上一講，劉教授給我們講述了什麼是辯證思維。講述了讓學生的思維辯證起來，就是要通過語文的學習和實踐，讓學生學會透過現象看本質。此外，還要學會用發展的眼光看問題，用一分為二的觀點全面看問題。這些就是劉教授今天要講述的內容。

## 1.用發展的觀點看問題

劉永康：事物總是處於不斷地運動變化之中。運動是絕對的，靜止是相對的。因此，辯證思維還要求不要用固定的、靜止的、凝固僵化的觀點看問題，而要用發展的眼光看問題。

以高考作文《詩意地生活》為例：

不同時代的人會賦予"詩意生活"以不同的思想內涵。陶淵明"采菊東籬下，悠然見南山"般的悠然自得；李白"仰天大笑出門去，我輩豈是蓬蒿人"般的飄逸灑脫；易安居士"知否？知否？應是綠肥紅瘦"般的溫婉簡約……這些就是古人"詩意的生活"。但是，生活急劇變化的現代社會，可不能消極地重複古人那種"詩意的生活"，怎麼在現代都市的躁動中收穫一份心靈的寧靜？怎麼在市場經濟的競爭中不丟失合作的意識？怎麼將遭遇挫折的消極頹廢拋卻腦後，始終保持樂觀向上的心態……這些難道不應該是現代人"詩意生活"的內容嗎？

趙珂：如果文章中能夠寫出現代人與古人有著不同內容的"詩意生活"，這就體現了發展的觀點。如果文章能思考怎麼正確處理好"躁動"與"寧靜""競爭"與"合作""消極頹廢"與"樂觀向上"等矛盾關係，那麼，就沒有片面性了。

劉永康：有考生文題為《中國不宜走社會主義道路》，內容大致是：

第一段、寫社會主義初級階段的種種弊端；

第二段：寫發達資本主義國家經濟如何繁榮、技術如何先進，管理如何到位，甚至在精神文明方面也有許多值得借鑒的地方。這與上段形成正反對照，說明社會主義不如資本主義。

第三段：寫一個工人對社會主義優越性的看法，然後提行，連用三個"哈哈哈"加以譏笑，說這位工人心目中的社會主義與現實生活相差十萬八千里，烏托邦色彩太重了。

第四段：改革開放30來年，我們國家發展很快，經濟搞上去了，綜合國力增強了，人們生活水準提高了，這能說明什麼？這只能說明我們是向資本主義學習的結果。因此，說來說去，還是社會主義不如資本主義，中國不宜走社會主義道路，這就照應文章的題目，強化自己的觀點。

趙珂：我覺得以上作文說明小作者就是不能用發展的眼光看事物。社會主義作為新生事物，雖然在萌芽階段是幼稚的，不成熟的，這也是問題，那也是問題，沒法與資本主義相提並論。但它有強大的生命力，它一旦發展起來，就一定是一日千里，突飛猛進，趕上和超過資本主義不是不可能的。

劉永康：就正如火車剛發明的時候，有人駕著馬車與火車賽跑，驕傲地把火車遠遠地甩在了後面。可是，今天火車的運行速度不是馬車所能比的。誰要是再駕馬車與火車賽跑，除非他是瘋子。資本主義是靠掠奪起家的。它們發展了幾百年才有今天這個樣子。而社會主義的中國，是在一窮二白的廢墟上搞建設，是靠自力更生、艱苦奮鬥起家，用短短的幾十年時間，走過了發達資本主義國家幾百年走過的歷程。目前中國的經濟發展已經以驚人的速度突破和超越了世界上許多發達的資本主義國家，躍居為世界第二。這篇作文的小作者就忽略了我國的這種發展趨勢而輕率地發表"中國不宜走社會主義"的錯誤觀點。

趙珂：是的。我們要抓住事物的本質，並不意味著我們要墨守成規，否則只會讓人們的思想和行為固化，失去生命力。在堅守本質的基礎上，用發展的眼光看待才是把握住源頭活水，走上認識事物的正確道路。

**2.用一分為二的觀點全面看問題**

劉永康：辯證思維要求用一分為二的觀點全面看問題，既要看到事物的正面，又要看到事物的反面；既要看到事物有利的一面，又要看到事物不利的一面。看問題不能走極端、不能帶片面性。

有考生以《是誰締造了新中國？》為題，自問自答，他寫道：

是誰締造了新中國？答案是豐富多彩的。人們都說締造新中國的是中國共產黨，沒有共產黨就沒有新中國。我獨認為：締造新中國的是日本帝國主義。然後文章回顧了第五次反"圍剿"的歷史。文章指出：軍事上失利的紅軍，被蔣介石幾十萬軍隊追趕到四川省石棉縣安順場大渡河邊，眼看紅軍就要走太平天國石達開全軍覆滅的老路，這個時候，日本打進了中國，蔣介石既要對付紅軍，又要對付日本，精力分散，兵力分散，給紅軍贏得喘氣的機會。紅軍借打倒日本帝國主義，發動全中國人民，壯大了自己的力量，趕走了日本，消滅了蔣介石，所以締造新中國的是日本帝國主義……

此文把新中國的締造者歸結於日本帝國主義，那更是荒誕可笑的。誠然，民族矛盾上升了，會導致階級矛盾的緩和，這對於當時軍事上暫時失利的紅軍轉危為安、北上抗日帶來了轉機。但因此就把新中國的締造者說成是日本帝國主義，那是極端片面地看問題。事實上，在當時，要滅亡中國的正是日本帝國主義。中國共產黨的英明正確領導，中華民族萬眾一心反抗外族侵略和反抗反動統治階級的不屈不撓的英勇鬥爭，這才是產生新中國的主要因素。

趙珂：這個考生就是看問題片面、偏激，只見樹木不見森林，一葉障目，不見泰山，站在太陽壩，看不見發光的地板，只看到樹縫下的幾個陰斑。

劉永康：因此，議論文閱讀與寫作教學除抓好一般技法訓練外，最關鍵的是要重視培養學生的辯證思維能力，提高學生的思想認識水準。今天講到的高考作文案例的共同錯誤是缺乏辯證思維，老師可把這些作文拋給學生，讓他們就存在的問題及如何糾正這些問題去思考、議論、爭辯，這本身就是培養學生辯證思維能力的好方法。

趙珂：劉教授從閱讀和寫作方面給我們講了使用辯證思維的三個要求。這三個方面的要求，既可以用來指導我們的閱讀、寫作等語文學習活動，也可以用於學習、生活和工作的各個方面。我們一定要細心揣摩，靈活運用。下期再見！

## 請君莫奏前朝曲，聽唱新翻《楊柳枝》

趙珂：劉教授，你在前面的講座中，已經涉及抽象思維、形象思維、直覺思維、辯證思維等思維形態的相關知識和訓練方法。可是，我們耳熟能詳的還有一種"創新思維"，這種思維重要嗎？它又具有什麼樣的特點？它和你說的那幾種思維到底是什麼關係？

劉永康：好吧，那我們先從劉禹錫的《楊柳枝詞九首·其一》講起：

> 塞北梅花羌笛吹，淮南桂樹小山詞。
>
> 請君莫奏前朝曲，聽唱新翻楊柳枝。

這首詩是說塞北的《梅花落》用羌笛吹奏，楚辭《招隱士》是淮南小山作詞。意思是說，請君不要再演奏這些前朝的曲子了，還是來聽聽新創作的曲子吧。無獨有偶，白居易也有《楊柳枝詞八首》，其中也有一句：

> 古歌舊曲君休聽，聽取新翻楊柳枝。

這些詩都表達了文學必須創新的意思。不只是文學，所有的創新都要靠創新思維。培養學生的思維素養，歸根到底還是要培養學生的創新思維素養。

我們國家的發展要靠無數個具有創新思維的人才。影響國家競爭力的主要因素是什麼？是人才，是具有創新精神和實踐能力的人才。高科技導致的產業結構、產品結構以及經濟結構的重大變革，使"科學技術是第一生產力"再次成為舉世共識。法國的著名思想家聖西門曾提出一個發人深思的假設：

"假若法國突然失去了一大批創新人才，比如突然損失了自己50名優秀的物理學家、50名優秀的數學家、50名優秀詩人、50名優秀的作家、50名優秀的軍事家和民用工程師。法國馬上就會變成一具沒有靈魂的僵屍。"

偉大的革命導師列寧把這段話工工整整地摘抄在筆記本的扉頁上，並標上"聖西門名言"。

轟動全球的《中國的興衰》一書的作者帕・米西認為："21世紀綜合國力的競爭，根本上就是人才的競爭。"可以說，一部《三國演義》就是一場人才大戰。爭人才、搶人才，已成為當今社會最大最激烈的競爭。美國在二戰期間，不惜用一個傘兵師、兩個裝甲師加上整個第六軍團組織一支作戰部隊，精心部署"阿爾索斯計劃"，俘虜了以海森堡為首的大批德國科學家。美國不僅進口了像基辛格、布熱津斯基等顯赫一時的政治家，而且招攬了相對論之父愛因斯坦（德國）以及氫彈之父費米（意大利）、V—2火箭發明家馮布勞恩（匈牙利）等一大批高科技專家。原蘇聯《真理報》曾以《偷竊天才的人》為題，痛斥美國並算了一筆賬：從1949年到1969年20年間，美國共搶走發展中國家的14.3萬名高級人才，使那些人才的祖國損失50億美元的教育費，而流走的人才在20年裏又至少可為美國創造632億美元的收入。國際人才交流中的這一強勁勢頭，構成了弱國向強國的反經濟援助。許多發達國家紛紛仿照美國。日本在全球範圍廣招賢才，在實施的人類新領域研究中，日本將有三分之一的科技人員從外國招聘。世界著名的飛利浦公司1989年為挖走美國矽谷一位研製204K超大規模積體電路的專家，以200萬美元的年薪延聘。美方並不為之所動，為了這名專家，飛利浦公司索性用3000萬美元把這位專家所在的企業整個買下來。與此同時，世界諸多第三世界國家紛紛厲兵秣馬，布下誘餌招引人才，例如泰國的智囊回流計劃、幾內亞引進人才計劃，非洲的"祖國需要我，我要為祖國人民出力"的口號，以及加納大、澳大利亞等國紛紛修改移民法，不斷推出吸引人才的新舉措，諸多領域都已成為爭奪外國創新人才的新吸納地。面對21世紀資訊社會、後工業社會等高科技競爭時代的到來，這場沒有硝煙的靜悄悄的兵不刃血的戰爭已越演越烈。越來越令人感到一種強烈的危機感和緊迫感。

　　我們怎樣才能獲得創新人才？像美國二戰那樣，靠偷、靠搶，不行。君子愛才，取之有道。創新人才就是具有創新思維能力的人才。我們是社會主義國家，不能取不義之才，只能靠優厚的待遇去吸引。儘管我們現在已經這樣做了，但我們還是發展中國家，囊中羞澀，力不從心，能力很有限。因此，我們靠培養。

趙珂：這麼說來，培養創新人才其實是時代發展賦予教育的神聖使命。既然您說創新人才。那到底什麼叫創新？

劉永康：所謂創新，就是作為主體的人綜合各方面的資訊，形成一定的目標，進而控制或調劑作為研究對象的客體，產生出從未有過的、有精神價值或物質價值的產品的活動過程。可見，創新必須同時具備兩個條件：一是前所未有，一是要有價值，包括精神價值和物質價值。因此不能搞無原則地標新立異。

湖北某考生寫《出得廳堂入得廚房之王國維可以休矣》作文，其中有一段是：

居里夫人說過："男人能做到的，女人也能做到。"不過她漏了下句："女人能做到的，男人未必能做到。"我們要決定自己的道路。查泰萊夫人曾經說過："男人征服世界，女人征服男人。"我們就是要做出得廳堂，入得廚房的女人，回到幾十年以前的老路。而我心目中的夫君，不要求什麼出將入相——那只怕忽然短命或禍事來臨——只要出有寶馬賓士，入有別墅豪宅，就心滿意足了。而這一切，要靠我們辛勤的梳妝打扮，呵護肌膚，像水一般晶瑩剔透，修習禮儀，進而儀態萬方，風情萬種。這，才是釣到金龜婿的唯一途徑。這些學問，大學課堂裏能教給我們嗎？成功之路與其說是自己選擇，毋寧說是男權社會所逼，他們居然要求我們：在家是主婦，在外是貴婦，床上是蕩婦。我，我又氣得……

以上作文算得上是創新嗎？

趙珂：劉教授說，創新必須符合兩個條件，一是要前所未有，一是要有價值，當然包括物質價值和精神價值。這篇作文也許符合第一個條件，但不符合

第二個條件。因為這個考生追求的是享樂至上，手段不是靠誠實勞動，合法經營，而是依靠傍大款。這立意就不健康，所以就不能算創新啊！

劉永康：趙珂，創新雖然超常，但不反常；雖然奇特，但不荒唐；是求異，而不是求謬；是創新，而不是復舊。

趙珂：那什麼又叫創新思維呢？它與你在前面提到的抽象思維、形象思維、直覺思維、辯證思維到底是什麼關係？

劉永康：如果是以新異獨創的方式來解決問題，這種思維就叫創新思維。創新思維就是提出新問題、解決新問題、開拓認識新領域的思維。

人們都知道電可以產生磁、電場可以產生磁場，大家的認識也就到此為止了。可是法拉第卻在思考：電可以生磁，電場可以產生磁場，那麼磁能不能生電？磁場能不能產生電場？這就是提出新問題了。法拉第經過無數次實驗，終於發現：磁也能生電，磁場也可以產生電場。隨著新問題的提出和解決，就導致了發電機的誕生。人們都知道聲音可以產生震動，認識也就到此為止了，可愛迪生卻在想：既然聲音能夠產生振動，那麼振動又能不能產生聲音呢？這又是提出新問題了。他也通過無數次地實驗，終於證明了振動也能產生聲音。隨著新問題的提出和解決，就導致了留聲機的誕生。兩個科學家的發明都說明了創新思維的特點就是提出新問題、解決新問題、開闢認識新領域的思維。我們前面談到了形象思維、抽象思維、直覺思維、辯證思維，不管你是屬於哪種思維，只要能收到提出新問題、解決新問題、開拓認識新領域的效果，那就是創新思維。

不管是哪種思維形態，形象思維也好、抽象思維也好、直覺思維也好、辯證思維也好，只要它具備了提出新問題、解決新問題、開拓人類認識新領域的特點，那它就是創新思維。

趙珂："提出新問題、解決新問題，開拓人類認識新領域"，這個說法可謂通俗易懂。但是之前我們就說過，思維本身就具有抽象性，關於創新思維的概念可以請您再展開講講嗎？

劉永康：創新思維具有獨立性、聯動性、多向性、跨越性、綜合性等特點。

從狹義上講，一個科學上的發明創造、一部經典著作的產生、一件珍貴的藝術品問世、一條自然規律被發現，這些探索未知領域的認識過程中所用到的思維肯定是創新思維，這些思維的成果都具有新穎性、開創性和重大的社會效益。這些思維在研究方法上，特別注重想象、聯想、靈感、潛意識在思維活動中的作用。但對於創新思維的理解我們又可以拓展開來：

"凡是沒有有效方法可供直接利用的，不存在確定規則可以遵循的思維活動都屬於創新思維，除此之外的思維活動，都稱為習常性思維。"

趙珂：我們平常也經常提到定勢思維，那什麼又叫定勢思維？它給咱們所說的創新思維又是什麼關係呢？

劉永康：定勢思維又稱"習慣性思維"，是指人們按習慣性的、相對固定的思路去考慮問題、分析問題，表現為在解決問題過程中做特定程式的加工準備。一位父親和他的兒子發生了車禍，父親當場就死了，兒子被人匆忙送入醫院。手術室裏，外科醫生看到這個男孩說："我不能給他做手術，他是我的兒子。"請問：這是怎麼回事？許多人看到這個故事的時候，第一反應是外科醫生是孩子的爸爸。因為思維定式告訴他們外科醫生是男性。事實上，這個醫生也可以是孩子的媽媽。

那麼，創新思維與定勢思維是什麼關係呢？創新思維是對定勢思維的突破和超越。

有一頭成年老象。它的力量大得可以掀翻一座簡單的房屋，可以推走一輛載重汽車，但居然掙不斷套在它脖子上的一根細細的鐵鏈。究其原因，就是因為這條鐵鏈在他還幼小的時候，就給它套上了，它覺得不舒服，幾經掙扎都以失敗而告終，這樣，就在象幼小的心靈上產生一個念頭，看來這條鐵鏈是掙不斷的。待到它成了力大無比的成年老象，也不敢向套在它脖子上的這條細細的鐵鏈挑戰。這就是定勢思維的弊端。第二次世界大戰，德國火車上發生了一個故事：老太太、妙齡少女、德國士兵、羅馬士兵四人坐在一起。那時火車上的照明設備不好，火車鑽隧道時，一團漆黑。這時，突然聽見有人親嘴的聲音，緊接著聽到有人挨耳光的聲音。火車出了隧道，大家起眼一看，發現羅馬士兵臉上有挨耳光的痕跡。於是大家就開始東猜西疑。老太婆就在想，肯定是這個羅馬士兵耍流氓，想去親這個妙齡少女的嘴，被妙齡少女打了一耳光。這個妙齡少女也在想，肯定是這個羅馬士兵想來親我的嘴，結果親錯了人，親在了這個德國士兵臉上，被德國士兵打了一耳光。這個羅馬士兵也在想，肯定是這個德國士兵耍流氓，想去親這個妙齡少女的嘴，這個妙齡少女打了他一耳光，可惜這一耳光卻打到我的臉上，我才冤枉。那到底是怎麼一回事？唯獨這個德國士兵啞巴吃湯圓——心中有數。原來，火車鑽隧道，他趁一片漆黑時，用自己的嘴親了一下自己的手，然後打了這個羅馬士兵一個耳光。這個笑話說明什麼問題？說明老太太、妙齡少女、羅馬士兵用的是定勢思維。唯獨這個德國士兵用的是求異思維。

　　有一個農民，帶他兒子下池塘抓魚，他叫兒子千萬不要發出響聲，把魚給驚跑了。然後撒網，網住幾條魚。第二天，孩子背著父親，提了一只桶到池塘抓魚。一會兒抓了大半桶魚回家，父親驚奇地問他："你小子怎麼這麼運氣，你是怎麼抓的？"原來，孩子在動手之前，就在塘裏挖了個深坑，然後故意大喊大叫，這一叫不打緊，魚都被驚到他挖的坑裏去了，他就來個壇子裏頭捉烏龜——手到擒來。父子二人捉魚的思維方法不同，效果也就不同。父親就是定勢思維，兒子就是創新思維。所以 父親捉的魚不如兒子的多。可見，思維要創新，就要突破和超越定勢思維。

趙珂：今天的內容中，我們瞭解到關於創新思維的概念以及其重要性。看來創新思維之所以如此可貴是因為它本身就具有獨創性，是異於常人的。自古以來人們都沒有放棄對於創新的追求，因為知識同樣是不斷更新發展的。那麼在語文教學中，怎樣來培養學生的創新思維？如果想知道的話，就一鍵三連繼續關注，我們以下幾個講座將會重點關注。下期再見！

## 橫看成嶺側成峰（一）

趙珂：劉教授，我們常說鼓勵學生發散思維，大膽創新，但什麼叫發散思維？它和上一講談到的創新思維是什麼關係？發散思維的"新"又從何而來。為了形成良性迴圈的素質教育，能請您給我們講講如何正確培養學生的發散性思維能力呢？

劉永康：首先要弄清什麼叫發散思維？發散思維也叫擴散思維或求異思維。她是一種多方面、多角度、多層次的思維過程，具有大膽獨創、不受現有知識和傳統觀念局限和束縛的特徵，很可能從已知導向未知獲得創新成果。所以說發散思維是創新思維的主要結構成分。發散思維有流暢性、變通性、獨特性三個層次。它有橫向、縱向、側向、分合、顛倒、質疑、克弱、資訊交合等形式。

在語文教學中，創造的過程一般雖然從思維發散開始，但發散所及並不都是正確的、最佳的、因而又應進一步加以分析、綜合、比較、選擇，這必然要用到聚合思維。所謂聚合思維，就是將發散思維所提供的諸多資訊加以改組，從多種多樣的觀點、意見、方案中選擇出唯一正確的答案或最佳答案。在閱讀教學中，學生對立意選材、佈局謀篇、人事景物、語言風格都會有不同的看法，但在各種看法中，或許會有真與假、優與劣、正與誤、高與低之分，只有經過分析比較、思考議論，讓思維從發散走向聚合方能得出正確結論。

《紅樓夢》寫到"大觀園試才題對額"時有一個情節，為元妃（賈元春）省親修建的大觀園竣工後，眾人給園中橋上亭子的匾額題名。

這裏就有三種提法：

1、從歐陽修《醉翁亭記》"有亭翼然"一句中，取"翼然"二字；

2、從"瀉出於兩峰之間"中拈出一個"瀉"字，有人即附和題為"瀉玉"；

3、賈寶玉則覺得用"沁芳"更為新雅，賈政點頭默許。

於是三種題名就是"翼然""瀉玉""沁芳"。這可視為思維發散，這三種題名哪種更好？這就要比較優劣，也就是由發散走向聚合。比較的結果是，賈政認為"此亭壓水而成"，題名"還須偏於水"，這就否定了"翼然"的題法。於是有人主張從"瀉出於兩峰之間"中拈出一個"瀉"字，題為"瀉玉""瀉玉"好嗎？這就符合壓水而成嘛，但賈寶玉又否定了"瀉玉"而命名為"沁芳"，"沁芳"也是壓水而成呀，同樣是壓水而成，"瀉玉"與"沁芳"又是哪個更好呢？顯然是"沁芳"好於"瀉玉"，因為"瀉玉"點出了花木映水的佳境，不落俗套；也契合元妃省親之事，蘊藉含蓄，思慮周全。這就是由發散走向了聚合。但是，後來的讀者們對"沁芳"的理解也出現了不同的看法，一種是認為"沁芳"二字表達了粉飾太平的吉祥之意，"沁芳"就是花香沁得流水芬芳。二是對大觀園悲慘結局的暗示，一切繁華富貴，一切美好的事物，終究會像飄落的繽紛一般，沒入水中，繼而流水攜其流逝，消失在這個美好的世界！對這兩種看法，我們又可視為思維發散，多元解讀。那哪種看法對？有需要比較鑒別，這又要由發散到聚合。

這個問題的正確結論應該是肯定第一種解讀，否定第二種解讀。我們去讀《紅樓夢》第十七回，將"沁芳"的題名 與"大觀園試才題對額"中賈寶玉所寫的第一首對聯："繞堤柳借三篙翠，隔岸花分一脈香"聯繫起來思考。從上下文看，此聯與'沁芳'一區相配，意在提水，但字面上並不直接說出，'三篙'、'一脈'都代指流水。全句說繞堤翠柳映得水光澄碧，隔岸花香沁得流水芬芳。"可見"沁芳"是和對聯之意的，"沁芳"就是花香沁得流水芬芳，這顯然含吉祥之意。至於有人把"沁芳"的意思理解為：一切繁華富貴，一切美好的事物，終究會像飄落的繽紛一般，沒入水中，繼而流水攜其流逝，消失在這個美好的世界！這是根據王實甫《西廂記》中"花落水流紅"句，於是將"沁芳" 理解為諸芳流逝，藉以作為上述觀點的佐證。這些理解用於別的地方也許是對的，這種理解甚至和曹雪芹寫《紅樓夢》"誰解其中味"的"味"掛上鉤來亦可斟酌，那就是它與《紅樓夢》的悲慘結局有關。可是，將這種理解加之於為元妃省親的亭命名這一特殊情境之中，讓它作為"不祥之兆"的暗示，讓賈政去認可這"沁芳"命名的不祥，這合情理嗎？包括為亭題名在內，為大觀園所有景點題名，都是為了討元妃的歡心，讓她來大觀園省親時能賞心悅目，所以，為各景點命名都只能往好處說，說吉利話。我們對"沁芳"的理解不求唯一，只求言之成理。既然題名"沁芳"得到了賈政的認可，命題材料也認定這一命名"契合元妃省親之事"，那這裏的"沁芳"應該是表達粉飾太平的吉祥之意，而不是對大觀園悲慘結局的暗示。因此，我們為什麼不可以將元妃省親理解為猶如芬芳浸潤水中一樣美好？

趙珂：以上，劉教授對《紅樓夢》園中橋上亭子區額題名優劣的分辨過程作了詳細的分析，可謂鞭辟入裏，通過分析使我們懂得了思維怎麼由發散走向聚合。要是劉教授能結合語文教學的案例來給我們講述思維怎麼由發散走向聚合，那就更好了。

劉永康：好吧，我就以作文訓練為例。我曾經引導學生根據提供的材料來提出各種觀點，也就是進行立意多元的訓練。比如我出示下麵的材料：

阿拉伯有一則語言：湍急的河上有一條小船，小船上坐著一位哲學家和一位船夫。哲學家問："你學過歷史嗎？"船夫說："沒有。"哲學家搖了搖頭說："那你失去一半的生命。"哲學家又問："你學過數學嗎？"船夫說："沒有。"哲學家動情了："那你簡直失去了一半以上的生命。"這時，一陣狂風把船吹翻了。船夫問哲學家："你會游泳嗎？"哲學家回答："不會。"船夫說："那你就失去了整過生命。"

我要求學生用這則材料作文，然後問學生，從這則材料中，可以提煉出多少觀點來？這就是在引導學生思維發散、立意多元。學生經過思考，提煉出以下觀點：

1、人要有自知之明，不能妄自尊大。

2、人無完人，不能只看一面。

3、見人有難，不能袖手旁觀。

4、對人要寬容，不要睚眥必報。

5、學習理論，不能脫離實際。

以上觀點的提煉過程，就是思維發散的過程。然後我要求學生對以上觀點進行比較分析：都對嗎？都錯嗎？如果都對，哪一個為最佳？

學生經過思考、討論。最後得出結論：這五個觀點都能與語言沾邊，並且都是正確的觀點。但比較之下，"學習理論不能脫離實際"，這個觀點為最佳。它更切合材料中哲學家的身份和對待事物的態度。它是對哲學家理論脫離實際，只知背誦書本條文的一個否定，從而反映了知識份子重視書本知識，輕視社會實踐的致命弱點。這就是將發散思維所提供的諸多資訊加以改組，從多種多樣的正確觀點中選擇出最佳答案來，思維就由發散走向聚合。

為了訓練學生由發散走向聚合的思維能力，作文時可以集中不同的思想觀點讓學生來選擇。如有一則《"28"響之謎》的報導：

國外最高禮儀鳴放禮炮21響，而毛澤東主席在宣告中華人民共和國成立時鳴放禮炮28響，為什麼？

美國人說："共"字由"廿"與"八"組成，毛澤東把共產黨寫上了天。

前蘇聯人說：毛澤東得天下有28個功臣，28響是對28個功臣的認定。

英國人說：毛澤東與楊開慧結婚時是28歲，從結婚到開國已是28年，而楊開慧犧牲時也是28歲。28響是為了紀念楊開慧。

日本人說：28是指八卦八門中兩個門，有吉慶的意思。

尼克森訪華時說：毛澤東三個字用繁體字寫是28劃，幾個外國人彙集在一起驚呼：毛澤東真神人，他預測到自己的壽命為84歲。84是由三個28組成。毛澤東28歲時中共誕生，過了28年，共和國誕生，再過28年，毛澤東逝世。

最後，周恩來回答尼克森：曾聽主席說：中國共產黨成立到開國時，已28歲了。

對開國大典鳴禮炮28響的原因就有以上7種猜測。老師完全可以把這些猜測拋給學生去比較分析、判斷哪一種更符合實際？那就可以得出結論：以上諸種說法是從個人功績、家庭私事、古代學說、數字巧合、黨的歷程等方面出發猜測28響的含義。但令人信服的應該是用來紀念黨的奮鬥歷程，即黨已誕生28年。28年來取得的革命鬥爭的勝利，僅只是萬里長征走完了第一步，今後還有更重要的任務要求全國人民繼續奮鬥。周總理解釋的28響，顯示出人民共和國領袖的偉大胸襟。

趙珂：發散思維的訓練並非任由學生天馬行空地胡思亂想，任意為之。教師需要站在更高的思維層面上把握韁繩，及時點撥這些不同的思維脈絡。經過劉教授的分享，我們可以認識到：強調思維發散的目的是訓練學生利用創新思維追求真理，並非為了"發散"而發散。因此在這個過程中，教育者一定要對學生思維發散的結果予以正確的回饋，不可一味肯定，也不能全面否定、打壓學生的思考。

## 橫看成嶺側成峰（二）

趙珂：劉教授在上一講給我們詳細地講述了什麼是發散思維？思維怎樣由發散走向聚合。那麼在語文教學中，怎麼去培養學生的發散思維？本講就請劉教授給我們講講這個問題吧。

劉永康：好吧，在中小學語文教學中拓展學生的思維空間，給學生的思維活動以較大的範圍，有利於培養學生多角度、多方面、客觀本質地看問題的辯證唯物主義觀點。這就叫"橫看成嶺側成峰，遠近高低各不同"，這就叫思維發散。發散性思維是創新思維的主要結構成分。

為了培養學生的發散性思維能力，我們可以啟發學生運用多種正確的方式、多種正確的答案去解決同一個問題。對同一個詞語進行多種多樣的造句訓練，對同一個意思用不同的句式加以表達，對同一段文字從不同角度進行多樣性的評論分析，對同一個寫作材料從不同方面去立意，構思作文。

針對一個作文題，老師引導學生從不同的角度展開思路，使立意儘量多元，這也是思維發散。

如果讓我來執教《哈姆萊特》，我就要設計這樣的作文練習：

恩格斯說："一千個讀者就有一千個哈姆萊特"。請以《我心中的哈姆萊特》為題，寫一段300字左右的短文。

這樣的題目就是發散的，開放的，它的思想張力很大，它引導學生放飛思想，張揚個性，寫出"我"來，但前提必須是言之有理，不能馳騁辯才，亂跑野馬。

如叫學生根據東施效顰的故事寫一篇作文，就可以要求學生從多方面展開思路，不要雷同。這樣一來，學生的寫作角度就可以發散開來。例如：

可以寫：人顰亦顰美不了。

（批評不顧自身條件，生搬硬套，不僅美不了，還要惹人笑。）

可以寫：東施，你何必愁。

（規勸東施，醜亦有其美，貴在健康身心，不必急，不必愁。）

可以寫：談如何表情、化妝。

（肯定東施有愛美之心，但不懂致美之法。）

可以寫：即使東施是美人。

（指出簡單的模仿並不美，因人制宜，創新才美。）

趙珂：也讓我來說一說：

還可以寫：西施的顰為什麼美。

（探討藝術中的病殘美。）

還可以寫：我看西施並不美。

（討論健康美）

還可以寫：莫做東施鄉鄰。

（批評閉門指責是不對的，應當關心、同情，與東施為善。）

劉永康：你說得很好，以上觀點看似對立，實際上是強調了不同的側面。形象大於思想，觀點相左的文章是允許存在的，因為現實生活中的認識本來就是不一致的，關鍵在於道理要講通，要言之有理、言之有據，鼓勵學生突破一般認識，敢於創新。

赵珂：以一个普通的成语故事为思考起点竟也可以挖掘出这么多写作方向。其实作文本就没有标准答案，多方面思考立意可以帮助学生最大程度拓展思维空间。那么在阅读教学中，我们又该如何引导学生的思维发散呢？

刘永康：在阅读中也可以引导学生思维发散，作者用一致之思，读者各以其情而自得。比如泰戈尔的《金色花》一文写出了孩子与母亲的之间的嬉戏昵笑与深爱，字里行间流露出对母子之间亲情的由衷赞美，洋溢著浓浓的同胞手足情，是讴歌母爱、赞美自然的好教材，是培养学生想像力、联想力、训练学生思维发散的好教材。在熟悉课文内容，领悟母爱的基础上，某老师设计了这样一个教学环节。她说：

母爱是人类最美的语言，母爱是永恒的话题。现在请同学们根据你对母爱的理解，调动你的语言积累，以"母爱"为话题，说一句最美的话，长短不限。老师先说一句："母爱是阳光，哺育我们成长。"

教室里一下子沸腾起来了，学生们争先恐后地回答：

母爱是大海，永远不会枯竭；母爱是一只船，载著我们驶向成功的彼岸；母爱是一把火，照亮我们前进的方向；母爱是一杯茶，令人温馨；母爱是一件毛衣，可以抵御风寒；母爱是一把雨伞，为我们遮风挡雨；母爱是擦拭眼泪的手帕……

又比如我引导学生鉴赏杜牧的《山行》：

远上寒山石径斜，白云生处有人家。

停车坐爱枫林晚，霜叶红于二月花。

我没有用我的讲授去代替学生的感受，而是让学生自己去感悟。有学生说："读了这首诗感受到一种深秋的寒意和淡淡的哀愁。"有学生说："他从中体会到了山上那种恬静、淡雅和诗人那种飘飘欲仙的意境。"还有学生说："自己彷彿看到了晚霞映照的滿山紅葉並從這種景物中經驗到了生機勃勃的精神氛圍。"這就是思維發散,這就是獨特感悟、多元解讀。

趙珂:以上案例就是立足課內,矚目課外,由課內拓展課外,老師用自己的示範調動學生的生活經驗和知識積累,展開想像、聯想,啟動學生思維發散,讓他們說出許多由衷地歌頌母愛的優美的句子來。

劉永康:《荷花》(人教版第六冊)中"白荷花在這些大圓盤之間冒出來"一句中,"冒"字的運用非常傳神,但為何用"冒"而不用"生"或"長"呢?有一位老師在教學中借助多媒體課件,展示了一池挨挨擠擠、長勢旺盛的荷花,用動畫演示了白荷花透過繁茂濃密的荷葉上升的過程,並請學生聯繫上下文,想一想怎樣的"長"才叫"冒"。學生思維得以激發,"喜氣洋洋地長,迫不及待地長,生機勃勃地長……",他們在特定的情境中個性化地參與理解,體會到了這個"冒"字的深刻含義,體會到了這個"冒"字所賦予白荷花的生命力,個性化的言語也在富有生命活力的情境中不斷汩汩地冒出來。

以上對文本的解讀可以說是多元解讀,思維是發散的。

趙珂:教師對文本的多元解讀可以幫助學生多角度認識教材內容,為學生的創新思考樹立範本。但一味追求多元可能脫離文本想要傳遞的原則要義。那就請劉教授為我們談談多元解讀過程中需要注意的問題吧!

劉永康:在多元解讀中,允許各種差異共存,但共存的差異必須是合理的、正確的。不合理的差異和錯誤的理解都要排斥在外。我們允許"一千個讀者就有一千個哈姆雷特",但不允許"一千個讀者就有一千個非哈姆雷特"。道理很簡單,多元解讀的目的是追求真理。要引導學生肯定正確元、否定錯誤元、糾正偏差元、識別虛假元,讓思維從發散走向聚合。

趙珂:經劉教授這一講,對思維怎樣由發散到聚合,我們就一清二楚了。我因此就想到,有老師教《木蘭辭》,提出一個問題:本詩表達了木蘭什麼樣的思想感情？學生思維發散，解讀多元。諸如忠君、愛國、盡孝道、巾幗不讓鬚眉、木蘭女扮男裝的痛苦和無賴……對這些解讀，老師不置可否，這就只有發散，沒有聚合。

劉永康：是的，審美有差異性，還有一致性，一千個讀者就有一千個哈姆雷特，但一千讀者不允許有一千個非哈姆雷特。林黛玉在每個讀者心中一定會是千姿百態的，這就是審美的差異性，但林黛玉在任何人的心中都是弱不禁風、多愁善感的，不可能把林黛玉想像成排球名將郎平，想像成《水滸傳》中的母夜叉孫二娘。想像成老舍《駱駝祥子》中的虎妞。這就是審美的一致性。因此，在多元解讀中，還要引導學生有思維的發散走向思維的聚合。

有教師執教《皇帝的新裝》。她提問："同學們，我們要向課文裏什麼人學習？像這種人學習什麼？"多數學生說："我們要向課文中的小孩學習，學習他講真話。"老師自然是肯定的。但有一個學生說："我們要向文中的騙子學習？"老師問："為什麼要向騙子學習？"學生說："騙子騙的是皇帝、大臣，皇帝大臣都是壞蛋，騙壞蛋屬於"義騙"。老師也肯定："這個同學見解新穎，大家掌聲鼓勵！"

趙珂：但"騙子"騙的是"壞蛋"就一定是"義騙"嗎？不看行騙的動機嗎？阿凡提騙壞人是為窮人出口惡氣，那稱得上是義騙。可是課文中的騙子是為了牟取私利，動機不純。老師對學生的不同解讀不去引導學生明辨是非，不分青紅皂白，一律加以肯定。這是不對的。

劉永康：趙珂，這一點應該是不同作者的共同印象。

對學生的多元解讀，不能無原則地肯定這也合理，那也正確。否則，主流觀念和標準的缺乏將有可能把教學中的對話流為單純的辯駁與爭吵。

一位老師執教"草船借箭"，上課時他提了一個問題：

"只要發生了哪一種意外，諸葛亮草船借箭就不能成功？請同學們仔細閱讀課文尋找答案，閱讀時注意圈、點、批、注。"

同學們帶著這一問題閱讀課文，圈、點、批、劃，然後集體歸納，得出以下結論：只有發生了以下任何一種意外，諸葛亮草船借箭就不能成功。

①魯肅向周瑜告密；

②魯肅借不到草船；

③第三天早晨江上沒有大霧；

④諸葛亮在大霧中不能準確把船停在離曹寨不遠的地方；

⑤諸葛亮回來不是順水順風；

⑥曹操大膽出兵。

以上六種說法就是思維發散，思考出多種可能。老師沒有到此為止，進一步引導學生分析：

以上六種情況都沒有發生，這又說明什麼問題？

語文老師在學生歸納的基礎上總結道："諸葛亮知己知彼，不僅瞭解自己軍中的情況，而且對自己的合作夥伴魯肅、敵人曹操都非常瞭解。他相信魯肅不會向周瑜告密，並且能搞到20艘船，①②表明諸葛亮知彼知己，知人善用；⑥表明他把曹操琢磨透了，他認為曹操在大霧中不敢輕易出兵，只會用箭阻擋，結果依然如此。③④⑤表明諸葛亮算准第三天早上有大霧，而且，自己能夠在大霧中準確停船接箭，即使霧散船影顯露，自己這邊將是順水順風，曹操追趕不上，後來的結果也是這樣。課文通過這些內容表明諸葛亮知識淵博，善於觀察，上知天文，下知地理，'神機妙算，才智過人'！我們讀書時要善於動腦筋，有時，換一個角度思考問題，反而會得到意想不到的收穫。假如你運用這種思維方法閱讀《三國演義》原著，你會獲得更多的智慧！同學們不妨試試吧！"

學生在愉快的情緒中結束新課。

本課的執教者從課文結尾逆向提問"只要發生了哪一種意外，諸葛亮草船借箭就不能成功？"這是引導學生思維發散，接著又讓學生回到課文，思考並未發生這六種情況，這又說明什麼問題，這是由發散到聚合。由思維發散產生解讀多元。這解讀的多元可能都對，可能都錯，可能有對有錯。所以，能聚合便聚合、不能聚合就不要勉強聚合。

趙珂：發散思維的訓練並非任由學生天馬行空地胡思亂想，任意為之。教師需要站在更高的思維層面上把握韁繩，及時點撥這些不同的思維脈絡。經過劉教授的分享，我們可以認識到：強調思維發散的目的是訓練學生利用創新思維追求真理，並非為了"發散"而發散。因此在這個過程中，教育者一定要對學生思維發散的結果予以正確的回饋，不可一味肯定，也不能全面否定、打壓學生的思考。

今天的內容就到這裏，我們下期再見！

## 倒彈琵琶出新意

趙珂：在之前的內容中，我們討論了形象思維、抽象思維、直覺思維、辯證思維、創新思維以及創新思維中的發散思維。劉教授還談到發散思維包括橫向、縱向、側向、逆向、分合、顛倒、質疑、克弱、資訊交合等形式。其實，在發散思維中，最重要也用得最多的還是逆向思維，可以請劉教授給我們講講什麼叫逆向思維嗎？

劉永康：好吧，《閱微草堂筆記》中為我們提供了一個十分有趣的故事。在滄州的南面有一座寺廟靠近河邊，寺廟正門倒塌在河裏，門前兩只石獸一起沉入河中。過了十多年，僧人們募集金錢重修寺廟，在河中尋找兩只石獸，到底沒能找到。人們認為石獸順流而下了，於是劃著幾只小船，拖著鐵鈀，向下游尋找了十多裏，沒找到它們的蹤跡。一位學者在寺廟裏教書，聽說了這件事笑著說："你們這些人不能推究事物的道理，這石獸不是木片，怎麼能被洪水帶走呢？應該是石頭的性質堅硬沉重，河沙的性質鬆軟浮動，石獸埋沒在沙裏，越沉越深罷了。順流而下尋找它們，不是瘋狂的做法嗎？"大家信服地認為這話是精當確切的言論。一位老河兵聽說了講學家的觀點，又笑著說："凡是落入河中的石頭，都應當在上游尋找它。正因為石頭的性質堅硬沉重，沙的性質鬆軟輕浮，水不能沖走石頭，但水流的反衝力，一定會將石頭底下迎著水流的地方沖刷成坑洞，越沖越深，當坑洞延伸到石頭底部的一半時，石頭必定傾倒在坑洞裏。依照這樣再次沖刷，石頭又會再次向前翻轉，像這樣不停地轉動，於是石獸反而逆流而上了。到河的下游尋找石獸，固然瘋狂；在原地尋找它們，不是更瘋狂嗎？"人們依照老河兵的話去做，果然在上游幾裏外找到石獸。這位老河兵的高明之處就是用了逆向思維。

所謂逆向思維，就是指不採用人民通常的思考問題的方法，而是反過來，從對立的、完全相反的角度去思考問題。

发散思维是创新思维的主要结构成分，因为发散的角度多，创新的概率就大。我在之前的讲座中已经提到，发散思维是多向思维，它有横向、纵向、逆向、侧向、分合、颠倒、质疑、克弱、资讯交合等形式，而逆向思维又是发散思维中最重要的一种思维方式。它的核心是标新立异。因此逆向思维是创新思维中最重要的思维方法。任何发现发明，首先是建立在逆向思维的基础上的，没有逆向思维就无创新可言。辩证法告诉我们，世上万事万物都是对立统一的。但事实上人们总是习惯地认识事物的此一面，而忽视其彼一面，若能用逆向思维破除"从来如此"的思维定势，从这彼一面去探索，反其意而思之，就会有新颖独到的发现。

赵珂：没错，逆向思维的可贵之处在于打破了原有的思维定势，找到解决问题的新角度。那在语文教学中我们如何去关注并运用这种特别的思维能力呢？

刘永康：比如教朱自清的《背影》，可提出写人物常用的方法是肖像、行动、心理描写，可是本文却偏要写人物的背影，这应该怎么理解？如果仅有描写背影这一段文字，去掉前面的祖母去世、父亲失业、徐州相会、奔丧归来等伤心事情的叙述怎么样？如果看到父亲的背影混入来来往往的人群里，再找不到了，文章就告此结束，又怎么样？

赵珂：我觉得，以上提问都是旨在打破思维定势，让学生别开生面地思考问题。这样的问，使学生思维向纵深发展，从而达到一个新的高度。

刘永康：逆向思维要求既要注意认识事物在正常情况下一般属性，又要留心把握事物在特殊情况下的反常属性，这是逆向思维的前提。这种思维的两面性，为我们语文教学中的读写结合开拓了逆向思维立意的天地。

比如苏轼在《石钟山记》文末提出一个著名论断：

"事不目见耳闻而臆断其有无，可乎？"

這個論斷體現了實踐觀點，無疑是正確的。但目見耳聞不是斷其有無的唯一條件，我們可用反彈琵琶手法，以雖"目見耳聞也未必能斷其有無"為題，讓學生為文。學生可以根據事物發展變化的道理來說明不能只迷信自己的目見耳聞；也可以談目見耳聞在任何時候都有局限性，不能以偏概全；也可以根據表像掩蓋事物的實質來說理；還可以根據人們對事物的認識有個逐漸加深的過程來闡述。需要說明一下，前面說語文教學中，要一點逆向思維，這與邏輯中概念的統一性是不矛盾的，與定勢思維比，它並不是一種普遍可用的思維方法，而只是進行創新思維活動的有效方法之一。

趙珂：在閱讀教學的過程中，我們對於作者的敘述方式和文本的觀點可以從逆向思維的角度去揣摩衡量，那麼在寫作過程中又該如何去引導學生的逆向思維能力呢？

劉永康：逆向思維不採用人們通常思考問題的方法，而是反過來，從對立的、完全相反的角度去思考問題。既要注意事物正常情況下的一般屬性，又要留心把握事物在特殊情況下的反常屬性。這是逆向思維的前提。

比如老虎有勇猛的一面，所謂"虎虎有生氣"，也有兇惡的一面，所謂如狼似虎。蠶有無私的一面，所謂"春蠶到死絲方盡"；也有自私的一面，所謂作繭自縛。月亮有圓的時候，所謂"小時不識月，呼著白玉盤"，也有缺的時候，所謂"昨晚西城月，青天垂玉鉤"。笑本是愉快的表現，但也有反常，所謂"落第舉子笑是哭"。哭本是痛苦的表現，所謂"人不傷心淚不來"，"丈夫有淚不空彈，只因未到傷心處"，但哭也有特殊情況，所謂"出嫁女兒哭似笑"。這些思維的兩面性為我們作文開拓了逆向思維立意的天地。

"常在河邊站，哪能不濕腳"，這是說壞環境容易給人帶來壞影響，因此要淨化環境。"常在河邊站，就是不濕腳"，是講自覺抵制不良環境的消極影響，"出污泥而不染"。班門弄斧，可以批評缺乏自知之明的人。"弄虎不妨到班門"，可以寫要敢於向權威挑戰，也可以寫這樣便於找差距，向高手討教。"做一天和尚撞一天鐘"，可以批評得過且過，混天度日的人，"當和尚豈能不撞鐘"，可表達在其位就要謀其政，"食一日俸祿擔一日憂"，批評占著茅坑不拉屎的人。在作文教學中，老師要有意識地誘導學生練習用逆向思維立意作文。如過去人們一直把"管寧割席"作為不慕虛榮、不貪金錢的高貴品質來讚揚。而老師可以要求學生用求異法寫《從管寧割席說開去》，從另一個角度指出管寧對有缺點和錯誤的朋友應該積極幫助其提高思想認識樹立正確的世界觀、人生觀，這才是真正的好朋友，而不應該一刀兩斷，這樣的立意就別開生面。

趙珂：劉教授，我也想到，還如"這山望到那山高"本來含有貶義，是指責那些見異思遷、朝三暮四的人。老師就可以引導學生從相反的角度進行質疑：難道"這山望著那山高"不對嗎？學生就可以以《把眼睛投向高山》為題，寫議論文，文中對此話可賦予新意，讚揚不斷進取的精神。並以魯迅棄醫從文、馮驥才棄球從文為例論證這一觀點的正確性，使文章有時代性和新意。

劉永康：在語文閱讀教學中，我們要誘導學生從課文中去尋找、辨識、比較、分析那些用了逆向思維的地方，從中領略逆向思維的真諦，掌握其運用技巧。比如讓學生比較魯迅的《論費厄潑賴應當反行》以及王蒙的《論費厄潑賴應當實行》，體會一下它們看似對立，然而個有其針對性，和不同論述角度的妙處。看似觀點相左，實則言之成理，各盡其妙。

趙珂：面對問題，逆向思維的出現會為我們展開答案的更多可能，但這種特殊思維的推進也並非百無禁忌，請劉教授給我們講講吧！

劉永康：前面談到逆向思維是創新思維的主要結構成分，它需要標新立異，但又不能搞無原則的標新立異。高考作文中，一些考生就犯了這方面的毛病。世界觀、人生觀、價值觀有問題的學生、缺乏健全人格的學生，也可能寫出令人耳目一新的文章來，但耳目一新並不等於創新，因為創新不只是"前所未有"，還得有價值，特別是思想認識價值、社會價值。

在現實生活中，總是有光明的一面，也有陰暗的一面；既有正面，也有反面。作為客觀現實反映的文章，當然也可以寫生活的陰暗面或反面，關鍵是抱著什麼樣的心理，採取什麼樣的態度來寫。有同學在作文中大寫特寫社會的腐敗現象，以此來證明我們體制不好。這就不妥。目前，腐敗官員確實也不少，但廉潔自律、奉公守法的官員卻是絕大多數，我們要分清主流和支流，九個指頭和一個指頭，不要站在太陽壩，看不見發光的地板，總是去看樹下的幾塊陰斑。只見樹木不見森林，一葉障目，不見泰山。社會有腐敗是事實，其嚴重性也不能低估。可是我們的黨正在千方百計地加大反腐力度，正在逐步形成"不敢腐、不能腐、不願腐"的風清氣正的政治局面，這也是事實，這一點恰恰顯示了我們體制的優越。

趙珂：所以，老師要引導學生在作文中提煉正確鮮明的主題，歌頌真善美，鞭打假醜惡，傳遞正能量，初步形成社會主義核心價值觀，使文章有一定的思想深度。

劉永康：寫作立意的過程其實是一個自我暗示、自我教育、自我更新、自我提升的過程。當我們把自己寫成孝順、勤儉、誠實、勤奮、正直、勇敢的時候，其實我們就在進行自我的暗示、教育、更新和提升。我們可以用逆向思維寫反面文章，但不能寫那種情感陰鬱、格調低下、思想錯誤的文章。

趙珂：您說得太對了！千萬不要把創新弄成無原則的標新立異。一味地求新求奇，忽略基本的事理邏輯也會讓所提出的觀點站不住腳，無法經受時間的檢驗。觀點的創新固然重要，可揭示事物的邏輯，走近真理的殿堂才是我們持續思考、不斷求索的永恆命題。

下期再見！

## 是帶乾糧，還是帶獵槍？

趙珂：劉教授，我發現在教學中常常會出現一種情況就是：教師本意是想引導學生去探究，但是由於許多現實性因素難以持續進行，最終迫於無奈直接將答案告訴學生，似乎更簡單省事。劉教授，還有鐘亮老師，對於這樣的情況您們是怎麼看的？

劉永康：有個大學校長說："大學生走向社會，就像獵人走向森林，與其教他帶乾糧，不如教他學會使用獵槍。"德國教育家第斯多惠說："一個壞教師是向學生奉送真理，一個好教師是引導學生發現真理。"

鐘亮：教學生"帶乾糧"，就是奉送真理，教學生學會使用獵槍就是引導學生發現真理。"帶乾糧""奉送真理"就是灌輸式教育。老師高高在上，形成灌輸的"落差"和"勢能"，教師成為課堂一切活動的中心，學生的一切行動必須得圍繞這個中心轉，學生成了毫無生氣的木偶，老師成了木偶的牽線人。

趙珂：是呀，長此以往，像這樣教下去，學生就會徹底失去自我感受，失去自己加工資訊、自己主動創造的能力。一輩子都要靠現成的"養料"過活，結果是得到了知識，卻降低了創造素質。

劉永康：像這樣教下去，也許可以培養出奧林匹克金牌的得主，卻未必能培養出諾貝爾獎獎金的獲得者。要培養學生的創新思維能力，就要變教學生"帶乾糧"為教學生學會"使用獵槍"，變帶著知識走向學生為帶著學生走向知識。這就要：

適當地給學生一些權利，讓他們自己去選擇；給學生一些機會，讓他們自己去體驗；給學生一些困難，讓他們自己去解決；給學生一些問題，讓他們自己去找答案；給學生一些條件，讓他們自己去鍛煉；給學生一片空間，讓他們自己向前走。

趙珂：確實，中國有句古話叫"授人以魚，不如授人以漁"。雖然"魚"可解燃眉之急，但"漁"才是生存的長久之計，在教育領域同樣如此。與其生硬地灌輸知識，不如教給學生解決問題的思維方式。

劉永康：趙珂，有這樣一個教學片段：

老師端了一盆蚯蚓放在講桌上，讓每個學生用紙領一條放在桌面上仔細觀察，看誰最先說出蚯蚓的外形特徵。經過片刻觀察，學生爭先恐後地發言。

一個學生說："我雖然看不見蚯蚓有足，但它會爬動。"

一個學生立刻否定他的表述："不是爬動。是蠕動。"

老師立刻肯定："對。"

一個學生說："我發現蚯蚓是環節動物，它的身上是一圈一圈的。"

老師說："對。"

一個學生說："我發現蚯蚓貼在地面的部分是毛茸茸的。"

老師說："你觀察很仔細，表述也很貼切。"

一個學生說："剛才，我把蚯蚓放進嘴裏，嘗了一下，它的味是鹹的。"

老師說："你真勇敢，敢嘗蚯蚓！"

一個學生說："剛才，我把蚯蚓用線纏起來，放進嘴裏，吞進喉嚨，它就在我喉嚨上爬呀爬，爬得癢癢地過了好半天，把它拉出來，它還在動，說明它的生命力好強喲……"

這個時候，老師的神情變得異常莊重，馬上表揚這個同學說："我佩服你為探索知識而敢於冒險的行動，我這個當老師的遠不如你啊！"

鍾亮：我覺得，這個案例說明，老師不是向學生口授關於蚯蚓外形特徵的知識，而是引導學生在自己的親身觀察中去發現知識。要帶著學生走向知識，要讓學生去發現真理，就需要培養學生創新思維能力。

趙珂：而要培養創新思維能力，就需要轉變學習方式，提倡自主、合作、探究式的學習。那什麼樣的學習才算是自主、合作、探究式的學習？

劉永康：什麼是自主學習？自主學習就是在老師的指導下自覺主動地學習。

在自主學習中教師的主導作用是很重要的，什麼是教師的主導作用？很多老師缺乏思考，對此心中無數，我的理解是：

為學生學習創設情境、激發動機、提供資源、指示方向、教給方法、質疑激思、點穴撥竅、昇華結論、作出評價、督促管理等方面。

有位教師教學《荒島餘生》這篇課文，他在黑板的左、中、右分別用白色、綠色和紅色勾畫出三個小島。先讓學生通過默讀，找出表示魯濱孫初到荒島時孤獨淒涼的處境和情感的詞語，把它們填寫在白色小島上，並組織學生在小組裏表演這些詞語所描述的情態。第二次默讀，要求學生找出表示魯濱孫頑強樂觀精神的詞語和句子，填寫在綠色的小島上。再經過小組議論，把自己對魯濱孫經歷的感悟、最佩服魯濱孫的地方寫在紅色的小島上。最後，請學生結合現實情況，寫幾句最想對魯濱孫說的話。整堂課是在學生默讀、填圖、表演、討論和寫話等活動中進行的。學生通過這些活動走進了魯濱遜的內心世界，探討了他當時在荒島上的心路歷程，與魯濱孫展開了心靈的交流。

鍾亮：在這些學生的自主學習活動中，老師的主導作用發揮得很充分。老師畫圖，為學生開展自主學習活動創造條件，提供依託，學生的所有活動都給這張圖有關。學生默讀、填圖、表演、討論和寫話等活動全是按老師涉及的要求來進行。教師的這些主導作用不僅不會束縛學生的手腳，反而使學生的自主學習會更有成效。如果沒有教師的主導作用，讓學生在自主學習中信馬由韁，放任自流，那是沒有效果的。

劉永康：是的。什麼是合作學習？合作學習就是指學生為了完成共同的任務，有明確的責任分工的互助性學習。

由於合作學習方式有合作者積極參與，高密度的交互作用，使教學過程遠遠不只是一個認知的過程，同時還是一個交往與審美的過程

什麼是探究學習？探究學習其旨歸在於提高學生的創新精神和實踐能力，其途徑為在自主、合作的學習探索活動中去發現、提出、分析、解決問題，從而獲得知識，培養技能。

鐘亮：這種探究學習，是以富有挑戰性和吸引力的問題為中心，注重引導學生思維發散，從不同角度不同側面來探索新知的體驗過程。問題性、實踐性、參與性和開放性是這種學習方式的顯著特點。

劉永康：趙珂，下麵的教學案例應該是指導學生自主、合作、探究式學習的典型案例：

一個教師教《楓橋夜泊》，把"江楓漁火對愁眠"解釋為"詩人面對著江邊的楓樹、漁船上的燈火滿腹憂愁，難以入眠"。一個學生立即質疑老師的解釋："老師，我聽說蘇州沒有江，只有一條運河，沒有江，又哪來江邊的楓樹？"看到學生提出這樣的問題，老師很高興，雖然告訴他教參是這麼寫的，但是卻鼓勵說："你的想法有一定的道理，但還需要得到證實。"老師的支持激發了學生探究的欲望，後來，他利用放假，隨父親來到了蘇州，發現果然沒有江，只有一條運河，河上倒有兩座橋，一座叫江樹橋，一座叫楓橋。他沿著河的兩岸去尋找楓樹，看到的只有梧桐、槐樹、柳樹。他又問路邊的老爺爺，爺爺告訴他，這河的兩岸從來就沒有楓樹。他把實地考察的情況告訴老師，老師表揚了他，並建議他再查一下有關楓樹的資料。在圖書館，他看了很多關於生態與

植物方面的書，最後終於找到了依據，楓樹是生長在高寒地帶的經霜變紅的落葉喬木，不可能長在平原江邊。他把查閱資料的結果告訴了老師，老師不僅肯定了他的認真精神，而且進一步要求他在推翻教參解釋的基礎上，拿出自己的解釋來，學生通過思考得出新的解釋："江樹橋、楓橋與漁船上的燈火相對，詩人滿懷愁緒難於入眠。"

這個案例說明，師生在互動對話中，把對問題的探究一步一步引向深入。案例中的學生有強烈的問題意識，他能自覺地把課堂上、書本上傳遞的資訊與他在實際生活中所見所聞的常識聯繫對照，從而質疑老師對課文的解釋存在的問題。為了弄清問題真相，他鍥而不捨地去實地考察、去查找有關資料、用自己的頭腦去思考、去分析，自由地運用各種資訊去辨別真偽，最後不僅有理有據地否定了錯誤看法，而且生成了自己的正確觀點。

鐘亮：這就是科學而有效的探究性學習。在師生探索性對話過程中，學生的潛意識得到釋放，主體意識得到弘揚，同時又迸發出耀眼的想像與創造的火花。

趙珂：真是精彩的範例！在這個過程中看似大部分活動是學生自主進行探究的，但是教師的鼓勵式的思維引導也不可少。若是在學生提出不同的看法的時候，教師直接予以否定，那就不會有後面一系列的精彩探索和創造性結論了。

劉永康：沒錯，在學生自主、合作、探究式學習活動中，教師的主導作用有許多方面，但核心是啟發、點撥、誘導。要啟發、點撥、誘導學生就要如《學記》所說：

"道而弗牽、強而弗抑、開而弗達。"

鐘亮：對《學記》這段話，我的理解就是要引導學生，但不要牽著學生的鼻子走，不要削學生的足米適老師的履；要鼓勵學生，不要壓制他們的思維；

要開導學生，但不要把話說得過滿、過透，要給學生留下思維的空間，想像的餘地。不要向學生硬塞結論，不要代替學生下結論。

劉永康：究竟該怎麼去啟發學生，下麵，我從六個方面作了概括：

在教學思想上：解決學思矛盾，培養思維能力；

在教學方法上：誘導不斷探索，不搞越俎代庖；

在教學形式上：重視問題討論，摒棄單向傳導；

在指導原則上：提倡質疑存疑，反對輕信盲從；

在教學程式上：激發求知欲望，追求欲罷不能；

在思維方式上：既要獲得知識，更要發現真理。

趙珂：總結得太精闢了！教師的使命在於授人以漁，而灌輸式教學的產生往往就是源於教師意識上的"得魚忘筌"。如果把學生的思維能力比作魚"，那麼教學過程中的思維引導等條件便是捕獲語文能力這條"魚"的筌籠。如果忽視對學生的思維訓練，就會出現看似獲得了某種知識，但生活中無法運用。因此，我們不僅需要思考學生的學習情況，關注學生思維運動，也需要教師自身對所教學內容的透徹理解、反復打磨。否則，那尾被硬塞給學生的遊魚也會在時光的沖刷下化為泡影，不可複得焉。

今天的內容就到這裏，下期再見！

## 走出誤區，回歸正道

趙珂：劉教授，培養創新思維能力是所有教育者一直追求的目標，但是在做法上有的教師卻偏離了正確的軌道，步入了誤區。劉教授能否對這方面的表現和危害給大家作一分析？

劉永康：要培養學生的創新思維能力就要轉變學習方式，實施新課程強調要轉變學習方式，提倡自主、合作、探究式的學習，在這方面許多老師摸索出一些成功的經驗，但有人把自主、合作、探究式的學習方式引入了歧途。其表現是：

### 1.自主學習成了信馬由韁的自發學習

在這樣的所謂自主學習中，教師的主導作用被取消。出現的誤區之一是：凡講授就該取締。片面強調學生自己做主地學習，導致老師的"講"成了教學之大忌，"講"等於"灌"，"灌"等於"被動接受"。有人主張"語文老師要管住自己的嘴巴，每節課講的時間不能超過十分鐘"，這已經作為經驗在報上向全國宣傳推廣了。

趙珂：說到這裏，我就想起一個教例來。有個老師教《棗核》，校長說她沒有發揮學生的主體作用，理由是一節課45分鐘，講的時間用了29分鐘，學生的活動少了。劉教授，你是怎麼看這個問題的？

劉永康：語文學習活動包括聽、說、讀、寫四個方面，這四個方面都需要，缺一不可。就像大觀園裏面的賈、史、王、薛四大家族，幾家聯絡有親，一榮俱榮，一損俱損。一個方面加強，對其他方面都有促進，一個方面削弱，就會拖其他方面的後腿。具體到課堂上，是不能對這四個教學環節各用多少時間作機械地硬性規定的，要根據課標的要求、教材的特點、教學目標的確定、學生的學習實際、課堂上動態變化的過程靈活掌握，一句話，從實際出發，實事求是。也許這節課應以讀為主，也許這節課應以練為主，也許這節課應以老師講、學生聽為主。我認為是否發揮學生的主體作用，要從整個教學活動來看，不能只從某一節課老師講的時間多少來衡量。我們提倡自主學習並不能簡單地排斥教師必要的講解。奧蘇貝爾提倡有意義地接受學習，並把它叫作"講解教學法"。他認為講授方法是將人類積累的知識傳授給後代既有效又經濟的方法。他認為，是用講解教學法還是發現教學法，這取決於學習具備的條件。奧蘇貝爾所提倡的"有意義接受學習"中的學生同樣是學習的主體，他要自己聽、自己看、自己想、自己主動地參與。如果從實際需要出發，其它課可以以讀為主、以練為主，為什麼不能根據實際需要出發，在某節課就以老師講，學生聽為主呢？是否發揮了學生的主體作用不能機械地看老師這節課講的時間長短，如果有其它課的讀、練、討論配合，如果這堂課老師講的內容對學生有啟發，學生聽有所獲，這節課全講也不嫌多，如果講的內容偏離了課標的精神，偏離了教學目標的要求，偏離了學生的實際需要，那你這節課哪怕只講了一句話，那這句話也是廢話。

趙珂：聽劉教授這麼一說，我就明白了，學生主動參與、樂於探究、勤於動手的精神，在有意義的接受學習中，在老師講，學生聽的學習中同樣應該而且也能夠得到貫徹。不能把有意義的接受學習同機械的被動學習劃等號，也不能把講授教學法與注入式教學法劃等號。

劉永康：趙珂，還有就是什麼是學生活動？這位校長在理解上也是有偏差的。什麼是學生活動？難道只有在課堂上讓學生讀課文、做練習、搞實驗、討論、答問才叫學生活動嗎？難道老師講，學生聽，這"聽"就不是學生活動嗎？聽是高度集中注意力的思維活動。學生在聽中要識別資訊、篩選資訊、吸收資訊、貯存資訊，還要生成資訊，所以，聽是十分重要的學生學習活動。怎麼能把聽排斥在學生活動之外呢？而且"聽"對於語文學習來說，還有特殊的意義。語文學習活動不就是聽、說、讀、寫活動嗎？而語文能力不也是聽、說、讀、寫能力嗎？聽的能力也不就是在聽的學習活動中才能培養嗎？因此，老師講，學生聽，這是訓練學生聽力的最佳方式。

　　出現的誤區之二是：凡"要求"都得滿足。現在流行的一種說法，"學生想學什麼就學什麼"，"學生喜歡怎麼學，老師就怎麼教"，教學一切唯學生的"欲望"是從。從表面上看，這是教師將學習的主動權交給了學生，好像是體現了教學民主，體現了充分尊重學生的學習興趣和愛好、體現了"以人為本"。但在這些現象背後隱含的思考是：面對文本，學生有沒有自我選擇、自我取捨的能力？教師到底在文本與學生面前，扮演一種什麼樣的角色？如何保證學生的"想"，不是"亂想"，不是"瞎想"？

　　趙珂：針對劉教授提出的以上這一系列問題，我們的許多老師實際上是缺乏思考的，他們不加區別地一味地滿足學生的各種欲望，還美其名曰：這是對學生的"尊重"，是發揚教學民主。這實際上是一種放任自流，是一種媚俗，是把教學民主推向了極端。這種放棄教師主導作用的教學一定是一盤散沙，不可能進入正確的軌道，提高到高級的程度。

　　劉永康：出現的誤區之三是：凡"預設"就該反對。在"自主就是自己做主"這一片面思想的影響下，教師的手腳被捆綁起來。教師確定教學目標、考慮教學內容、安排教學環節、設計課堂提問等一律被視為"牽著學生鼻子走"的"預設"，凡預設均在反對之列。於是有人就提出什麼"無教案教學法"的奇談怪論來，並在報章雜誌上加以渲染。受其影響的教師再也不敢搞教學設計。於是，他們的教學成了一盤散沙，成了無舵之舟，隨流飄搖、任意東西。有的教師在進行教學設計時，從備課到上課乃至作業批改全由學生輪流進行，希望以此來體現學生的主體地位。這種淡化教師作用的"唯自主化"課看似充分體現了學生的主體性，實際上卻因為教師作用的缺失，使學生主體作用的發揮受到了他們自身水準的限制，從而導致了認識水準在原有的層次上的徘徊。

赵珂：从刘教授的分析中我明白了，对于预设是不能一概反对的，那要看是什么样的预设呀。刘教授能不能给我们讲一讲，什么样的预设该反对，什么样的预设是不能反对的？

刘永康：我们反对的是非科学化的预设。所谓非科学化的预设，就是无视课标的要求、教材的特点、学生的实际、教学的现有条件，仅凭想当然地设计教学，在实际教学过程中，又无视课堂上的动态变化情况，原封不动地执行既定的教学设计，总想牵着学生的鼻子走，总想把学生的思维纳入老师既定的框框轨道，削学生的足来适老师的履。

我们提倡的是科学化的预设。所谓"科学化的预设"，是指教师依据课标的要求、教材的特点、学生的实际、教学的环境条件、教师自身的教学风格，实事求是地设计教学目标、内容、步骤、方法、手段，设计充分考虑课堂教学的动态性、变化性、变通性、师生的互动性，并能容纳非预设性，而且，在预设中应该有所生成。这就要求教师凭着自己的教育机智，有效地引导学生提出新问题、发表新见解、作出新答案，让思维进入创新状态

赵珂：刘教授透彻地分析了在自主学习方面存在的问题，不解决这些问题，那就无教学效果可言。刘教授还指出了自主学习的正确方向，这就把自主学习的是与非分个清清楚楚、明明白白、真真切切。我们提倡学生自主学习，但需要在教育者的正确引导下进行，否则只会事倍功半，得不偿失。

## 2.合作学习成了形式主义的学习

刘永康：一些教师不管是否有必要，千篇一律地使用分组讨论这种形式，哪怕一些无关痛痒的问题也动辄拿到小组交流，并鼓励讨论热烈，这种毫无意义的讨论，淡化甚至取代了学生对教材的认真钻研和深入思考的宝贵时间。有些问题必须在独立思考的前提下才能进行深入地讨论，否则就没有讨论的意义。

還有些問題太膚淺，借助工具書就可以解決的，根本缺乏討論的必要。凡此種種，都是無須討論的。

趙珂：無須討論就不要討論。飛機本來就是在天上飛的，用得著像火車那樣給它鋪鐵軌嗎？汽車本來就是在地上跑的，用得著像飛機那樣給它造翅膀嗎？不需要討論卻硬要討論，這無異於給飛機鋪鐵軌，給汽車造翅膀，非但無益，而且有害。

劉永康：有位語文教師執教《說不盡的橋》，他讓學生自讀課文，然後分小組討論自讀的感悟，然後每組推舉一名同學在全班交流，還允許就不同意見展開爭論，進行思想交鋒。現象上看，學生思維非常活躍。但在整個探究學習的過程中，究竟要實現什麼樣的目標、要解決什麼樣的問題、要做什麼樣的提示、要糾正什麼樣的偏向、老師對學習結果該作出什麼樣的評價，這一切老師該做的事都被學生所謂的自主、合作、探究給取代了。效果如何，有一位校外聽課的教師用數碼錄音筆偷錄了一個小組的討論。其內容為"電視連續劇《銅齒鐵牙紀曉嵐》"。下麵是討論的內容：

"昨晚的《鐵齒銅牙紀曉嵐》看了嗎？裏面的小月姑娘好漂亮喲！"

"漂亮，能有範冰冰漂亮嗎？"

"你太土了吧？範冰冰已經是過時的美人囉，現在時興的是張曼玉。"

"呀，算了吧，張曼玉已經是老美人囉，你看，她嘴角都有魚尾紋囉。"

"噓——老師過來了，我們還是說橋吧。"

"好，我們就來說橋吧。如果以橋為題材，你們說可以編好多少集片子？"

同學們都被問住了……

"說不出吧,還是聽我娓娓道來:告訴你們,至少可以編出21集來。我說給你們聽:一個男孩駕車去追趕一個女孩,這叫浪漫愛情片;女孩的車剛過橋,橋就斷了,男孩只能眼巴巴地望著對岸的女孩哭泣,這叫愛情悲劇片;男孩無處宣洩,就撿起一塊石頭向對岸的汽車扔去,這叫愛情暴力片;石頭不偏不倚,剛好打中女孩的汽車,這叫愛情喜劇片;車子被擊起火,沖向懸崖,這叫愛情災難片;汽車沖到懸崖便戛然而止,一個輪子掛在了懸崖邊,這叫愛情驚險片;這時,警方開始追捕肇事的男孩,這是愛情警匪片……"

聽完錄音後,執教老師沉默了,他也不明白,為什麼在一場眾口一詞叫好的課堂上竟會有如此糟糕的插曲。

趙珂:以上這種偏離教學內容的所謂討論,東說南山西說海,東扯葫蘆西扯瓢、信馬由韁的"分組討論"到底有什麼實效,難道不值得反思嗎?

劉永康:實際上分組討論的時機是否恰當,組內個人承擔的責任是否明確,個人競爭意識轉化為小組競爭意識是否有效,尤其是個人完成任務經小組討論加工後的品質是否有可靠保證,總而言之,合作學習是否真正實現了使每一個學生個體都得到相應的發展,這一切值得考慮的問題都被你爭我吵、熱熱鬧鬧的假像所掩飾或吞沒。正因為如此,合作學習的實效也只剩下"分組討論"這種形式,一上課就合作,一合作就小組、一小組就討論。

趙珂:確實,某些時候小組討論似乎成了展現課堂民主的"萬金油",不論什麼環節都需要"討論"。但不合時宜的"討論"會降低學生獨立思考的品質,頻繁的討論其實是在對課堂"注水"。如何恰當合理地設置討論環節,這又是一個值得我們思考的問題。

### 3.探究學習也存在表面化傾向

趙珂:目前,老師們都在思考怎樣引導學生開展探究性學習,但什麼叫探究性學習,很多老師是並沒有弄清楚的。還是請劉教授給我們講一講吧。

劉永康：探究學習作為一種學習方式或學習過程，其旨歸在於提高學生的創新精神和實踐能力，其途徑為在自主、合作的學習探索活動中去發現、提出、分析、解決問題，從而獲得知識，培養技能。它是以富有挑戰性和吸引力的問題為中心，注重引導學生思維發散，從不同角度不同側面來探索新知的體驗過程。問題性、實踐性、參與性和開放性是這種學習方式的顯著特點。

趙珂：可是，我們一些語文的課堂教學常常只滿足於教師或學生提出一兩個疑難問題，然後叫學生分組討論，即或有一點互相質疑，甚至思想交鋒，最終還是老師一錘定音。這就缺乏實踐性、開放性，問題性與參與性也不強。

劉永康：以上所有的這些做法容易造成學生認知錯誤，學到錯誤的知識；容易使學生認為"會說就行"，把課堂當作"脫口秀"劇場，不利於培養學生思維的嚴密性；培養其明辨是非的能力。

趙珂：探究性學習作為一種學習方式，在探究活動中，教師放手讓學生放飛思想，讓他們無拘無束地動腦、動手、動口，不灌輸、不遏制、不強迫。

劉永康：你說的這些都是對的，但這並不意味教師就不應該有一己之見，一般情況下，教師佔有的資料更全面，探究的經驗更豐富、抽象的結論更科學，如不很好地發揮在探究中的主導作用，僅憑學生的單邊行動，這樣的探究可以想像會收到什麼好的效果？

趙珂：看來探究式學習不光得有"面子"還得有"裏子"，就像創新思維的培養，我們不能僅僅通過某種特定的課堂形式來判定是否有效，而是要深入觀測教學環節的目標是否明確、引導是否合理、學生活動是否恰當。合作探究並不是自主學習的唯一標誌，獨立思考也並非意味著學生的思維會被限制。理解了劉教授今天提到的這些誤區同樣有助於我們在今後的教學中不走彎路。

聽了劉教授的講座，我們應該明確，不走出誤區，回歸正道，我們的學習方式就不可能得到真正地轉變，培養學生的創新思維能力就會成為空談。那今天的內容就到這裏，我們下期再見。

## 不要牽著學生的鼻子走

趙珂：在上期內容中，劉教授為大家分析了我們在創新思維培養中的"自由過度"誤區。都說好的教育需要正確的引導，但很多時候教師引導不當就成了對學生思維的生拉硬拽。牽著學生鼻子走已經成了一種普遍的教學現象，那今天就請劉教授給大家講講這方面的問題吧。

劉永康：教師的職責就是要創造條件，讓學生的潛能按照其內在的預定的程式發揮和發展。在人類大腦中，有很大一部分未經過使用的潛能，有些專家不無根據地判斷說，其數量達到90%。具體說，一個人的大腦大約有150億個神經元組成，可以貯藏1000萬億個資訊單位，相當於全世界最大的圖書館——美國國會圖書館圖書1000多萬冊藏書的50倍。處在長身體時期的青少年，生機旺盛，其大腦的神經元吸收和運轉資訊的功能尤為顯著。所謂人的發展就是個體對自己潛能的不斷挖掘。要挖掘潛能，在教學中，就要培養學生的創新思維能力，老師就要鼓勵學生放飛思想，張揚個性，學出"我"來。這就需要教師依據大綱的要求、教材的特點、學生的實際、教學的環境條件、教師自身的教學風格，實事求是地設計教學目標、內容、步驟、方法、手段，設計充分考慮課堂教學的動態性、變化性、變通性、師生的互動性，並能容納非預設性，而且，在預設中應該有所生成。這就要求教師憑著自己的教育機智，時時鼓勵學生敢於說出與別人包括與老師的不同想法，要支持學生在現成的答案之外探尋"新解"的嘗試。有效地引導學生提出新問題、發表新見解、作出新答案，讓思維進入發散狀態。在師生交往互動的過程中，教師要做做三歡迎，三允許：歡迎質疑、歡迎爭辯、歡迎否定老師的觀點；允許出錯、允許改正、允許保留。

趙珂：可是我們有些老師不是這樣。他們無視課標的要求、教材的特點、學生的實際、教學的現有條件，僅憑想當然地設計教學，在實際教學過程中，又無視課堂上的動態變化情況，原封不動地執行既定的教學設計，總想牽著學生的鼻子走，總想把學生的思維納入老師既定的框框軌道，削學生的足來適老師的履。

劉永康：是的，這方面的問題的確不少。傳統的教學把排除多元，尋求一元當作理想的目標追求，主題思想、藝術風格、段落大意乃至解詞釋句無一例外地歸入了各自的標準答案。在這個目標指導下的教學實踐中，我們更多給予關注的，不是文字而是思想，不是具象而是抽象，不是情感而是觀點，不是文本而是答案。如魯迅筆下的祥林嫂是受封建禮教毒害至死，阿Q是舊時代農民的代表，《雷雨》是社會悲劇的典型等，這些一元化解讀扼殺的不僅僅是文學作品審美的豐富性，更有學生的學習興趣和創新精神。

幼稚園的智力競賽題是：

樹上飛來五只鳥，啪啪兩槍打落兩只，問樹上還有多少只？凡是答案為零的，老師打滿分；凡是答案不為零的，老師不假思索地打零分。有個小孩答案是3，老師打了零分。學生不服氣，找老師說聊齋："老師，憑什麼給我打零分？老師回答："啪啪兩槍打落兩只，其餘三只聽見槍響不會飛嗎？"學生說："啪啪兩槍打中的兩只鳥被樹丫卡住了，沒落下去，死鳥也是鳥嘛。其餘3只鳥，驚飛了兩只，驚呆了一只飛不動了，所以樹上還有3只。"

趙珂：我說："這是一個了不起的"3"，它不僅說明學生計算精確，思維也不同凡響。可惜被老師一個零給扼殺了。痛心啊，痛心啊！

劉永康：一個小學教師訓練學生看圖說話，她出示一幅畫，畫面是一望無際的麥田，麥子密得不透風，麥穗沉甸甸的，把麥稈壓彎了腰。這時飛進一群蝴蝶。一個女孩很艱難地邁步麥田，很吃力地掀開麥穗去捉蝴蝶。女孩從畫面的內容感受到的是"莊稼豐收了！"可老師準備的答案是"小女孩捉蝴蝶"，於是又把學生的答案否定了。一位老師教朱自清的《綠》，他設計一道選擇題：朱自清描寫梅雨潭的"綠"觀察點是"A、B、C、D"四個選項。學生答案是A

項：觀察點是梅雨潭。老師準備的答案是 B 項：觀察點是梅雨潭邊。多了個"邊"字，又把學生的答案給否定掉了。

趙珂：我想，要是朱先生在世，他的答案也未必和這位老師一致。像朱先生這樣儒雅的人，恐怕也忍不住來一聲國罵："媽媽的，我的文章有這樣雞零狗碎的嗎？"拿朱先生的文章來這樣切割，真是佛頭著糞！

劉永康：一位教師教朱自清的《背影》，他問學生，世界上最崇高的感情是什麼？學生回答五花八門，有說是愛情、有說是父子情、母子情、有說是兄弟姐妹情、有說是友情、有說是鄉情……老師說："通通都不是，世界上最崇高的感情是階級情、民族情。本篇朱自清描寫父子情時，還是一個小資產階級知識份子。這種父子情還帶有濃厚的小資產階級情調。40 年代，朱自清不吃美國的救濟糧，所表現的就是一種偉大崇高的民族情、階級情。我們要善於把渺小的感情深化為階級情、民族情。"教師一臉的儼然、肅然、學生一臉的 茫然、木然。

趙珂：這樣的教學帶有濃厚的意識形態化、引導著學生的語言也逐漸向這單一的方向發展。

劉永康：有老師執教餘光中的《鄉愁》，校外有教師來觀摩。老師提問："某某同學，請你回答，一個人離開自己的家鄉已經很久很久了，他忽然想起自己家鄉的親人，這叫什麼？老師提問的目的是要學生說出這節課的課題"鄉愁"來，然後好書歸正傳。可是學生偏偏不肯就範，他回答："這叫多情！"老師笑著說："這恐怕不妥吧？"學生又說："月是故鄉明！"老師持否定態度。學生又說："月亮走，我也走。"老師又搖頭。學生說："舉頭望明月，低頭思故鄉。"說完，他把頭抬起來看老師，老師滿臉陰雲，眉頭緊鎖，又知道說得不合老師的口味，還在想怎麼往下說。這時，老師沉不住氣了，就要求學生："我只准你說兩個字，而且不准用月。學生想，"我第一次回答就說的兩個字，而且沒有用月，我說：'多情'你說：'不對'，那究竟怎樣才對呢……"一節課只有45分鐘，就這樣題外盤旋，兜圈子，兜來兜去，連這節課的課題都還未兜出來。老師急得像熱鍋上的螞蟻，就在這講臺上走過來走過去。下麵聽課的老師也替他著急，心想他怎麼收場啊？這時，回答問題旁邊的這個同學很善解師意，他知道老師提問的意圖。於是就小聲地給回答問題的同學遞點子："鄉愁、鄉愁！"這位老師才如釋重負。下來，他鬼抱怨：我這課在另一個班上，學生給我配合很默契，我提出任何一個問題，學生都對答如流。今天我怎麼這樣倒黴？遇到這個腦膜炎，神經短路，我左啟發，右啟發，就是啟而不發。差點弄得我教學計劃都沒法完成。別人就提醒他："你為什麼不調整一下你的提問？"他說："那怎麼行，那是早準備好了的，調整了就出不了彩了……"

趙珂：這就是總想牽著學生的鼻子走，總想把學生的思路納入老師既定的框框軌道，削學生的足來適老師的履。一千個讀者就有一千個哈姆雷特，如果因為追求標準答案，忽略學生的獨特感受那就得不償失了。

劉永康：有兩個未必真有其事的笑話，是用來諷刺這種牽著學生鼻子走的教學方法的。

有老師要學生觀察蔚藍色的天空的美麗景色，然後好寫觀察日記。通過片刻觀察，老師問某某同學："你頭上有什麼？"同學說："有頭髮。"老師又說："你頭髮上有什麼？"學生說："有帽子"。還沒問到天上，還得繼續問："那你帽子上又有什麼？"學生心想，莫名其妙，帽子上還能有什麼呢？他下意識地摸了一下帽子，然後若有所思地說："哦，帽子昨晚上被老鼠咬了兩個洞……"弄得全班同學哄堂大笑，老師也只好尷尬收場。還有一個笑話：地理老師上課，把地球儀放在講臺上，校長隨機聽課，就坐在後面。然後老師提問了："同學們，今天教室裏多了一個什麼東西呀！"學生回答："多了一個校長！"老師說："校長是東西嗎？"學生回答："校長不是東西"……這些笑話，對牽著學生鼻子走的教學，其諷刺意義是很強的。

趙珂：我們高校那種經院式的講法不也是在牽著學生的鼻子走嗎？課堂上，老師講課，學生只有接受的份。老師是帶著知識走向學生，而不是帶著學生走向知識。學生都成了人形鸚鵡，活書櫥。上課記筆記，下課對筆記、考試背筆記，考完就丟筆記，這難道不是一種牽著學生鼻子走的普遍現象嗎？

劉永康：以上所說的這些教學現象，都是在用整齊劃一的教學內容和固定的模式來培養循規蹈矩、聽話順從的"乖學生"。它只讓學生相信只有一種東西是正確的，其餘都是錯誤的，這是對人類精神文化的一種損害。它實際上是切斷了學生同人類文化的聯繫，教師依賴教科書，喪失了教學的獨立性、創造性，他們只能用最單一的知識、最單一的觀念，把學生的思維變得非常單一，這實際上就是精神閹割，一個人從幼稚園開始讀到大學，都在受到這種閹割，精神生命哪有發育的餘地？

趙珂：我們的精神從一開始就處於這樣一種荒蕪狀態，教育本來應該開發學生的內在潛能，可是我們的教育偏偏從內部窒息了人們的潛能。劉教授，按照這種觀念教育出來的學生會具有什麼特點？

劉永康：那就是兩強兩弱的特點：基礎知識強，應試能力強，而觀察能力、動手能力弱，創新精神弱，我們的弱項正是21世紀人才最需要的素質。以上教學現象從反面告訴我們：如果不轉變牽著學生鼻子走的觀念，很可能導致我們的教育會贏在起點，輸在終點。

教師是學生學習的促進者，他要點燃學生思維和創造的火花。這就意味著教學是師生多向交往、積極互動、共同發展的過程。課堂上師生時空共有，是互動的兩個主體。

教師要打破傳統的講授法，可以讓學生進行自主合作式的探究活動，比如教師在講解到王安石的《泊船瓜洲》，對於"春風又綠江南岸，明月何時照我還。"，對於這句詩中的"又"字好在哪裡？是否可以替換成其他的字詞？讓學生以小組的形式去討論"過、拂、來、到……"等字詞的效果，幫助學生能夠靈活的運用和積累詞語。又如有老師教《赤壁賦》，有這樣一個片段：

生問："月出於東山之上，徘徊於牛鬥之間"，"徘徊"是來回走動的意思，而月亮一晚只能走一次，如何徘徊？

師：誰能回答這一問題？

生：我認為這裏的"徘徊"是寫月亮移動緩慢的意思。

生：我想是側面寫了作者的心理，他覺得月亮對人含情脈脈，不忍離去因而對冰清玉潔的月亮產生愉悅之情。

師：這位同學的解答，把情與景交融在一起了，很好。"徘徊"一詞真是一字千鈞。體現了蘇軾語言的精練生動，詞簡情真。

趙珂：我覺得，以上案例說明，老師能鼓勵學生自己發現問題、提出和解決問題。這是調動學生參與探究的重要一環。

劉永康：趙珂：英美的教育專家在北京一所很好的學校聽了一堂"經典教學"課後說："不理解，學生都答得很好，看起來學生都會了，為什麼還要是這節課？"這個問題擊中了中國教育的軟肋。歐美教育家認為，當老師講得非常完整、完美、無懈可擊時，就把學生探索的過程取代了，而取代了探索的過程，就無異於取消了學習能力的獲得。因此，課堂上只見老師不見學生，那麼，這不是一堂真正的課。健康的課堂應該是讓學生享受探索過程中富有智慧挑戰的課堂。

趙珂：謝謝劉教授的精彩分享。正所謂："道而弗牽，強而弗抑，開而弗達。"教師是課堂的掌舵人，需要隨機應變，機智應對教學中的各種狀況，最終帶領學生抵達知識的殿堂。學生不是機器人，如果忽略了他們的思維，只按固定的程式推進課堂，那麼我們的教學也會喪失生命力，淪為一場教師的"表演"。今天的內容就到這裏，我們下期再見！

## 思之新，思之深

赵珂：语文课程标准指出要发展学生的思维能力，它包括形象思维、抽象思维、直觉思维、辩证思维、特别是创新思维。这些内容刘教授用了十几个专题作了深刻生动地阐释，我们真是受益匪浅。课标还指出，还要提升学生的思维品质，那今天能请您给我们聊聊，在学生具备了相应的思维能力的同时，我们如何去提升学生的思维的品质呢？

刘永康：语文课程标准对核心素养中的思维素养的要求是两项：一项是发展学生的思维能力；第二项要求是提升学生的思维品质，这就是我们接下来两讲要研究的内容。

思维的品质包括思之新、思之深、思之活，思之快等。今天我们研究的是思之新与思之深。

所谓思之新，是指思维的独创性。思维的独创性反映智力活动的独创程度。在阅读教学中，主要是鼓励学生朝着习惯性思考相反的方向进行思考，或者提出与作者不同观点的阅读方法，认识到常人不易认识到的问题，提出不同凡俗的创造性见解。

有人把这种方法叫作反读法，其关键是提倡个人的独立思考，不囿于成见，不迷信专家。孟子说："尽信《书》，则不如无《书》。"教师要鼓励学生用怀疑的眼光，挑剔的眼光审视阅读对象。对文章的主旨、作者的观点或传统的评价，对文章的论据、事件、材料 等内容，对文章的论证方法、艺术手法、语言表达等进行逆向思考，提出不同的见解来。

如阅读郭沫若的《梅园新村之行》时，有学生对文中描写周总理的一段话质疑：

"轩昂的眉宇，炯炯的眼光，清朗的谈吐，依然是那样的有神。"

经教师鼓励，学生大胆提出这个句子不通，认为其主语部分是并列关系的名词短语，和谓语部分的"有神"搭配不当。其中，"轩昂的眉宇，炯炯的眼光，依然是那样的有神"是可以的，而"清朗的谈吐"不能和"依然是那样的有神"搭配。教师立即肯定了学生的意见，表扬他敢于在名人的文章中挑毛病。这种自身能力的试探，使学生在运用已有知识的过程中有新发现。

古今中外的典籍书刊都可能出现舛误，或记事失实，或议论不当，或解释欠妥，或引据有误，教师应引导和帮助学生弄清讹误的性质，而后援引有关资料，匡正之，说明之。这种发现文中的疏漏，并加以匡正，本身就体现了思维的独创性。

如《海滨仲夏夜》中有这样一句话：

"夕阳落山不久……最早出现的启明星在这深蓝色的天幕上闪烁起来。"

老师告诉学生，这句话是有知识性错误的，是什么错误，老师并不挑明，只说可用你们学过的天文知识去发现和纠正。这样一来，学生去读地理书，查天文知识，翻字典辞书，找民谚上的说法，终于弄明白：启明星又叫长庚星，又叫金星、太白或明星。民间也有叫它"三毛楞"星的。同是这颗星，天亮出现在东方时，称启明星；黄昏出现在西方时，称长庚星。民谚即有"东启明，西长庚，三毛楞出来亮了天"之说。像夕阳落山不久亮起来的这颗金星就该叫长庚星，只就"启明"二字，就不该用来称呼"夕阳落山不久"的金星。老师调动学生用所学的知识去发现课文的知识性错误，加以纠正。这种过程就是引导学生发现的过程。也是训练思维独创性的过程。

有老师教《雷雨》，有的学生质疑寻疵：《雷雨》中既说 30 年前侍萍刚生下第二个孩子就被逐出家门。这样说来，第二个孩子周萍就应该是三十岁，但剧本却说周萍 28 岁，这岂不是自相矛盾。这就是发现，这就是思维的独创，教师应该充分肯定。引导学生提出新问题、发表新见解、做出新答案，是提升学生思维深刻性的需要。

赵珂：具备独创性思想是思维品质提升重要的标志。通过上面的例子我们可以看出，独创性除了学生自主发现，教师也可以有意识地对其进行激发。除此之外，还有没有别的训练方法？

刘永康：在语文教学的思维训练中，引导学生联想与想像，也是培养思维独创性的好方法。想像力比知识更重要。因为知识是有限的，而想像力概括世界上的一切，推动着进步，并且是知识进化的源泉

如《诚实的孩子》中有这样一段话："妈妈叫他给姑姑写信，承认自己说了谎。过了几天，邮递员送来姑妈的回信，姑妈在信中说，你做错了事，能自己认错，是个诚实的孩子。"这里，就可引导学生进行补白："列宁在给姑妈的信中是怎样写的？谁能结合课文内容和自己的生活经验，想像出列宁给姑妈写信的内容？"由于学生在这方面的体验较多，思维的火花就会被一下点燃。叶绍翁《游园不值》中的诗句：

"满园春色关不住，一只红杏出墙来。"

看似形象可感，但要细细琢磨，园中春色究竟是什么样子？枝头到底开了多少朵杏花？花儿会是什么样的姿态？红又红到什么程度？园墙用了什么材料建成？墙高几米几公分？诗人看到春色关不住的出墙红杏时，心情如何？这幅景色具有什么样的审美意义？所有这些，就只有凭读者的想像与联想去"填空"去"对话"、去"兴味"。

思维的独创性还来自敏锐的洞察力。敏锐的洞察力是指在观察事物时，善于发现别人发现不了的东西。观察是知觉和思维相互渗透的复杂认识活动，要独具慧眼，敏锐观察，洞识其事物的潜在意义。有小学教师训练学生看图说话，出示了一幅画，画面是：一望无际的麦田，麦穗颗粒饱满，沉甸甸的，把麦秸

壓彎了腰，麥穗密得不透風，這時飛進了一群蝴蝶，一個小女孩艱難地邁步麥田，吃力地用雙手掀開麥穗去捉蝴蝶……學生看圖說話的答案是開放的，這實際上有利於學生思維發散，各抒己見，談出各自不同的感受，但在不同的感受中，可以看出觀察能力的差異來。許多學生得出的認識是"小女孩捉蝴蝶"，這就只觀察到了現象，而有一個學生從這幅畫中感受到的卻是"莊稼豐收了"。這種透過現象看本質的與眾不同地體驗，就來自敏銳的洞察力。

趙珂：我明白了。要激發學生思維的獨創性，教師首先就不能局限於某個固定的"標準答案"。這樣才能給予學生充分聯想與想像的空間，最大限度地發揮對知識的理解，思維品質自然有所提升。那麼思之深又是指什麼呢？

劉永康：所謂思之深，是指思維的深刻性。在閱讀教學中，引導學生透過語言文字的現象，發掘出其中隱含的深層次的情感意緒，發現本質的東西，這就要"深讀文本之字，深思文本之理，深悟文本之髓，深感文本之情。以深刻的見解讀文本的字，以深究的精神探文本的理，以深湛的功力悟文本的髓，以深長的用意感文本的情。

某老師執教《皇帝的新裝》，他把教參上概括的主題公之於眾後，問學生："這個概括是否失之偏頗、膚淺？是否有更恰當地概括？"讓學生從不同的方面展開思維、反復討論、提出新見解。有個學生結合課文中的一段描述：

這樣皇帝就在那個富麗堂皇的華蓋下游行了起來了，站在街上和窗子裏的人說："乖乖！皇上的新裝真是漂亮！"誰也不願意讓人知道自己什麼也沒有看見，因為這樣就會顯出自己不稱職，或是太愚蠢。皇帝所有的衣服都沒有獲得這樣的稱讚。"

學生以上段描寫為據，提出："這段描寫明顯地諷刺了在場的所有人，包括老百姓在內，因此課文中，說出真情的小孩值得讚揚外，所有的人都成了諷刺的對象。怎麼能說只是諷刺了以皇帝為首的反動統治階級呢？"可見教參概括失之偏頗。但有的學生經過思考後，又指出："如果把皇帝和老百姓相提並論，認為課文不分主次地把他們半斤八兩作為諷刺對象，也不符合作品的實際。課文大量篇幅是把諷刺的矛頭指向皇帝和大臣，而且諷刺十分辛辣，而對百姓的諷刺則顯然有所不同。雙方爭執不下，這時老師點撥一下，

可是，皇帝、老百姓為什麼受騙而不敢或不能正視事情的真相，一個小孩為什麼又能一語道破天機呢？

這一問就是進一步拓展學生發散思維空間，並讓學生聯繫自己的生活經歷、聯繫社會現實展開討論，終於從一個新的角度對課文的主題得出一個新的認識：

那就是任何人，不管處在什麼時代，什麼地位，如果背上思想包袱，陷入盲目性、失掉自覺性、他將不會有勇氣如實地認識和反映現實，結果就會做出蠢事，只有像小孩所象徵的那種無私無畏的人，才能面對現實。

這個新的概括進一步揭示了課文的認識價值及其現實意義——不論是過去還是今天，人們都可以以它作為一面鏡子。

以上案例就有效地訓練了學生思維的深刻性。培養學生思維的深刻性，這就需要教師在問題的設計上形成邏輯序列。

趙珂：剛剛那個問題提得太好了！《皇帝的新裝》這個故事是大家都耳熟能詳的，但大多數人都只看到故事表面的因果，很少思考其中的內在邏輯。教師只需找准其中一個關鍵點，自然就會把學生的思維往深處引領，實在是高！

劉永康：要把學生的思維引向深入，提問就要形成邏輯序列。

古代學者唐彪說：層層駁問，如剝物相似，去層皮方見肉，去層肉方見骨，去層骨方見髓。書理始能透徹，不可忽見大意，即謂已是也"。

這說明提問應該是如同剝繭抽絲。問題是彼此獨立的，又是彼此承遞的、由易到難，由淺入深、步步設破，引導學生跟著爬坡。這樣就能把學生的思維逐步引向深入。

我教魯迅的《藥》，在引導學生研究"主題是怎樣從題材中提煉出來的"這個問題時，有下麵這樣一個教學環節：

師：這篇文章的題材是大題材還是小題材？

生：人血饅頭事件應該是小題材。

師：本文通過對人血饅頭這一小事件的記敘，控訴了封建統治階級鎮壓革命，毒害群眾的罪惡，批判了辛亥革命脫離群眾的弊端，材料雖然細小，認識作用卻是很大的。現在請大家思考一個問題，這篇小說只要稍微改動幾句話，它的主題就會發生變化，就會變得非常平庸，你們看改動哪幾句話？（許多學生沒法改，有幾個學生改得不恰當，這時老師開始點撥）請同學們想一想，夏瑜的故事是發生在什麼背景中？

生：辛亥革命。

師：憑什麼說是辛亥革命？

生：前面已經提到，夏瑜關在牢裏還在勸老頭造反，說："這大清的天下是我們大家的。"

師：對了，這句話點出了人血饅頭事件的背景。這個故事發生在清政府鎮壓革命群眾的背景中。如果我們把這句話刪掉，再加上幾句話，來說明人血饅頭事件不是發生在清政府鎮壓革命群眾的背景中；夏瑜也不是一個革命者，比如說他只是一個盜竊犯，是一個殺人犯，而華老栓只是買了一個普通的殺人犯、盜竊犯的血蘸饅頭給兒子治病，那麼人血饅頭事件還能表達批判辛亥革命脫離群眾這個主題麼？

生：不能。

師：那它只能表現什麼主題？

生：人民群眾的愚昧無知、麻木。

師：這樣的主題雖然也健康，但就沒有"批判辛亥革命脫離群眾"這一主題那樣深刻了。好了，現在我們來想一想，魯迅先生在這篇小說中從題材中提煉主題的方法是什麼？（生說了許多都不著邊際，這時老師啟發學生）剛才我們已經說了，這篇小說選擇的是重大題材，還是細小題材？

生：是細小題材。

師：那麼這個題材的背景是大背景還是小背景？

生：背景是辛亥革命，當然是大背景。

師：由此可見，魯迅從題材中提煉主題的方法應該是什麼？

生：小題材聯繫大背景。

師：這就是魯迅先生提煉主題的方法，小題材聯繫大背景，並找出二者的相通點。大家看這篇文章的事件很小："人血饅頭"。而背景卻很大：辛亥革命。二者的想通點是什麼？

生：人民群眾依然不覺悟。

師：《藥》的主題之所以深刻，就是用了這個"小題材聯繫大背景"的辦法，這個辦法就是我們平常所說的"以小見大"、"小中見大"。我們從海岸濺起的一朵浪花可以看見整個翻騰的大海，從一滴水看大千世界。

趙珂：太妙了！劉教授這樣的提問設計就是不隨意，不鬆散，環環相扣，把學生的思維一步一步往深處引，既讓學生掌握了從題材中提煉主題的方法，又訓練了學生思維的深刻性。劉教授的設計就向我們展示了至關重要的一點：

引導學生在文本細讀的過程其實就是在追求思維的深刻性。教師對文本細讀的功力，就決定了學生課堂思維的深淺。要想成為一名優秀的語文教師，深厚的功底、恰當的引導、開闊的視野、包容的胸懷、平中見奇的能力缺一不可。

今天劉教授為我們講了思之新、思之深的要點，至於思之活，思之快又是指什麼呢？留到下期再揭曉吧！下期再見！

## 思之活，思之快

趙珂：之前劉教授為我們點出了思維品質的幾個層面——思之新、思之深、思之活，思之快。上期我們聊了思之新、思之深的要點，至於思之活，思之快又該怎麼理解呢？還請劉教授繼續分享一下吧！

劉永康：所謂思之活，是指思維的靈活性，即智力活動的靈活程度。靈活性強，就善於從不同的角度與方向去思考問題。訓練思之活可以從以下兩個方面入手。

### 1、根據知識的內在聯繫重視運用遷移和滲透的規律

研究新舊知識間的聯繫，注意發現新舊知識的結合點，並利用舊知識導入新知識，這就是我們常說的溫故知新。從溫習舊有的知識，從中得到新的認識和體會。

如鑒賞人教版高一必修教材《我若為王》第五自然段時，可以引導學生思考：為何"所有的人在我的面前低頭、鞠躬、匍匐"？為何"連同我的尊長、我的師友，和從前曾在我面前昂首闊步、耀武揚威的人們"也向我低頭、鞠躬、匍匐？僅僅是因為"我"是王嗎？可見眾人是什麼心理狀態？為了幫助學生深刻理解這一問題，就可以引導學生回顧已學過的《範進中舉》《祝福》中的片段。

《範進中舉》片段一：範進欲借盤費前往鄉試，胡屠戶罵道："像你這尖嘴猴腮，也該撒泡尿自己照照！不三不四，就想天鵝屁吃。"

片段二：範進中舉後，屠戶見女婿衣裳後襟皺了許多，一路低著頭替他扯了幾十回。

片段三：說一個管家飛跑過來報"張老爺來拜新中的範老爺"，說畢，轎子已是到了門口，胡屠戶忙躲進女兒房裏，不敢出來。鄰居各自散了。

针对这几个片段，引导学生回顾众人与胡屠户对范进前倨后恭缘何而起；胡屠户与众人听说张先生来了，为何要躲避？

《祝福》片段一：鲁镇众人对祥林嫂悲剧故事无情地学舌，对祥林嫂额头伤疤肆意地嘲弄。

片段二：卫老婆子说："可是，祥林嫂真出格，听说那时实在闹得厉害，大家还都说大约因为在念书人家做过事，所以与众不同"。

针对这两个片段，引导学生回顾被众人百般鄙视，千般嘲弄的祥林嫂，一旦沾上鲁四老爷的边，连她的烈性反抗也成了鲁四老爷的"功劳，足见众人心目中鲁四老爷的地位有多尊贵"。以上就是温故，从古至今存在着这么一群人，他们畏强欺弱，他们身上流淌着中华民族的劣根性，他们的劣根性是如此的顽固，顽固到20世纪初聂绀弩在《我若为王》中痛心疾首："为什么人们要这样呢？为什么要捧我的妻、捧我的儿女和亲眷呢？因为我是王，是他们的主子，我恍然大悟：我生活在这些奴才中间，连我尊敬的尊长和师长也无一不是奴才，而我自己也不过是一个奴才的首领。"由此学生才会更深切地感受到聂绀弩敢于直面现实，痛斥国民奴性，改进世界，以天下为己任的高度责任感和强烈的使命感。

再如阅读《春蚕》时，许多学生把握不住主题，这时，老师启发学生回顾初中学过的《多收了三五斗》，让他们通过联想比较，认识到《春蚕》与《多收了三五斗》一样，都是写丰收成灾，并揭示了产生这一现象的半封建半殖民地旧中国的社会根源。还如初中生学安徒生的童话《渔夫的故事》前，可复习小学学过的寓言《农夫和蛇》，让他们把眼前及时资讯与已有昔时资讯沟通起来以触发阅读灵感，实现读物向读者头脑的转移。这实际上就是温故知新。

趙珂：以上教例無不說明，要訓練學生思維的靈活性，就要研究新舊知識間的聯繫，注意發現新舊知識的結合點，並利用舊知識導入新知識，這也就是我們平常所說的"溫故而知新"。

**2、思維的靈活性訓練需要在觀察中思考，在情境中聯想、在激情中頓悟、在實踐中激發**

劉永康：因此教師要引導學生轉變學習方式，在民主和諧的氛圍中開展自主、合作、探究式的學習，讓學生帶著問題意識、懷疑意識參與學習活動。以閱讀教學為例，學生在教師的引導下，緊扣關鍵性問題進入文本視域。在討論中，某個觀點，某句話，甚至某個詞語，都可能觸發人的知識與經驗的儲備，點燃思想的火花，牽引出靈感來。有教師教《晉靈公不君》，讓學生圍繞如何刻畫晉靈公不君的性格特徵展開探究活動。有說他荒淫無道，有說他多次要殺害忠臣趙盾等，學生思維非常活躍。可是，有一個學生突發奇想：晉靈公高居國君之位，要殺一個臣子，不是易如反掌嗎？怎麼殺一個趙盾就這麼艱難呢？老師覺得這個問題問得很好，就叫學生討論：有說趙盾官為正卿，位高權重，影響大，不可輕殺；有說有很多武藝高強的義士在保護他；有說，晉靈公行的是不義，不敢理直氣壯地殺人……最後得出結論，這樣寫更能顯示晉靈君的無道和趙盾的忠良。這個教學片段中，學生突發奇想的問題，便是由靈感而生的。

趙珂：在上面的教例中學生突發奇想，生出一個別開生面的問題來：晉靈公高居國君之位，要殺一個臣子，不是易如反掌嗎？怎麼殺一個趙盾就這麼艱難呢？這個問題的確體現了思維的靈活性。我認為，他之所以能生出這個問題來，就是因為教師把握了所要解決問題的思維方向，提高了思維的清晰度，這就使得學生大腦皮層的神經活動處於高度興奮的狀態，靈感便油然而生，思維也就靈活起來。

**3、引導學生發散性地思考問題**

劉永康：訓練學生思維的靈活性就要引導學生發散性地思考問題。這是一種適應現代科學研究，從孤立、線狀、靜態向綜合、立體、動態轉變趨向而提出的思維形式。它包含多個"思維指向""多個思維起點""多種邏輯規則""多個思維角度"，根據這個特徵，我們可以啟發學生運用多種正確的方式，多種正確的答案去解決同一問題。

比如有的教師教莫泊桑的《項鏈》，其中有一個教學環節。教師問："這篇小說什麼地方最有諷刺力量？"有學生答結尾。結尾佛來思節夫人說出她那根項鏈是假的，使人感到意外，啼笑皆非，諷刺性強。"教師肯定了學生的問答，再問大家若路瓦栽夫人借項鏈時，佛來思節夫人就說明那根項鏈是假的，對情節發展有何影響？"這個提問一反常規，要求學生以作家身份重新思考問題，從多角度構思情節。由於思維的路線新，學生興味盎然。通過短時間的思考，說出下麵各種設想路：瓦栽夫人在舞會上不會那樣自我陶醉，達到虛榮的頂點；丟了項鏈，路瓦栽夫婦不會驚慌失措；路瓦栽夫婦不會為賠償項鏈而四處借錢；路瓦栽夫婦不會為還欠賬辛勞十年；路瓦栽夫人不會變得連佛來思節夫人都難認；結尾不能令人啼笑皆非。最後教師總結道：莫泊桑若按照同學們的各種假設處理情節，那麼路瓦栽夫人就既不能飄然而自樂，更不會魂悸而生悲，因而就不能形成"一夜豪華，十年艱辛"的絕妙諷刺和跌宕起伏的情節，小說的認識作用和藝術魅力就會喪失殆盡。學生終於認識到"一招失算，山窮水盡"，因而不得不由衷地佩服莫泊桑"一招精妙，柳暗花明"的藝術匠心。

趙珂：我覺得，這種教法，不是引導學生的思維按照作者的構思發展，而是將他們的思路拉出課文現有的圈子，變換一個假設的角度，昇華出各種揣測推論，反證出作者獨到的匠心。

劉永康：這就是發散性思維訓練。從能力方面看，思維發散越廣，表現也就越靈活。因此，在語文教學中，我們可以啟發學生採取多種正確的方式，從多種不同的角度，用多種正確的答案去解決同一問題。

趙珂：遷移已有知識進行理解可以為學生接受新知搭建橋樑、引導學生發散性思考能讓孩子看到不同選擇之下的多種走向。這些都是訓練思維靈活性質的要點。就像剛剛劉教授提到的：思維發散越廣，表現也就越靈活。那麼思之快又是什麼呢？

劉永康：思之快是指思維的敏捷性，它反映智力活動的速度。訓練思維的敏捷性就是訓練思維的速度，使學生的反應更加迅速。

當今時代是知識爆炸的時代，據統計，本世紀60年代到70年代科學技術新發明、新發現超過了以往兩千年的總和。現在《紐約時報》一頁的資訊量等於17世紀一個人一生所得到的資訊量的總和。《人民日報》兩年的資訊量，利用資訊高速公路1秒鐘就可以全部傳輸完畢，人類智能的發展、知識的增長需要更多書籍加以記錄傳播。因此，無限增長的書籍與有限的閱讀時間構成了尖銳矛盾，對閱讀的選擇、速度、效率都提出了更高的要求。思維敏捷才能善於迅速地處理應接不暇的資訊，駕馭層出不窮的知識。

思維的敏捷與記憶、聯想等能力的強弱，與聽說讀寫技巧的熟練程度有密切的關係，因此，在語文教學中，各種類型思維訓練都應有速度的要求。比如搞快速閱讀、快速默詞、快速聽寫、快速背誦、快速反應的訓練，既可增大閱讀的資訊量，又可使大腦的反應變得更加靈敏。

趙珂：因此，要把思維訓練貫穿在閱讀教學中，應要求學生掌握流利和迅速的閱讀方法，學會一下子把握課文的語句，在閱讀的同時進行思考，不僅思考眼前所讀的東西，而且聯想到與所讀的內容有關的某些畫面、形象、事物，並在此基礎上做出迅速的判斷和分析，從而形成既用視力同時又用思想快速地感知課文內容的能力。

劉永康：珂珂，比如教《食物從何處來》，此文的重點是光合作用，作者運用比喻、比較和列舉數字等各種方法對這個複雜的過程進行了科學說明，寫得非常精彩。教學時假若只是問綠色開花植物獲得食物的過程是怎樣的？什麼是赫赫有名的光合作用？學生雖然也需要概括復述幾個段落的內容，但畢竟不必多動腦筋就能應付，而且由於問題的局限性，學生對準確生動的表達方式也不可能自覺地去體會。如果把思維訓練的目標直指表達方式，"課文用了哪些說明方法介紹赫赫有名的光合作用？這樣說明有什麼好處？""如果不用比喻，這個過程該怎麼說呢？""比較一下，運用比喻說明方法有什麼優點？"面對這類問題，學生的思維活動再也不能拖遝鬆弛了。他們首先必須一口氣橫掃幾個段落，很快地把握光合作用的主要內容。這只是為答題作醞釀，進一步必須分析思考的是究竟用了哪種說明的方法。這雖然是直接考慮答題了，但還只不過是對表達方式的分類歸納，並且做出判斷。最後，為了解答這樣表達得好處的問題，學生的思考還必須向縱深發展。這時，既要善於發現課文中的典型例子，又要能夠把它和一般的說明方法加以比較，仔細推敲這些修辭方法在表達中的實際意義，才能得出科學的結論。應該說，這個邊讀邊思考的答題過程是急促而又緊張的。在短時間內，學生的思維活動要經歷概括、歸納、判斷、比較、選擇等過程，很能鍛煉思維的敏捷性。

趙珂：那麼，除了教師在問題設計上盡可能地多地增加思維鏈條之外，從學生自主學習的角度有沒有什麼提升思維的敏捷性的好方法呢？

劉永康：快速閱讀是鍛煉思維敏捷性的最佳辦法。

快速閱讀的話題，在我們中國，從小學到大學，都沒有獨立教閱讀的課程，而在西方國家，從小學到高中，快速閱讀是他們的必修課，如果你沒有快速閱讀的能力，周圍的人就會認為你是一個沒有文化的人。現在我們國家也有人專門研究快速讀書法，讓你一目十行不是夢。60 分鐘可讀完一本書。如何訓練學生的專注力，如何訓練大腦幻想力，如何訓練思維邏輯力？如何訓練視野抓取力，就是每分鐘讀幾百字，幾千字。如何訓練無聲閱讀力？如何訓練線視閱讀力，就是把若干個文字連成一條線，作為一個閱讀單位。如何訓練快速閱讀基礎閱讀法，就是在上下垂直跳動閱讀的過程中快速抓取關鍵字和關鍵句子。如何進行快速閱讀高層訓練？就是利用視覺感知範圍擴大眼睛裏的視讀範圍進行半頁或整頁閱讀。如此等等，希望我們老師們能夠關注我國在這方面的研究成果，這對於我們如何指導學生快速閱讀，提高思維的敏捷性是有幫助的。

趙珂：看來在提升學生思維品質這個方面，教育者和學生都還有很大的探索空間呀。從今天的內容我們可以看出，雖然知識內容是固定的、文章的結局是寫好的，但是在教學設計中，作為教育者對教學內容的安排具有一定的自主權，我們可以主動引導學生回顧相關知識，也可以賦予某個環節以開放性安排。在短暫的時間內，盡可能多地對資訊的抓取、識別、轉化，讓學生的思維不僅僅局限在那些既定的內容上。

今天的內容就到這裏，我們下期再見。

## 給學生的思維鬆綁

趙珂：劉教授，我們聊了這麼多期的思維，我發現要想在教學中真正做到"思維的發展與提升"可真不是一件容易的事情。思維本身看不見摸不著，我們既不能放任自流，也不能揠苗助長、更不能控制打壓。久而久之，教育者自己都迷糊了，不知道該怎麼辦。

劉永康：是啊，我們一面在談發展學生的思維能力，提升學生的思維品質一面又在辛辛苦苦地給學生的思維捆綁繩索。一些老師把全部精力都用在將"活教材"進行"死分屍"的"A、B、C、D"選項的精心推敲和設計上，有的把全部精力都用在指導學生對所謂的標準化命題的圈圈畫畫上，有的用在篇章結構的機械分解和組合上，有的用在試圖對語文知識結構和語文能力層級進行全面而具體的量化上。結果呢？教材活生生的靈魂，語言躍動的生命窒息了、僵化了；學生豐富多彩的思維禁錮了，凝滯了。千姿萬態的心靈都被統一地按照一個預先設計好的單色調去對號入座；各種生動的思維都被統一地按照一個人的思維模式去依樣畫葫蘆。語文教學中至關重要的語情感悟過程既失去了必要的訓練形式，更失去了本質意義的依託。

趙珂：教育本該是生動的，語文教學更該是有靈魂的。給學生的思維捆上繩索，到時千人一面的社會將何其可悲！看來，是要給學生的思維鬆綁了，那到底該怎麼松呢？

### 1.把學生從疲勞轟炸中解脫出來

劉永康：現在中學語文教學的弊端是瞄準中考、高考的模擬訓練搞兩張皮。拼命地搶時間，趕進度，儘快把教材走過場似的跑完，然後騰出時間去大量的、盲目的、隨意的、無針對性地、特別是缺乏老師有效指導地做一些品質並不怎麼高的這樣診斷題、那樣模擬題。結果是教材沒有學好，語文素養沒有形成，考試也捉襟見肘。這就叫和尚沒有做成，媳婦也沒娶成，還加重了學生的課業負擔，搞垮了學生的身體。弄得費力不討好，媽媽不愛，奶奶不親。

趙珂：是啊！老師用繁冗的講析和大劑量的訓練把學生搞得苦不堪言。特別是題海戰術弄得學生疲於奔命，窮於應付，還美其名曰，"抓死練活，死去活來"。"學生學生，要學還要生"啦。現在有些學生，在應試教育的捆綁下，已經變得不僅沒有思想，甚至就連人味都沒有了。他們已經被完全異化為一部考試的機器了。

劉永康：不信，那就請你們看一看下麵這篇中學生作文吧，標題叫《一切為了考試》：

烈日當空，氫氧化鋁分子式，蚊子咬在脖子上，啪！電視節目是《血的鎖鏈》，父親不讓看電視。春眠不覺曉，多困啊！又是可惡的三元二次方程，監考老師嚴峻的臉。一張53分的數學試卷。我嚇得大哭……

氫原子只有一個電子，我只有一個腦子，怎麼塞得下這麼多的化學方程式？憲法為什麼是根本大法？一切為了考試。

寒氣逼人，十年寒窗，一舉成名，範進在賣雞。砰——窗沒關好，草稿紙滿屋子飛。白色的蝴蝶，我要是蝴蝶就好了。為什麼非得金榜題名？我姓金？不，我不姓金。

趙珂：我的感覺是：以上作文集中寫了一個初中畢業生的"夢"。從表現方法來看，它打破了通常的時空順序，完全順著意念的流淌，直覺、錯覺、幻覺交叉，並伴之以怨憤交加的內心獨白，入木三分地再現了中學生為考試所窘迫，處於"四面楚歌，十面埋伏"的真實困境。

劉永康：現在的中學生因課業負擔過重不能充分運動、娛樂、參與社會實踐、生活的權利被剝奪。巴金暮年說過這樣一句話：

在我靠藥物延續生命的日子裏，我始終擺脫不了夢魘的折磨，我給一個朋友寫信說："使我感到痛苦的是看見孩子們失掉他們的童年"。

当前课程改革乃至整个教育改革的又一基本任务是归还学生过自己生活的权利。因此，语文课堂教学再也不要搞无效劳动，一定要事半功倍，要变教考分离为教考结合，探索用课改的理念来统摄教与考的有效途径。

赵珂：说得没错，其实作为教师，我们自身都能感受到现在孩子的学习压力可谓与日俱增。因此，我们的教学需要尽快脱离"少慢差费"，追求高效的教学，摒弃无意义的形式教学。至于这个"意义"，需要每一位教育者认真思考。

## 2.不要压制学生的思维

刘永康：在传统的师生关系中，教师带着社会赋予的与职业俱来的特征，凌驾在学生之上，教师不习惯站在学生的角度考虑问题，往往从善意出发，凭着自己的主观愿望任意地塑造学生。在现实的教育活动中，师生的关系并不都是平等的。作为教育主体的学生，并没有得到充分的尊重，课堂上的"不规矩行为"、异想天开的想法、作业中的小疏忽……都会遭到老师的拒绝、批评，甚至处罚。

赵珂：我就知道，一个小学生作文不会用"而"字，老师就写了一首打油诗，当着全班学生的面挖苦他："当用'而'，不用'而'；不当用而而而。从今后，已而已而。"学生一听，先是脸红，接着把头垂了下来，又接着，一气之下，把作文本撕成两半。恨屋及乌，从此不想学语文，尤其讨厌作文。

刘永康：类似这样的例子真是不胜枚举啊。

一个小学语文老师教《邱少云叔叔的故事》，她说"邱少云执行任务，潜伏在树丛中。敌人的一颗燃烧弹打来，树木着火了，火势蔓延开来，邱少云叔叔身上也着火了。为了不暴露目标，邱少云叔叔一动也不动地被熊熊的烈火给烧焦了。这个故事说明'加强纪律性，革命无不胜。'"话音刚落，有个学生问老师："邱少云叔叔执行任务带不带武器？"老师回答："废话，不带武器怎麼消滅敵人？"，啊。你承認這點就好，學生很會對老師用"啟發式"。緊接著學生發了一連串的問題：邱少雲叔叔被熊熊烈火燒焦了，他身上的武器，比如說子彈、手榴彈被火燒，受熱會不會膨脹？膨脹會不會爆炸？爆炸會不會暴露目標？老師沒法回答學生的問題，就給學生上綱上線："難道你對英雄人物持疑惑態度嗎？"學生不敢吭聲了，老師也就得勝回朝。

一個小學語文老師教《愚公移山》，他要學生發揚愚公移山不止的精神戰勝學習上的困難，學生給老師較勁，他們說"搬山不如搬家""搬山不如打隧道""搬山破壞生態平衡""把山搬在渤海之尾，海水暴漲，海邊的老百姓不遭殃嗎？"老師又把學生挖苦一番："你們真行，毛主席當年都沒想到的問題，被你們都想出來了。"

有個中學老師給執教《從百草園到三味書屋》，當講到美女蛇的故事時，一個學生提問了："老師，世間有美女蛇，有沒有美男蛇？"這個老師氣得半天說不出一句話，沉默呵，沉默，最後終於從沉默中爆發出來了："美男蛇吧，別的地方沒有，我們班倒是有一條，那就是你！"學生自然是不敢還嘴，事情過來好久，老師想起這事還在感慨："哎呀，就是這那句話管用，寶塔鎮活妖，從此以後再沒人敢提怪問、叼問了，這個課也好上多了。"

還有個高中語文老師教《孔雀東南飛》，他結合課文描寫把劉蘭芝動心動情地謳歌了一番：劉蘭芝如何知書識禮有教養；如何心靈手巧、刻苦耐勞；如何心地善良，待人寬厚；如何性情溫和，柔中有剛；如何忠於愛情以死殉情……講完後，學生的問題出來了，老師，像劉蘭芝這樣的媳婦打起燈籠火把都難找喲，這個婆婆娘為什麼還不喜歡她？還怕腦殼裏有乒乓球啊？還患了更年期綜合征啊？老師沒法回答學生的問題，於是學生幫老師回答：肯定是因為劉蘭芝沒有生育能力。封建社會，不孝有三，無後為大，漢朝是以無子除妻為常法。就是女子嫁到婆家，三年生不出兒子，就要你卷起鋪蓋卷走人。於是老師又把學生罵一頓："你思想活而亂，見識多而雜，該你知道的你不知道，不該你知道的，你倒知道了一大堆。"

趙珂：劉教授用大量的教學反例說明捆綁學生思維的表現和危害。不過，要給學生的思維鬆綁，這對老師來說就是一個嚴峻的挑戰，它要求教師必須具備什麼樣的素質？

劉永康：它要求我們的教師必須具備教育機智。什麼叫教育機智？

所謂教育機智，就是良好的心理素質、靈活的思維能力、敏銳的判斷能力以及在課堂上面對突發事件的變通能力。

有教師執教初中課文《山水畫的意境》，她鼓勵學生大膽提問，一個學生提出一個問題：

作者要說的是山水畫的意境，為什麼要在第一部分用很長的篇幅分析詩歌的意境，這不是偏題嗎？

老師充分肯定這個學生提出的問題很有價值，然後引導學生思考、討論，最後明確：按照作者的觀點，"孤帆遠影碧空盡，唯見長江天際流"兩句，完全描寫自然的景色，然而就在這兩句裏，使人深深體會到詩人與朋友的深厚友情。描寫自然的景色與繪出景色無異，且作者提到"意境就是景與情的結合"，可見詩歌中的意境與山水畫的意境是相通的，並無二致。因此，作者在這裏以已經學習過的詩歌意境為例，也就能更好地詮釋山水畫的意境。可見這樣寫並非偏題。

趙珂：這個教師就有劉教授所說的教育機智。她能從學生的提問中看到這個問題問得有價值，這就是敏銳的判斷力。她沒有壓制學生的發言，尊重學生的提問，並及時組織大家一起來思考討論，這就是發揚教學民主，體現了良好的心理素質。

刘永康：这样的问题老师可能事前没有想到，被学生提出来了，这是在老师的教学设计之外，但因为它是紧扣课文提问而且问得有价值，因此老师调整了课堂预先设计的教学环节，临时增加一个问题来探讨，这就体现了一种灵活性、变通性。针对学生的问题，通过老师有说服力的分析，使学生认识到"描写自然的景色与绘出景色无异"，这就解开了学生的疑团，这就是灵活的思维能力。

赵珂：学生的思维天马行空，这是正常现象，我们不能因为"没和自己想到一处"就全盘否定学生的思考。教师需要看到学生提问的背后思维方式，用教育机智化解这些看似"刁钻"的问题。

### 3.不要硬塞结论

刘永康：一些老师以为学生基础差，启而不发，与其拖时间，不如由老师自己作答省事。因此变提问教学为设问教学，变师问生答为自问自答。学生没有思维活动，内心没有认知冲突，接受的都是老师给的现成结论。上课记笔记、下课对笔记、考试背笔记、考完就丢笔记。一旦离开老师这根拐棍，学生就寸步难行。

赵珂：不硬塞结论，不代替学生下结论，这是多么好的教育理念，但当学生答不上问题时，老师又不能硬塞结论，那又该怎么办呢？刘教授，遇到这样的情况，你是怎么处理的？

刘永康：当学生回答不上问题时，老师就要迅速揣测答不上的原因是什么？是思想紧张吗？是缺乏回答问题需要用到的相关知识吗？是没有与回答问题相关的生活经验吗？是不了解与问题关联的时代背景吗？是没有联系语言环境，从整体把握吗……总之，老师只有弄清答不上问题的真实原因，然后有针对性地启发诱导，才能接通他们中断的思维神经，让他们由答不上到答得上，让他們跳一跳摘到桃子，獲得成功的喜悅。我在課堂上就不喜歡硬塞結論，有時故設難題，加大思維強度來質疑激思，開啟學生的思維門扉。

比如，我教《荷塘月色》，其中有一段對荷葉形態的描寫：

曲曲折折的荷塘上面，彌望的是田田的葉子。葉子出水很高，像亭亭的舞女的裙。

針對這段描寫我提出一個問題：為什麼要用"裙"來比荷葉，而且還不是別的裙，是用舞女的裙？這時，沒有一個學生能正確回答這一問題。我沒有向學生拋出我準備好的答案，而是通過調動學生的已有知識和生活經驗來幫助他們思考和解決問題。我說：我們先把"舞女的裙"放一邊，看看這張開成蓮蓬的荷葉像什麼？像什麼？像什麼？還像什麼……學生仍不能作答，於是我又提示：有一種吹吹打打的樂器叫什麼？我還比了一個吹吹打打的動作，學生立刻想到，荷葉像喇叭。我又繼續提示，我們把酒裝進瓶口很小的瓶子裏面要借助一種什麼器皿？學生恍然大悟，說出"荷葉像漏斗。"我又啟發：出門防雨的雨具是什麼？學生又想道："荷葉像雨傘"。我又問：你們能不能想得更美一點，荷葉還像什麼？眾生沉思不語，我又相機誘導：公園裏有一種鳥，它的尾巴張開很美麗……學生終於說出：荷葉像孔雀開屏。我說，現在我們回到為什麼要用舞女的裙比荷葉這個問題上來。舞女跳舞一般都是穿大擺裙，跳舞的時候，特別是在旋轉的時候，那個裙一張開，迎風飄舉，像什麼？這時的學生知道用舞女旋轉中的大擺裙與荷葉比形態，一下子就發現其相似處，很快地說出：舞女的裙與荷葉的形態一樣，像喇叭、像漏斗、像雨傘、像孔雀開屏。並從這個問題的探討中進而明確：運用比喻，一定要考慮喻體和本體之間的相似點。在這個教學環節中，我沒有向學生硬塞結論，而是調動學生已有的生活經驗和知識引導他們自己去發現結論。這就不是帶著知識走向學生，而是帶著學生走向知識。教學過程中，學生不僅加深了對荷葉形態美的感受，還訓練了學生的想像能力以及運用比喻、排比修辭手法的能力。

趙珂：劉教授這個例子就給我們提供了很好的範本。課堂缺少互動是常見的現象，但教師需要有思維互動的意識，耐心引導，不斷嘗試，唯有如此才能施展有效教學。將學生從疲勞的題海戰術中解脫出來，給予他們思考的空間，包容他們的想像，引導他們思索，使其成為一個善讀善思的智者，這才是教育給予學生最真的禮物，最大的祝福。

# 第三編　審美素養:提升語文課程核心素養品位的路徑

　　按照美的取向對事物或藝術品進行領會和鑒別，這就叫"審美"。如果我們把"審美"界定為按正確的價值取向鑒賞，那麼任何學科都要面對審美問題。文學與藝術是審美的專門化。語文課程的審美首先是針對言語作品的審美，也就是說，語文課程所說的審美主要是針對以語言為媒介的作品。在這一點上，審美是以語言文字為載體實現的。

　　世界教育已進入融合式教育，其中一個要素就是美學與教學聯姻。因此，各科教學都要以美學規律為其靈魂，把知識的理解及其運用的教學過程，轉換成種種藝術的形象活動，使教學按照美的規律運轉起來。即教學活動應體現形象性、活動性、表演性、對話性，其總的指歸是把死板的課堂教學變得生動活潑，使學生由苦學到樂學，由要我學到我要學。美學與各類學科教學的融合，不只是把知識的理解與運用轉化成種種藝術的形象活動，而且還應在教學中揭示出各門學科知識所包含的美育因素。這些美育因素是符合美育原則的。由於這些美的特徵而引起的美感對於培養人的心理品質是很有益的。語文課程的審美，首先是對語言作品的審美，也就是說，是以具體的語言作品作為審美對象；其次是以語文的方式進行審美，也就是說，審美是以語言文字為載體、在語言實踐活動中實現的。義務教育階段，課標對審美的要求是：通過感受、理解、欣賞、評價語言文字及作品，獲得較為豐富的審美經驗，具有初步的感受美、發現美和運用語言文字表現美、創造美的能力；涵養高雅情趣，具備健康的審美意識和正確的審美觀念。"高中階段，審美要素表述為"審美鑒賞與創造"，這一維度強調學生在語文活動中體驗、欣賞、評價、表現和創造美的能力及品質。通過審美教育，學生能夠提升對文學作品的鑒賞能力，培養創造美的意識和能力。"永康教授講語文"設計 20 個專題對審美素養作了深刻透闢的闡釋。

## 讓學生成為佳作的知音

趙珂：審美是以語言文字為載體、在語言實踐活動中實現的。從本講開始，劉教授將會連續用20個專題來研究審美素養的相關問題。本講主要是講"結合審美鑒賞教給學生必要的美學知識"。今天，我們有幸請到了四川師範大學文學院研究生會主席、語文課程與教學論優秀碩士畢業生張春燕女士介入我們的討論，我們表示熱烈地歡迎！劉教授，有人說，作品的價值是由作者的創作意識決定的，對此，你是怎麼看的？

劉永康：接受美學告訴我們：文學的歷史就是作品被接受的歷史，全面又確切的提法應是：文學的歷史是作家、作品和讀者這三者之間的關係史。一部作品的價值是由作者的創作意識和接受意識兩種因素共同決定的，作品本身並不存在什麼永衡的客觀價值，作家的創作意識只不過是一種主觀意圖，而這種意圖能否得到認可，則完全依賴和決定於接受意識，是讀者的接受創造著作品的價值。作家創造的作品自以為很有價值，而讀者若不承認，不予接受，那作品的價值也就是徒勞的。

趙珂：但是，好像不同時代的讀者對同一作品，其理解和評價就有所不同，如古人把《詩經》《樂府》中的一些詩常看為"此亦人臣思君而托言者也。"而現代人卻把他看成為愛情詩。劉教授，你是怎麼看待這一現象的？

劉永康：金克木《古詩三解》中指出："這是現代人的價值觀念不同於古人的緣故。"用接受美學的觀點看，那就是因為讀者的期待視野發生了變化。也還因為有些作品的美學潛藏涵義不可能為某一時代的人所窮盡，只有在不斷延伸的接受鏈條中才能逐步為讀者發掘出來，在不同的時間和地點，在不同讀者中獲得不同的理解和接受。另一方面即使同一時期，由於讀者的層次不同，其思想水準、文化素養、生活經歷、審美情趣、性格愛好不同，因而對同一作品的理解和評價也會不同。譬如同樣談辛棄疾的《青玉案·元夕》中"夢裏尋她千百度，驀然回首，那人卻在燈火闌珊處。"有人讀了只有表面感知，以為寫的忽然回頭，看見那個美人在燈火零落的角落裏。有的人有進一層的感受，"這是一位性情有點孤僻自甘寂寞的美人。"有的人瞭解辛棄疾的生平和詞的表現手法，根據歷史背景可知，當時的他不受重用，文韜武略施展不出，心中懷著一種無比惆悵之感。詞人從極力渲染元宵節絢麗多彩的熱鬧場面入手，反襯出一個孤高淡泊、超群拔俗、不同於金翠脂粉的女性形象，寄託著作者政治失意後不願與世俗同流合污的孤高品格。

張春燕：而王國維則從哲理上予以解釋，把這種境界稱之為成大事業者，大學問者的第三種境界，確是大學問者的真知灼見。可見，不同時代、不同讀者對同一作品的解讀是不相同的。

趙珂：正由於讀者千差萬別，所以有人慨歎知音難求，對此該怎樣理解？請劉教授給我們講講吧。

劉永康：對此，我們應作兩方面的理解。一方面，這是強調讀者的作用，是提醒作家創作時應處處時時考慮到讀者的接受，視讀者為上帝。而另一方面是強調讀者對自身的要求，讀者要成為作品的知音。說到知音，我就想起伯牙與鐘子期的故事來。伯牙善於彈琴，鐘子期善於傾聽。伯牙彈琴的時候，心裏想到高山，鐘子期說："好啊！簡直就像巍峨的泰山屹立在我的面前！"心裏想到流水，鐘子期又說："好啊，這琴聲宛如奔騰不息的江河從我心中流過！"不管伯牙心裏想到什麼，鐘子期都能準確地道出他的心意。鐘子期去世後，伯牙認為世界上再也找不到知音了，於是，他把自己最心愛的琴摔碎，終生不再彈琴。此後，由於這個故事，人們把"高山流水"比喻知音難覓或樂曲高妙，便也有《高山》《流水》的古琴曲。把"知音"比作理解自己的知心朋友，同自己有共同語言的人。"伯牙絕弦"一詞也漸漸演變成了一種意思：由於知音逝世，從而棄絕某種特長或愛好，表示悼念。從此留下不少感慨的詩句，如"子期難覓瑤琴絕，奈何枝落百花江。""冬去春來又一載，伯牙子期何處尋？""摔碎瑤琴鳳尾寒，子期不在對誰彈！春風滿面皆朋友，欲覓知音難上難。"

劉勰通過這個故事把他上升到審美的理論高度。他的《知音篇》從審美的角度提出了知音的要求，這當然是很高的標準。成為知音是很不容易的，所以，作者在文章一開始就發出了感喟："知音甚難哉！音實難知，知實難逢，逢其知音，千載其一乎！"《紅樓夢》中曹雪芹也發出同樣的感慨："滿紙荒唐言，一把心酸淚。都雲作者癡，誰解其中味"，這仍然歎的是知音難覓。

張春燕：伯牙的演奏技巧高超，只有像鐘子期這樣的善聽者才能聽出是"志在高山"，還是"志在流水"來。如果沒有一雙音樂的耳朵，伯牙也只能是對牛彈琴。由此我就想到，中小學語文教材中都是選的文質皆美的作品，屬伯牙鼓琴之作，而我們的語文老師應把學生都變成鐘子期，使他們都必須具備必要的審美鑒賞能力，能充分領略作品那美妙的藝術境界，進行深刻的藝術品評，成為審美接受的知音。

趙珂：不然，那作品再美妙絕倫，學生也會無動於衷。對作品不是知己，就難於感受和理解，更難於動心動情了。那麼，怎麼把學生變成鐘子期，讓他們也能成為佳作的知音？請劉教授給我們講講這個問題。

劉永康：要讓學生成為佳作的知音，就要具備審美的能力，就是感受美、探究美、評價美、創造美的能力。包括審美感知、審美聯想、審美想像、審美通感、審美情感等方面的能力。有了這種能力，才能成為佳作的知音。這些內容我們會在後面的專題中逐步展開。這裏，我們只講結合審美鑒賞交給學生必要的美學知識。世界上第一個探討美的理論的是古希臘大數學家畢達哥拉斯。他從數的觀察出發，提出美是數的比例的和諧。柏拉圖的《大希庇阿斯篇》是世界上第一部討論美是什麼的理論專著。然而，在西方美學史上，大家公認建立起美學理論的，是德國哲學家鮑姆嘉通。他於1750年寫成的《埃斯特錫卡》，也就是美學。從此以後，狄德羅為百科全書寫了美學條目，康德寫出了《批判力批判》，這部美學專著列入了他的三大批判中。黑格爾美學洋洋灑灑上百萬言。建國以來，特別是十一屆三中全會之後，我國研究馬克思主義美學的越來越多。美學是研究美、美感、審美實踐（創造美、審美教育）的問題。

張春燕：由此，我就想到，語文教師結合審美教育，適當給學生講一點美學知識，對於提高他們的審美能力，使之成為作品的知音無疑是非常必要的。

趙珂：老師們解讀文本，很少用到美學知識，甚至缺乏運用美學知識解讀文本的意識和能力。那麼，在語文教學中，怎麼引導學生運用美學知識來解讀文本？劉教授，你能給我們作舉例說明嗎？

劉永康：如教《故宮博物院》，就得讓學生理解一點均衡美的知識。均衡表現為既整齊一律，又在整齊一致中闖進了差異，是一致與不一致的結合。均衡又分對稱均衡、重力均衡、對比均衡。對稱均衡一般只在中軸線兩邊的形式是對等的。如植物莖葉的構造、花瓣的排列，這些都是對稱的。《故宮博物院》寫紫禁城，中間就有中軸線，兩側對稱，紫禁城南北長961米，從天安門到景山形成一條貫通南北的中軸線，恰好與北京古城的中軸線重合，由天安門到端門過禦道便到午門，兩翼各有重簷樓閣四座，入午門過太和門進入外朝區的主要殿堂——太和殿、中和殿、保和殿。

張春燕：我認為將太和殿放在中軸線的中心位置，是皇帝上朝舉行典禮的地方，紫禁城的主要建築都安置在中軸線上，兩側配置附屬建築，強調中軸線兩邊對稱均衡，更顯示出象徵著皇權的故宮，其力量之穩定、莊嚴、肅穆。

劉永康：又如教《觀巴黎油畫記》，就可以在課前適當的給學生介紹一些西方油畫與中國畫的區別。中國繪畫一般來說都是以墨線為主，普遍採用散點透視，更具有題款和鈐印這特有的形式美。而西洋繪畫以顏料為主多採用焦點透視，在色彩和明暗的處理上，與中國繪畫也頗有區別。

趙珂：教師在交給學生這些基本審美知識之後，再來講解《觀巴黎油畫記》這篇文章，就能使學生理解更深入。那麼，教李清照的《聲聲慢》，就不能不讓學生瞭解一點構成形式美的組合規則之一的"節奏"知識吧。

劉永康：是的。節奏是一種有規律的重複。作品中某一種形式連續不斷地交替出現，有助於表現文學作品中的起承轉合，詩詞的平仄韻律也是節奏。詩分平仄，詞則辨五音、分聲。五音是指陰平、陽平、上聲、去聲、入聲。老師就要用這些知識來幫助學生學習李清照的詞《聲聲慢》。

張春燕：《聲聲慢》全詞有97字，其中用舌音的16字，用齒音的41字。結尾三句："梧桐更兼細雨，到黃昏點點滴滴，這次第，怎一個愁字了得！" 20幾個字裏，舌齒兩音交叉重疊。朗讀起來仿佛從齧齒叮嚀的聲韻節奏中聽到了詩人悲涼心音的回聲，增強了藝術感染力。

趙珂：語文課程的審美，首先是對語言作品的審美，也就是說，是以具體的語言作品作為審美對象；其次是以語文的方式進行審美，也就是說，審美是以語言文字為載體、在語言實踐活動中實現的。知識的力量是無窮的，要提高學生的審美能力，使學生成為佳作的知音，就必須結合審美鑒賞教給學生必要的美學知識。當然，光有美學知識還不夠，還必須在語文學習實踐中去訓練學生審美感知力、審美聯想力、審美想像力、審美通感力、審美評價力、審美創造力。劉教授在以下約20個專題中，會對這些問題作深刻地、生動地、與眾不同地闡釋。希望大家不要錯過這學習的機會喲。

## 審美教育要遵循什麼原則？

趙珂：今天，我們邀請了張春燕女士和我們一道來探討審美教育的相關問題。劉教授，我們常常提到的美育不就是審美教育嗎？關於什麼是審美教育？很多老師還處於憤悱狀態：心求其通而未得，口欲言而未能。你能給我們講講什麼叫審美教育嗎？

劉永康：好的，審美教育簡稱美育。它是施教者根據教育目標的客觀要求，使用現實美（自然美和社會美）、藝術美等各種審美載體，把一定社會（或一定階級）的各種審美載體和審美意識內化為受教育者個體頭腦中的審美心理結構，形成審美心理品質、審美境界的教育活動。因此，對學生進行審美教育是培養學生審美鑒賞與創造素養的必要條件。

張春燕：我們一面在講美育，又一面在講德育，這二育究竟是什麼關係？在認識上，我們總是感到糾纏不清，剪不斷、理還亂。劉教授，你能把二者的聯繫與區別給我們講清楚嗎？

劉永康：首先要明確：美育是德育的重要組成部分。"美"與"善"、"藝"與"道"的內在統一，決定了美育的德育功能。先秦儒家常常把"仁、善、美"融為一體，也就是德美結合。西方一些美學家、教育家也主張把美育併入德育。在深圳大學召開的國際美學美育研討會上，專家們的共識是美學要與教育聯姻，美學家要與教育工作者攜起手來。很早，國家教委就明確規定審美教育是德育教育的十大內容之一。可見，拋開審美教育抓德育，從德育的內容上講，本身就是一個缺陷。因此，要通過審美教育把藝術形象和社會生活中的典型形象內在的倫理發掘出來，使之成為培養學生高尚的審美情感和審美意識的源泉，而不只是把審美看成倫理內容的形式，甚至一種點綴。

趙珂：經劉教授這一說，我明白了美育本身就是德育的組成部分，但德育還有其他部分，其他部分又包含哪些內容？而美育對德育的其他部分內容有有什麼作用？

劉永康：美育不僅是德育內容的一個重要組成部分，而且它對德育中的其他方面，比如馬列主義、毛澤東思想和鄧小平理論教育，愛國主義教育，黨的路線方針政策教育和形勢教育，民主法制教育，人生觀教育，道德品質教育，學風教育，勞動教育，心理健康教育，均可以起到增效作用。這是審美教育的特性所決定的。美育能使學生在享受之中塑造自我，身心整體受到全面熔煉，促成感性理性交融昇華的特殊功能。中國教育本來就具有重視美育的傳統，"寓教於樂"就是明證。孔子不只是為了享受才喜歡"詩"、"樂"，不然他就不會說"移風俗，莫善於樂"了。而孟軻則動輒以"詩雲"為準則，把《詩經》中的語句作為教育人、說服人的理論依據。希臘的柏拉圖認為"音樂教育比其他教育都重要得多"。因為"節奏和樂調有最強烈的力量浸入心靈最深處。如果教育的方式適合，他們就會拿美來浸潤心靈，使它也就因而美化"。所有這些都說明美育是德育的點金術，美育是德育的一種特殊而有效的形式。在實施德育的各個環節中，我們應主動引入美育來提高德育的效應，做到以美引善，以形悅目，以情感人，以美育人。

張春燕：據劉教授所說，美育既是德育的組成部分，又是德育的點金術，對德育的其他部分有增效作用。為達到點金增效的目的，這美育應該遵循什麼原則呢？

劉永康：美學是研究感知規律的科學，那麼，美育就應該是利用美學感知規律所從事的教育。美育至少有兩條最基本的原則是任何時候都不容忽視的，這就是相互性原則和形象性原則。相互性原則又叫相互交流性原則，也即是教師把教授的知識用美的形式打扮起來，去引起學生的注意，激發學生的興趣，讓他們在自由活潑生動的氣氛中主動接受知識。形象化原則又稱"以美引真"原則，即教師在教學中努力把抽象的"真"化為具體可感的形象或生動的模式，使學生在接受這些形象和模式時，不知不覺地就進入"真"的原則。

研究美學如何與各科教學的融合，也就是研究在教學中如何運用美育的這兩條原則。

在教學中，教師應通過審美活動去刺激學生的頭腦，使他們獨立地思考和行動，並在種種創造性活動中得到新的知識和新的思想。要讓教師明白，各科教學都要以美學規律為其靈魂，把知識的理解及其運用的教學過程，轉換成種種藝術的形象活動，使教學按照美的規律運轉起來。

比如教《核舟記》，就可以讓學生在仔細閱讀課文的基礎上，指定三個學生，根據自己對課文的理解，上臺來表演船頭蘇、黃和佛印三人的肖像動作和神態，又讓台下的學生依據課文去議論評價表演的效果。通過這種有趣的形式，讓學生認識到，對文中人物的刻畫不只增強了作品的活力，更突出了核舟的主題。

張春燕：以上教學活動體現了形象性、活動性、表演性、對話性，其總的指歸是將所傳授的知識轉換成種種藝術的形象活動，把死板的課堂教學變得生動活潑，使學生由苦學到樂學，由"要我學"到"我要學"。正如蘇霍姆林斯基所強調的："我一千次確信，沒有一股富有詩意的、感情的和審美的清泉，就不可能有學生全面的智力發展。"

趙珂：劉教授前面講到了美育的兩條基本原則，好像就是要把語文學科知識的理解與運用轉化成種種藝術的形象活動，難道這就是美育的全部嗎？美育還有沒有別的意思？也請劉教授給我們講一講吧。

劉永康：美學與各類學科教學的融合，不只是把知識的理解與運用轉化成種種藝術的形象活動，而且還應在教學中揭示出各門學科知識所包含的美育因素。這些美育因素是符合美育原則的。由於這些美的特徵而引起的美感對於培養人的心理品質是很有益的。

音樂美術作為藝術，其審美內涵之豐富自不待言。而其他各門基礎學科，比如語文課文中有大量的文學作品，按其性質包含著現實美（自然美、社會美）與藝術美，按其形態包含著優美、崇高、悲劇、喜劇（滑稽），它可以喚起學生的審美情感，從而使他們獲得審美感受。優秀的說明文從事物的最佳角度切入，用最明確最簡潔的語言，最嚴謹的邏輯去進行說明，所以讀來給人一種曉暢明晰之美。說明文種種說明方法的運用、順序的安排呈現出曲折跳宕的推進形式，它既顯示出客觀事物的規律，又給人一種曲線美、節奏美，使人有一種愉悅的滿足感。優秀的議論文，飽含強烈的感情，使文章的邏輯性有一種折服人心的氣勢，使人獲得認識真理的滿足。它充滿了思辨美、理性美、智慧美。所有這些，使得語文課成為審美教育中特別有效而又無可替代的手段。

趙珂：根據劉教授和張春燕老師的意見，目前在實施新課程中提倡的樂學、愉快教學，實際上就是美育基本原則的具體運用。那什麼又叫愉快教學？在基礎教育階段，哪一個階段最需要愉快教學？

劉永康：愉快教學就是前面提到的利用美學感知規律所從事的教學。整個教學過程都要貫徹美育的兩條基本原則。愉快教學是要求教師重視關注學生個體的學習狀態——如何在輕鬆愉快的氣氛中學習，實質是調動學生學習知識與培養能力的興趣和欲望，幫助他們形成良好的心理體驗，保持快樂與充實感。前面我們談到的《核舟記》的教學就是愉快教學。再如教《蘇州園林》，老師就可以在引導學生充分領略蘇州園林藝術美的同時，讓學生實踐，鍛煉他們對美的想像與創造力。例如有老師在引導學生賞析精煉傳神的語言時，就抓住正面描寫樹木的"俯仰生姿"一詞，讓一高兩矮三個女生上臺自主表演出這個詞所反映的情態。她們經商量後設計了這樣一個造型：三人都伸展雙臂，或蹲或站，目光或仰或俯，彼此交織，臉上是或關愛或仰慕的表情。這個造型意味著什麼？意味著"高樹與低樹俯仰生姿的神韻"。課結束後，又留給學生 8 分鐘的時間。讓他們盡情想像設計 21 世紀你神往的園林美。要求從房屋、橋樑、花樹的佈置或雕塑的造型中選出一個方面來表現即可。學生紛紛動手。擅長畫畫的，用彩筆勾勒；長於寫作的，用語言描繪。有的把房屋設計成大象吸水的造型；有的將橋樑勾畫成可以升降的巨型長廊；有個同學甚至說要在沙漠裏建造園林房屋，全設計成綠樹紅花的樣子，讓荒涼的沙漠充滿生機。表演、繪畫、寫作等實踐活動，加深了對課文的理解，鍛煉了想像能力，其運動智能、人際關係智能、空間智能、自然觀察智能等得以充分展示。

張春燕：我是小學語文教師，恐怕在咱們小學語文教學中開展愉快教學會更有其特殊的意義吧？

劉永康：是的，這種愉快教學特別符合小學生認知心理規律。小學生重在形象思維，具有對具體、形象、生動的學習內容感興趣的心理。如果借助多媒體的"聲、光、形、色"來施教，使抽象變形象、使複雜變簡單、使深奧變淺顯、使枯燥變生動，這樣的教學就能激發學生的學習熱情。小學生的思維方式是富於幻想、喜好新奇，針對這樣的心理特徵，就要千方百計把他們帶進童話世界，開展讀童話、聽童話、編童話、講童話、演童話的活動。小學生有強烈的表現欲、好勝心非常強，針對這種心理特徵，可設置問題情境，讓他們置身於某種虛擬的或真實的境情之中，設身處地地去思考問題，然後採取分組搶答的比賽方式來解決問題。小學生好動、好玩，最適合將遊戲活動引入教學活動之中。總之一句話，所謂愉快教學，就是要用各種審美活動來刺激學生的頭腦，使教學活動按照美的規律運轉起來，為教學增加一點形象性、活動性、表演性、對話性。

張春燕：有小學語文教師教《老山羊和獅子》《賣火柴的小女孩》，讓學生扮演其中的不同角色、演繹故事情節。教《灕江遊記》《金字塔》，讓學生扮演導遊向大家介紹景點的方式來理解課文，學生參與的熱情出奇的高，而且有的能根據自己的想像，結合課文創造性地加入某些情節，進一步深化了文章的主題。這些都是實施新課程以來在愉快教學方面出現的新氣象。

趙珂：可是，目前一些老師的愉快教學好像搞過了頭，有些變味，給人一種庸俗化的感覺，劉教授，你覺得是這樣的嗎？

劉永康：愉快教學也並不是一種教學法的規範與模式，當教和學的諸環節不加選擇地被納入到愉快教學的框架中來，教學的本質就很有可能發生異化。實施愉快教學，絕不意味著教學活動的每一個環節都一定要學生處在過於強烈的情感氛圍之中，而且情感也不僅僅只有愉悅一種。確實，有的教師將愉快教學搞過了頭，甚至將其庸俗化。有位教師教《杜十娘怒沉百寶箱》，在講臺上拿著一個紙箱子，舉起來，抱著跳下講臺，引得全班同學哄堂大笑。有位老師教《故鄉》，從頭至尾表演楊二嫂的賣弄風情、尖酸刻薄，閏土的呆滯、畢恭畢敬。至於環境渲染的特色、人物對照的匠心，則完全被這個手舞足蹈給沖散了，沖淡了。有位教師教《背影》，特地穿了一件長袍大褂進教室，後又將兩手趴在黑板的邊框作上爬狀，仿佛文中父親翻閱月臺時的艱難情狀。並不高明的表演，只讓學生覺得好笑。一些老師刻意追求課堂的趣味效果，把自己等同於相聲、小品演員，在課堂上極盡插科打諢、做作表演、嘩眾取寵之能事，這種並不高明的表演，除了讓學生覺得滑稽可笑之外，還會有什麼教學效果可言？它沖淡了學生對作品人物命運的擔憂，對文本深刻內蘊的領悟。有的公開課、賽課，刻意追求形式，精心製作包裝，管它有無必要，總要模型、掛圖、錄音、投影、電腦、多媒體。課堂上，聲光電磁轉換切割，弄得人眼花繚亂，目不暇接。觀摩課等同於閱兵式，又像是時裝表演，這樣的愉快教學是在過度地張揚愉悅，不適當地利用學生好玩、好奇的天性，是離開實際需要大搞形式主義。當愉快教學一旦變為"教學過程唱唱跳跳、師生對話說說笑笑、爭論問題吵吵鬧鬧、學習練習難度不高、教學評價"你好、他好"的局面時，學生就會在連續亢奮的情緒狀態之中難以平靜下來。這樣，他們對應該學習的知識就不會有深層次的心理體驗。在這樣的教學氛圍中，學生不可能有內心衝突的認知過程，他們也就不可能產生對知識的感悟和內化，這樣的學習就成了"麥當勞"式的速食。學生長期在這種速食中吸取營養，就會變得缺乏耐心而性情浮躁；表面活躍而疏於思考。其生命中智慧之根就會漸漸枯萎，再也抽不出繁茂的枝葉，結不出豐碩的果實。

張春燕：曾經一段時間，強調的是挫折教育。可是現在談愉快教學後，好像再也沒人提挫折教育了，那還要不要挫折教育呢？

劉永康：學習是一種高強度的腦力勞動，會產生許多的的困惑、會破解無數的難題，會遭遇太多的困難、挫折和失敗。它絕對需要一種"苦戰能過關"的精神。"聞雞起舞"、"懸樑刺股"、"韋編三絕"、"三更燈火五更雞""玉不琢，不成器"，"梅花香自苦寒世、寶劍鋒從磨礪來"……在這些古訓中，哪一句不是強調學習不要怕苦怕累？從心理學上講，愉悅可以開啟心智，挫折可以鑄就頑強。學海無涯，不能有了"樂作舟"就丟掉"苦作舟"。如果教學只講愉悅不講挫折，學生接受知識與探究知識互為同構的可能性將會喪失殆盡。如果一味地引導學生追求愉悅，遁入形式上的樂學，沒有同艱難、挫折相對抗的勇氣，他們就會漸漸變得意志脆弱，就會在困難面前望而卻步、知難而退。這樣的學生將來又怎麼可能有所作為？

趙珂：這種兒童的"挫折"乍看起來是一個絆腳石，其實是一個磨練意志的磨刀石。現代心理學、教育學都把教學中的"挫折"作為一種意義深刻的現象來加以探討,這種教學謂之"引起兒童挫折的教學"。日本的齋藤喜博就是推進這種教學的一位名師。在課堂教學中借助兒童"挫折"的引發,展開集體思維，以達成教學目標。所以，我們在重視愉快教學的時候，不要把它庸俗化，不要搞過了頭。要將愉快教學與挫折教學結合使用，相輔相成、相得益彰，也可以根據需要有所側重。

## 在如坐春風中接受"美"的薰陶（一）

趙珂：今天，我們請來了張春燕女士入鏡，參與我們的討論。我們表示熱烈的歡迎！劉教授，所謂審美，就是按正確的價值取向來鑒賞作品中的美，並受其美的薰陶感染。這樣作有什麼意義呢？

劉永康：接受美學認為：文學作品是一種精神產品，對接受者來說，作品的"美"是一種潛在的引導力量，這種引導力量能夠影響和改善人們的意識行為，最終還能起到改造推動歷史的作用。列寧在高中時期迷上了拉丁語，他如癡如醉地讀完了維吉爾、奧維德、賀拉斯和尤維納利斯的拉丁文原著，連古羅馬元老院的演說致辭也有所涉獵，並在流放生涯中通讀歌德，一而再再而三地重溫《浮士德》（Faust）。列寧豐厚的古典文學底蘊在領導1917年十月革命時得到了很好利用。當年4月，他與俄國社會民主黨主流派分道揚鑣，用一系列激進的文章，呼籲在俄國發動社會主義革命。雖然此前與他親近的同志們開始公開譴責抨擊他，但列寧毫不畏懼，機智地引用歌德所著《浮士德》中魔鬼墨菲斯特的話語反擊道："我的朋友，理論向來是灰色的，但生命之樹常青。"對於列寧（乃至對所有激進派和革命分子）而言，影響最大的作家當屬車爾尼雪夫斯基（Nikolay Chernyshevsky）。車爾尼雪夫斯基是一個牧師的兒子，也是唯物主義哲學家和社會主義者。因政治信仰被監禁在聖彼得堡的皮特保羅要塞時，他完成了著名的小說《怎麼辦？》（What Is to Be Done?）。《怎麼辦？》迅速成為年輕一代的"聖經"，與此同時，這本書因曾從監獄中被私運出去而更顯神秘。也正是這本書，讓列寧早在遇見馬克思之前（馬克思曾與車爾尼雪夫斯基有過通信）就變得更加激進。為了向這位平民主義者先輩致敬，列寧特意將自己1902年首部重要政治作品也命名為了《怎麼辦？》（What Is to Be Done?）。

張春燕：劉教授用列寧的故事告訴我們文學美的潛在力量，他影響和改善了列寧的意識和行為，確實起到幫助列寧改造推動歷史的作用。於是，我又想起俄國作家果戈裏的諷刺小說《死魂靈》（Dead Souls）來，這部小說轟動了整個俄羅斯，讓整個國家的人民都備受鼓舞，這部書當時甚至被拿來向文盲們大聲朗讀。其影響之大，也證明文學的確是一種精神產品，作品的"美"是一種潛在的引導力量，這種引導力量能夠影響和改善人們的意識行為。

劉永康：文學作為一種精神產品，全世界皆然，我國當代文學《平凡的世界》對年輕人三觀的形成就產生了巨大的影響。北京農業大學學生張然，有時覺得很奇怪，為什麼路遙作品中那些穿著過去的衣服、說著過去的語言的人物，卻能打動今天的年輕人。但即便是她自己，一個90後，也經常被書裏傳達的勇氣和力量所感動。"我感覺特別能理解書中的人物。每個人都有自己的苦難，但都咬著牙絕不放棄。我甚至感到，不經歷苦難的人生不值得度過"。對於生活在廣州的楊文君來說，黃土高坡的風土地貌，他並未見過，但書中人物的命運心性，他卻並不陌生。他一直記得《平凡的世界》裏一些震撼人心的句子，如"生活不能等待別人來安排，要自己去爭取和奮鬥；而不論其結果是喜是悲，但可以慰藉的是，你總不枉在這世界上活了一場。"這些話給予了他巨大的支持與安慰。

趙珂：從劉教授和張春燕的分析及舉例中，我感到接受美學關於文學作品是一種精神產品，它能影響和改變人的意識行為，甚至改變世界的觀點，對於語文教師加強審美教育，完成立德樹人的教育目標是很有認識作用的。因此語文教學應引導學生從文學作品中挖掘出"美"來，並用這種"美"來美化學生的心靈，陶冶學生的情操。那麼，從語文教材中可以挖掘出哪些"美"的因素來？請劉教授給我們講講吧。

劉永康：語文教材中含有大量的自然美、社會美、藝術美的因素，對於接受者學生來說，這些就是"潛在的引導力量"，它可以"影響和改變"學生的意識和行為，實現立德樹人的目標。教師要調動學生的審美注意力，通過感知與體驗，在對課文美的接受和關照的雙向交流中，獲得美的感受、陶冶自己的思想情操，培養良好的道德品質。

趙珂：劉教授，什麼是自然美？在教材中有何表現？又怎麼去發掘？

劉永康：所謂自然美，是指人們所能欣賞和感受到在人類社會生活中的作用、地位、意義、價值的自然現象。自然美有兩種形態，一種是天然的，一種是經過人的加工、改造利用的自然想象。它們顯示了人的力量，又直接造福於人類，人們可以從中感受出自然美來。就是日月星辰的光芒，紅花綠葉的色彩，流水與鳥雀的叫聲，山川與人體的形態，空氣的清新與花香的濃郁，山林的幽靜與海濤的喧騰等等。它們雖未加工、改造和利用，是天然的。但人們能夠從它們身上感受到與人的社會生活的關係，感受到在人類社會生活中的作用、地位、價值。它們無不給人以美的享受。

張春燕：是的，湖泊之美在於它給予人的是寬廣與坦然；清溪之美在於它呈現著純潔與文靜；瀑布之美在於它為大地增添了流動的生機與宕蕩的樂章；松樹之美在於它昭示了蓬勃的朝氣與旺盛的生命力。

劉永康：自然美成了文學特別是詩歌散文描寫美的重要內容。老舍說："寫景在浪漫的作品中足以增高美的分量，真的，差不多沒有再比寫景能使文字充分表現出美來的。" 現行語文教材中含大量的自然美的描寫。陸遊的《遊山西村》，詩人陶醉於山野風光和農村的人情裏，表現了對田園生活的喜愛和戀戀不捨的情感。詩人在語調極其自然親切的詩句中向人們展示了農村自然風景之美、農民淳樸善良之美，並把自己熱愛祖國、熱愛人民、熱愛生活、熱愛自然的高尚情操美融於其中。南宋詩人雷震創作的《村晚》，這是一首描寫農村晚景的詩：形象描繪了一幅有著四周長滿青草的池塘、似被山咬住的紅紅落日以及放牛回家的孩子橫坐在牛背，用短笛隨便地吹奏著不成調的曲子的景象。詩人即景而寫，構成了一幅饒有生活情趣的農村晚景圖，抒發了詩人對鄉村晚景的喜愛和讚美之情。昌耀的《峨日朵雪峰之側》塑造了眾多審美意象，有峨日朵之雪和石岩壁蜘蛛，它們共同營造出一個凝重壯美的氛圍，將飽含滄桑的情懷，古老開闊的高原背景，博大的生命意識，構成一個協調的整體。通過意象之間的的變化與相互作用，描繪出詩人內心深處嚮往的烏托邦，那是一個僅存於詩人心中的天堂。從征服到驚異再到默享，這是生命自然成長的歷程，也是心智日漸成熟的過程。從中，我們看到了昌耀的理智與清醒，看到了詩人用生命觀照生活的赤誠之心！

趙珂：從劉教授以上列舉分析的課文中，確實充滿了自然美的因素，教師只要認真開掘，定能吸引學生的審美注意，開拓其視野，豐富其想像，激發其熱愛生活、熱愛大自然、熱愛祖國美好河山的情感。劉教授，那什麼又叫社會美，這些因素在現行教材中又是怎麼表現的？

劉永康：所謂社會美，是指在人類社會生活領域中，能夠體現社會歷史發展必然趨勢的人、事、物。人類美的社會生活，往往是與進步的集團、階層和階級的社會生活鬥爭相關系的，與進步的社會現象相聯系的。我們時代的勞動鬥爭的美，是我們社會生活中的現實美的基本內容之一。在漫長的歷史進程中，人民群眾反對壓迫、反對剝削的英勇鬥爭推動著社會的發展，創造出社會生活中無限美好的事物。從古代斯巴達克的奴隸起義，到陳勝、吳廣、黃巢、宋江、李自成、洪秀全的偉大農民戰爭，從英勇的巴黎公社起義到開闢了人類新紀元的十月社會主義革命、到偉大的中國人民的民主革命和社會主義革命，構成了一幅幅人類歷史上壯麗宏偉的畫卷，這些都是社會美的鮮明體現。人類推動歷史前進的階級鬥爭、生產鬥爭、以及與之相關的日常生活就是美的社會生活。人是生活的主體、核心。在這些美的社會生活中，人性美、人格美、心靈美、行為美，也就成了社會美的實際內容。

張春燕：語文課本中的各類課文，特別是文學作品反映和表現了豐富多彩的社會生活，可以稱得上是博覽社會美的殿堂。劉教授說到的這些社會美，在我們的現行語文教材中有沒有表現？

劉永康：那就太多太多了。比如《驛路梨花》講述了哀牢山深處一個小茅屋的故事，生動地展示了雷鋒精神在祖國邊疆軍民中生根、開花、發揚光大的動人情景，讚頌了一種"我為人人，人人為我"的美好品德。《葉聖陶先生二三事》，該文是張中行回憶葉聖陶的文章，通過敘述與葉聖陶先生交往中的幾件小事，表現了葉聖陶謹嚴自律、待人寬厚的節操和風範，字裏行間流露出作者的追思景仰之情。《最苦與最樂》是近代著名思想家梁啟超寫的一篇議論文。本文從最苦和最樂兩方面來論述人生的責任，即負責任是人生最大的苦，盡責任則是人生最大的樂，提出人生在世，必須要對家庭、社會、國家以及自身盡到應盡的責任，這樣才能得到真正的快樂。文章立意高遠，思想深刻，語言典雅，既有儒家的進取精神，又有佛家的超凡智慧，不但有較強的現實教育意義，也能很好地提高語文素養。作為基礎教育的語文教學，注重培養學生的社會責任感，也是時代和社會賦予我們的責任。

張春燕：劉教授透闢的分析與生動的舉例無不昭示了社會生活中的美。無不蘊含著人性美、人格美、心靈美、行為美、語言美。在語文教學中，教師認真地發掘這些美的社會因素，定能引起學生的審美注意，接受其審美薰陶。

趙珂：無論是人是物，美與不美，不僅取決於它的外部物質形態，還要看它符合不符合人類心理結構中的情感評價傾向。只有這樣，才能深入發掘審美對象的內在美。但是許多文學作品描寫的是醜的社會生活，這樣的作品也會有審美價值嗎？也能體現社會美嗎？

劉永康：醜的社會生活總是與沒落的社會集團、階層和階級相聯系，與沒落的社會現象相聯系，對社會生活中醜的揭露與鞭撻，其本身也構成社會美的一個方面。我們追求美，摒棄醜，但是美與醜是不可分割的。從某種意義上說，沒有醜，美就失去了存在的依據。藝術中的醜是生活中醜的反映。它是生活醜典型化的結果。藝術家把現實生活中的醜能動地轉化為藝術美，就使醜有了審美價值。它可以使人對醜產生由衷的反感，笑著與醜告別，並從中獲得美的享受。果戈裏說："難道對卑鄙無恥的人，入木三分地刻畫，不也就在描繪誠實的人的形象嗎？……在一個天才的手中，一切都可以成為達到美的工具，如果只要善於駕馭服務於美的高尚思想的話。"

張春燕：從劉教授的分析中我明白了："醜的審美價值來自於美的比較，藝術家就是通過對醜的否定來達到對美的肯定。通過對醜的現實的揭露來達到對美的理想的追求。"

趙珂：因此，語文教師可以從審美的角度，利用教材中揭露性的課文，引導學生識別假醜惡，提高思想認識，自覺抵制不良思想行為的腐蝕。

劉永康：是的，如讀巴爾扎克的《守財奴》時，可確定這樣一個教學目標，通過對葛朗臺形象的分析，引導學生認識資本主義社會的醜惡本質和金錢的罪惡力量，在金錢萬能的社會裏，人和人之間除了冷酷的現金交易，就再沒有別的聯繫了。《裝在套子裏的人》中，思想保守僵化，維護舊事物，反對新事物，阻礙社會向前發展的套中人別裏科夫，《潑留希金》中多疑、孤僻、吝嗇成性、貪得無厭、不擇手段聚斂財富的潑留希金，《威尼斯商人》中，冷酷無情、殘暴貪婪、吝嗇機警、復仇心重的高利貸剝削者夏洛克，《雷雨》中，貪婪自私、唯利是圖、專橫獨裁的資本家以及封建家長的周樸園，《包身工》中，給包身工帶來悲慘命運的不通人性的殘忍的工頭等，這些人物都是醜的典型。

趙珂：以上劉教授講到的課文中這些被揭露鞭撻的丑類，能激發學生的厭惡與反感。對這種"醜"的發掘，也能引起學生的審美注意。教材中的美不獨是自然美與社會美,還有藝術美,它是自然美與社會美的集中體現,如何發掘藝術美的教育因素,這是劉教授下一講要涉及的內容。

## 在如坐春風中接受"美"的薰陶（二）

趙珂：上一講劉教授和張春燕女士共同探討了引導學生發掘教材中"美"的因素，其中談到了自然美與社會美。本專題將繼續討論這個問題，那就是引導學生發掘教材中的藝術美。我們仍然邀請到張春燕女士來和我們共同探討這個問題。現在，就請劉教授說一說什麼叫藝術美？

劉永康：自然美與社會美又統稱現實美。藝術美是自然美與社會美的集中表現，是美的發展的最高形態，是人類審美活動的極為重要的範疇。形象性、情感性、真善美的高度統一，構成了藝術美的基本特質。

趙珂：什麼是藝術美的形象性？這種藝術美的形象性在現行語文教材中有反映嗎？

劉永康：藝術總是以形象反映生活，美，要借助形象加以展示，這是藝術美的第一特質。

張春燕：劉教授，那藝術形象的美與醜又以什麼為標準來衡量呢？

劉永康：人們總是以一定的是非好惡為準繩來衡量形象的美與醜，要發掘教材中的藝術美的因素，就要啟發和引導學生明辨是非、分清好壞。《林黛玉進賈府》中，要感受賈寶玉、林黛玉的形象美，就必須明確他們是封建叛逆者。《岳陽樓記》中，要瞭解範仲淹自我形象的美，就要體會到：不以物喜，不以己悲，"先天下之憂而憂，後天下之樂而樂"的政治抱負，不失為一種美好奮發的進取情操。《鋼鐵是怎樣煉成的》中，要感受保爾·柯察金的形象美，就要瞭解他的經歷代表了布爾什維克黨人不畏艱難、前赴後繼、不屈不撓、英勇頑強的奮鬥精神，展現了一個符合時代呼喚和精神的英雄形象。該小說通過記敘保爾·柯察金的成長道路告訴人們，一個人只有在革命的艱難困苦中戰勝敵人也戰勝自己，只有在把自己的追求和祖國、人民的利益聯繫在一起的時候，才會創造出奇蹟，才會成長為鋼鐵戰士。《我的叔叔於勒》中，要認識菲利蒲夫婦形象的醜陋，就要弄清他們的自私、庸俗、貪婪、冷酷、愛慕虛榮的性格，弄清從他們身上表現出來的在金錢萬能的腐蝕下，精神的墮落。《競選州長》中，要認識"我"的競選對手及其御用文人們的形象醜陋，就得弄清他們捏造罪狀，譭謗"我"的無恥、卑劣，弄清"自由競選""民主政治"不過是資產階級政客們爭權奪利，殘酷傾軋的遮羞布而已。

趙珂：藝術形象還具備別的什麼特點？在文學教學中，又怎麼去把握形象的藝術美？

劉永康：藝術形象應該是共性與個性的圓滿結合。在文學教學中，要讓學生把握形象的藝術美，就要幫助學生從形象的鮮明個性中認識到所顯示出來的帶有某種本質意義的東西來。

初中課文《範進中舉》以辛辣的筆觸成功地塑造了一群冷漠、自私、粗俗、勢利、欺貧愛富的人物形象，反映了人情淡薄、人心勢利、世態炎涼的社會現實，深刻地揭露了封建思想、封建科舉制度毒害讀書人，毒化整個社會的罪惡本質。它如一面鏡子，讓我們以範進、胡屠戶等人為鑒，時時處處反省自己、審視我們自己，學會正確地處事待人，構建健康的人生態度和價值觀。《智取生辰綱》中寫了一群個性鮮明的英雄：青面獸楊志精明強幹,相當警惕。晁蓋胸懷若穀,耿直真誠、重情重義、剛正不阿。立地太歲阮小二老成持重,臨危不亂。短命二郎阮小五精明強幹,做事乾脆。智多星吳用足智多謀,善用計策。儘管他們性格迥異，但都能體現一個共同的特點，那就是英雄豪氣、俠肝義膽。這是一曲盪氣迴腸的英雄頌歌。在官逼民反的時代，一個個都是勇武過人、智謀超群、胸襟豁達、敢作敢為、"該出手時就出手"的英雄豪傑。他們裝點了歷史的天空，啟迪我們在和平幸福的新時代，讓我們用聰明才智、浩然正氣為建設祖國甘挑重任、扶危濟困、勇於"出手"，用我們的一腔熱血譜寫祖國的未來！

張春燕：劉教授說，形象性是藝術美的第一特質，那麼用什麼辦法才能造成迥異於非藝術的形象結構？

劉永康：藝術形象必須借助於特殊的形式和法則，才能造成迥異於非藝術的形象結構。音樂以符號為手段塑造形象，雕塑以石頭、泥巴、石膏等材料塑造形象，美術以線條、顏料塑造形象，舞蹈以動作、表情塑造形象，文學以語言塑造形象。同屬文學，都以語言為塑造形象的手段，詩歌塑造形象更集中、更富於抒情性、更富於想像、更富於跳躍、更富於音樂美，形象更富於意境。散文選材多樣，描述真人真事，語言簡潔而優美，結構形散神不散，不受時空限制，自由靈活地揮灑筆墨。有一個人就有一種散文，有一種散文就有一種格調。小說的形象是人，刻畫人物形象具有豐富性、細緻性，故事情節具有完整性、複雜性，環境描寫具有具體性、生動性。劇本有強烈的戲劇衝突，人物、事件、時間和地點高度集中，用臺詞塑造形象。

張春燕：劉教授所講的塑造藝術形象的特殊形式和法則啟迪我們：語文教學必須掌握這些形象構成的特殊規律及法則，才能使學生感受藝術美，引起審美注意。

趙珂：劉教授詳盡而生動地闡述了藝術美的第一特質——形象性。那形象性包括三個方面的內涵：

1、以是非好惡為準繩來衡量形象的美與醜。

2、藝術形象應是共性與個性的圓滿結合。

3、藝術形象的塑造必須借助於特殊的形式構成法則。

這是我們在審美活動中把握文學形象性的遵循。都說是文貴情真，文學是情學。那麼文學藝術的形象所包含的情感性就應該算著藝術美的第二個特質了，下麵我們就請劉教授來講講藝術美的情感性吧。

刘永康：文章不是无情物，以心交心，以情动情，是艺术美的又一特质。好的作品总是流淌著、奔突著、燃烧著迷人的感情。使我们喜、使我们感动或震惊，使我们亲历身受愤怒、痛苦、爱怜、焦急、恐惧、爱恨、惊歎、荣誉、耻辱之类的情绪。一部感情冲击力量异常强大的作品能使人情不自禁，忘乎其形。平常庄重的人，在看戏时也可能放声大笑，彷佛只有自己一人在场；平常很坚强的人在读小说时也可能黯然泪下，彷佛变成了另外一个人。审美主体被作品鲜明、生动的艺术形象所吸引、所感染，从而对於自己赞成的人物表示同情，对於自己所反对的人物表示厌恶，对於那些与自己思想感情相一致或相通、相似的人物，更会表示特别的关心，常常与之同呼吸、共命运，乐其所乐，悲其所悲，爱其所爱，恶其所恶，这就是审美主体与审美客体在感情上彼此交融，产生了共鸣。

刘勰在《文心雕龙·知音》中写到：

"夫缀文者情动而辞发；观文者，披文以入情。"

可见情是文的魂，情是美学的上帝，情是文学作品中的客观存在。然而，这个情就是文章的基调，它不是露天的宝珠，一伸手就可以摸得著；也不是碧空的银星，一抬头就可以看得见。它往往裹以璞石，掩以草芥，使你不好发现。

张春燕：披文以入情，这个隐含於文中之情，就需要语文教师引导学生通过披文来意会。也就是要以美学观点统帅语文教材，分析和处理教材。教师要通过文章的警句、警语、警段、细节、特写、悬念语言的朗读、分析把学生带入文章的意境，让文章感情的潮水去冲击学生心灵的闸门。

刘永康：是啊，初中课文《桂花雨》中写到：

"这裏的桂花再香，也比不上家乡院子裏的桂花。"

针对这句话，老师可以提问：事实上，是不是像母亲说的这样呢？

學生從課文中找出一段話來證明不是這樣："杭州有一處小山，全是桂花樹，花開時那才是香飄十裏。"那麼，家鄉院子裏的桂花怎麼樣呢？"桂花盛開的時候，不說香飄十裏，至少前後十幾家鄰居，沒有不浸在桂花香裏的。"顯然，從香氣上看，是沒有區別的，甚至小山上因為樹多，更顯得濃郁。

老師接著追問：既然不是這樣，那母親為什麼要這樣說呢？通過思考討論，學生應該明白"這裏的桂花再香，也比不上家鄉院子裏的桂花。"母親這句樸素的話，與"月是故鄉明"如出一轍。母親每年都聞著桂花的香氣，關注桂花，收穫桂花，體驗著饋贈桂花的快樂，吃著桂花做的食品，喝著桂花茶。桂花，已充盈她生活的全部空間。家鄉院子裏的這棵桂花樹是唯我的，是母親生活乃至生命的一部分，還會有什麼可以替代它呢？桂花是沒有區別的，問題是母親不是在用嗅覺區分桂花，而是用情感在體味它們。一親一疏，感覺自然就涇渭分明了。

張春燕：以上劉教授舉的案例中提到課文的另一句話：

"桂花盛開的時候，不說香飄十裏，至少前後十幾家鄰居，沒有不浸在桂花香裏的。"

其中的"浸"字也意味深長，這裏，老師就要引導學生聯繫全句、甚至全課來體會這個"浸"字。原來，一個"浸"字，形象地描寫了桂花的香氣。桂花不僅花開時香，晾乾了泡茶、做餅也同樣香氣彌漫。桂花，永遠香在人們的心裏，它的香，已不受季節的束縛，香甜四季，也香甜了人們的生活。

趙珂：劉教授和張春燕講的教學案例，就充分說明了披文以入情的重要，情感是藏在語言文字背後的，只有撥開語言文字的雲霧，方能露出情感意緒的真容來。之前，劉教授已經給我們揭示了藝術美的兩大特質：形象性、情感性，前面，劉教授告訴我們，藝術美還有一個特質，那就是真善美的高度統一，下麵我們就請劉教授對這一特質作一些分析。

劉永康：真善美的高度統一是藝術美的一個十分重要的特質。形式和內容的高度統一就是真善美的高度統一。真與善的內容與美的形式結合，就形成了藝術美。什麼是真，這裏指的就是藝術美具有情理上的真，應突出和抓住審美對象的主要特徵，以現象為外觀顯示生活的本質。什麼是善，這裏說的善是指藝術美的內容所顯示出來的特定社會、特定階級、特定人群倫理道德上的肯定品格。

張春燕：我們還是回到課文的教學上來，據我所知，劉教授前不久還在到處給中學生教白居易的《琵琶行》，在這一課的教學中，您是怎麼引導學生體會詩中真與善的內容融合於美的形式之中的呢？

劉永康：《琵琶行》中，"同時天涯淪落人，相逢何必曾相識"。這裏首先是寫了一個現象，即懷抱絕技而淪落的歌女同遭貶謫而悲憤不平的詩人這兩個淪落人之間的相互同情和共鳴。如果這一生活現象只是一種偶然現象，或者說僅僅是他們兩個人的升與沉，那不算"真"。應該知道，以音樂為代表的藝術的繁榮與衰落同政治上的上升與衰敗完全一致。而音樂高手"老大嫁著商人婦"的淪落，又同銳意改革時弊的有進取心的朝士的被貶命運相同，以這一現象為外貌，恰好顯示了生活的本質：即唐王朝由盛到衰的歷史變化過程。僅此一點看，該詩具有"真"的特徵。"座中泣下誰最多，江州司馬青衫濕。"這"淚濕青衫"又說明詩人突破了狹隘的圈子，將兩個淪落人的命運置與具體的環境中，使悲劇顯示出特定社會、特定階級、特定人群倫理道德上的肯定性品格。"淚濕青衫"正是對"善"的形象揭示。詩的真與善又統一到美的形式之中。詩以歌女的遭遇為明線，以詩人的感受為暗線，交織匯合在"同是天涯淪落人，相逢何必曾相識"這個口子上，一虛一實，虛實相生，使結構在嚴謹中顯出錯落。不僅使全詩的內容表達得更為豐富而且層次上顯出一種變化、流動的美，更給人以美的享受。詩人對琵琶女的演奏，採取了以聲喻聲和以形喻聲相結合的摹聲比喻方法。而且全詩設色極講究，楓葉之紅，荻花之白，秋空秋水之碧，中間"江心秋月白"，結尾"司馬青衫濕"，於聲音摹狀之中，映以色彩，視而可見、聽而可聞、情寓聲色，相得益彰。

張春燕：如果在劉教授所說的以上這些地方，老師稍加渲染，學生便會被詩歌深刻的思想內容和強烈的藝術魅力所吸引，從而引起思想感情的共鳴、激發更深刻、更強烈的美感。

趙珂：綜上所述，語文教材中含有十分豐富的自然美、社會美、藝術美因素，這些因素正是牽動學生審美注意的一根無形的線。日本學者今道友信認為："審美注意是日常意識的垂直切斷。"意思是人們的日常意識像一條水準流動的細流，當美的對象出現時，這種水準流動的細流就被垂直切斷，而轉向美的方位。就像《陌上桑》中，行者、少年、耕者、鋤者那些"捋髭須""著帩頭""忘其犁""忘其鋤"的情不自禁的行動，都是由於被羅敷的"美"所傾倒而發生的日常意識中斷，進入審美意識的表現。可見，要引起學生的審美注意，就得發掘出課文的"美"來，用"美"去迷住學生，引起他們的審美注意，從中受到美感教育。

## 讓學生放飛思想、張揚個性、讀出"我"來

趙珂：劉教授，我發現在文學鑒賞教學的過程中，面對同樣的文字，有時候學生的腦回路和老師這邊似乎不一樣，因為預設的不對等又常常會導致課程推進受影響。這種情況是為什麼呢？

劉永康：這要從接受美學的水準接受理論中去找答案。

接受美學告訴我們，讀者對文學作品的接受有一種水準接受。所謂水準接受，就是在某一歷史時期，由於讀者的層次不同，其思想水準、文化素養、生活經歷、審美情趣等方面的不同，因而對同一作品的理解和評價也就有所不同，清代詞論家譚獻在《複堂詞論》中說："作者之用心未必然，而讀者之用心未必不然"，就是說文本解讀的過程是一種體認和再創造的過程，而在一定程度上又可能超出作者的本意，作者用一致之思，讀者各以其情而自得。正如魯迅所言：讀《紅樓夢》"單是命意，就因讀者的眼光而有種種：經學家看見《易》，道學家看見淫，才子看見纏綿，革命家看見排滿，流言家看見宮闈秘事……"。

同時代的歐陽修與王安石，歐陽修欣賞李白，不喜歡杜甫；王安石恰恰相反。對於莎士比亞，雨果稱為戲劇界的天神，海涅稱精神上的太陽，謝德林稱他是詩人之王；而根據司湯達的回憶，拜倫卻痛恨莎士比亞，托爾斯泰幾乎全盤否認莎翁。他說："莎士比亞的作品無論如何受到讚揚，也無論大家給他染上怎樣的優點，無可懷疑的是莎士比亞不是藝術家，他的作品不是藝術品。"以上我所列舉的中外文學現象無不說明，經典的文本內涵具有無限的開放性，不同的個體閱讀會有不同的體驗。

趙珂：噢！我明白了，就像我們常說的"一千個讀者就有一千個哈姆雷特"，這就是文學的"水準接受"。不同的人在"水準接受"上的差異又是受什麼因素影響呢？

劉永康：它是由讀者的期待視野所決定的。接受美學有一個概念叫"期待視野"。

期待視野是指"文學接受活動中，讀者原先各種經驗、趣味、素養、理想等綜合形成的對文學作品的一種欣賞要求和欣賞水準。在具體閱讀中，表現為一種潛在的審美期待。它包含讀者的世界觀、人生觀、文化水準、智力水準、知識面、生活經驗以及傳統文化的薰陶和外來文化的影響、藝術文化素養、直覺力、鑒賞力、理解力、感悟力等要素，這些要素在投入閱讀過程中形成了自己獨特的體驗和感悟，這是閱讀個性化的表現。

晚唐詩人羅隱寫了一首小詩《蜂》：

> 不論平地與山間，無限風光盡被占。
> 
> 采得百花成蜜後，為誰辛苦為誰甜？

詩妙在最後一句，它寄託著人生感喟。如果讀者的人生觀是信奉"人不為己，天誅地滅"，那他的期待視野就傾向於"為己"。那麼，他就會把世人之汲汲於利祿，竊取他人勞動果實的形象投射到詩的空白熒幕中去，得出"為己辛苦為己甜"的結論。如果讀者的人生觀是"以天下為己任""先天下之憂而憂，後天下之樂而樂"，他的期待視野就傾向於"為人"，那麼，他就會把被壓迫者辛勤勞動而自己一無所獲的形象整合投射到詩的空白熒幕上，並對此形象產生一種同情，對侵佔他人勞動成果的剝削者產生一種不滿憤怒的形態。

學生在文學鑒賞中由於他們的期待視野不同，所理解的文本也必然是見仁見智，各不相同的。因此，我們進行語文閱讀教學不僅僅是要還原文本，還原作者，更重要的是喚起學生的期待視野，讓其談出自己的獨特感悟，從而在閱讀教學中，提高和昇華學生自身。

趙珂：喚起學生的"期待視野"其實也是站在學生的角度看待問題，這同樣是我們進行教學設計不可忽視的切入點。能請劉教授給我們分享一些例子嗎？

劉永康：某小學教師執教《我要的是葫蘆》，她設計了一個想像閱讀的片段。她要求學生自由朗讀第二自然段，讀出"自言自語"的感覺。之前都是有提示語的情況，但第三自然段在描寫鄰居勸告的話語中，沒有任何提示語，這就是藝術空白，於是她引導學生想像這個鄰居在說的時候是什麼語氣，什麼表情，什麼動作，什麼心情或者鄰居是什麼年齡？她提問學生：你覺得這個鄰居會以什麼樣的動作/心情/表情來說這句話？你覺得鄰居會有多大年齡？如果是老年人，他會怎麼說？如果是小孩，那又會怎麼說？

趙珂：我認為，不管學生回答得什麼，只要言之有理就可以讓學生朗讀。比如學生說：我覺得這個鄰居可能會很急切地對那個人說，就讓學生通過朗讀表現急切；如果鄰居很委婉地說，就讓學生通過朗讀表現委婉；如果回答是一個老年人，那就需要學生朗讀老年人的語氣。

劉永康：某初中教師執教杜甫的《春望》，老師提問題：

"感時花濺淚，恨別鳥驚心。"這兩句歷來有兩種翻譯的版本，誰來試著給大家翻譯一下？

第一種：人濺淚驚心。第二種：花鳥濺淚驚心。（借景抒情賞析法落實點）

問2：那麼你認為哪一種好呢？

第一種，花鳥本為娛人之物，詩人們往往用春天的繁花似錦，百鳥齊鳴來襯托心情的愉悅和歡暢，可是在這裏，詩人卻因感時恨別見之而泣，聞之而恐，以樂景寫哀，一倍增其哀樂。

第二種，以花鳥擬人，花好似在落淚，鳥仿佛受驚駭。感時恨別，花也濺淚，鳥也驚心。物猶如此，人何以堪？一倍增其哀樂。

兩說雖有別，其精神卻能相通，前者觸景生情，後者移情於物，都含蓄地表達了內心的沉鬱之情。

趙珂：以上教例無不說明，由於讀者的期待視野不同，文學的接受就是一種水準接受，因此，老師就不要用自己的講授去代替學生的感受，不要總想把學生的思維納入老師既定的框框軌道去削學生的足來適老師的履。要允許學生憑藉自己原有的各種經驗、趣味、素養、理想等綜合形成的欣賞要求和欣賞水準在具體地閱讀中去獨特感悟、多元解讀。

劉永康：某老師執教高中課文海明威的《橋邊的老人》。其中有這樣一個教學環節：文中老人多次嘮叨的語言是什麼？請你找出老人多次嘮叨的語言。下麵是學生找出來的：

"沒家，只有剛才講過的那些動物。貓，當然不要緊。貓會照顧自己的，可是，另外幾隻東西怎麼辦呢？我簡直不敢想。"

"貓是不要緊的，我拿得穩。不用為它擔心。可是，另外幾隻呢，你說它們會怎麼樣？"

"可是在炮火下它們怎麼辦呢？"

"嗯，當然會飛。可是山羊呢？唉，不想也罷。"

接著老師提問：你能從這幾句嘮叨詞中讀出些什麼？

①讀出老人的生活現狀，老人的孤獨。他沒有家，只有幾隻小動物相依為命，晚年生活很淒涼。可戰爭卻要他離開他的家園他的親人，連最後一點溫情也要抹去。

②讀出了戰爭的殘酷，戰爭給百姓帶來的苦難和痛。

③讀出了老人的善良，在大家都自顧自地逃命中，老人還能想到可憐的動物。

④讀出老人內心的痛苦，不能安度晚年，要在戰火中逃離家園。

⑤讀出他的茫然，對未來生活的迷茫和無把握。他顧及動物不關心自己，不想走。

這就不是用老師的講授去代替學生的感受，而是讓學生獨特感受，多元解讀。

趙珂：教師要讓學生放飛思想、張揚個性，在文學鑒賞中讀出"我"來，這就需要老師營造良好的教學氛圍。那良好的教學氛圍是一種什麼狀況，這是困擾教師的一大難題？劉教授能給我們指點迷津嗎？

劉永康：良好教學氛圍是一種課堂集體心理氣氛，是課堂師生的一種綜合心理狀態，它是一種積極健康的生動活潑的心理氣氛，又叫支持型氣氛。其特點是：學生的求知慾強烈、學習熱情高漲，有濃厚的學習興趣，生動活潑，思維活躍，師生關係民主平等，友好和諧，配合默契，師生都有滿意、愉快、互諒、互助等積極態度和情感體驗，學中有樂，樂中有學。這就是良好的教學氣氛。

趙珂：說得太好了。通過今天的講座，我們瞭解到由於"期待視野"不同，面對同樣的內容教師和學生的理解之間總有一層隔閡。教育者需要穿透這層隔閡，帶領學生走向知識。可以看出劉教授主張的"放飛思想、張揚個性"並不是讓學生漫無目的思考，而是要求教師站在學生的角度進行考量。只有在備課環節眼裏有學生，學生才能在課堂中讀出"我"來，否則教學互動只會變成對學生單方面的生拉硬拽。那今天的內容就到這裏，我們下期再見！

## 不要為前人的認識所羈絆

趙珂：哲學中說，對事物的認識是一個辯證發展的過程，就像在不同時期，哈姆雷特這一形象也在發生改變。可以請劉教授給我們講講這種情況又是為什麼呢？

劉永康：接受美學認為，對文學的接受出水準接受外，還有一種垂直接受。

所謂垂直接受，是說從歷史延續的角度來考察作品為讀者接受的情況及變化。不同時代的讀者對同一作品其理解和評價常有不同，這是因為讀者的期待視野有所變化，也還因為有些作品的美學潛藏涵義不可能為某一時代的讀者所窮盡，只有在不斷延續的鏈條中，才會逐步為讀者所發掘出來。在不同的時間和地點，在不同的讀者之中獲得不同的理解和接受。

《紅樓夢》中的林黛玉在不同時代人的心目中就會是不同的形象。古人讀《紅樓夢》就會想到林黛玉是寬袍長袖，高髻秀眉的美女；而民國時代的人讀《紅樓夢》，就會想到林黛玉是身穿綢衫，旗袍、短袖，齊耳短髮的學生模樣；而今人讀《紅樓夢》，也許會想到林黛玉是牛仔衣褲，披著瀑布般的黑髮的時髦女郎。你看越劇演員王文娟演的林黛玉，電視劇陳曉旭扮的林黛玉，電影演員陶慧敏飾林黛玉，那也是絕對不同的。所以魯迅說："文學雖然有普遍性，但因讀者的體驗不同，而有變化，讀者倘沒有類似的體驗它也就失去了效力。"

人們對《紅樓夢》的結構認識就有一個逐步深入的過程。紅學家們漸漸認識到：全書情節以甄世隱、賈雨村起結，首尾圓通；賈府興衰以劉姥姥三進大觀園串聯，匠心獨運。《紅樓夢》之前，章回小說多是採用線性結構，漸漸人們發現《紅樓夢》一改以往《三國》《水滸》《西遊》等小說的線性結構而為多線交叉、網狀平展結構。《紅樓夢》故事情節的發展是小矛盾凝聚成大矛盾，小事件積累成大事件，波瀾起伏，連環勾牽。以上是對《紅樓夢》結構的認識，就是這個認識也是逐步形成的。這個認識就到此為止了嗎？非也。而今，又有人認為《紅樓夢》的結構安排與金木水火土陰陽五行存在一定的關係。《紅樓夢》中，黛玉屬木，寶釵屬金、寶玉屬土……這就絕不僅僅是"木石前盟""金玉良緣"的鋪墊，而且也為展開益加複雜的情節服務。

一幅達·芬奇的《蒙諾麗莎》，對蒙諾麗莎的微笑，數百年來引起人們的種種猜測。有說謎一般的微笑，有說媚態般的微笑，有說邪氣般的微笑，很多人更認為蒙諾麗莎的微笑純真透明、清澈如水。畫家準確捕捉文藝復興時代人們衝破宗教與神的束縛使久違的笑容又回到人間的永恆的一瞬。到目前為止，似乎沒有人對蒙娜麗莎的微笑作準確的權威的判斷。

趙珂：正所謂：仁者見仁，智者見智。因為我們的情感與經歷不盡相同，每個人眼中的事物都是獨特的，人類審美多樣性也與此顯現。劉教授，我想問問，同一個人在不同的階段，心中的哈姆雷特也有所不同，這也屬於垂直接受的表現嗎？

劉永康：你說對啦！這就是對文學作品的垂直接受的另一種情況。一個讀者，在他不同的人生階段，面對同樣的作品，他的感受也會不一樣的。如宋蔣捷的《虞美人·聽雨》：

少年聽雨歌樓上，紅燭昏羅帳。壯年聽雨客舟中，江闊雲低斷雁叫西風。而今聽雨僧廬下，鬢已星星也。悲歡離合總無情，一任階前點滴到天明。

詩人面對的情境只有一個：聽雨。可是在人生的各個階段聽雨所得到的感受是各不相同的。少年的歡喜、中年的漂泊，老年的孤寂都在瀟瀟雨聲中得以淋漓盡致地表達出來。

趙珂：那文學的垂直接受對我們語文的審美鑒賞有什麼啟迪呢？

劉永康：那就是對文學文本的解讀不要被傳統的理解所羈絆，要敢於突破和超越前人的認識，對作品提出合情合理、合乎邏輯的新解。在垂直接受的不斷延續的鏈條中發掘出新的美學潛藏涵義。

建國以來，普天下幾乎所有的語文教師依據教學參考書，都把範仲淹《岳陽樓記》的主題思想概括為這樣：

文章以"記"為名，借題發揮，表達了作者"不以物喜，不以己悲"的曠達胸襟，和"先天下之憂而憂，後天下之樂而樂"的政治抱負，也表示了對騰子京的慰勉和規箴之意。

這種歸納對嗎？

這種歸納是本末倒置，曲解了作者的原意。這就是因為對範仲淹寫文的歷史背景知識缺乏瞭解。範仲淹與騰子京同年考中進士，範仲淹十分欣賞騰子京在與西夏作戰中所表現出來的過人才智，所以，當範仲淹提升時，即推薦騰子京"擢天章閣待制，徙慶州"。後來範仲淹還朝領導慶曆新政，其改革因遭大地主強烈反對而失敗，革新者或與新政關係密切的人，陸續貶離朝廷。騰子京也蒙冤守嶽州。到嶽州後，騰子京倍感前途渺茫，心情淒苦。雖然做了些事，但心裏很不平衡，精神頹唐不振。範仲淹對此極為痛心，借騰子京向他索文之際，進行勸導。

趙珂：經劉教授這一講，我立刻受到啟發，就覺得《岳陽樓記》應該是一篇規箴的文章吧，那主題可否歸納為：

文章以作"記"為名，以"不以物喜，不以己悲"的曠達胸襟和"先天下之憂而憂，後天下之樂而樂"的政治抱負，表達了對騰子京的規箴之意。

劉永康：這就歸納對了。我們再看《項鏈》，按照傳統的觀念施教，我們只讓學生去認識路瓦栽夫人的小資產階級的虛榮心，揭露資產階級腐朽思想對人們的毒害。這個資產階級腐朽思想是把金錢看作上帝，瘋狂地追求物質享受。路瓦栽夫人就受這種思想的毒害。對自己生活境遇極為不滿，夢寐以求像上流社會的貴婦人一樣，過著風雅閒適的生活。為達到這個目的，她把自己的姿色當著手段，加上盛裝、豔服和耀眼的首飾，以抬高自己的身價。希望在教育部長的舞會上獲得成功。路瓦栽夫人的行動和動機典型地反映了小資產階級的虛榮心和向上爬的心理。她把項鏈丟了，整整花了十年時間才把賠償項鏈的錢還清。為此犧牲了青春、並墜入貧困之中。而那串要命的項鏈竟然是假的，這些就是虛榮心遭受的懲罰和戲弄。這就是傳統的認識。可是，我們今天來鑒賞這篇課文，又賦予了新的意義。人們拋棄了社會學批評，從命運的角度看小說的主題。認為小說描寫了人物身上的戲劇性變化以及人物自身對這種變化的無能為力，表現了作者對人物不幸命運的同情。其實每個人都有過好生活的權利。鄧小平同志說：貧窮不是社會主義，社會主義是讓一部分人先富起來，然後帶動大家共同致富。習近平總書記在就職演說中就提出："人們對美好生活的各種嚮往就是我黨的奮鬥目標。"用這些觀點來重新審視路瓦栽夫人的"富貴夢"，就覺得把路瓦栽夫人對幸福的追求看成小資產階級的虛榮，這是否恰當，就值得商榷了。過去對路瓦栽夫人完全持否定態度。可是路瓦栽夫人在丟失項鏈後，拋棄了不切實際的幻想，勇敢地面對現實，"重新安排一切"，她的轉變體現了她性格中固有的美德：誠實、堅韌、刻苦、耐勞，這些美德支撐她戰勝了災難。同時，她也由一個嬌豔好幻想的女子變成了一個窮苦人家的敢作敢為的婦人。這種奮鬥有一種悲壯的味道，她畢竟通過自己的努力成功了。難怪在小說的結尾，她見到弗萊思節夫人時，她驕傲地向她講述實情。

趙珂：事物本就在不斷發展與變化，人的認識也是如此。前人的解讀是一種參考，自己的獨立思考才能為作品注入靈魂。不局限於已有的注解，不盲目排斥非己的觀點；唯有運用之妙，存乎一心，才能真正把握讀書的精髓。作為教師，我們自己要活得包容開闊，才能帶領學生品味生命的甘泉。

## 給學生一雙慧眼吧

趙珂：劉教授，之前我們講了"以我觀萬物，故萬物著我之色彩"，課堂上老師總是說——閱讀就是與文本之間對話的過程，但我們作為老師對文本不是單方面的解讀嗎？這個又該如何準確理解呢？

劉永康：西方接受美學理論興起以前的傳統看法是，作家寫出作品，創作就完成了，至於讀者的閱讀鑒賞，那是另外的事。讀者只能根據作家在作品中所提供的情景事理，去被動地感知理解。

而姚斯、伊瑟爾的接受美學卻認為：作家寫出作品之日，並非文學產生之時。作品的完成必須有讀者的參與，作品的審美召喚獲得了廣大讀者的回應，他才有資格宣告成文學。讀者理解作品歸根到底是在自我理解。我們不僅在讀作品，作品也在讀我們，也就是古人說的："我注六書，六書注我"。我們是在對著鏡子自己觀照自己，肯定自己。

趙珂：噢，我明白了。不論是閱讀還是創作，人與作品都是相輔相成的。我們作為教師不僅要進行解讀與教學，更要在引導學生在閱讀中塑造自身。

劉永康：對啦，依據接受美學的這個觀點中，語文老師就要給學生一雙慧眼，去發現作品中他人未發現的東西，去發現連作者自己都尚未發現的東西，去發現作品的疏漏之處。

### 1.發他人之所未發

榮格認為：歌德在《浮士德》中所創造的浮士德精神是埋藏在每一個德國人靈魂深處的東西；因此不是歌德創造了《浮士德》，而是《浮士德》創造了歌德；歌德不過是幫助他產生而已。這說明德國人在閱讀《浮士德》的時候，是在觀照和肯定自己身上的浮士德精神。語文教育不應該只是教給學生知識性的東西，而是要引導學生發現"我"，表述"我"，追問"我"，顯現"我"，在對"自我"與"他我"的領悟過程中去覺知存在。

某初中老師引導學生反復朗讀唐代杜牧的《山行》：

遠上寒山石徑斜，白雲生處有人家。（生處一作：深處）

停車坐愛楓林晚，霜葉紅於二月花。

老師沒有用自己的講授去代替學生的感受，而是要求學生說出自己的領悟來。有學生說：感受到一種深秋的寒意和淡淡的哀愁；有說是從中體味到了山上那種恬靜淡雅和詩人那種飄飄欲仙的意境；還有說仿佛看到了晚霞映照的滿山紅葉，並從這種景象中體驗到了生機蓬勃的精神氛圍。

趙珂：我覺得，這真是不錯的閱讀體驗，其實這就是我們說的"遷移"，學生結合自己獨特的生命體驗對文本進行感悟，能幫助他們更深刻地理解其中內涵。除了"發他人之所未發"，我們還有別的發現角度嗎？

## 2.發作者自己所未發

劉永康：解釋學的目的就是比作者自己更好地理解作者，超越作者。這已成為普遍存在。作者用一致之思，讀者各以其情而自得，作品召喚人們對生活的關注。不同的讀者關注到的內容不同。這是作者無法預計的，文章與文學一樣，其閱讀也存在超越，比作者認識更豐富，更深刻。形象大於思想。作品形象的客觀意義有時會超出作者創作時的主觀思想，就是作者塑造的形象所產生的客觀意義是作者本人沒有認識到的，而是由讀者在欣賞中發現和挖掘出來的。讀者對作品的認識已經超過了作者對自己作品的認識。

屠格列夫創作《前夜》，他並沒有意識到他塑造的形象在客觀上預示著俄國已處在革命的前夜，同本國專制農奴制壓迫作鬥爭的新型的革命家俄國的英沙羅夫必然出現。而俄國文藝批評家杜勃羅留夫從對《前夜》的閱讀欣賞中發現了這層意思，立即寫了《真正的白天何時到來》，把這個就連作者本人都未意識到的觀點表達出來，得到眾多讀者認為是言之成理的認可。

關漢卿的《竇娥冤》，其結尾寫竇娥許下三願，作者的本意是要充分揭露當時社會官吏昏聵，法制腐敗，人們蒙受奇冤而又呼告無門的真實情況。著力表現主人公與社會惡勢力鬥爭的至死不屈的鬥爭精神，但學生在閱讀中卻認為：竇娥不該發下"亢旱三年"的毒誓，為了個人沉冤昭雪，不惜讓天下百姓承受大旱三年的災難，這未免有損竇娥的善良形象，也許學生的看法值得商榷，或許在理解上過於機械、過於呆板，但他們敢於提出新問題，發表新見解，作出新答案的精神卻是值得肯定的。

趙珂：看來作品並非創作出來就"死了"，讀者對其內涵的解讀與豐富，其實也是另一種層面上的二次創作，最終它的價值是由我們閱讀的每一個人和作者共同實現的！那在閱讀中我們還可以發現些什麼呢？

### 3.發現文中的疏漏之處。

劉永康：世間沒有盡善盡美的文章，絕對完美是不可能的，只要我們用挑剔的眼光看問題，即使是名人的名文也會發現瑕點。瑕點可能是觀點的片面或錯誤，可能是材料的失真或不當，可能是佈局的鬆散或語言有毛病，可能是注釋有誤等等，質疑就要針對這些疏漏之處。

比如《鴻門宴》中的"沛公軍霸上"一句，幾乎所有的資料把"軍"字講成是名詞用作動詞的典型例子，甚至有些高校教材也這麼說。例如一本《古代漢語》，在講到名詞作動詞時，就列舉了"晉師軍於廬柳"（見《左傳.僖公二十三年》）的例子。其實，這是拿現代漢語的詞性來看古代漢語的詞性。按"軍"字，《說文》的解釋是"圜圍也"，即用戰車圍成營壘的意思，引申為駐紮，再進而引申為軍隊，它本來的詞性就是動詞，而不是名詞。

蘇軾讀酈道元的《水經注》和唐代李渤的《辨石鐘山記》，對石鐘山的命名的原因有所懷疑，通過實地考察，得出新見，於是寫下《石鐘山記》，以"歎酈元之簡，笑李渤之陋"。但他的說法，後人也不贊同。清代曾國藩、俞樾不受酈、李、蘇因"聲"得名說的影響，而另闢蹊徑，從"形"的方面思考，提出新說："鐘山以形言非以聲言之"，"蓋全山皆空，如鐘覆地，故得鐘名"。郭魯藩則認為，山既有鐘之形，石又有鐘之聲，故持"形聲結合"說。自南北朝至清代以至當代，歷代文人圍繞"石鐘山得名由來"這一問題，不迷信前人舊說，大膽質疑，從閱讀文章到實地考察，多次提出了創造性的見解，每一次對前人的否定，都進一步接近了客觀實際。

趙珂：劉教授從以上三個方面講述了如何給學生一雙慧眼，讓他們在閱讀鑒賞中有所發現。即去發現作品中他人未發現的東西，去發現連作者自己都尚未發現的東西，去發現作品的疏漏之處。聽說，劉教授在閱讀發現方面常常給學生作發現的示範，今天可以請您也為我們分享一下這方面的成果嗎？

劉永康：是的。比如我教蘇洵的《六國論》，就發現文中有不合歷史事實的地方，為此還發表了一篇糾偏的文章：

趙非亡於"秦革滅殆盡之際"。

蘇洵《六國論》言："且燕趙處秦革滅殆盡之際，可謂智力孤危，戰敗而亡，誠不得已。"歷史事實是：燕的確"處秦革滅殆盡之際"，趙就並非如此了。

司馬遷《史記》中，就六國滅亡的順序是這樣說的"六國皆滅也。（秦始皇）十七年得韓王安，十九年得趙王遷，二十二年魏王假降，二十三年虜荊王負芻，二十五年得燕王喜，二十六年得齊王建"。（見中華書局出版的《史記》第一冊二三五頁）。

範文瀾在《中國通史簡編》修訂本第一編二五七頁中對六國滅亡的順序也作了具體說明："前二三零年（秦始皇十七年），秦滅韓。前二二八年，秦滅趙。前二二五年，秦滅燕。前二二一年，秦滅齊。"

可見，自古及今的史書上均認定六國滅亡的順序是：一韓、二趙、三魏、四楚、五燕、六齊。趙非"處秦革滅殆盡之際。"

蘇洵言趙"處秦革滅殆盡之際"，可能是指趙王嘉偏安代（地名）那幾年。《秦始皇本紀》第六中記載："秦滅趙後，趙公子嘉率其宗數百人之代，自立為代王"，後來，"（秦始皇）二十五年，大興兵，使王賁將，攻燕遼東，得燕王喜。還攻代，虜代王嘉"。（見中華書局出版的《史記》第一冊二三五頁）可見，代王嘉被虜和滅燕是同一年，這大概是蘇洵言"眼找出秦革滅殆盡之際"的依據吧。然而，趙公子嘉偏安代，不過是流亡政府，名存實亡，史書上亦無任何抗秦之行的記載，是坐以待斃，不是戰敗而亡。因而，無論是古代司馬遷的《史記》，還是現代范文瀾的《中國通史簡編》，均不得把滅趙的時間算在趙王嘉被虜之際，而算在破邯鄲，得趙王遷的秦始皇十九年（即西元前二二八年）。蘇洵把能對秦作戰的趙說成後亡，意在表達主戰反賂的思想以諷喻北宋賄賂契丹、西夏的屈辱政策，這無疑是正確的。但所持之據不完全真實，這又削弱了論證的力量。在語文教學中，給學生指明這點，不僅還了歷史的本來面目，而且可以幫助學生認識：論據的真實可靠，是論證的生命力。

趙珂：哈哈，看來在閱讀的內容是有限的，但我們思維探索空間卻是無窮的。閱讀並不是尋找一個固定的答案，而是在不斷的對話中去發現，除了眼前的田野還有更廣闊的世界、在書中的悲歡離合裏找到自己生命的笑與淚。給學生一雙慧眼吧！通過閱讀，可以讓我們用嶄新的視角去審視生活的細節，用敏銳的知覺去注解那些熟視無睹的片段，用深刻的見解大膽挑戰"向來如此"的思維慣性。

今天的內容就到這裏，我們下期再見！

## 情感活動驅使創作與鑒賞

趙珂：王國維在《人間詞話》中有這樣的表達："以我觀物，故物我皆著我之色彩"，其實不論創作還是鑒賞，都是人與文字相互觀照的過程。因此在學習的過程中除了理性思維的培養，也不可忽視對情感這一重要因素的考量。但人的情感自然生髮於胸中，相較於邏輯推理，人們對其認識似乎缺乏一些理據，劉教授，可以請您來給我們講講嗎？

劉永康：情感是對客觀事物是否滿足人們需要的一種態度上的反映。客觀事物與人的需要之間的關係不同，人對客觀事物的好惡態度也有所不同。比如面對好人好事，你就會流露出喜歡讚揚；對壞人壞事，你就會流露出憎惡反感。包括形象思維在內的一切思維活動都要受到情感活動的驅使，在藝術形象的塑造中一定會滲透作者的感情色彩，有明的、有暗的、有直接的，有間接的。所謂文貴情真、寓情於景、情景交融、"一切景語皆情語"，這些藝術創作中的說法都關乎一個情字，情為文之魂。形象思維中的形象塑造要借助想像和聯想，而想像聯想要靠情感來推動。

修謨說："生動的情感通常伴隨著生動的想像。"

可以說，形象思維的動力是情感，形象思維的材料與內容也是情感。正如法國心理學家李博所言：

藝術性的創造有兩道情感之流：一道構成激情，這是藝術的材料，另一道則激起創造的熱情，隨著創造而發展。

雖然，科學家、哲學家也要依靠情感來推動行動、啟動思維，但情感並不注入思維的對象，他們如果需要客觀地面對研究對象，就必須避免主觀性，排除情感對象對思維的干擾，這樣才有可能獲得科學的結論。科學家研究動植物，不需要把自己變成豬馬牛羊、花草樹木，而藝術家描繪豬馬牛羊、花草樹木，就要將自己的感情傾注在這些動物和植物身上。

法國小說家喬治·桑說:"我有時逃開自我,儼然變成一棵植物,我覺得自己是草,是鳥,是樹頂,是雲,是流水、是天地相接的那一條水平線,覺得自己是這種顏色或那種形體,瞬息萬變,去來無礙。我時而走,時而飛,時而潛,時而吸露。我向著太陽開花,或棲在葉背安眠。天鵝飛舉時我也飛舉,蜥蜴跳躍時我也跳躍。螢火和星光閃耀時我也閃耀。總而言之,我所棲息的天地仿佛全是由我自己伸張出來的。"

趙珂:可見,藝術家啊,就是這樣帶著感情來觀察和感受自然的,他們與自然已經渾然一體了,這是"物我統一"呀。作家塑造人物常常把自己也擺了進去。別看他寫的是作品中的人,含的是作者自己的情喲。

劉永康:是的,湯顯祖寫《牡丹亭》就是這樣,當他寫到春香祭奠亡故的杜麗娘時,仿佛自己就是春香,竟然跑到庭院的柴草堆上去痛哭一場。魯迅先生寫阿Q,這是對國人靈魂作剖析,看似冷靜,其實也體現了"哀其不幸,怒其不爭"的情感。作者的情感活動有時是在創作意圖中就事先安排好了的。列夫·托爾斯泰在修改他的長篇小說《復活》前這樣說:

"要修改就必須:(一)描寫他和她的情感生活,對她的——肯定而嚴肅,對他的——否定而嘲笑。"

托爾斯泰就是這樣,他把自己對創作中的人物形象的態度和感情貫穿在整個形象思維過程之中,滲透在整個藝術形象之中。

趙珂:原來如此,形象思維的調動需要想像與情感的參與,從創作的角度看,情感怎麼去驅動想像,又通過想像去創造形象呢?從鑒賞的角度看,讀者又怎麼扣住形象展開想像去感受作品的情感呢?

劉永康:情感驅動著人類的感官和言行。不論是創作者還是解讀者,都需要依靠情感去認知眼前的事物,那麼對於抽象的文學形象,我們又該如何去認識呢?

與一般藝術形象一樣，文學形象具有知覺、表像和想象所能把握的生動可感的屬性。它不同於科學上標示抽象一般的種類、性質的圖示和模型，而是表現為具體、生動、獨特和個別的形態，或是一片景象，或是某個人物。《文心雕龍·知音》中寫道：

夫綴文者情動而辭發，觀文者披文以入情，沿波討源，雖幽必顯。

意思是說：作者是先有了思想感情才寫文章，讀者是先閱讀文章後才瞭解作者的思想感情。沿著河流追溯根源，即使隱微也一定會顯現出來。此句強調了文學作品的雙向性：一方面，作家在創作時會被感情所驅動，通過用詞和句式表達出內在情感；另一方面，讀者通過閱讀文章來理解作者所要表達的情感和意義，甚至通過深入思考和探索來找到文章的源頭，真正領悟作者想要傳達的資訊。

因此，在文學鑒賞中，老師要引導學生披文入情。引導學生感受形象，就要讓他們感受形象的意蘊，從形象中窺探作者的情感世界，看作者怎麼借助形象來傳情達意。

趙珂：課堂閱讀其實就是教師引導學生充分調動自身的情感，通過作品與作者對話的過程。正所謂：千古關情，異代同心，只要拿捏了情感鑰匙，不同時空的人也可心意相通。那麼，可以請劉教授為我們舉幾個教學解讀中值得細品的例子嗎？

劉永康：比如教杜甫的《登高》，針對頷聯："無邊落木蕭蕭下，不盡長江滾滾來"兩句，教師首先要讓學生自己從閱讀中歸納出兩種景物：一是落木，一是長江。老師告訴學生，杜甫生於西元712年，卒於西元770年，活了53歲，也就是去世前3年，多病登臺時寫的這首詩，然後讓學生由樹及人展開聯想，去揣摩杜甫面對晚秋落葉飄零之景的感受，學生自然會領略到景中所含之情：

趙珂：我的領悟，那就是自然的晚秋象徵著人生命的晚秋。落木蕭蕭之景正含著杜甫感歎生命短暫之情。

劉永康：是的，接著，教師可以讓學生去領略長江之景的意蘊。讓學生聯繫到蘇軾的"大江東去，浪淘盡，千古風流人物"的詞句，自然從"不盡長江滾滾來"中可以理解到杜甫對歷史長河永不停息的感悟。最後讓學生把兩句詩描寫的兩種景物聯繫起來思考，就不難發現，杜甫將落木與長江對照起來寫，意在什麼？

趙珂：我就覺得，意在借歷史長河的久遠來反襯人的生命的短暫。字裏行間，雖然含無可奈何之意，但亦有生老病死，乃自然規律的達觀。

劉永康：是的，我們在看史鐵生的《秋天的懷念》，這是一首母愛的讚歌，敘述了一個感人肺腑的故事。作者的母親重病纏身，但為了兒子能堅強地生活下去，隱瞞了自己已十分嚴重的病情，無微不至地照顧雙腿癱瘓的兒子，直至生命的最後一息。這篇不足千字的短文語言樸實，字裏行間滲透著母親對作者真摯無私的愛，也表達了作者對母親深深的懷念。文中的許多描寫生動細膩，請看下麵的一個片段：

那天我又獨自坐在屋裏，看著窗外的樹葉"唰唰啦啦"地飄落。母親進來了，擋在窗前："北海的菊花開了，我推你去看看吧。"她憔悴的臉上顯出央求般的神色。"什麼時候？""你要是願意，就明天？"她說。我的回答已經讓她喜出望外了。"好吧，就明天。"我說。她高興得一會坐下，一會站起："那就趕緊準備準備。"

這段話中值得緣文悟情之處俯拾即是，而最耐人尋味的是母親進屋時"擋在窗前"。因此，老師在引導學生鑒賞這段話時，應設下一問：

為什麼母親不是"站"在窗前，而是"擋"在窗前？

通過閱讀、思考、討論和老師的適當點撥，學生就該明確：這看似普通的"擋"字卻飽含著母親對兒子體貼入微的深情。因為母親進屋時發現兒子"又獨自坐在屋裏，看著窗外的樹葉'唰唰啦啦'地飄落"，立時體會到兒子此刻的心情。"獨自坐在屋裏"自然倍感孤單和寂寞，而"窗外的樹葉'唰唰啦啦'地飄落"更會使人產生生命短暫的傷感。為了減輕兒子的傷感，母親下意識地"擋在窗前"，是想擋住兒子的視線。接下來又對他說"北海的菊花開了，我推你去看看吧"，更是想借菊花盛開的景象來調整兒子低落的情緒。作者看到了母親"憔悴的臉上現出央求般的神色"，卻一直不知道，母親已經病入膏肓，"常常肝疼得整宿整宿翻來覆去地睡不了覺"。因為她不想讓兒子得知自己病重而增添痛苦，即便兒子經常對她發脾氣，也毫不在意。這是多麼無私的愛！讀到這裏，你不能不為之而動容。如果不細細品味這樣的描寫，則不可能體悟到母愛的深沉。

　　趙珂：太精彩了！正如食物需要細嚼慢咽，文本同樣需要細讀細品才能悟出其中的情味。情感活動制約著創作與鑒賞，但也為創作者和鑒賞者搭建起一座溝通的橋樑。語文的文本解讀不僅需要理性地分析，還需要情感驅動之下形象思維的充分調動。文字作為一種精緻的情意符號，對它的處理不能是粗糙隨意的。好的解讀幫助我們在思維在不斷延伸中明白作者的情，也看見自己的心。

　　今天的內容就到這裏，我們下期再見！

## 審出詞義的色彩美來

趙珂：在前面的內容中我們提到過，中華漢字博大精深，往往一種意思有多種表達，而不同的表達在情感上又有不同的側重性。其原因是什麼？劉教授能給我們講講嗎？

劉永康：那是因為詞不僅有概念義，還有色彩義。

首先是感情色彩。詞的感情色彩體現在人的愛憎好惡上，也就是說詞的褒貶情感。這種褒貶情感對詞的概念意義影響極大。因為它有著自己獨立的內涵。

如"攻"指用武力主動進擊對方，是一個不帶褒貶的中性詞。如果加進正義的、堂皇的義素，對這一進攻的行為進行褒揚肯定，就成了"伐"，如北伐戰爭中的"伐"就體現了進攻的正義性。如果加上非正義的，以強欺弱的義素，進行貶義否定，"攻"就成了"侵"。"伐"和"侵"相對於"攻"，主要就是多了充滿感情色彩的義素，形成褒貶對立的一對詞。

"經紀人"——"皮包商"，這二者都用來指那種在商業活動中主要起介紹、引薦作用，促成貿易成功的中間人。但這兩個詞有著強烈的感情差。前者指合法的生意人，後者指那種買空賣空、轉手取利的投機商。但它在某些具體的商業活動中所起的作用是一樣的，結果卻用了兩個不同的詞，帶來的不同影響是深刻的。現實生活中就有這樣的事情：同樣一宗生意，由兩地的中間人做成，但一個被稱為"經紀人"受到了獎勵，一個被稱為"皮包商"受到了懲處。

"紅娘"——"媒人"——"媒婆"：紅娘是褒揚詞，《西廂記》中的紅娘冒著被老夫人責難的危險為張生和崔鶯鶯的愛情牽線搭橋。面對一而再、再而三毀約的老夫人，她對封建禮教進行無情抨擊和批判，是一個有血有肉、充滿人情味兒，又機智勇敢的人物形象。媒人是中性詞，媒婆在以前是中性詞，後來帶貶義。就是用不正當手段騙婚。有一首詩是諷刺這種人的：

"一張舌頭滿嘴油，男婚女嫁把我求。哄得狐狸團團轉，哄得鳳凰嫁斑鳩。"

趙珂：看來在日常生活中，同樣含義的詞還需要考慮其情感色彩慎重使用。誒？劉教授，上面提到這些含義相同，但情感色彩有所衝突的詞語，既然不能隨意替換，那是否還能稱作同義詞呢？

劉永康：由於感情色彩義有實在的內涵，能對詞的概念義產生實際影響，因此感情色彩不同的詞，即使概念義相同，也不能形成同義關係，甚至正好構成反義關係。

如"伐"與"侵"就構成反義關係。"伐"是正義的進攻，"侵"是非正義的進攻。類似的還如"喜愛"和"寵愛"，前者指對人或事有興趣或感情較深，是褒義。後者指過分的嬌寵或偏愛，是貶義的。

跟概念義的穩定性相比，感情色彩義比較容易變化。即褒義和貶義之間，或強化或弱化。

如"爪牙"由最初的"得力助手"義演變成"供壞人驅使的幫兇"義。"梟雄"由最初的"熊傑之士"演變成"兇橫之士"。

有時，詞的褒貶義相互轉換。

《林黛玉進賈府》中，王熙鳳誇林黛玉："世間還真有這樣標緻的人兒"，"標緻"是贊林黛玉長得漂亮；魯迅的《藤野先生》中的清國留學生：

"也有解散辮子，盤得平的，除下帽來，油光可鑒，宛如小姑娘的髮髻一般，還要將脖子扭幾扭。實在標緻極了。"

那"標緻"就是奇醜無比的意思了。"死鬼"是罵人的話，但小倆口打情賣俏時，妻子叫丈夫一聲"死鬼"，就正好應了"打是親熱罵是愛"的俗語了。在20世紀80年代中期"精英"這個詞相當流行，用來指稱那些有傑出才能的人。評先進，評勞模，也不說先進、勞模，甚至也不稱"佳"了，而都以"精英"相待。這個詞具有相當濃厚的褒揚色彩。可是在1989年"六.四"事件後，報刊上竟竟相"所謂的精英"來稱呼動亂中的活躍人物，一時間，人人對這個詞唯恐避之不遠，"精英"也就由大褒大揚，變成大貶大斥。

感情色彩帶有很強的民族個性，在不同的語言中總是與自己的民族文化聯繫在一起。語文教學中，聽說讀寫的語文活動，都要引導學生辨析詞的感情色彩，千萬不要把詞義理解偏了，用偏了。

趙珂：沒錯，我們關注詞語的情感色彩，不僅是為了審美分辨，更是為了能更準確地進行表達。劉教授，除了情感色彩之外，詞語還有別的色彩類別嗎？可以為我們講講嗎？

劉永康：詞還有雅俗色彩義。雅俗色彩義是為了適應不同的交際場合，滿足不同交際對象的需求，而依附在詞的概念意義上，表示態度的莊諧、身份的尊卑，主客的敬讓，內外的親疏等內容的附加詞義。在話語中，雅俗義有著相當豐富的內容和重要的表意價值。

《戰國策·趙策》中觸龍與趙太后對話，觸龍自稱為"老臣"，稱太后為"媼"。稱自己"死"為"填溝壑"，稱太后"死"為"山陵崩"。自稱"病足"，稱太后"玉體有所郄"。稱自己的兒子為"賤息"，稱太后之子為"君"。稱自己的兒子參加御林軍為"補黑衣之數"，等等。觸龍所以能在"欲唾其面"的僵局下取得最終說服趙太后出兵的效果，可以說首先得之於雅俗得體、敬莊有度，不卑不亢的語言運用。

天子死曰"崩"，諸侯死曰"薨"，大夫死曰"卒"。士曰"不祿"。庶人曰"死"。（《禮記》）

古漢語中存在著大量的等級森嚴，莊諧分明的詞語。以至於概念意義相同的詞語增加了許多。如最高統治者專用的第一人稱就有"朕""寡人""不穀""孤"等。古漢語中雅俗義異的詞大量存在。是漢民族文化底蘊的體現。漢民族是一個講究禮數的民族。它最強調的是"克己"。在這種社會道德禮數中，最為理想的人是：

"敖（傲）不可長，欲不可從（縱），志不可滿，樂不可及"的謙謙君子。

就是說，傲慢之心不可滋長，欲望不可放縱，意志上不可自滿，歡樂不可到極點。

比如做學生的應該：

"從於先生，不越路而與從言。遭先生與道，起而進，正立拱手，先生與之言則對，不與之言則趨而退。"

就是說，跟隨老師出行，不要離開原路到路旁與別人說話。在路上碰到老師，要快步向前走，端正站立拱手表示敬意；老師跟他說話才回答，不跟他說話就趕緊快步退到一邊。

以至於極想聽到學生之言的孔子，束手侍立慎於言談的學生也發出了"以吾一日長乎爾，毋吾以也"（《論語·侍坐》）的感歎，那意思是說，不要因為我年長而不敢說話。

詞的雅俗義會影響到概念的指代範圍和使用環境。如：

卒：已不是一般意義上的"死"，而是特指"大夫"之死。

寡君：指自己國家的君主，但只能用在面對別國君臣的外交場合。

犬子：也只能對家庭以外的人員，特別是面對尊者和長者提到自己的兒輩們時的使用。

在漢語的傳統中，對女性婚配的稱呼是"內人""堂客""妻室""媳婦""賤內""屋裏""內主""家主婆"。這些稱呼清楚反映出過往女性在家庭中的地位和作用是從屬於丈夫的。

而如今"太太""夫人"則顯示了在家庭受尊重的地位。在強調婚姻關係中感情重要性的時代，則大量使用了"愛人"這樣的詞語。

趙珂：剛剛這些例子都是我國語言習慣中雅俗色彩表達，其實也是對不同階層民眾的行為進行規範。詞的雅俗義與民族文化精神緊密相連。我們可以透過詞的雅俗義的現象，反溯到民族文化的內核。但在最後一個例子中我們看到，隨著時代的發展、社會的進步，同樣的含義的古今表達有所不同。其中是否也存在不同的色彩區分呢？

劉永康：對啦，前面對女性配偶稱謂的變化既有雅俗色彩義，還有古今色彩義。所謂古今色彩義，這是指詞語在歷史積累過程中留下的痕跡。是指概念義基本相同，而詞的古今色彩不同。如：

計──考慮；助──幫忙；亡──逃跑；去──離開，等。

前者的古義較濃，後者則屬現代詞義。

古今色彩義具有明顯的相對性，在一個時代為通俗的大眾化詞義，在另一個時代可能為典雅、別致的古色古香的詞語。

趙珂：在半個多世紀前"犒勞"這個詞還是相當流行的，人民群眾對八路軍、新四軍的慰問都稱為"犒勞"。現在不這樣稱了，代之以"慰問""慰勞"。

劉永康：詞的古代色彩和現代色彩往往會伴隨著典雅和通俗的情調。古義較為典雅莊穩，今義較為通俗隨和。

這是因為古義流傳總是限於經典作品，記載的都是政治、經濟、文化、歷史事件，傳播範圍都限於上層社會及知識階層。古詞語的學習和運用需要較高的文化素養，而現代詞語與大眾民生息息相關，通俗明白為第一要務，使用的範圍也相當廣泛流傳。

趙珂：好的，感謝劉教授的精彩講解。不論是情感色彩、雅俗色彩還是古今色彩，在不同的語境下一個詞語除了其自身含義外還包含了大量的資訊。我們在閱讀中不僅要讀出其中的基本意，還要審出詞語的色彩美來。通過多彩的語言去豐富自身的想像與感知，構築對世界更加全面的認識。

今天的內容就到這裏，我們下期再見！

## 一群舞蹈演員表演悲哀

趙珂：劉教授，小芳老師，最近有學生向我提出了這樣一個問題，"為什麼文學作品中的景物就像自然擁有某種設定一樣，例如楊柳代表離別，月亮代表思鄉，黃昏喻示淒清……"從古至今人們為什麼還紛紛遵從這種設定呢？可以請二位為我們講講嗎？

劉永康：可以呀，先聽我講一個故事：完形心理學美學家阿恩海姆，他讓一組舞蹈學院的學生自選動作把"悲哀"的感情表現出來。這些舞蹈演員儘管表演得千姿百態，但他們各自的姿勢中，都有一個共同的特點，動作都是緩慢的，動作幅度很小，造型大都呈曲線式，動作的方向時時變化，很不確定。這是為什麼？這就涉及格式塔心理學的心物同形理論了。

什麼叫心物同形？ 心物同形，又叫異質同構。就是指客觀外物的力的作用模式和人的內在情感的相互吻合。"客觀外物的力的作用模式"稱之為"物"，"人的內在情感"稱之為"心"，二者相互吻合稱之為"同形"，"心物同形"便指此意。又由於"心"與"物"畢竟本質不同，故稱之為異質，但它們又相互吻合，這吻合，除了叫"同形"，亦可叫"同構"，所以心物同形，又叫異質同構。

劉小芳：春光明媚，惠風和煦，百花爭奇鬥豔，這是客觀外物的力的作用模式，心情開朗舒暢，這是人的內在情感。春光與開朗舒暢的心情具有不同性質，即異質，但他們相吻合，這又是同構。暴風驟雨，電閃雷鳴，這是客觀外物的力的作用模式，人心中對舊世界充滿了一種憤怒反抗的情緒，這是人的內在情感。這種自然現象與人的這種心情具有相同的性質，即異質，但它們相吻合，因而又叫同構。

劉永康：是的，舞蹈演員表演悲哀，雖然動作各有所不同，但他們的動作與人悲哀時心理活動的力是相契合的，當人悲哀時，思想和追求都是軟弱無力的，缺乏能量，一切活動好像受外力控制著，所以，他們的動作才會變得緩慢，動作幅度才會變小，造型大都呈曲線式，動作的方向時時變化，很不確定。

趙珂：就是說，由於心物同形、異質同構，因此，我們就能夠在舞蹈演員動作中見到悲哀，也就是把悲哀的心理力場轉化為人體動作的物理力場了。完形心理學美學家阿恩海姆就是用舞蹈演員跳悲哀舞作試驗，證明了心物同形的力的模式。

劉永康：是的，當舞蹈動作恰好能夠表達人的思想感情時，我們就說腦的活動和物理式樣是同性質的，或者說心與物同形同構了。我們在"楊柳絲絲弄輕柔，煙縷織成愁"（陳師道）中見到悲哀，在"花自飄零水自流"（李清照）中見到悲哀，所以，不論什麼事物，只要它的力的模式與人的情感的力的模式相應，就能藉以表現人的情感。

劉小芳：人們在外見到的一些富有表現性的事物，如一片悲哀的秋葉，一彎歡樂的河水，並非這些事物本身存在感情，而是蜷縮的秋葉和騰跳的河水的力的式樣，與人的情緒異質同構。《西廂記·長亭送別》中："碧雲天，黃葉地，西風緊，北雁南飛，曉來誰染霜林醉，總是離人淚"，經霜的楓葉變紅，這是大自然的力的式樣與情人話別時的憂愁心情合拍。這也是心物同形，異質同構。

趙珂：看來，心物同形雖然是國外研究者提出的說法，但也和我們的傳統審美文化不謀而合呢。當我們看到美麗景色的同時，會不自覺調動聯想和想像，並產生相應的思緒，這是一種身心層面的審美共振。

劉永康：沒錯，這種心物相應的狀況就是我國古代美學理論中很早就論及過的感物而動、觸景生情、寓情於景、情景交融。所謂：

"春山淡冶而如笑，夏山蒼翠而如滴，秋山明淨而如妝，冬山慘澹而如睡"。

"春山煙雲綿綿人欣欣，夏山佳林繁蔭人坦坦，秋山明淨搖落人蕭蕭，冬山昏霾翳寒人寥寥"。

這些表述都最為明確地描繪了人的情緒與山的變化的對應關係。又如鐘嶸《詩品·序》說："氣之動物，物之感人。故搖盪性情，形諸舞詠"，那實際上就是心物同形。

劉小芳：我國古代文藝理論中都講求創作的"筆力""筆勢"，用"酣暢淋漓""力透紙背""入木三分""筆力遒勁"等來形容作品的力度。所以格式塔心理學用心物同形的觀點對作品的結構分析並非無稽之談。

劉永康：是的，從心物同形的角度看，創作是把作家的心理力場轉化為有形作品的物理力場，欣賞是把作品有形的物理力場再轉化為讀者感受到的作者的心理力場。

劉小芳：這種心物同形的理論用於詩文創作，其實就是融情於景、情景交融。景是物，情是心，二者的吻合就是心物同形。

趙珂：不論是"融情於景"還是"情景交融"都是詩文中的常見手法，但是每次為學生講解的時候又總覺得這樣的說法過於籠統。請劉教授為我們展開講講吧！

劉永康：心與物要能同形，情與景要能交融，就必須是壯景抒豪情，悲景抒柔情，清景抒悠情。

## 1.壯景抒豪情

豪情就是高亢、奔放、慷慨激昂、具有陽剛之氣，浩然之氣，豪放之情。能傳這種情的景是什麼？只能是博大寥廓、雄渾磅礴的物象世界。

這種景物在空間上佔有擴大無邊的廣度，拔地淩雲的高度。其時間跨度往往是上下數千年，縱橫幾萬裏。其中的景物都選擇高山峻嶺、大漠長風，絕少有嬌花弱柳，小溪芳草……

趙珂：寫地域，一定是選擇北國風光、塞外莽原。而少南國秀色、魚米之鄉。寫山水，都是滾滾東去、一瀉千里的長江、黃河，雄峻崢嶸的五嶽太行。而絕少小溪清泉，綠水青山。連白髮也是三千丈，雪花也是大如席，梨花也是千樹萬樹。

劉永康：下麵這些詩就是壯景抒豪情：

"瀚海闌幹百丈冰，愁雲慘澹萬裏雲"

"西嶽崢嶸何壯哉，黃河如絲天際來"

"三萬裏河東入海，五千仞嶽上摩天"

## 2.悲景抒柔情

就是柔弱哀婉之情與陰柔悲涼之景相匹配，以悲涼之景表現柔弱之情的一種情景交融的方式。柔情是一種低迷、纖弱、柔婉的情感狀態，其特點是委婉、陰柔、悱惻、纏綿、陰鬱、感傷。側重抒寫的是人生的不幸、生命的悲劇的體驗和感慨。貫穿其中的感情基礎是哀與愁。悲、憤、怨、淚、斷腸等在這類作品中反復出現。

劉小芳：傳統詩歌中的悲情主題主要是綿綿鄉愁、離別悲傷，如"子之於歸，遠送於野""執手相看淚眼，竟無語凝噎"。表現相思痛苦的，如"昔我往矣，楊柳依依""我心傷悲，莫知我哀""衣帶漸寬終不悔，為伊消得人憔悴"。還有寫漂泊之苦的"日暮孤帆泊何處，天涯一望斷人腸"。與柔情同構相融的是陰柔冷落的物象世界。

趙珂：是啊，那出現的自然風物都是嬌花弱柳、芳草幽靜、飛絮殘紅、細雨微風、寒蟬孤燕；那人物一定是盈盈粉淚的麗人，寸寸柔腸的思婦。不管是自然風物、還是描畫人物，都具有體小、質輕、力弱、氣柔的特點。如"草木搖落而變衰""花自飄零水自流"。古代詩歌中清秋、暮色、殘春意象被歷代詩人大量使用、反復吟唱。

### 3.清景抒悠情

劉永康：悠情是清靜無為、淡泊平和、無喜無憂之情。詩人已退出爭逐之心、功利之念、貪欲之情、生死之憂，進入一種自然真趣。清景則是一個自然原色、清澄幽寂的世界，雲淡風輕、水準如鏡、禪房花木、曲徑通幽……這些就是清景。詩人將淡泊的性情、平和的心境融入自然萬象，化為自然的一線陽光、一片雲彩、一群飛花、一聲鳥啼、一絲蟲吟。清景抒悠情的詩如：

"采菊東籬下，悠然見南山"

"月出驚山鳥，時鳴春澗中"

"魚戲新荷動，鳥散餘花落"……

以上是我對心物同形理論的解讀。在弄清什麼是心物同形的基礎上，下一個專題，我們將就語文教學中怎樣運用心物同形理論作深入的探討。

趙珂：通過劉教授的講解，我們可以看到，瞭解了不同的景抒不同的情後，對於我們進行文學的審美教育是很有幫助的。剛剛劉教授主要引用的古詩詞為我們講解心物同形，那最後我們再淺說一下現代詩中的心物同形吧!

劉小芳：比如高中教材中郭沫若《立在地球邊上放號》就屬於壯景抒豪情。詩中的景就是博大遼闊、雄渾磅礡的壯景。地球北極的北冰洋和居於地球腹地的太平洋聯結起來，把北冰洋晴空中無數怒湧的白雲和太平洋汪洋浩瀚的萬頃波濤兩個宏達畫面組接起來，於是，自然物的形象便以超乎人們常見的面積之大，數量之多和超乎人們常見之力，顯示出它的宏偉、壯觀和偉力。

更重要的是通過這種博大遼闊、雄渾磅礡的物象世界的壯景描寫，可以看到抒情主人公的高大形象，窺視到他的充實的內心世界，感受到他的沸騰的激情而抒情的形象所顯示的這種獨特的感情、心理，正反映了被五四時代怒潮喚醒的革命知識青年的共同特徵。

趙珂：這樣去解讀真的太妙了！詩歌創作並非客觀敘寫，而是詩人將眼前景物與心靈世界相互交融後二次生成的結果。中國傳統詩學的基本精神就是天人合一。正如從古至今，人們總將月的圓缺與人的悲歡相互重疊。也許我們無法準確地定位內心抽象的情感，但能借助眼前與之契合的意象，描摹自己心靈的形狀。

今天的內容就到這裏，我們下期再見。

## 打開學生情感閘門的金鑰匙（一）

趙珂：在上期內容中，我們聊到了心物同形理論，當人類生動鮮活的情感與眼前的世界相遇，就會迸發出奇妙的火花。而語文課堂就是教師引導學生借助文字與世界一次次相遇的過程。在這過程中，學生的主體情感看似在知識範圍之外，卻是教學的重要一環，今天就請劉教授繼續為我們講講其中的奇妙之處吧。

劉永康：情感是一種強大的推動力。如果人類不具備情感，那麼，過去、現在、將來都永遠不會有人對真理的追求。

語文教師在教學中應當用高尚的思想道德情感之美去感染學生，去塑造學生美好的心靈。

在前面《一群舞蹈演員表演悲哀》的專題中，我們已經談到格式塔的心物同形又叫異質同構理論，就是指客觀外物的力的作用模式和人的內在情感的相互吻合，也就是讀者與作品產生情感共鳴。心物同形、異質同構取決於與外物接觸時感知或理解的程度。用心物同形的理論來審視語文教材，你就會發現每一篇佳作，必然有力的結構，必然有情感的力度。教師應把功夫下在引導學生把課文有形的物理力場，情感力度轉化為學生能感受到的作者的心理力場，情感力度，以達到對學生進行審美情感教育的目的。劉勰在《文心雕龍·情采》篇中強調："觀文者披文以入情"，這就是打開學生情感閘門的金鑰匙。《紅樓夢》第23回寫林黛玉聽戲，對我們披文入情就有所啟發。黛玉聽的是《牡丹亭》女主人公杜麗娘遊園時的一段唱詞。她聽到"原來姹紫嫣紅開遍，似這般都付與斷井殘垣"時，十分感慨，細聽唱了"良辰美景奈何天，賞心樂事誰家院"兩句，便點頭自歎自思，再聽唱"則為你如花美眷，似水流年"，更不覺心動神搖，又聽到"你在幽閨自憐"等句，亦發如醉如癡，站立不住蹲身細嚼"如花美眷，似水流年"幾個字的滋味，還聯想到古詩中的"水流花謝兩無情""流水落花春去也，天上人間"等句，仔細忖度，不覺心痛神癡，眼中落淚。

《牡丹亭》戲文中，那些感慨纏綿的詞語，觸動了黛玉的情思，一聯想到自己的身世、遭際、哀怨、不幸，便"不覺心痛神馳，眼中落淚。"另外，那些戲文詞句又勾起了黛玉腦海中早已貯存的：李後主的詞、《西廂記》的語句這些藝術積澱，形成了自己對戲文的獨特感受。林黛玉的這番表現正是在聽了《牡丹亭》戲文過程中與作品產生了同構。

學生學習課文的過程與黛玉聽戲一樣，也需要同構。語文本體改革應遵循"誦讀——感受——領悟——積累——運用"的規律，教師的講授絕不能取代學生的感受。

趙珂：沒錯，重視學生的真實情感是有效教學的開端。我們多次提到披文入情，要"披文"，不能只靠教師的講授，更重要的是靠學生用自己的"心"在讀中去感受。那麼在實際操作中又該怎麼披文入情呢？請劉教授為我們講講吧！

## 1.誦讀是披文入情的不二法門

劉永康：實施新課程以來，語文教學漸漸拋棄了以煩冗的講析和大劑量地訓練來淡化甚至取代學生閱讀自悟的弊端，開始重視"讀"這一學習環節。但讀中流於形式的傾向較嚴重。老師讀了學生讀，男生讀了女生讀，個人讀了集體讀。讀來讀去，並沒有把文章的味道讀出來。並未得其辭、明其言、曉其義，悟其旨、感其情。誦讀是要帶著感情讀文，並要讀出文中的感情來。

誦讀課文既需要學生的情感潛能，也需要教師的情感投入。如果說學生的頭腦是一個需要被點燃的火把的話，那麼教師的教學激情就是火種，要使學生燃燒起來，教師得首先燃燒自己。教師在教學過程中，要盡情地忘我投入，該哭時，不惜灑淚；該笑時，縱情放聲；該悲時，話不成語；該怒時，拍案頓足……要唱你就唱，要舞你就舞，要畫你就畫，要演你就演……教師只有自己進入了角色，才能帶領學生進入藝術天地。教師的情感一旦感染了學生，師生的情感就會交融、共振，求得實現目標的一致性，收到最佳的教學效果。有個老師教《最後一課》，文中有一段韓麥爾先生責備自己的話："我呢，我難道沒有應該責備自己的地方嗎？我不是常常讓你們丟下功課替我澆花嗎？我去釣魚的時候，不是乾脆放你們一天假嗎？……"這位老師在給學生範讀韓麥爾先生這段話時，聲調高而沉痛，眼圈紅潤了，聲音也哽住了。惹得台下的學生也屏聲斂氣，平時頑皮的學生紅了臉，低垂下頭，露出了羞愧難當的神情，有的女生甚至抽泣起來。仿佛這位語文老師就是韓麥爾先生，台下的學生都成了小弗朗士。只有愛學生的老師，才會當著學生的面公開指責自己的過錯。這位老師在讀到韓麥爾先生自責的話時，能如此動情，好像是面對自己的學生自責一樣，這完全是愛祖國、愛學生的情與韓麥爾先生自責之情的交融。這股交融之情終於衝開了學生的感情閘門。學生在感情的波動中，受到了教育。有的學生在作文中寫道："韓麥爾先生上的最後一課，特別是他自責的話，才使小弗朗士懂得失去國土的痛苦，對當初不懂事，貪玩，沒有好好學習祖國語言感到懊悔。我們學習祖國語言，也有點像小弗朗士，為了不使我們的祖國得而複失，為了使好不容易擺脫帝國主義奴役的祖國繁榮昌盛，我們現在要努力學習，憑過硬的本領保衛祖國、建設祖國。"

誦讀時語氣的輕重緩急、抑揚頓挫那不是隨心所欲、自由發揮的。它一定要和文中的感情起伏相對應。首先要領悟文中表達的感情，然後要根據感情表達的需要來決定輕重緩急、抑揚頓挫。

比如誦讀辛棄疾的《永遇樂 京口北固亭懷古》中："千古江山，英雄無覓孫仲謀處。"京口自古以來就是英雄豪傑風雲際會之地，孫仲謀在此打敗北方強敵曹操。"千古江山"四字，應以渾厚、緩慢的語調展示出廣闊的時間和空間背景，表現出對古老遼闊山河的熱愛之情。"英雄"二字要高揚，表現渴望英雄的心情。"無覓孫仲謀處"要轉低沉，表現尋覓英雄而不得的滿腹惆悵。

"無覓"之後稍頓,"孫仲謀"三字要堅實有力,顯示這個人物在歷史上的分量。

趙珂:又比如《記念劉和珍君》中"真的猛士,敢於直面慘澹的人生,敢於正視淋漓的鮮血。這是怎樣的哀痛者和幸福者。"這是讚揚烈士敢於鬥爭的精神,進一步闡明寫作此文的目的。讀此句,語調應該深沉有力,逐句加強,表現出對革命者的歌頌。"哀痛者"要讀得低沉,"幸福者"聲調要高揚,構成強烈的對比,揭示革命者的人生哲理,為改變殘酷的現實而備嘗艱辛,就是最大的幸福。

## 2.於吟誦中品味作品所含情感

劉永康:吟誦在古代就叫"讀",包括唱、吟、詠、誦、念、哦、歎、哼、呻、諷、背等等。它是中華傳統讀書法,是中華經典的學習和傳承方式,是中華文化中一個古老而優良的傳統。1941年,葉聖陶開始把古代的讀稱之為"吟誦"。這"讀"從此就叫"吟誦"了。這種吟誦兼有誦讀法和唱讀法的長處。吟誦可以因聲入情,因聲求義,於吟誦中探索領會作品的意義,品味作品所含的情感。吟誦法有兩種,一種是按照一定的曲調去吟哦,哼唱。這種吟讀法適宜於讀律詩、絕句、辭賦等抒情性的古典文學作品。另一種是誦讀成分較多,但聽起來抑揚頓挫、朗朗上口,連貫流暢。這一種吟誦法適用於讀長篇歌行體詩、古代散文中的敘事性強的文學作品。運用吟誦法,發音及吐字要清楚、準確,語音的輕重,語調的抑揚頓挫,語勢的強弱要合理;節奏的劃分要服從語言的習慣,與所要表達的感情相適應。古詩文一向是中小學語文教學的難點,而部編語文教材大幅提高了古詩文的篇目數量。吟誦教學法正是中小學語文古詩文教學的突破之道。由此出發,可以回到中華詩教文統,脫離西方文論的藩籬,對古詩文進行深度、全面地解讀鑒賞。可是,目前吟誦的社會認知度還是比較低,就連多數語文教師對此也很陌生,甚至有不少質疑,這是吟誦推廣的最大障礙。但目前國家非常重視對吟誦的宣傳和推廣。2020年,國家語委明確規定：所有中華經典誦讀活動，都可以使用吟誦輔助。目前首都師大開展的"中華經典吟誦"實驗區、校專案，正在全國中小學語文教學中推廣展開。同時，有近百所高校也開展了吟誦教學，開設了吟誦課程，培養會吟誦的大學生、研究生，並且在首都師大的組織下編寫了統一的教材。全國各地成立了百餘家吟誦學會，大中小學有上萬所學校開展了吟誦教學活動，中央電視臺、中國教育電視臺、新華網、中國網等媒體不斷報導和播出吟誦。希望語文老師們都來關注吟誦法的復活，通過培訓，學習和實踐吟誦教學法，與其他讀書方法兼而用之，形成合力，提高語文教學品質。

趙珂：吟誦法是一種傳統的行之有效的讀書方法，可惜在現代語文教學中，人們漸漸地把它給淡忘了。在提倡文化自信的今天，我們要把這丟掉的有用的閱讀方式重新拾起來，這本身就是繼承中華傳統文化的一個方面，更是傳達文本情意的極其有效的方法。四川天府新區第三中學的語文名師池鳳在吟誦教學方面就做了成功的探索，我們有幸請她來談談這方面的經驗。

池凤：在"三新"背景下，怎樣用古詩文的言說方式落地學生的核心素養，我結合吟誦提出了"一體四翼"的教學策略。

## "一体四翼"五诗教学诗教模型

我們認為古詩文教學，詩教是核心，包含讀詩和作詩，圍繞此核心，詩境、詩音是讀詩、輸入，是起點。其中詩境是基點，學生通過想像、聯想和視、味、聽、嗅、觸等多感觀體驗，走近詩境，走入畫面；詩音是支點，貫穿始終，是解詩、鑒詩另一重要途徑，學生不僅可以通過體認四聲、音韻的聲容和情緒深度解讀文本，還可以通過平仄規律、用韻規律或誦或吟，感悟詩歌的形式美、聲情美，而傳統讀書調的平長仄短，韻字拖長等規矩能把咱們祖國漢語的聲韻情緒、平仄之美、音韻之美充分體現。詩創、詩評是詩教的落點，興發感動學生、以詩化人、育人育心，即朱熹所謂的"化以成德""得其性情之正"。詩創，培養詩心、培育詩人，是鉚點；"詩評"是熱點、沸點。我言之詩教即以"一體四翼"策略，引領學生從外到內去感受詩之音韻美、意境美、薰染出儒家"中正平和""溫柔敦厚而不愚"的"四翼天使"氣質！

### 3.營造煽情的氛圍和環境

"以情悟文"是語文教學的一條規律，情感只能被情感所打動。情感是最具有情境性的心理活動。教師要充分調動學生身臨其境地去體驗作者通過情境傳遞的情感，要善於創設一種與被感知對象相似的熟知的教學情境，以喚醒知覺表像，從而過渡到認知對象的體驗上。

教師可以通過再現圖畫、渲染音樂、表演體會、語言描述，展現生活、演示實物等方式來營造煽情的氛圍與環境，激發學生積極向上的有利於知識學習和個性健康發展的情緒情感，把教師情、學生情、教材情熔鑄在一起，使學生在心理上和生理上產生震動，得到情感上的洗禮。

統編教科書口語交際和習作的設計非常注重對表達情境的描述，力求通過創設這些與學生生活密切相關的情境，激發他們的表達動機，使他們產生表達的需要，從而在實踐中提高表達能力。比如，"商量"是二年級上冊第五單元的口語交際，內容聚焦"如何與別人商量事情"此次口語交際側重提升"說"

和溝通能力，屬於實用性表達的學習內容。新課標指出，應緊扣"實用性"，結合日常生活的真實情境進行教學。

趙珂：教師可以用統編教科書提供的三個"泡泡語"作為例子，創設情境，激發學生的學習動機，認識什麼是商量，學習如何商量。教師可扮演媽媽，請一個學生扮演孩子，運用課件再現日常送孩子上學，在校門口叮囑孩子的情境。在情境扮演中，學生能明確發現孩子對慶祝生日的期待和遇到值日不能及時回家的困難形成的衝突，很自然地產生了想和同學調換值日時間的需要。這時，教師再請另一位學生進入情境，這位學生自然就會成為孩子商量調換值日時間的交際對象。

劉永康：教《荷塘月色》，可用古典音樂《春江花月夜》為背景音樂，進行教師範讀或學生默讀，學生很容易在流動的旋律中沉浸於文章之意境。學生之情與文章之情水乳交融，產生共鳴，在共鳴中，學生自然會領略到文中隱含的淡淡的憂傷與喜悅，寧靜和諧與憂鬱、煩悶交織的心緒。從而獲得對文章的"言外之意""味外之味"的領悟。教《紅燭》一課，可以先向學生展示《聞一多傳》的封面：一塊白色的大理石底座上，一支熊熊燃燒的紅燭，然後再聲情並茂地朗誦《紅燭》序詩，很快地煽動起學生對聞一多的敬佩之情。教《智取生辰綱》，可先播放電視劇《水滸傳》中的"好漢歌"。在課前就激發學生對英雄的豪邁之氣。教《守財奴》前，先畫一個外圓內方的古錢幣，在學生對這枚錢幣產生好奇心與爭議的情形下導入課文，這些藝術的情感導入方式，對學生起到激發情感、促進閱讀衝動、端正情感導向的作用。

趙珂：可見，教師通過創設真實的生活情境，開展合作表演，把教科書中的文字變成學生熟悉的生活畫面，能夠有效拉近課堂和生活的距離，激發學生探究、解決問題的欲望。教學氛圍的營造對學生的學習效果有著不可忽視的影響。不僅關係到教師對於教學內容的整體把握，也涉及如何引導學生與教師、文本共情的問題。恰當地運用可以幫助學生更快地進入學習狀態，深刻體驗知識內容。

## 打開學生情感閘門的金鑰匙（二）

趙珂：上一講，劉教授給我們講述了情感是一種強大的推動力。如果人類不具備情感，那麼，過去、現在、將來，都永遠不會有人對真理的追求。語文教師在教學中應當用高尚的思想道德情感之美去感染學生，去塑造學生美好的心靈。具體做法就是要營造煽情的氛圍和環境。這個具體做法還有很多點，這就是本講要涉及的內容。

劉永康：要善於抓作品的"傳情點"。

文章的言語形式和表達方式中蘊含著情感資訊，那些在傳情達意方面最富有表現力的語言或表現手法，便是傳情點。教師要善於發現並抓住這些傳情點，去架設學生與作者、作品進行情感交流的橋樑。僅以語言而論，課文中一些"一字千鈞""牽一發而動全身"的詞句，就要引導學生重錘敲打，動情剖析，使其中飽含的思想感情迸射出耀眼的火花，照亮學生的心靈，引起他們的共鳴。

如教小學課文《梅花魂》，老師就可以設計這樣的問題：課文有幾處寫到外祖父的眼淚？學生就應該明確有三處：讀詩時無聲地落淚，不能回國時嗚嗚地哭泣，送別時淚眼蒙矓。接著老師問：外祖父這三次落淚，都表明了什麼樣的感情？通過思考討論，學生就應該明確：那是渴望回國返鄉的強烈感情。所謂葉落歸根，年紀越大，這種情感越強烈。從眼淚中我們感受到，不能回國已成為他心中刻骨銘心的痛，最終成為他終生的憾事。

又如小學課文《金色的魚鉤》，其中八次用到"啊"，以往學生往往對"啊"字的讀法不加區分，這就不利於對句子的含義的理解。讀好這不引人注目的"啊"字，對品析人物情感大有好處。老師就應該叫學生找出帶有"啊"字的句子，練習朗讀，品悟情感。而且教師要以典型示範，比如投影出示：

"魚啊！快些來吧！這是挽救一個革命戰士的生命啊！"請把"啊"和全句聯繫起來輕讀，體味這兩個"啊"字表現的思想感情。

然後教師範讀上句，由詞聯句，由句聯文，指導學生讀好這兩個"啊"字，就突出了老班長可敬可佩的形象，突出了革命戰士之間的深厚友情。

然後讓學生自讀自悟，交流、朗讀中體會到不同的句子中的"啊"字的語調、語速、語氣不能都一樣，應隨句子所表達的內容和感情的變化而變化。

高中教材，孫犁《荷花澱》中，水生妻見水生神情有些異樣，說話也支吾其詞，從而判斷出丈夫一定有什麼隱情。於是就問道：

"怎麼了，你？"

這句問話既無華麗的辭藻，又無巧妙的修辭手法，學生對此有一種一覽無餘的滿足感，其實這就是一個傳情點，教師不要讓它在學生眼皮子底下輕易滑過去。而應設下一問讓學生細品：水生妻為什麼不問"你怎麼了？"而要問"怎麼了，你？"原來，"怎麼了，你？""就是你怎麼了？"的倒裝，倒裝之後，用逗號隔開，使本來短促的語氣顯得更加急促，而"怎麼了"也在倒裝中得到強調，這就把水生妻渴望知道丈夫的隱情，但又不得而知的急不可待的心情表現出來了。

那些情景交融的詩文，正是情與景的異質同構。不同的景物傳遞不同的情調心態。

《禮記·樂記》提出了"人心之動，物使之然"的"物感說"。

《詩品》提出了"氣之動物，物之感人"的"氣動說"。

王夫之提出了"情景交融說"。

王國維提出了"二原質"的情景論。

世上情感千般，物有萬種，不同的心情就有不同的外在對應和感性呈現，教师要善于引导学生从壮景中发掘其豪情，从悲景中挖掘出柔情，从清景中挖掘出悠情来。

赵珂：在好的教学点上着紧用力可以在教学中起到四两拨千斤的作用。对传情点的把握也是对教师文本解读能力和教学点捕捉能力的考验。一篇文章的教学点很多，但如何选取合适的传情点开展教学也是一门艺术呀。

刘永康：要提供必要的背景知识。

对一些与学生情感经验相距较大的课文，教师若不先做有关背景知识的介绍，就很可能出现文章感人而学生却无动于衷的现象。我曾经执教夏衍的《包身工》，选自统编教材高中必修课第一册。当涉及"芦柴棒们在离开别人头部不到一尺远的马桶很响的小便！"以及"她们会半裸体地起来开门，拎着裤子争夺马桶"之类的内容时，学生竟哗然失笑。我把读了本应该哭的内容变得让学生开怀大笑，难道不值得深思吗？原因在于我未能把学生置于包身工的特殊环境中去体会包身工的特殊经历及思想感情。之后，我在另一个班上课，就从介绍时代背景着手，用比较翔实的材料突出面对帝国主义军事的和经济的双重侵略时，我们民族的创伤和痛苦。在教到包身工的悲惨遭遇时，我满怀激情地对学生说：同学们，谁不是父母的心头肉？谁不希望有幸福美好的童年？而以芦柴棒、小福子为代表的包身工，当年还不到你们现在这么大的年龄，正需要爸爸妈妈的爱护，难道他们就不喜欢像你们一样打扮得漂漂亮亮，而喜欢蓬头、赤脚、衣服破烂？难道她们就不喜欢今天时兴的几室几厅，窗明几净，却偏爱挤在充满汗臭、粪臭和湿气的马桶边横七竖八地躺着？难道她们就不喜欢喝牛奶加鸡蛋，却偏要争抢甚至响往豆腐渣加锅巴？这是为什么？这样就能激起学生对帝国主义和买办洋奴们的仇恨，对包身工悲惨遭遇的同情，把他们引入三十年代那个充满民族苦难和民族屈辱的岁月，从而较好地体会课文的思想内容。

總而言之，我們要運用心物同形理論在閱讀課文中狠抓審美情感教育，發掘文中的情感因素以激起學生的感情波瀾，產生和諧的共振。

趙珂：背景知識的補充可以幫助學生更加全面地把握文本所要表達的內涵。語文教學不應讓學生與文本割裂開來，尤其是創作年代距今久遠的作品。通過補充背景知識將學生置身於相應的時代背景中，能夠促進學生與文中人物際遇感同身受。

劉永康：要從文章的構思把握文章的深情厚誼。

文章結構是文章內容的外在反映形式，也是文章思想感情的外在表現形式，因此，能不能從文章的構思把握文章的深情厚誼？

當然能。如閱讀《記念劉和珍君》，我們便可以從其結構去捕捉作者的情感脈絡。這篇文章在構思上，始終把悲痛、哀悼、義憤之情的抒發與對劉和珍的回憶、記敘交錯安排，讓"始終微笑的和藹的劉和珍"在文前、文中、文後反復出現，這樣安排極大地增強了文章的震撼力。美麗、善良的劉和珍的死是一種美的毀滅，作者不願不忍這樣美好的青年慘遭殺戮，因而悲痛愈深。作者更未料到這樣美好的青年竟已遭殺戮，因而義憤愈強。這種把抒情、議論與追述、記敘交錯穿插的結構安排，正是作者強烈的悲哀、痛苦、義憤、控訴交織纏繞，難以釋懷的心境的反映。教師可以引導學生從這種交錯安排的結構形式中去領悟、把握作者之複雜心緒，領會文章意蘊。

趙珂：從劉教授的分析我就想起符號論美學的一個基本觀點，那就是文章的結構也具有符號的性質，按一定結構組成的文本，遠比文本文字符號的表面意思或各個部分相加能傳遞更多的資訊。包括情感的傳遞也是這樣。

劉永康：我們所說的語流意義，就是由結構嚴謹的文章上下文作用產生的意義。整體大於它各部分的總和。句子的意義不是各個詞義的簡單相加，整個話語的意義也不是一連串孤立的句子的簡單相加。一系列語言單位結構為一個整體，由於他們之間形成一定結構關係，就產生了新的意義。"枯藤、老樹、昏鴉""小橋、流水、人家""古道、西風、瘦馬"這幾句話不只是簡單地告訴人們眼前存在著哪幾樣東西，哪幾個景物片段，這三個景物片段就是三幅畫，三幅畫上的活動都是在"夕陽西下"的時候發生的。這就自然形成一種強烈的對照，使人感到漂泊的遊子不但不能同小橋流水旁邊的人家相比，就連纏繞枯藤的老樹上棲息的烏鴉都不如，烏鴉倦飛，在老樹上到底還有一個歇腳的窩，漂泊的人啊在哪里去棲息你呢？那漂泊的痛苦就不言而喻了。從行文看，"夕陽西下"又是一個承上啟下的銜接點，它總收三幅畫面，把遊子的漂泊憂愁推上了高潮，又領啟了下文，因為漂泊越是憂愁，就越是想念自己的家鄉的親人，因而下麵在感情上出現了一個跳躍，這就由漂泊的憂愁轉到思親的痛苦。出現了"斷腸人在天涯"一句。有了這點睛之筆，前面四句具體描寫也就有了著落：完全可以讓讀者理解，曲中畫面透露出來的是作者旅途中思家的複雜而又深沉的感情。可見要挖掘詩文的情感意緒，不能不從詩文的篇章結構入手。

趙珂：從劉教授深刻地講述中，我又得到一個啟示：文章的"結構"應視為具有符號傳遞審美資訊的功能。文學鑒賞中，對作品結構的研究不要只停留在看作品是怎樣佈局謀篇的，還要進一步研究為什麼要這樣構思而不那樣構思？從這種思考中擴大教學釋放的資訊量，去把握詩文的情感意緒。

劉永康：注重對文本中人類普遍情感的把握。

最後還要明白，對文本的鑒賞要上升到生存論的高度，注重對文本中人類普遍情感的把握，對隱含其間的生命意識的挖掘。對《春》的鑒賞，以前僅僅停留在對作者喜愛春之感情的把握上，這種理解顯然停留在文本的表層。其隱含的深層含義是讚美以"春"為意象的新生命的勃勃生機。《荷塘月色》表層上反映的是作者淡淡的喜悅與淡淡的憂傷交織的情感，深層的意蘊在於揭示個體生命欲超脫凡塵困擾，回歸自然的願望，體現了人性中深層的超越意欲。閱讀《守財奴》，人們在對葛朗臺的嘲笑中，表達了對人性異化的批判和對真善美的追求。

趙珂：可見，以上三篇文章的感情都屬於人類感情的範疇，它具有超階級、超民族、超時空的特點，具有永恆性，反映人性在深層次上的共同性。

劉永康：正是在人類共同的生命情感層面上，作者之情、作品之情與讀者之情才得以溝通。讀者也正是以作品為媒介，通過領悟作者之情，最後獲得對人類普遍感情，個體生命價值的感悟。這種閱讀已經超越了簡單的字詞句的欣賞而成為一種真正意義的審美閱讀。

趙珂：對學生的審美能力培養的目的，實際上就是通過正確的引導，讓學生具備對人類普遍情感的體驗與感悟。因此，語文教學需要在千般解讀中抓牢不變的部分，明確扣准"文本中人類普遍情感"的核心。在今天的內容中，劉教授為我們分享了打開學生情感之門的四把鑰匙，從教學氛圍的塑造、傳情點的捕捉、背景知識的補充、普遍情感的把握充分講解了披文入情的要領。那麼，在核心素養審美鑒賞的環節中還有什麼需要我們關注的呢？讓我們拭目以待吧！今天的內容就到這裏，我們下期再見！

## 從典型形象的塑造看對典型形象的感悟

趙珂：劉教授，你在前面的講座中提到形象思維，認為形象思維的特點就是無論創作和鑒賞都始終離不開形象，形象又要借助想像來塑造和鑒賞，想像又要借助感情來推動。那麼形象思維中的"形象"究竟是什麼呢？可以請劉教授和小芳老師和我們聊聊這方面的問題嗎？

劉永康：形象思維的細胞是"形象"，但這個形象已經不是具體事物的形象，它是從具體事物中抽取出來的典型形象。它從具體事物中剔除了次要的、偶然的、表面的、非本質的東西，從中抽取出一般的、共同的、本質的東西。這樣創造出來的藝術形象既有具體、生動、鮮明的個性特徵，又具有能揭示社會生活本質、充分表現重大意義的普遍性。總之，它是借助現象反映本質、借助個性反映共性，寫一人，代表一群。可見，形象思維的形象一定是典型化的形象。高爾基就說過：

"光描寫現成的事物還不夠，還必須記住我們所希望的和可能產生的事物，必須使現象典型化，應該把微小而有代表性的事物寫出重大的和典型的事物——這就是文學的任務。"

劉小芳：典型化的普遍方式就是如魯迅所說的"雜取種種"。高爾基有類似的說法，他在《談談我怎樣學習寫作》一文中說：

"假如一個作家能從二十個到五十個，以至幾百個小店鋪老闆、官吏、工人中每個人的身上，把他們最有代表性的階級特點、習慣、嗜好、姿勢、信仰和談吐等等抽取出來，再把他們綜合在一個小店鋪老闆、官吏、工人的身上，那麼這個作家就能用這種手法創造出典型來，——而這才是藝術。"

趙珂：從高爾基這段話中我體會到，他是以人物的典型化為例說明了在形象思維活動中，塑造典型人物的意義和方法。那就是要從塑造的一個人物身上能概括出一定階級的、一定人群的性格特徵。

劉永康：是的，藝術作品中的人物形象是根據實際生活中的原型進行的廣泛概括，但它又不同於實際生活中的原型，它比現實生活中的原型"更高、更集中、更典型，因而更具有普遍性"。但有些生活中的原型在未被寫入作品之前本身就很典型。如《卡巴耶夫》中的卡巴耶夫、《鋼鐵是怎樣煉成的》中的保爾·柯察金。他們在生活中的原型分別是卡巴耶夫、奧斯特洛夫斯基。這兩個生活原型本來就典型。他們是時代的，社會的，人情的，各種各樣的原因綜合在一起的產物。他們有鮮明的特性，往往是一類人的縮影，並且能夠跨越時代，引起不同時期人們的共鳴。

劉小芳：沒錯，經典的人物形象，你可以在生活中找到他的影子，也可能在自己的身上，看到他的影子。穿越時間的長河，他能引起無數人的共鳴，並使人能有所領悟，更好地過自己的一生。

趙珂：可見文學作品中塑造的典型形象，它是源於生活又高於生活。那麼我們在文學鑒賞中又該如何去準確認識或定位這些典型形象呢？您可以為我們簡單示範一下嗎？

劉永康：既然典型形象是來自生活的形象，一個典型概括了生活中一類人。因此我們在引導學生鑒賞人物形象時，一定要把他代表的生活中哪一類人聯繫起來思考，在由此及彼的聯想中去認識社會生活，把握形象的社會意義。

鑒賞《駱駝祥子》，就要引導學生認識祥子的悲劇在於他以血淚控訴舊社會對勞動者的無情壓榨和摧殘。小說真正地描寫了祥子的要求、掙扎淪落的過程，從而真實地瞭解舊社會把人變成鬼的罪惡。祥子的又一典型意義是：揭示了個人奮鬥是勞動人民擺脫貧困改變境遇的正確道路。

鑒賞魯迅的《孔乙己》，聯繫寫作背景分析來看塑造的孔乙己形象，我們就會明白：小說主要目的就是批判封建教育及科舉制度，批判封建社會，具體來講，我認為有以下幾點：

1、對封建教育及科舉制度的諷刺：孔乙己是個落地的秀才，為了科舉，孔乙己養成四體不勤，五穀不分的毛病，因此為了生活，只能靠偷度日，是封建教育把孔乙己變成了一個"多餘的人""笑料"。

2、對社會階級和貧富差距的批判：孔乙己是一個貧苦的小人物，他被社會邊緣化，沒有得到應有的尊重和機會。這反映了當時中國社會的階級分化和貧富差距，揭示了社會不公正的現象。

3、對社會對個體的漠視和冷漠的譴責：孔乙己是一個寂寞、渴望被認同的人，但社會對他漠不關心，甚至嘲笑和侮辱他。

劉小芳：那鑒賞《驛路梨花》中的梨花形象，就要引導學生首先體會它在自然、文化和情感層面的意義。驛路梨花是一種自然景觀，代表著生命的力量和美好的希望。驛路梨花也是一種文化符號，代表著旅途中的孤獨和思鄉之情。梨花也代表著情感的寄託，在中國文學中，驛路梨花常常被用來表達人們對故鄉、親人和朋友的思念之情。例如宋代詩人李清照《如夢令》中寫道：

"常記溪亭日暮，沉醉不知歸路。興盡晚回舟，誤入藕花深處。"

趙珂：我明白了，李清照詞中，"藕花深處"就是指驛路梨花，它表達了詩人對親人和故鄉的思念之情。

劉永康：是的，老師最終要讓學生明白，這課文中的梨花運用象徵的手法，以花喻人。潔白的梨花象徵著純潔熱情的助人為樂的哈尼小姑娘，同時也象徵著盛開無華、生生不息、代代相傳的雷鋒精神和淳樸熱情、知恩圖報的邊疆民族的優良民風。

趙珂：太精彩了！"將作品中的人物與生活中的某一類人結合起來"，思考典型形象中的社會意義，這就要求我們不能將文本與生活割裂開來，需要從生活出發，更有針對性地認識作品中的典型形象。剛剛您提到的都是現代文中的例子，它們顯示的都是現實生活的社會意義。那古典文學作品呢？它們表現的是古代文化生活，這已經成了歷史，又怎麼認識它的社會意義？

劉永康：觀今宜鑒古，無古不成今，古典文學首先可以幫助我們瞭解古代文化生活是什麼樣子，它首先具有歷史意義、具有幫助今人認識歷史的價值。鑒賞《紅樓夢》中的林黛玉形象，就要明白：林黛玉性格坦率，氣質清高，是一個開朗而堅毅的女性。她寄居賈府孤苦伶仃。環境的齷齪勢利，使她自矜自重，小心戒備，為保持自己純潔的個性，她始終孤高自許，目下五塵，並且常以比刀子還厲害的語言，揭露周圍不合理的現象，因而被人看著是刻薄，小心眼。出於她和寶玉一致的叛逆性格她鄙視封建文人的庸俗，詛咒八股功名的虛偽。作者以極大的同情描寫了伴隨著她的愛情而產生的痛苦和憂鬱。埋香塚，泣殘紅，唱出哀怨的《葬花詞》以及常常在瀟湘館迎風灑淚等都是這種心情的抒發，它反映了中國古代時期婦女的地位和命運。在古代中國，婦女們沒有社會身份的地位，她們的生活被家庭限制，很少受到重視。她們被限制在性別角色之中，成為壓抑的一部分。

劉小芳：作品寫黛玉與寶玉的愛情達到心靈默契以後，和封建勢力的矛盾越來越大，黛玉的痛苦也越來越深。但她始終保持著和封建勢力不妥協的態度，對寶玉的愛情也至死不變。在焚稿斷癡情一回中，她一面吐血，一面焚稿，以死向這個黑暗的社會表示最後的反抗。在黛玉身上，我們又看到了一種新型婦女的思想意識的萌芽。

劉永康：是的，古典文學作品的形象它不僅具有歷史意義，仍然具有現實意義。經典總是具有永恆的價值。古人的優秀品質仍然值得今人學習和繼承。就說《西遊記》吧，孫悟空是個神話形象，他既是我們在現實社會中遇到的人，又有經過想像誇張而出現的種種神奇色彩；既有生活於社會中的人的特點，又有某些動物的特點。作品將他的社會性和神話性，人性和動物性天衣無縫地融合到了一起。孫悟空呢，他是化齋，打妖怪，救師父，上天宮，搬救兵，受盡苦楚、活潑機智，神通廣大，戰勝妖魔，為民除害的英雄。他可以使我們想到那些維護社會治安、不辭辛苦、歷盡艱險、掃黑除惡的武警官兵，想到那些日夜守衛在祖國的邊疆，隨時敢同入侵之敵拼個你死我活的英勇無畏的人民解放軍英雄。特別是他那一雙令人驚歎的火眼金睛，這雙眼睛賦予了他洞察世間一切虛妄、妖魔鬼怪的能力。火眼金睛是文化與力學相互融合的神奇體現。

劉小芳：我們都知道，在古代文學巨著《西遊記》中，孫悟空的火眼金睛是在太上老君的煉丹爐中煉成的。這個過程充滿了神奇的色彩，體現了中華文化中對磨煉與成長的重視。通過在煉丹爐中的鍛煉，孫悟空獲得了火眼金睛的神通，象徵著堅韌不拔、勇往直前的精神。這種精神，是中華文化傳承的一部分，也是我們應當學習的品質。

趙珂：小說是最常見的文學式樣，劉教授從現代小說講到古代小說，都是要告訴我們，鑒賞小說中的人物形象，一定要把他代表的生活中哪一類人聯繫起來思考，在由此及彼的聯想中去認識社會生活，把握形象的社會意義。小說是這樣，那其他文學作品，比如詩歌中藝術形象的感悟也是這樣嗎？

劉小芳：無論是小說，還是詩歌、散文、戲劇都是這樣，事不同而理同啊。我們就以詩歌為例，戴望舒的《雨巷》是一篇象徵派暗示的抒情詩。使用暗示的方法，盡可能使感情隱蔽一些，一切都沒有說透，沒有點穿，然而我們懂了，感覺到了。因為詩人沒有把詩的意義限死在一個層面上，我們從詩中才領會了更多、更豐富的東西。《雨巷》中"丁香一樣的姑娘"並非現實世界中的真實人物，而是詩人幻想出來的（他希望碰上的）一個虛擬的姑娘。老師要讓學生從詩中概括出這個虛擬姑娘的特點……

趙珂：對這個虛擬姑娘的特點，就直接概括為"丁香一樣的顏色，丁香一樣的芬芳，丁香一樣的憂愁"。

劉永康：趙珂，為了更深地感受丁香一樣的姑娘所具有的性格特點，老師還可讓學生尋找中國古代的詩歌中吟詠丁香的名句，如："青鳥不傳雲外信，丁香空結雨中愁"（南唐李璟《浣溪沙》詞）；"丁香體柔弱，亂結枝猶墜"；"芭蕉不展丁香結，同向春風各自愁"等等。然後讓學生把課文中對丁香的描寫和這些古詩對丁香的描寫聯繫起來思考，學生就會發現：丁香成了引愁之物，詩人們對著丁香往往傷春。經由從古至今的詩人們反復吟詠和廣泛傳唱，丁香在中國人（尤其是文人）心中，逐漸就成為美麗、高潔、柔弱、愁怨之類性質或具有這類性質的事物的象徵。丁香花開在仲春時節，花色或白或紫，給人柔弱、嬌美而又純潔、莊重的感覺。

趙珂：丁香花嬌美卻易凋謝，《雨巷》中出現的"姑娘"就是全面具有中國古代詩人賦予丁香的上述性質的一個女性形象——她既具有丁香的美麗姿態和顏色，又具有丁香的高潔和芬芳，還具有（古代詩人賦予）丁香的憂愁與哀怨的特點。

劉永康：是的，還要注意，抒情主人公在長久的期待中，姑娘終於來了，在雨中哀怨"她靜默地走近"，有時兩顆心靈已經接近於互相理解了，然而又終於互相失望了，"又投出太息一般的眼光"，終於從身邊飄過去，兩人的距離又重新拉開。這兩位彷徨者都得了同一種抑鬱病，因而同病相憐，然而又正因為病症相同，不可能互相拯救，只得分手。他們既在彷徨，更是在彷徨中繼續追求。從詩的更深的象徵性意蘊看，戴望舒詩中的姑娘形象往往就是他的理想。姑娘出現了，但是，"像夢中飄過"一樣，轉瞬消失了，空留下抒情主人公自己在雨巷獨自彷徨，一切都是寂靜的，雨打油紙傘，更增加了雨巷的寂寥。詩人在這裏表達了追求美好理想的信念是徒勞的那種孤苦心情。

趙珂：感謝劉教授和小芳老師的精彩分享。正如詩歌中諸多具有代表性的意象，對典型形象的刻畫永恆存在於每一部優秀的作品中。典型形象就像一個符號，將許多相容的特性濃縮於一點。我們觸摸到它的那一刻，文學形象與現實群體的被緊密連接起來。要知道對文學作品的鑒賞不僅在於對作者塑造典型形象時的那些細節巧思的深入探究，還在於對文字的整體感受。這部分的內容，我們就留到下期再為大家分享吧!

今天的內容就到這裏，我們下期再見!

## 張生吃了崔鶯鶯的閉門羹

趙珂：劉教授，我發現許多學生腦子挺機靈的，但是每每閱讀理解總是"抓到半截就開跑"，導致最後得出的結論牛頭不對馬嘴。為此丟了好多"冤枉分"，可給我急的，這可怎麼辦呀？

劉永康：我知道你著急，但你先別急，先聽我講個故事。《西廂記》中的鶯鶯小姐與書生張生相愛，她曾給張生一首詩：

明月三五夜

待月西廂下，迎風戶半開。

拂牆花影動，疑是玉人來。

"明月三五夜"，三五一十五，是陰曆十五日，月圓之夜，這是邀張生幽會，紅娘傳信是十四日。張生得信就冒冒失失在十五夜趕去赴會，挨了鶯鶯一頓批評，灰頭土臉。過了幾天，到了十八日鶯鶯跟著紅娘自動上門來了。這裏面有什麼奧妙？張生錯在哪里？鶯鶯為什麼生氣？

趙珂：我覺得，那是因為張生沒看懂詩傳遞的資訊。詩題"明月三五夜"，是什麼意思？那不是叫張生與她約會的時間，而是表示要與他相會，因為三五夜是月圓之夜，月圓意味著團圓。團圓就是她二人相約見面。詩題只表達要見面，並未說出見面的時間。劉教授，那鶯鶯與張生見面的時間應該是多久？

劉永康：見面的時間是多久？這就需要看詩的正文了。這在詩的正文中作了暗示。"待月西廂下"這明明說了要他"待月"。哪天才需要"待月"？十五、十六兩天，日落月升是同時的，不需要"待"，十七相隔不久，也不需要"待"。俗話說："十八九，坐定守"。十八那天東升之月不高，西廂可見花影在牆不在地上。因此，約張生見面應該是十八日天黑一會兒。哪知張生迫不及"待"，只看題目不看詩，不肯"待"玉人來，如此急急兒，豈可做良人？張生只看題目不看詩，也就是未能從詩的整體出發把握鶯鶯暗示他幽會的具體时间，因而惹来无端的烦恼。这故事给我们一个启发，阅读诗文必须从整体把握。

赵珂：哈哈看来不止我的学生，这张生也是个急性子呀。刘教授，像这样的"急性子"在面对文学作品的时候该怎样让自己"慢"下来呢？

刘永康：鉴赏文学作品必须重视整体性原则，始终把作品看作一个整体网路，从解词释义到课文分析，都要考虑整体性质对部分的制约关系。

就以解词释义为例，任何一个词的准确性、形象性、生动性、凝练性都是从结构关系中表现的。孤立的"闹"字无所谓准确、形象、生动，当它进入北宋文学家宋祁写的《玉楼春》：

"绿杨烟外晓寒轻，红杏枝头春意闹。"

这句中的"闹"字就意味深长了。一个"闹"字，传神入化，引人联想。用表动态的词"闹"去烘托"红杏枝头"的静景，渲染出浓郁的春意。这一"闹"字，静中显动，鸟语花香，盎然春意，跃然纸上，化静为动。做过工部尚书的宋祁便被世人誉为"红杏尚书。

再以课文分析为例，要把握课文的主旨，也必须从整体出发。

如某小学语文老师执教《猴王出世》，她提出一个问题：

我们已经了解了孙悟空由石猴变成美猴王的经过了，相信大家对孙悟空有了更深刻的认识。你觉得这是一只怎样的猴子？用四字词语说说：学生各说不一，但意思都一样：活泼可爱、机智勇敢，敢作敢为，身手不凡……）

又如高中课文《蜀道难》这首诗，写了蜀道的来历、蜀道的高峻、蜀道的难行、蜀道最危险的地方，创作了许多景物形象，有鸟道、有开山的五丁、有六龙回日、有黄鹤、猿猱、有悲鸟、子规、连峰、枯松、瀑布等，这些景物片段分散孤立地看，不过是蜀道景物的各个细部，一旦把它们连缀成一个整体，就形成一個豪放的氣勢，激昂的感情，使人讀後心情為之振奮，想去迎接和征服大自然的艱險。這就是詩的意境，是蜀道整體景物形象中產生的新質（即格式塔質），這個新質在詩中的任何一個句子中是找不到的。他依存於這首詩的整體情景。

趙珂：原來如此，通過劉教授提到這些課文中的典型案例，我們能明白之所以新課程標準在閱讀目標中強調"整體感知課文的大概內容"，"感受課文語言所表達的思想感情"的原因。

劉永康：是的，從課標的表述、資訊獲取的規律都充分說明"整體感知"和"感受"的重要，也就是始終把課文看作一個整體網路，從解詞釋義到課文分析，都要考慮整體對部分的制約關係，體現字不離詞，詞不離句、句不離篇的原則。

某教師執教初中教材中奧地利作家斯蒂芬·茨威格的《偉大的悲劇》，為了讓學生從整體上感知課文，她設計了一個問題：

茨威格為何不給勝利者阿蒙森作傳，卻充滿激情地為失敗者斯科特書寫這悲壯的一幕？

學生在閱讀全文的基礎上，從課文的最後兩句話中找到了答案："一個人雖然在同不可戰勝的厄運的搏鬥中毀滅了自己，但他的心靈卻因此變得無比高尚。所有這些在一切時代都是最偉大的悲劇。"作為一位偉大的作家，茨威格想到的絕不主要是事業的成功者，而是許多歷史事件背後給人精神上的震撼和啟迪。按照這個價值標準，茨威格當然認為給斯科特作傳會更有意義，會給人長久的思考。

趙珂：劉教授，如今在應試教育的衝擊下，許多文質兼美的文章在很大程度上形同虛設，部分教師僅截取其中的考點做講解，不顧學生對知識的整體把握。面對這樣的困境我們又該如何應對呢？

劉永康：這確實是如今語文教學普遍存在的問題。許多教育者不顧文章的整體美感，只是尋章摘段，用解剖刀肢解作為訓練語言的例子，學生在知、情、意方面有多少收穫要打問號。學校不聞讀書聲琅琅，但見習題如海洋，恐怕是極形象的概括。好端端的文質兼美的文章肢解成若干習題，摳這個字眼、摳那個層次，文章的靈魂不見了。老師用冷漠的理性分析取代辯證的語言感受，用枯燥繁瑣的題海抽筋剝骨，扼殺文章的氣韻和靈動。

要知道，貫徹整體性原則就不能肢解有機整體，斷章取義地說教。朱熹講了一個讀書的原則，他說：

"《孟子》成大段，首尾通貫，熟讀文義自見，不可逐一字一句上理會也。"

強調語文基礎知識落實是正確的，必要的，但有的教師對基礎知識的落實的方法和途徑不能正確地理解和把握，在課文講讀中把一些詞語提取出來，孤立地講這個詞用得準確，那個詞很形象，很生動，甚至有的教參資料也把這種所謂"摳字眼"作為講讀課的重要內容。其實這純粹是對落實基礎知識的一種誤解。這種肢解感知經驗的整體性，在教學實踐中，往往造成理解上的片面性，甚至把意思完全弄偏了。

《木蘭詩》中寫道："東市買駿馬，西市買鞍韉，南市買轡頭，北市買長鞭。"

有老師給學生講：木蘭為什麼要跑遍東西南北四大門呢？那是因為"昨夜見軍帖，可汗大點兵。"如此大規模的徵兵，必然造成戰馬供不應求，而且"阿爺無大兒，木蘭無長兄"。木蘭買馬又比別人遲一步。供應缺少，又買遲了，於是只有跑遍四門才能買全。

趙珂：老師們，能這樣分析嗎？這樣一分析，把詩味都分析光了。因為這裏的鋪陳顯然不在於說明木蘭從哪里買來了什麼，而是要渲染木蘭跑遍四面八方為從軍做準備的繁忙氣氛，這才是從整體把握詩意。

劉永康：對李白的《夢遊天姥吟留別》，歷來就有許多不同說法。有的老師從"別君去兮何時還，且放白鹿青崖間，須行即騎訪名山"一句得出這樣一個結論：本詩抒發了一種消極逃避現實，人生苦短，何不寄情山水、及時行樂的思想。有教師根據夢中遨遊天姥，見"仙之人兮列如麻"的景象，判斷出詩人有遊山玩水的閒情逸致，隱逸求仙的超俗雅趣。還有的教師把"我欲因之夢吳越，一夜飛渡鏡湖月"說成是皇帝一封詔書使李白一下子從民間來到了朝廷，而"腳著謝公屐，身登青雲梯"正是他青雲直上，由布衣之士、蓬蒿人、田舍郎一下子變成權貴之人的真實寫照，大有"世間寒窗無人問，一舉成名天下知""朝為田舍郎，暮登天子堂"的得意感，與他被唐玄宗徵召入京，興高采烈到長安時吟的那句"仰天大笑出門去，我輩豈是蓬蒿人"的詩句完全是一致的。對以上分析你有何看法？

趙珂：雖然"一千個讀者，有一千個哈姆雷特"，但我認為教學解讀是不能隨心所欲的。尤其是詩詞古文一類講究意蘊的文學作品，如果忽略了文本的整體情感，教師僅憑個人的想法進行蓋棺定論的解讀是不妥的。

劉永康：以上解讀依我看，全都是在斷章取義。如果我們把全詩當著一個有機整體來分析，就會發現一個"夢"字正是全詩的脈絡。全詩分夢前、夢中、夢後三個部分。夢前嚮往天姥，夢中遨遊天姥，夢後傷感激憤。從文脈出發，不難看出詩人在詩裏，抒發的不是遊山玩水的閒情逸致，也不是隱逸求仙的超俗雅趣，而是通過夢遊的方式盡情直泄自己內心鬱積已久的政治上的無限幽憤。其中飽和著幻想（安世濟民、功成身退）破滅的失望，壯志未酬的哀傷，以及對前途的迷惘惆悵和對理想的執著追求。詩中對山水名勝、神仙境界的嚮往和歌吟，正折射出對腐朽社會現實的否定。結尾用設問的形式有力地表現了詩人蔑視權貴、毫不妥協的精神。

研究文章的結構也必須從整體出發，分析情節、理清文路。

某教師執教初中課文《狼》，在她的帶領下，學生將故事情節歸納為：

不幸遇狼——投骨喂狼——依薪避狼——奮起劈狼

還有的教師引導學生概括為：

遇狼——懼狼——禦狼——殺狼

以上這些歸納對嗎？不對。如果我們把全文看著一個整體網路來關照其故事情節，就會發現，以上這樣的概括是有問題的，是違反作品原意的。因為這樣的分析把屠夫當作小說的主角，狼反倒成了配角。無論從文章的標題看，還是從結尾的議論看都不難判斷小說的主角是狼而不是屠夫。

趙珂：按照劉教授的說法，我就覺得本文的故事情節應該這樣來概括：

狼跟蹤欲吃人——狼得骨複追人——狼逼人依薪立——狼計敗被劈死

劉永康：這樣概括就是從整體出發，準確地把握了作品的文路。

趙珂：看來要整體把握文本整體還真不是一件容易事，我們不能僅憑模糊的感受去講解、判斷，要用細緻的觀察和體會來分析情感，理清文路。要想處理好一篇文章，不僅需要細緻地分析其中的細節描寫、典型形象，更要準確把握文本的整體情感走向。只有為文本定好基調，才能讓後面的解讀與教學走上正軌。

今天的內容就到這裏，我們下期再見！

## 還需要枝枝節節地隨文爬行嗎?

趙珂：劉教授，最近我看到許多教師的回饋，說自己在教學上可謂盡心盡力，對每一個知識點的講解都事無巨細，可是最後總是收效甚微，那些努力彷彿"自我感動"。效果不明顯不說，還被學生嫌棄囉唆，為此深受打擊。遇見這種情況可怎麼辦呀？

劉永康：這其實是新教師容易出現的常見問題，一些好心的語文教師，負責任的語文教師，他們上課總要面面俱到，生怕有所失，對不住學生。總要竹筒倒豆子——一乾二淨，把自己理解了的東西毫無保留地、一股腦兒地傳授給學生。他們引導學生閱讀鑒賞作品，一定要逐字逐句地串講，枝枝節節地隨文爬行。這就是造成語文教學少慢差費的重要原因之一。

文學鑒賞真的需要枝枝節節地隨文爬行嗎？要不得啊！

格式塔心理學整體性原則告訴我們：某一個整體式樣中各個不同要素的表象看上去究竟是個什麼樣子，主要取決於這個要素在整體中所處的位置和所起的作用。部分的重要性取決於它在結構關係中的位置。

如果一個部分在整體結構關係中是無足輕重的，那麼它的改變對整體影響不大，構成因素在整體中並不都具有同等重要的意義，整體結構的性質常常由幾個重要部分體現，這些重要部分的改變引起整體結構性質的變化。在藝術品的整體結構中，常常有一個和作品整體質（格式塔質）密切相關的重要部分，它被表現的狀況直接關係著整體質的表現是否充分。這個重要部分，往往形象地表述為"點睛之筆"。

《世說新語·巧藝》記載：顧長康畫人，或數年不點目睛。人問其故，顧曰："四體妍蚩（美好和醜陋），本無關於妙處，傳神寫照正在阿堵中。"

意思說，身體的美醜，並不影響人物的形象美，要傳神地畫好人物，關鍵就在眼睛上。

在人物畫和文學作品肖像描寫藝術中，關鍵處集中在人的眼睛上。在《西廂記》中，崔鶯鶯"臨去秋波那一轉"，竟然使得初見面的張生"意惹情牽"；在《聊齋志異》中，"散花仙女拈花微笑，眼波將流，竟然使得朱生注目良久，不覺神搖意奪，恍然凝想，身忽飄飄如駕雲霧矣。"她們的情態和魅力全從眼珠兒上表現出來。

魯迅也是最善於畫眼睛的。他也主張畫人要畫眼睛。他在祝福中寫祥林嫂：

五年前的花白的頭髮，即今已經全白，全不像四十上下的人；臉上瘦削不堪，黃中帶黑，而且消盡了先前悲哀的神色，仿佛木刻似的；只有那眼珠間或一輪，還可以表示她是一個活物。

"間或一輪"的意思是：偶爾轉動一下。魯迅硬是把祥林嫂被舊社會折磨成木偶人的麻木、呆滯的樣子活脫脫地畫出來了。

趙珂：上面，劉教授以人物畫和文學作品肖像描寫藝術為例說明了藝術的關鍵在於畫龍點睛。那麼畫龍點睛對於藝術而言有何作用？對於語文教學有何意義？

劉永康：陸機在《文賦》中說：

"立片言而居要，乃一篇之警策。

劉熙載說："煉篇、煉章、煉句、煉字，總之所貴乎煉者，是往活處煉，非往死處煉也。夫活，亦在乎認取詩眼而已。""詩眼有全集之眼，有數句之眼，有一句之眼，有以數句為眼者，有以一句為眼者，有以一、二字為眼者"。

這居於要害處的"片言"是"文眼"，詩歌中的點睛之筆是"詩眼"。它聚焦了全篇詩文的精神，是統攝詩文的主旨。在審美鑒賞中，只要抓住了"文眼""詩眼"這兩眼，就抓住了詩文的靈魂，就牽住了詩文的牛鼻子。還用得著去搞什麼字字推敲，句句分析，枝枝節節地隨文爬行嗎？老師只消引導學生在反復吟誦中去捕捉住文眼和詩眼，從整體出發去挖掘出其中的微言大義，也就達到弄清全文主旨的目的。

趙珂：我明白了！詩詞文章中的精妙之處就如同人的眼睛一樣，我們只要抓住其"詩眼""文眼"這樣的關鍵之處，就能有見微知著的效果。那麼在課堂教學中，我們該如何去幫助學生領悟文中的畫龍點睛之筆？可以請您為我們講解幾個教學中具體操作的案例嗎？

劉永康：某小學語文老師執教《飛向藍天的恐龍》，她幫助學生理解什麼是點睛之筆。課文中有這樣的句子："遼寧的發現向世人展示了恐龍長羽毛的證據，給這幅古生物學家們描繪的畫卷塗上了點睛之筆。"老師引導學生體會這句話在文中的含義。她首先告訴學生什麼叫點睛之筆：就是指畫中或文中最關鍵、最重要的內容，它能體現畫和文的主旨。然後老師就引導學生去思考"恐龍長羽毛的證據"為什麼就成了古生物學家所描繪畫卷的點睛之筆？那就是課文中作者把古生物學家們漫長的研究歷程與取得的成果比作"畫卷，而要證明恐龍向鳥類演化，"羽毛"就是最關鍵的部分，因為恐龍要飛向藍天靠什麼？不就靠羽毛嗎？"帶有羽毛痕跡的恐龍化石的發現，為研究工作提供了強有力的證據，加速了這項研究工作的進程，因此，說它是"點睛之筆"。這一個教學環節不僅幫學生理解了文中這句話的含義，更學到了觀畫觀文都要抓點睛之筆的道理。

孫犁《荷花澱》中有一個細節，當水生嫂聽說水生要去大部隊時："女人的手指震動了一下，想是被葦眉子劃破了手，它把一個手指頭放在嘴裏吮了一下。"

這一"震"一"吮"就是點睛之筆，就是文眼，它們傳神地刻畫出水生嫂複雜微妙的內心世界和個性。手指震動正是心靈震動的表現。丈夫突然要走，使她感到震驚，一時離別難捨之情、夫妻恩愛之情、對丈夫生死未蔔的擔憂，對日本鬼子的痛恨一起湧上心頭，使她幾乎難以自持，然而，她終於克制住自己，為什麼把被葦眉子割破了手流出的血吮了一下，那是她不能讓丈夫發現，是一種故意的掩飾。她不能拖丈夫的後腿，她必須堅強。

趙珂：這一畫龍點睛之筆既刻畫出水生嫂愛丈夫、恨敵人的家國情懷和堅強性格，又描繪出人物複雜的內心。還預示著未來鬥爭的殘酷。為荷花澱中將要發生的戰鬥埋下伏筆。且從中也透露出全文的主題思想。可見此細節複雜內蘊的捕捉，將有利於對全文意蘊的把握。

劉永康：又比如《論雷峰塔的倒掉》，其文眼就是結尾的"活該"二字。

從全文來看，文章從頭到尾所論的就是一個"該"字，雷峰塔該倒，壓在塔下的白娘娘該獲解放，玉皇大帝該拿辦法海，法海禪師該變成蟹和尚，非到螃蟹斷種那天為止，該出不來，這當然是"活該"了，"活該"二字不僅表現了作者對法海的嘲諷與鞭撻，也是普天之下的人民，其欣喜為何如相呼應，這正是田翁野老蠶婦村氓發自心底的歡呼。

讀《皇帝的新裝》，其文言就是一個"騙"字。老師就要緊緊抓著一個"騙"字，引導學生理清全文的脈絡，即：騙子行騙—皇帝受騙—官員助騙—百姓傳騙—小孩揭騙。這個故事從騙子行騙開始，到小孩揭騙結束，始終沒有離開這個"騙"字。所以說，這個故事是圍繞著一個"騙"字展開的。

趙珂：對了，像這樣來理解，才方顯出"活該"二字的千鈞之力。以這兩字結束全文，說它是畫龍點睛之筆，那是最精當不過的了。

劉永康：《琵琶行》是以情系事，"事物牽於外，情況動於內"，情詞真切感人，詩人和琵琶女所處的地位雖不相同，但同有淪落天涯之感，由此產生同病相憐的感情。這種感情，詩人激蕩於心，不能自已，因而凝成最集中的一句·

"同是天涯淪落人，相逢何必曾相識。"

趙珂：這一句是詩人發乎至情的內心呼喚，一肚皮苦水，要在此一吐為快。這一句才是全詩的中心，勾連全篇，這便是"以一句為眼"的詩眼，捕捉直接表達主題的句子就應捕捉這一句。我知道劉教授到省內外一些中學去執教《琵琶行》，從這句詩眼中，你引導學生品出些什麼味道來？

劉永康：我在執教《琵琶行》一課，就引導學生推敲"同是天涯淪落人"的所同者何，引導學生聯繫全詩對這句詩眼作了詳盡地分析，從中品出五種味道來，然後將其概括為五句話：

    同離繁華之京城，天涯人同對天涯人

    同歎年華付流水，失意人同對失意人

    同感處境之淒涼，斷腸人同對斷腸人

    同滴漣漣辛酸淚，流淚眼同對流淚眼

    同在天涯望明月，落魄人同對落魄人

讀本詩，尋其意旨，細心體會，其呼應對照之妙筆，則感到詩味正濃。從本詩詩眼的評析中，學生就不難領悟全詩的主旨了。

趙珂：劉教授，讓我也來概括一下，看對不對？

本詩借敘述琵琶女的高超演技和她的淒涼身世，抒發了作者個人政治上受打擊、遭貶斥的抑鬱悲淒之情。

劉永康：這樣的概括還真是水到渠成。在這裏，詩人把一個琵琶女視為自己的風塵知己，與她同病相憐，寫人寫己，哭己哭人，宦海的浮沉、生命的悲哀，全部融合為一體，因而使作品具有不同尋常的感染力。"同是天涯淪落人，相逢何必曾相識。"二語感情濃厚，落千古失落者之淚，也為千古失落者觸發了一見傾心之機。

趙珂：太精彩了！教學是畫龍點睛的藝術，找對了關鍵點並施以正確的引導就能起到四兩撥千斤的作用。但這背後是教師的鑒賞能力和教學能力的集合。一篇文章的知識點很多，但語文教學不能枝枝節節地隨文爬行，否則只能是事半功倍、消磨自身的教學熱情。選對方法、準確定位、靈活點撥才是教學的"源頭活水"。

今天的內容就到這裏我們下期再見！

## 衡量作品協調完整的游標尺子

趙珂：若將文章的內容比作其血肉，中心思想比作其靈魂，那麼謀篇佈局就是文章的骨架。文章的結構支撐著其中的思想和內容的"站立"。但在教學中，相較於結構佈局的分析，教師往往將更多的時間精力傾注於帶領學生探究內容與思想，許多精巧的行文結構卻被忽略了。針對這種現象，劉教授來為我們談談您的看法吧。

劉永康：鑒賞作品不可不鑒賞作品的佈局謀篇。

清《梅園詩話》："有磨皆好事，無曲不文星。"

這是說詩文經過反復琢磨是好事，好作品必須是曲折巧妙的。可見，文似看山不喜平。

唐代張錫《幽夢續影》說："山之妙在峰迴路轉，水之妙在風起波生。"

清劉熙載《詩概》："作詞的氣體要雄渾，而血脈貴貫通。"

這些古人的言論無不說明作品的佈局謀篇是凝聚材料、組合作品的紐帶，是貫通作品的經絡。作品的藝術性也表現在作品的佈局謀篇、結構詩文的巧妙上。

趙珂：作為學習祖國語言文字的學科，在語文教學中，引導學生鑒賞作品不可不學習作品佈局謀篇、結構作品的技巧。那我們該如何針對結構進行作品鑒賞呢？

劉永康：我想談兩個問題：一個是怎麼去衡量一篇詩文的結構是否協調完整，一個是怎樣進行段落教學。

格式塔心理學派認為，整體的格式塔（就是從事物整體中顯示出來的性質）是通過接受主體的視知覺的組合作用而產生的一種心理效應。格式塔（"完形"即事物整體的形象）是由視知覺活動（眼睛感官）組織成的經驗中的整體，而不是客體本身。他們指出，通過知覺活動組合成"完形"，必須遵循一定的原則，主要有：

第一，最短距離或鄰近因素原則，指距離較短或相互鄰接的部分容易組合成整體；

第二，類似原則，指相互類似部分容易組合成整體；

第三，完形趨向或良好完形原則，指彼此相連屬的部分容易組合成整體，彼此不相連屬的部分容易隔離開；

第四，閉合原則，指一個傾向於完形而尚未閉合的圖形，容易被看作一個完整的整體。

從格式塔整體性理論看，作品結構的協調完整是由以上四條組合成完形的原則決定的。符合完形原則的組合顯示出和諧協調的特徵，反之則否。

趙珂：劉教授，你能結合我們的語文教學來談談怎麼運用你說的基本原則來衡量作品結構的協調完整嗎？

劉永康：好吧！我們來看馬致遠的《天淨沙·秋思》：

枯藤老樹昏鴉，

小橋流水人家，

古道西風瘦馬。

夕陽西下，斷腸人在天涯。

你們看，曲中的"枯藤""昏鴉""古道""西風""瘦馬"這幾組意象都有什麼樣的意味，情調、色彩？

趙珂：那就是衰殘的意味，低沉的情調，暗淡的色彩。

劉永康：既然意味是衰殘的，情調是低沉的，色彩是暗淡的，那麼，根據前面談到的類似原則，它們就很容易組合成整體，表現出遊子思鄉的愁緒這一統一的情調，所以使這首小令成為成功的作品，受到很高評價。

趙珂：我知道，元代另一位作曲家白樸也有一首《天淨沙》：

　　孤村落日殘霞，

　　輕煙老樹寒鴉，

　　一點飛鴻影下。

　　青山綠水，白草紅葉黃花。

你覺得這首曲的結構怎麼樣？能和馬致遠的《天淨沙》相提並論嗎？

劉永康：我看不能。曲中幾個主要意象"落日""殘霞""老樹""寒鴉"與"青山""綠水""紅葉""黃花"的情調意味並不一致。前者是什麼意味情調？是蕭條、衰敗的意味情調，後者是什麼意味情調？是充滿了生機和朝氣的意味情調，二者又不存在從整體表達出發的對比反襯關係。它們的並列組合不符合"類似原則"，不能構成一個和諧協調的整體。所以，李漁在《閑情偶寄》中批評它的結構鬆散零亂，看不出內在聯繫，好似"散金碎玉""斷線之珠"。

　　我們創作藝術品要考慮結構的協調完整，引導學生鑒賞藝術品，也要看它的結構是否協調完整。

趙珂：在對優秀文學作品的結構分析之前，大多數教師都會要求學生對作品內容進行分段以及段意概括，除了訓練學生的概括能力外，這個步驟對作品整體結構的鑒賞有什麼聯繫嗎？

刘永康：语文教学中的分段、概括段意差不多是语文教学中段落教学的主打。至于为什么要这样，许多老师至今都想不明白。实际上，段落教学的目的是从理解作品的篇章结构入手去把握作品的灵魂。分段、概括段意，这曾是阅读训练的重点。而新课程标准中基本不涉及这个概念，这是因为过去"段落"的训练曾经把我们教学引向繁琐分析的桎梏中。它追求的是标准、结论、答案的统一，忽视阅读中的情感体验的整体性，压抑学生的自主学习的积极性，违背了阅读的规律，把分段、概括段意这个手段变成训练的终极目的。

在阅读教学中，对于段落及其概念，我们是不可能完全回避的，关键在于我们要把分段、概括段意作为理解文章篇章结构、把握内容、体会思想感情的一种手段来看待。

赵珂：实际上，我们语文教师在备课时也必须经过一个整体把握课文的思维阶段，而在讲析时一开始就要学生分段，毫无理由地抽空了学生对课文的整体性理解，掐灭了学生初读课文时颖悟的火花。

刘永康：格式塔心理学告诉我们，整体是先于部分而存在的。

因此，我们理解一篇课文就应采取自上而下的方式，即由整体到局部。先让学生把一篇课文看成一个有意义的整体，凭着初感让他们自个儿去玩味、揣摩涵泳于整篇课文中的情感基调、主题思想、独有的写作方法等。要让学生有足够的时间去猜测、琢磨。然后说不定一束顿悟的光线照亮思维的一角，刹那间抓住课文的主旨和特征。再接着分析整体的各个构成部分，即课文的段落。分析段落不能孤立地进行，必须注意到段落的内在联系，尤其要注意每一段落在整体中的作用和意义。

赵珂：看来对于文章结构的分析并不一定要放置于段落概括之后。作为文章的骨架，文章的结构是被读者最先、最直观感受到的部分。让学生带着最初的體驗對其展開探索也是一種科學的教學進程。劉教授有沒有具體的教學例子給我們分享一下呢？

劉永康：我曾經根據這一理念來設計《談骨氣》的段落教學，出現了這樣一個片段：

師：文中寫了幾個故事？其順序是怎樣安排的？

生：寫了三個故事，其順序為：文天祥不為高官厚祿所收買，貧乏者不食嗟來之食，聞一多面對敵人的子彈拍案而起。

師：這三個故事的順序為什麼要這樣安排，是否可以任意調整其順序呢？

（學生一時難於回答，下麵由我提問點撥。）

師：請注意，三個故事前面有哪三句話，這三個故事與這三句話是什麼關係？由此說明什麼問題？

生：三個故事前面，引用了孟子關於對骨氣的看法，即"富貴不能淫，貧賤不能移，威武不能屈。"三個故事和這三句話一一對應，是用來說明三句話的事例。可見，觀點要統帥事例，事例要說明觀點，觀點與事例要絲絲入扣，如果顛倒順序，觀點和事例就會發生錯位現象，結構紊亂，就不能很好地表達觀點。

以上就是把分段作為認識整體性質的一種方式的教例。

語文新課程標準教學設計部分，共有四項，前三項都強調語文教學設計的整體把握。我們研究格式塔心理學的整體性原則，為我們整體把握教學設計確實提供了新的視角和思路。只有這種從整篇課文入手的貫徹了格式塔心理學原理的閱讀教學，才能克服語文教學少慢差費的弊端，打破煩瑣哲學。使師生的主要精力花在有價值的問題上，避免一些不必要的糾纏。

趙珂：感謝劉教授的精彩分享！正所謂"教學有法，教無定法，重在得法"，語文教學需要依據科學的規律進行展開，以學生知識獲取為要，因此教師需要針對不同的文本要點對教學內容、環節進行調整。應掌握的是靈活之法而非固化之法。針對文學作品而言，其結構佈局就是衡量作品協調完整的游標尺子，讀者借助其明確作品的整體規格。我們只有引導學生去感受、探索、發現才能觸摸到一個真正完整的作品。

今天的內容就到這裏我們下期再見吧！

## "完形壓強"的"缺陷"不是缺點

趙珂：劉教授，我平常總有一種感覺，就是在看一個球形物體時，只能看到它的正面，而它的背面是看不到的，正因為看不到，就不由得你不去揣測、不去思考那一面會是什麼樣子，它和前面組合起來，又回是什麼形狀？這種欲望還挺有意思的。

劉永康：你這心態已經涉及到格式塔心理學中的完形壓強理論了，就是說：

當人們在觀看一個不規則，不完滿的形狀時，會產生一種內在緊張力，這種內在緊張力也會促使人的大腦皮層緊張的活動，以填補"缺陷"，使之成為完滿的形狀，從而達到內心的平衡，這就叫完形壓強。

趙珂：劉教授，這裏所說的"缺陷"和我們平時所說的"缺點"是一回事嗎？

劉永康：當然不是一回事。平常，我們說"缺點"那是指人的短處；欠缺之處，其與優點相對。完形壓強理論中的"缺陷"不是缺點，不是空洞與空虛，它是充實中的空白，確定中的模糊，屬言外之意，象外之旨，弦外之音，景外之情。《三國演義》中，呂布死了，就不再提貂蟬的下落與結局這並非作者的疏忽，這是作者有意為之的"缺陷"，是作者的得意執筆，神龍見首不見尾，讀者完全可以發揮自己的想像力與推理力將神龍形象補全。

從完形壓強理論可知，一個不完全的形，能引起人們在心理上追求完整的傾向。

趙珂：既然如此，那我們在教學中應該也可以借助人們這種追求完滿的心理需求對學生進行引導，讓他們展開思維，加深對課文的理解。那課文中的"缺陷"在哪里？有怎樣引導學生去填補缺陷，實現追求完美的境界？

劉永康：我們可以從以下幾個方面去發現那些"缺陷"：

## 1. "缺陷"表現在用省略的地方

文學作品中，作者有時為了刻畫人物的個性，常常用語經濟，惜墨如金，有意將某個人物的語言略去不寫，形成一個藝術間歇，用省略號或破折號進行補償。《紅樓夢》寫黛玉臨終時高叫："寶玉，寶玉，你好……"便渾身冷汗，不作聲了。你好什麼？空白，一言難盡，此時無聲勝有聲，讓人回味思索。可能是"你好好保重"，這說明黛玉臨死還記掛著寶玉，放心不下，原諒他，關心他。也可能是"寶玉，你好狠心喲！"這就是恨寶玉，不該將自己無情地拋棄，哄騙了她的感情，這當然是對寶玉的誤會。也可能是："寶玉，你好糊塗啊！"這就是怨寶玉，居然在終身大事上不清醒，迷迷糊糊，就中了王熙鳳的調包計，是個典型的二百五……這樣的空白給讀者留下無窮的想像空間，讓讀者去填補，去再創造。充分說明作品是由作者和讀者共同創造的。在語文課選文中，這樣的省略不乏其例，

如：魯迅先生的《祝福》中有兩處"半截語"：

"可惡！然而……"

"然而……"

就此，教師可引導學生根據人物本身的性格和具體的語境，通過自己的合理想像補出省略的部分。魯四老爺在前一處之所以惱怒地說"可惡"，是覺得自己的尊嚴受到冒犯而無法忍受，"然而"一轉折：捆走祥嫂的是她的婆婆，自然又是天經地義的事，這就揭示出魯四老爺捍衛禮教的衛道士形象。後一處"然而……"是出現在衛老婆子向魯四老爺道歉，答應再找一個傭人的語境中。學生有可能這樣補充："你衛老婆子不要再找當過寡婦的來了"，"你還能找一個如此當使的人嗎？""你衛老婆子不要把人薦來又將人捆走。"等等。

趙珂：學生結合課文的背景材料，通過這樣的文字補白，能夠激發他們學習的主動性，體會魯迅先生用語簡潔，含蓄精妙，匠心獨運，深悟魯四老爺偽善狡詐的性格。

劉永康：部編版教材七年級上冊《秋天的懷念》中，寫母親昏迷前的最後一句話是"我那個生病的兒子，還有那個還未成年的女兒……"，到這裏就戛然而止，為什麼呢？

趙珂：細細探究，方理解此處蘊含無窮意味，母親對一對兒女的牽掛，盼望癱瘓的兒子能重新點亮生活的激情，希望兒女能好好活著……所謂"硬噎不能語"正是母親此時此刻的情態；所謂此時無聲勝有聲，正是這個省略符號產生的巨大感染力。

劉永康：以上是針對用省略號造成的"缺陷"，引導學生去發現和填補；下麵，我們再舉一例，說明怎麼針對用破折號造成的"缺陷"引導學生去發現與填補。

那就是曹禺的《雷雨》。該劇第二幕開始時，當周樸園說侍萍走錯了屋子時，魯侍萍有這樣一段臺詞：哦——老爺沒事了。魯侍萍對周樸園無動於衷的舉止言行，光是"哦"了一聲，猶如夢中初醒。這個"哦"字所包含的複雜心態很模糊，可讓學生展開想像加以描繪。魯侍萍睹物懷舊之情陡然而起；從前，這是她住過的房間，而今卻被周樸園認為走錯了屋子的人，這是令人何等的痛心啊！仇人周樸園就在她面前，面對這道貌岸然的惡棍，她有恨，但發不出聲來；面對這間屋子，她有情，卻說不出口，這短暫的一瞬的間隙，湧起的感情猶如打破了的五味瓶，極為複雜深沉。作者沒有用大段的旁白進行發洩，而是用含蓄的筆法把它濃縮在一個破折號裏。這短短的破折號，卻蘊含了魯侍萍長久的悲慘身世。

趙珂：這麼一說我們在教學中不僅要注意作者已表達的內容，還可以注意那些省略號後意味深長的潛臺詞。通過對作品內容的認識，引導學生利用想像去填補這樣的"空缺"，也是很好地訓練語文素養的過程！所以，老師們，以後凡是看到課文有省略的地方，老師學生就再也不能省略了啊！

## 2. "缺陷"表現在用側面描寫的地方

劉永康：文學作品中常常是虛虛實實，以虛代實，虛實相生。用虛筆的地方表現在人物描寫上，就是側面描寫。古希臘詩人荷馬在他的著名史詩《伊利亞特》中，不從正面描寫海倫的外貌，而是寫她走進會議場後人們的竊竊私語，借這些冷心腸的老年人承認為海倫這樣的美女進行流血的戰爭是值得的，借這件事來烘托海倫無與倫比的美貌。這是舉世皆知的範例。這樣的例子在語文教材中不乏其例。漢樂府民歌《陌上桑》寫羅敷之美，現代著名作家趙樹理的《小二黑結婚》寫小二黑和小芹之美。這些側面描寫的地方成為激發、誘導學生進行創造性填補和想像性連接的基本驅動力。

如《陌上桑》，詩中寫羅敷的美貌，調動了多種藝術手段，有美好景物的渲染，有精美器物的陪襯，有美麗服飾的直接描寫，有為她美貌所傾倒的行者、少年、耕者、鋤者的側面描寫，但羅敷的相貌到底是什麼樣子，仍不得而知，這時，老師要求學生憑藉自己的生活感受，展開豐富的想像，用語言文字給秦羅敷畫像。學生根據自己在生活中所見的美女形象去再造，用自己的美學觀去補充豐富羅敷的形象。這樣，每個學生心中創造的羅敷形象一定是千姿百態的，可能是豐盈健美的，可能是苗條俊秀的，可能是鵝蛋臉，可能是滿月臉，可能是杏核眼，可能是丹鳳眼，可能是柳葉眉，可能是臥蠶眉……總之，在學生心目中，羅敷是自己認為最美的，比直接作用於人們視覺的形象更完美。

趙珂：側面描寫這樣虛中有實的寫作技巧常常會讓人忽略未被正面描寫的那部分"空缺"。因為讀者從側面回饋中會自動在腦海中填補其缺陷，在這個過程中我們可以引導學生依據側面描寫的內容，反向生成關於事物的正面描寫，不僅能訓練學生的想像能力，也能鍛煉寫作技巧。

## 3. "缺陷"表現在含蓄的結尾

劉永康：文章的結尾是各式各樣的，但歸納起來不外三種類型：自然性結尾、總結性結尾、含蓄性結尾，藝術作品有許多是含蓄性結尾，其特徵是言已盡而意未已，這種結尾也是一種"缺陷"，讓讀者回味無窮。教師也應利用這種"缺陷"，引導學生填補。

如《項鏈》的結尾，寫路瓦栽夫人在公園巧遇佛來恩節夫人戛然而止的情景，給讀者留下懸念。這時可以給學生提出："路瓦栽夫人聽到項鏈是假的消息時，內心活動、表情、神色怎麼樣？是當場暈倒，還是痛哭一場，抑或因刺激過度而傻笑不止？她的結局會怎樣？用口頭或書面語言補寫《項鏈》的結尾。

《賣炭翁》中，賣炭翁是為了"身上衣裳口中食"，可是他的炭被太監們搶走了，他該怎麼辦？讓學生思考這些問題，答案一定是豐富多彩的。有的學生可能會說：

賣炭翁呼天搶地大哭，生活無望，"半匹紅綃一丈綾"，既不能做衣服禦寒，又不能換糧食，他只有用它來作吊頸索，尋短見。有的學生可能會說：賣炭翁當場憤怒到了極點，拼命反抗，不讓太監搶走炭車，最後同太監打起來……

趙珂：還可以設想：賣炭翁趕著老牛破車回到破窖裏，冷冷清清，孤單一人，越想越不是滋味，活不下去了，撞窖身亡。還可以設想，官逼民反，賣炭翁再也不燒窖了，隨起義軍揭竿而起，走上了殺富濟貧的道路……

劉永康：以上填補缺陷的讀寫訓練，就是給學生提供一個不完全的形，能引起學生心理上追求完整的傾向，學生在填補缺陷的過程中，加深了他們對課文的理解，創造性想像能力就有了翱翔的天地。可以說，想像猶如三棱鏡，它能創造出七彩人生。學生一旦有了想像力，也就具有了創造力。

趙珂：戛然而止的敘說造成作品的"缺陷"，這"缺陷"是作者願意讓所有讀者一同參與到這個故事的構建中來。對於文字的鑒賞並非只停留在已有的部分，對於隱含內容再創造同樣是一種審美表達。正如格式塔心理學中"完形壓強"的"缺陷"不是缺點，而是聯通現實與作品的傳送大門。引導學生在文本與生活中走上幾個來回，去傾聽、去感受、去表達，這就是我們的教學所追求的理想狀態。

今天的內容就到這裏，我們下期再見！

## 與作者共同創造作品

趙珂：傳統的認識：文學作品都是由作者創造的，這是天經地義的呀，但現在有了一種新的說法，說文學作品是由作者和讀者共同創造的，這到底是怎麼一回事，劉教授能給我們講講嗎？

劉永康：好的。接受美學的創立對什麼叫作品也就有了新的看法。一部作品並不是一個自身獨立體，它只是向每一時代的每一讀者均提供同樣觀點的客體；它不是一尊紀念碑，機械不斷地展示其超時代的本質；它更多的是一部管弦樂譜，在其演奏中不斷獲得讀者新的反響，使文本從語言的物質形態中解放出來，成為一種當代的存在。讀者本身就是一種歷史的能動創造力量，如果沒有讀者的主動參與介入，那是不可想像的。因為只有通過讀者的閱讀過程，作品才能進入一個連續性變化的經驗之中。因此讀者不是可有可無的存在，而是直接影響著作品的價值實現。未被閱讀的文本僅僅是一種"可能的存在"，只有在閱讀過程中，才能轉化為"現實的存在"。作品價值的生成需要讀者融入自身的生活、生命的體驗，而作品也將隨不同讀者的差異而生成不同的意義。因此作品的意義等於作者所賦予的意義和讀者所賦予的意義的總和。所謂"文本"，在接受美學看來，是不能和作品劃等號的。文本只是一堆印刷符號，是一個多層面的未完成的圖式結構，有許多空白點和不確定性，接受美學把它叫做召喚結構。當讀者以自己的感覺和經驗去填充這些空白時，文本才成了作品。由此看來，文本像是一塊剛成熟的毛坯，等待著讀者用自己的情感去打磨上光，添色加彩。從這個意義上講，作品是由作者與讀者共同創造的。語文教學中，審美鑒賞的過程就是作者和學生共同創造作品的過程。對作品進行二度創作就是引導學生在審美鑒賞中再造藝術形象。

趙珂：劉教授在前一講談到格式塔完形壓強理論的"缺陷"，填補缺陷的過程就是完形的過程，也就是對作品進行再創造的過程，這裏又提到接受美學的召喚結構，也說要填補空白，與作者共同完成對作品的創作。那什麼又叫召喚結構？請劉教授給我們講講吧？

劉永康：好吧，接受美學告訴我們：在文學文本中，在人物性格、對話、生活場景、心理描寫、細節等方面都存在許多空白和未定點，這些空白和未定點本身就提供了再創造的可能性和限度，這是對讀者的一種召喚和等待，召喚讀者在其可能範圍內充分發揮再創造的才能，這就是藝術作品的召喚結構，或者叫結構的召喚性。

趙珂：這樣看來，完形壓強的"缺陷"和接受美學的召喚結構，這兩者好像是相通的吧？

劉永康：是相通的。前面專題中談到的格式塔心理學完形壓強理論中研究的"缺陷"和接受美學的召喚結構理論就是一回事。"缺陷"不是缺點，它有言外之意、弦外之音、畫外之旨。"缺陷"和"召喚結構"就是藝術空白。"深山藏古寺"需要把古寺畫出來嗎？畫一個和尚挑水就行了。"踏花歸來馬蹄香"，那"香"怎麼畫得出來？還是畫家有辦法，只消畫一群蜜蜂追隨馬蹄就可以了。"畫了魚兒不畫水，此間自有波濤"，這沒有畫出來的波濤，這意會中的波濤，就是藝術空白。凡藝術均有空白，繪畫的虛筆，建築的借景，音樂旋律的歇拍，電影、電視的空鏡頭，書法的筆斷意連，文學作品的模糊性，均是藝術空白。藝術家們往往通過"空白"和不完滿的形，給欣賞者以無限廣闊的想像空間，造成更大的刺激效果。

趙珂：根據劉教授所講的理論，從語文教學的角度看，這樣，就可以調動學生的主觀能動性與作者共同來創造作品了。那麼要引導學生與作者共同來創造作品，引導學生在審美鑒賞中再造藝術形象又有哪些行之有效的辦法？

劉永康：最重要的一招就是抓住作品的藝術空白化虛為實，展開想像描寫。這和前一講關於格式塔完形壓強填補缺陷是一致的，這裏，我再結合召喚結構理論聯繫語文的讀寫結合做一些補充分析。

我曾經親自出過一道高考題：

陶淵明《飲酒》詩中有"采菊東籬下悠然見南山"句，請你聯繫自己的生活體驗，展開合理的想像，運用第一人稱的寫法，將詩人所見南山之景加以拓展，描繪出與詩人超脫塵世，熱愛自然的幽情相融合的美景來。（60字以內）

有考生是這樣寫的：

山悄悄躲進白雲，又偷偷露出嬌容，仿佛和我捉迷藏。漫步翠柏蒼松掩映的山路，我看到了石頭上歡快跳躍的水花，聽到樵夫對唱的山歌，群鳥開道，夕陽伴遊，清風洗塵，奇花招豔……拋去煩惱的我與南山融為一體。

趙珂：經劉教授這一講，我們進一步明確了填補藝術空白其實就是對作品進行二度創作，作為教育者的我們完全可以將其運用到平常的文學作品鑒賞教學中。劉教授你能不能聯繫你自己的教學實際再給我們提供一些這方面的經典範例供大家分享呢？

劉永康：好吧，我就講我自己的教例。

《孔雀東南飛》當中，蘭芝與仲卿殉情後，兩家求合葬，並在"東西植松柏，左右種梧桐"那麼求合葬的兩家親人當時的心態怎麼樣？這不是一個空白嗎？老師為什麼不引導學生展開想像，寫出焦、劉二家對二人殉情後心態與行為的變化。我曾經教此課就是這樣要求學生的，並且給他們作了寫作示範：

生命代價換來兩家猛醒，焦母自責驅遣新婦逼兒另娶的蠻橫。劉兄懊悔趨炎附勢逼妹改嫁的兇狠。合葬蘭芝仲卿告慰死者英靈。種梧桐松柏寄託思念之情：願他倆化鴛鴦棲梧桐長相廝守；願他倆懷恩愛效松柏萬古長青。

杜甫《兵車行》中"去時裏正與裹頭,歸來白頭還戍邊"。

"白頭戍邊"的悲慘杜甫並未描寫,這就是一個藝術空白。我在教學中就設計了一個訓練環節:

杜甫《兵車行》中"去時裏正與裹頭,歸來白頭還戍邊"道出了不義之戰給百姓帶來的深重災難,這是對武皇開邊政策的控訴。請自定一個場面,比如"強征入伍""戰死沙場"等,通過想像,對"白頭還戍邊"加以擴展,著重描寫白頭戍邊的悲慘。(60字以內)

為了啟發學生,我還給學生作了一個寫作示範:

你慘死在敵人的利劍下,兩眼還直勾勾地瞪著。雪花為你蒙上一層厚被,陪伴你長眠的只有那無聲的冷月、凜冽的朔風、露天的白骨……

杜甫《客至》中"肯與鄰翁相對飲,隔籬呼取盡餘杯"。

這兩句詩,寫的是杜甫邀鄰翁陪客飲酒,以盡賓主之歡,但餐桌上暢飲的熱烈情景怎麼樣呢?杜甫也沒有寫出來,我要求學生用想像去擴展這兩句詩,表達主人、鄰翁陪客人飲酒的痛快和盡興。(60字以內)

有學生寫:

桌上已杯盤狼藉,鄰翁仰著身子,癱倒椅背上,醉如泥潭;客人伏在酒桌上,鼾聲如雷;只有主人還硬撐著,斜著醉眼笑看二人的醉態……

有學生寫:

主人說:"莫嫌酒味薄,幹!"接著是勸酒聲、劃拳聲、碰杯聲、咕嚕咕嚕喝酒聲、嘻嘻哈哈談笑聲……過些時間,一個個酩酊大醉……

我教《羅密歐與朱麗葉》,針對朱麗葉見羅密歐已真的死去的情境,我要求學生通過想像把朱麗葉此時此刻的心理活動刻畫出來。(60字以內)

学生刻画朱丽叶的心理活动也是异彩纷呈的。有的写朱丽叶见自己的心上人悲惨地死去，也不想活下去了，决心以死殉情，借此表达朱丽叶对爱情的忠贞。有的学生写朱丽叶见意中人死去的惨状，回想起他们二人真心相爱的美好时光，形成强烈的反差，这是以美好光景衬托眼前的惨景。有的学生写目睹眼前罗密欧的惨状，反思造成悲剧的原因，这是两家亲人打冤家带来的悲剧啊！

赵珂：看来以作品描写的特定情境展开想像描写是对作品二次创作的一种不错的办法。这大都是基于作品中那些未被描写的细节场景进行展开的，那我们还有没有从别的角度让学生与作者共同创造作品呢？

刘永康：在文学鉴赏中引导学生与作者共同创造作品，训练学生再造艺术形象的能力，还可以采用续写的办法。续写可以提供半截子文章，可以针对含蓄的结尾，可以创设情境让学生进行符合原作者创作意图和文章内在逻辑的合乎情理的延伸和拓展。

如有教师执教《皇帝的新装》后，提供了两个续篇：一是皇帝滥杀无辜，一是皇帝加罪说真话的小孩。教师让学生在看了这两个续篇从中受到启发后，再作一个续篇，要求做到既要与前两篇不同，又要符合作者嘲弄封建统治者的意图。有教师要求学生从原文"他觉得百姓们所说的话似乎是真的"一句中，揣摩"似乎"一词，联系皇帝大臣们的性格特征去想像，皇帝回宫后会聪明起来吗？大臣们会说真话吗？于是学生恍然大悟，思维活跃，有的设计骗子献魔镜的新骗局，描写出皇后戏皇帝的可笑场面，这些续写都很有创意。

在阅读鉴赏中训练学生与作者共同创造作品，还可以采用改写原文的方法。比如改变人称、改变体裁、改变表达方式、改变叙述方法、改变语体、改变叙述角度或侧重点等。

有年高考作文，就是给学生一篇人物通讯《第二次考试》，要求考生将这篇文章改写成《陈伊玲的故事》。文章写的是一个叫陈伊玲的部队文工团员，去報考上海聲樂學院，初試效果很好，復試時，聲音發澀，毫無光彩。考務人員認為她聲音不穩定，對她感到失望。主考蘇林教授深入她的住宅地，發現她在第二次考試前，住宅地失火，她就去救火，弄得疲憊不堪，影響了考試，因此，蘇林教授破格地錄取了她。原文重在歌頌蘇林教授為國選材認真負責，他是一個伯樂，憑一雙慧眼，發現並錄取了既有唱歌天才，又能為救災而不惜影響自己考試效果的千里馬陳伊玲。根據原文的內容和所給改寫文章的標題，那麼應該怎樣來改寫呢？

趙珂：我覺得，在改寫中必須把握三個環節：第一，標題"陳伊玲的故事"是一個偏正式名詞短語，中心詞是故事，這就決定了改寫文章的體裁只能是故事。第二，故事前面有一個定語成分是陳伊玲，這就意味著寫作重點發生轉移，原文側重於寫蘇林教授，陳伊玲只是陪襯人物，那麼改寫的重點人物就由蘇林教授轉向陳伊玲，在改寫文章中，蘇林教授就成了陪襯。第三，寫陳伊玲寫什麼？這就要根據原文內容：一要突出她的唱歌天才，二要寫她為救災不怕影響自己的考試，毫不利己，專門利人。改寫就要抓住陳伊玲性格的這兩個方面添加枝葉。

劉永康：你的改寫的思路是正確的。這種改寫具有相當的創造性，關鍵就是要審清題意，否則改寫就會偏離題意，文不對題。如有個考生改寫並未寫故事，這在文體上就偏題，內容更是偏題。他的內容是寫陳伊玲聲音發澀，毫無光彩的原因及治療方案。文章一起筆就寫：根據中醫的髒象理論，肺開竅於喉，肺和則音美，肺損則陰陽二氣俱損，此病宜於開肺氣，滋陰門，補陽元。然後給陳伊林開了一個藥方：黃芪、當歸、馬勃、橙皮、甘草、雞蛋清……這樣的作文就是釘子釘在馬腿上——離題萬裏。

趙珂：看來改寫這種二創不僅要參考原文的內容表達，更要重視自身創作的角度，有針對性地對二創內容進行選材和排列，既做到尊重原作又展現出新作的主題。

劉永康：在審美鑒賞中，讓學生與讀者共同創造作品，還可以對文中一些名句作仿寫訓練，這實際上就是一種模仿中的創新。比如教高中課文《故都的秋》，其中有這樣一句：

"南國之秋比起北國的秋天來，正像是黃酒之於白乾，稀飯之於饃饃，鱸魚之於大蟹，黃犬之於駱駝。"

像這樣的句子就可以引導學生在品味的基礎上仿寫。如果叫我來設計教學，我會這樣設計：

師：這段話中作者拿什麼與什麼對比？

明確：用南國的秋與北國的秋進行對比。

師：就哪一方面進行對比？

明確：在秋天的味道這一點上作對比。

師：對比的結果是什麼？

明確：結果說明，南國的秋不如北國的秋味道那樣濃。

師：在這個對比中還用到什麼樣的修辭手法？

明確：比喻。

師：既然用了比喻，那喻體和本體各是什麼？

明確：本體是北國的秋和南國的秋。喻體是黃酒與白乾，稀飯與饃饃，鱸魚與大蟹，黃犬與駱駝。比喻的相似點在哪里？

明確：相似點是"味道"。

學生在弄清上句的意義與表現手法與修辭手法的基礎上，教師可要求學生以上句為例示仿用其中的對比與修辭手法進行造句訓練。如將我國改革開放前後經濟建設取得的成就作比較，就可仿寫成：改革開放前後，我國經濟建設取得的成就正像是：老鼠之於大象，星星之於太陽，溪流之於大海，小丘之於泰山。

　　趙珂：從閱讀走向寫作，模仿起著橋樑的作用。對文章中優秀語句的模仿，並非直接照搬照抄其內容，而是抓住作者創作時的精髓，在自己的語境中模仿那種氛圍、那種節奏、那種感受。劉教授的講座給我們以啟示：借鑒課文的遷移訓練，無論是擴寫、續寫、改寫、仿寫都是一種讀寫結合的有效方式，是訓練學生對作品進行二次創作的有效方式。今天劉教授和我們一起分享了二次創作的幾個切入點，二次創作的作品是審美鑒賞中再造的藝術形象，對於學生而言或許筆法稍顯稚嫩，但依舊是很有價值一件事情。讓我們放開手吧，盡情去創作、去感受，用自己慧眼和獨特的心靈，給予眼前這部成書已久的作品以第二次生命。

　　今天的內容就到這裏，我們下期再見！

## 把聽覺、視覺、味覺、觸覺溝通起來

趙珂：劉教授，審美是需要能力的，從你前面的講座中，我感受到審美需要一定的美學知識，需要具備審美感知力、想像力、聯想力，要啟迪學生把握審美情感，這些，在前面的一些講座中都已經研究過了，除這些以外，還有別的審美能力嗎？

劉永康：有，那就是審美通感力。所謂通感，就是錢鐘書說的，把聽覺、視覺、味覺、觸覺溝通起來。審美通感就是在一種審美感受的誘發下，萌生出一種新的審美感受。我們看看古詩中寫香的句子。

杜甫的"語洗涓涓靜，風吹細細香"，這是寫什麼香？

張春燕：這是寫竹香。

劉永康：李白的"瑤臺雪花數千點，片片吹落春風香"，這是寫什麼香？

張春燕：這是寫雪香。

劉永康：李賀的"依微香雨青氛氳，"這是寫什麼香？

張春燕：這是寫雨香。

劉永康：盧象的"雲氣香流水"，這是寫什麼香？

張春燕：這是寫雲香。

劉永康：韓愈的"香隨翠籠擎偏重，色照銀盤瀉未停"，這是寫什麼香？

張春燕：這是寫櫻桃香。

劉永康：其實，竹、雪、雨、雲、櫻桃均無香味可言。全是將視覺形象通過一定內在聯繫轉化為嗅覺形象。這裏，轉化的條件十分重要，那就是內在聯繫，也就是二者的相通點。杜甫的"語洗涓涓靜，風吹細細香"兩句，從視覺和嗅覺來描寫雨後的竹子——細密的春雨把竹洗得一塵不染，微微的春風送來縷縷竹的清香。"涓涓"即細水緩流的樣子，"細細"形容春風細微。而"淨""香"則分別是"雨洗""風吹"的結果，表現出新竹的清新美好。"涓涓"也有版本作"娟娟"，本指姿態柔美的女子，這裏直接用來刻畫竹子儀態柔美。同樣，"細細"則直接用來形容竹子的清香之氣，似乎略失含蓄之美。總之，這兩組疊詞的運用，使得全詩音律和諧，讀起來郎朗上口，聽起來聲聲悅耳。作者身居如此清幽的環境中，真有欣然忘食、樂而忘憂之感了。杜甫為什麼能把無香之竹轉化為有香之竹？

張春燕：那是他以修竹來比喻佳人。古時的佳人總是口角噙香的，香從娟娟而來，這是順理成章的。

趙珂：劉教授，你前面提到韓愈的"香隨翠籠擎偏重，色照銀盤瀉未停"，這是寫櫻桃的香味的。可是《漁隱叢話》中卻批評了這種寫法，認為"櫻桃初無香，退之以香言，亦是一語病"，果真是語病嗎？

劉永康：非也。"香"這種氣味在自然界一般只有花才有，可是在古詩詞中，許多本無香味的事物，卻具有了香味。對這種現象，前人不大理解。南宋學者胡仔在《苕溪漁隱叢話》中說："退之（韓愈）詩雲：'香隨翠籠擎偏重，色照銀盤瀉未停。'櫻桃初無香，退之以香言，亦是一語病。"對此，清代學者吳景旭在《歷代詩話》"香"卷中說："竹初無香，杜甫有'雨洗娟娟淨，風吹細細香'之句；雪初無香，李白有'瑤臺雪花數千點，片片吹落春風香'之句；雨初無香，李賀有'依微香雨青氛氳'之句；雲初無香，盧象有'雲氣香流水'之句。妙在不香說香，使本色之外，筆補造化。"這些詩句中為什麼說櫻桃、竹、雪、雨、雲是香的呢？不好理解。吳景旭認為這是詩人"筆補造化"，即這些東西天生是不香的，詩人補天生之不足，給它們加上香，使它們具有了香氣。不過，吳景旭的看法不能讓人信服。詩人之所以把原本不香的事物寫成有香氣，這是由於"通感"的作用，即不同的感官相互溝通，產生聯想，從而使事物原本不具有的特徵出現了。韓愈之所以說櫻桃也有香味，那是因為櫻桃之紅與花之紅相似，櫻桃的紅與花都具有美這一相通點，花是有香味的，於是就聯想到櫻桃似乎也有香味了。這是視覺通於嗅覺。

張春燕：劉教授，我覺得這種通感的修辭手法好像只有文學作品才經常用到，這是為什麼？

劉永康：文學藝術以喚起表像的方式作用於欣賞者再創造。從而在頭腦中引起視覺形象或聽覺形象。因為他們不受視覺形象和聽覺形象直接限制，所以它的表達方式更為自由，反映的生活也更為廣闊深邃，給欣賞者的感受也更為豐富多彩，複雜細膩。如果學生缺乏審美通感力，就不能很好地感受作品的美。

趙珂：如此說來，語文教師就要善於運用教材中的通感因素啟發學生去體味咀嚼，並在閱讀觀察和作文實踐中去提高審美通感力。我知道，作為大學教授的劉老師，你還經常下到中學去上語文課，你能談一談，在你的語文教學中是怎樣訓練學生的審美通感力的？

劉永康：我曾經教白居易的《琵琶行》，就讓學生先回憶我之前教過的《明湖居聽書》，此文記敘大明湖邊聽白妞黑妞說書，聲音一層高似一層，用攀登泰山來作比，越升越高。這裏就用到了通感，請大家回憶，是拿什麼與什麼相通？學生回憶到：那是從聲音聯想到攀登的肌肉運動覺與泰山的視覺。"曲如折"，聲音的轉折，如表達音調的變化，引起聽眾情緒的變化。"止如槁木"，聲音止靜，像枯木的止而不動。在回憶的基礎上，我說："我們今天學習的白居易的《琵琶行》也是寫聲音的，而且也用到了通感，並且與《明湖居聽書》中，寫大明湖邊聽白妞黑妞說書的聲音有相似之處，請大家找出來分析。"通過思考啟發，學生終於發現"冰泉冷澀泉凝絕，凝絕不通聲漸歇。別有憂愁暗恨生，此時無聲勝有聲。"聲音從高到低，從低到泉水因冷而凝結那樣越來越低沉。低沉到就像停止那樣，這就如枯木之止而不動，但又不是完全停止，在低沉中又發出一種幽愁暗恨，所謂無聲勝有聲。這就是由聽覺引起視覺的通感。

張春燕：我體會到，劉教授這個教例訓練學生的審美通感能力，是將已經學過的和新學的兩篇文章的中的通感聯繫起來思考，這是溫故中的知新，加深了學生對通感修辭手法的理解，收到了舉一反三的效果。

劉永康：我教朱自清的《荷塘月色》，其中有兩個教學片段：

**片段一**

生：（齊讀）微風過處，送來縷縷清香，仿佛遠處高樓上渺茫的歌聲似的。

師：這句話描寫的對象是什麼？

生：寫荷花的香味。

師：寫荷香又是突出什麼特點？

生1："香"字前面有個"清"，那就是突出"清"的特點。

生2："清"的同義詞是"淡"，換成"淡"，語言更顯得新鮮一些。

師：淡。那我們就依他的。寫荷花突出一個"淡"字。

（PPT展示：荷香——淡）

師：作者又是怎麼來形容這個"淡"的？

生（齊）："仿佛遠處高樓上渺茫的歌聲似的"。

師：荷花的香味是聞到的，這是嗅覺；而歌聲是聽到的，這是聽覺，怎麼用寫聽覺的詞來寫嗅覺呢？這該不會是有語病吧？

生1：不是語病，是通感修辭手法。

生2：通感又叫移覺。

師：啊，你還曉得是通感、移覺。誰能解釋什麼叫移覺、通感？

生1：移覺就是感覺的轉移，

生2：通感就是感覺相通。

師：好的，移覺就是感覺的轉移，本質上講就是由此及彼的聯想，就是由這種感覺聯想到那種感覺。可是為什麼能夠由這種感覺聯想到那種感覺呢？那就是因為這種感覺和那種感覺之間一定有內在聯繫，有相似點或相通點，即感覺的相通，所以移覺才又叫通感。這都是顧名思義啊。"微風過處，送來縷縷清香，彷彿遠處高樓上渺茫的歌聲似的"。朱自清將清香這種視覺轉移成歌聲這種聽覺，相通點在哪里？（學生語塞，於是我哼了兩句歌來啟發："一道道梯田一層層綠，一陣陣歌聲隨風傳"）同學們，歌聲在微風中傳播是一陣陣的，那麼荷花的清香在微風中又會怎樣傳播？

生1："也是一陣陣的。

生2："一陣陣"就是時有時無。

生3："一陣陣"還是時強時弱、時斷時續。

師：好呀，歌聲與荷香的相通點被你們給找出來了，可見，朱自清先生這個通感算是用通了。他不應該是語病。由此得到一個啟示，今後，同學們使用移覺、通感這種修辭手法，一定要考慮兩種感覺轉移的相通點啊。

## 片段二

生（齊讀）：塘中的月色並不均勻；但光與影有著和諧的旋律，如梵婀玲上奏著的名曲。

師：由光和影構成的月色，又具備什麼特點？可用文中關鍵字回答。

生（部分）：和諧。

生（部分）：不均勻。

師：這就是由光和影構成的月色的特點：不均勻但又和諧。

師：為什麼說堂上的月色並不均勻？

生1：這個好理解，因為它不是清一色的光和影。

生2：影不止一種，有黑影又有倩影。

生3：黑影又是斑駁的、參差的。

師：對了，你們說到的這些，都足以說明：由光與影構成的月色並不均勻。但既然不均勻，怎麼又說是和諧的呢？（學生語塞，老師啟發）首先要弄清楚什麼叫和諧，所謂和諧，就是指配合適當、協調。

雖然有黑影，也有倩影，這些影的形成有沒有原因？

生1：倩影是在光透過彎彎的稀疏的楊柳才形成的。

生2：黑影是光透過高處叢生的灌木形成的。

師：可見這兩種影的形成有各自的原因，光透過灌木不可能形成倩影，透過楊柳不可能形成黑影。所以，它的組合是有內在聯繫的，這就是和諧。那麼，對於月色的和諧文中用了一個什麼來修飾？

生（齊）：梵婀玲上奏著的名曲。

師：這又是什麼修辭手法？

生（齊）：通感。

師：對的，既然是通感，那就一定要把它的"通"弄清楚。相通點是什麼？

生（齊）：和諧。

师：大家都能答出来了，是和谐。也就是说月色是和谐的，梵婀玲上奏著的名曲也是和谐的，在和谐这一个点上它们是相通的，所以这就是通感。

赵珂：从以上两个教学案例中不难发现，刘教授是紧扣对课文语句的赏析来思考通感手法的妙用。在欣赏中，不只是让学生明白是什麼感觉与什麼感觉发生转移，最重要的是引导学生思考这感觉转移的内在联繫，注意引导学生抓二者的相通点。如从荷香联想到歌声，这是嗅觉转化为听觉，二者的相通点就是"时有时无""一阵一阵"。由月亮的光与影联想到梵婀玲上奏著的名曲，这是视觉转化为听觉。刘教授著重引导学生体会光与影的不均匀但又和谐，是为了让学生明白月色与名曲二者的相通点就是"和谐"。结合课文的名句分析来训练学生运用通感修辞手法的能力，实在是行之有效啊！

## 走出"三味書屋",到"百草園"去

趙珂:大家好,今天我們也請到了鐘亮老師來參與我們的討論。眾所周知,在我們談論創作的時候是無法避開"審美"這個關鍵字的。因為創作本質上就是創作者將內心世界投射於現實過程,是一種真誠的表達方式,文學創作同樣不例外。這讓我想到之前我們聊到過一個理論叫"心物同形",我們寫作的作品本身也是一種由"心"而生的"物"。我有個問題想要先請教一下劉教授和亮老師,心物同形理論針對寫作這一創作過程而言,有什麼可以啟發我們的嗎?

劉永康:心物同形的理論啟迪我們,寫作中要誘發和培養學生對生活的敏銳的感知能力。這是一條發展學生整體直覺思維的重要途徑。美國符號論美學家蘇珊·朗格認為在外界事物中,只有那種與欣賞者自身具有相同生命形式的自然物才包含著某種感情。具有生命形式的事物,我們直覺就能把握。那麼,什麼是生命形式呢?朗格認為基本特徵是有機統一性、運動性、節奏性和生長性。

比方澎湃的海潮組成雄壯的佇列,呼嘯著,起伏著撲向海灘,倏地又退回來,又撲向前去,海潮的動態形式就體現著生命結構和律動。因此,我們就覺得海潮像人一樣具備了感情。

鐘亮:劉教授講到的心物同形理論啟發我們語文教師:那就是讓我們帶學生去觀賞雄峰的峻峭,去傾聽瀑布的咆哮,去沐浴春光的嫵媚,去領略秋風的神韻,在大自然的懷抱裏,那泉水的叮咚,那野花的嬌豔,那遊魚的嬉戲、那燕子的穿梭,那柳枝的搖曳,那黃鶯的歌吟等等無不具有生命同構的運動形式。只要我們語文教師經常地引導學生去體驗和感受現象世界,耳濡目染,不斷薰陶,就能調動學生潛在的感知能力,並能使他們對外物的感知越來越敏銳。

劉永康:當外物的完整、均衡、對稱、節奏等運動形式完全內化為學生自身的活動模式和習慣之後,學生的審美感知、審美想像、審美聯想、審美通感就會變得愈加敏銳靈活、細膩精巧,甚至是一聲蟬鳴、一朵浪花、一根野草、一陣秋風也能觸動深沉的思緒，也能掀起感情的波瀾。"果欲學作詩，功夫在詩外"，學生有了這詩外的功夫，吟詩賦文，何愁無靈感，何愁言之無物。

趙珂：是啊！正所謂："文章本天成，妙手偶得之"，若沒有在大千世界中真聽真看真感受的際遇去造就行文的"妙手"，哪有靈感迸發時刻的"偶得"呢？

劉永康：可是，現在的學生幾乎沒有社會生活，沒有親近大自然的機會。每天就是從學校門到家門，從家門再到學校門。他們被應試教育禁錮在現代的"三味書屋"中，與大自然這個"百草園"是咫尺天涯之隔。高坐書齋，不識人間煙火，不對社會人生進行關照與思考，高考作文中不少考生缺乏鮮活的材料，寫好人好事就是幫人推車，給人讓座等，寫社會變化就是蓋高樓、起大廈之類，闡明什麼事理，往往是古有司馬遷，今有張海迪，中有陳景潤，外有愛迪生。

趙珂：學生作文中胡編亂造的現象十分嚴重，寫虛無人，說玄虛話，抒虛假情的"三虛"現象十分嚴重。某些作文為了感人，把自己的父母拿來做犧牲品，說什麼媽死的慘像，爸死的不幸。為作詩賦強說愁，實在可悲。

劉永康：是的，更有勝者，有的學生缺乏生活，沒有素材，寫不出作文就罵娘："他媽的，這次作文真難寫，你大爺我足足想了半個時辰，才想出以上兩排文字……"

2004 年江蘇話題作文："沉穩的山，靈動的水"，結果試卷上一會兒是李清照的水，"到黃昏，點點滴滴"；一會兒是李白的水，"君不見黃河之水天上來"；一會兒是蘇東坡的水，"大江東去，浪淘盡，千古風流人物"，寫來寫去就沒有自己的"自來水"。沒有家前屋後清澈的，或者被污染了的水。甚至有的考生大發感慨："我登上沉穩的山，望見靈動的水，大呼一聲，啊，我寫不出來……"

鐘亮：許多考生缺乏生活素材，只好去掏老祖宗的兜。利用古人騙印象分。許多高考作文多見名人、名著、名言的身影，各種作文題的優秀卷幾乎都成為名人逸聞、史海鉤沉的彙編，連初中生的中考優秀作文也都深沉地擺弄著李白、東坡、司馬遷……我們靈氣逼人的自己哪里去了？我們天天向上的生活哪里去了？我們如此多嬌的江山哪里去了？希望中學師生早日走出利用古人騙印象分的誤區，我們的閱讀、寫作理應有更廣闊的空間。

趙珂：沒錯，為了應試而生的浮誇文風不可取。作文應當是青少年的精神家園，因此我們的作文教學要摒棄華而不實、虛無和賣弄，講求真誠的表達。

劉永康：從應試的需要出發，許多學校在作文訓練中還要求步調一致，那就是要順應命題人的"思維定勢"、順應閱卷老師的"喜好憎惡"。把關的語文老師一定是猜題的行家裏手，他們從命題和閱卷中領悟到：立意要"緊跟形勢""緊跟宣傳中心"、要合"思想健康"的派，就必寫鶯歌燕舞。"為避免惹是生非"，就不要去揭露社會的醜惡現象。能歌頌教師的就不要去歌頌別人，因為閱卷的是教師。"文章的開頭必須如何寫"，因為閱卷人是在高溫下閱卷的……

鐘亮：有的教師把全國歷年的中高考試題分門別類、梳理成現成的所謂"規律程式"。然後教給學生哪類題目準備哪些材料，怎樣開頭，如何結尾，逐一訓練後讓學生熟背熟記，以應考試。有的教師代替學生收集材料，把書上的、報上的、網上的按照事理關係歸納成愛國篇、理想篇、氣節篇、修身篇、艱苦奮鬥篇、追星透視篇、懲惡揚善篇、移風易俗篇……然後讓學生在這篇那篇中選取材料來拼湊文章。

趙珂：這樣拼湊出來的文章，自然是認識趨同，其文風必然僵化平庸，千人一面、千部一腔。這種七拼八湊的寫作凋零了"我"的個性、消解了"我"的悟性、扼殺了"我"的靈性、毀滅了"我"的創造性。我們應拋棄只為應試形成的種種統一步調的作文模式，在作文教學中呼喚"我"的回歸，弘揚人的主體性，發展學生的個性，啟動學生的靈性。

劉永康：還有許多高考作文在仿"秋雨體"的文化散文，遺憾的是他們少了餘秋雨幾十年的生活積澱，仿到的只是走了靈魂的形。有些所謂的"高考作文寶典"，也在把考生一步一步往脫離現實，只追求辭藻華麗上引，說什麼寫作文時，不要說"我很悲傷"，要說"我心靈的天空一直下著雨"；不要說"女人和男人應有平等的政治地位"，而要說"女人應是一株木棉，和橡樹並立在一起"；不要說"有錢"，要說"與孔方兄無緣"，說"老人頭不多"。

趙珂：這是對學生的誤導，對"語言生動""文句有意蘊"的曲解。有人擔心地說：這樣寫下去，辭藻華麗些還不要緊，怕的是光開花，不結果。

劉永康：作文本該是學生對現實生活的真實反映，作文的材料應來自生活。可是，為了應試得高分，有的老師公開教學生投機取巧，弄虛作假。他們逼著學生背"作文大全"、背"優秀作文選"，還搞一些套作文章的技巧訓練，為學生考試時剪輯組合，拼湊預製板做準備。

鐘亮：有些教師尊奉"天下文章一大抄"的信條，誤導學生。有些教師讓學生背抄現行文章來提高作文考試分數，藉以顯示教學品質高，學生表面上得到了虛假的"成功"，卻失掉了人格和道德。這樣下去，學生不可能提高寫作能力，還搞壞了思想，導致未來人才的思想素質低下。

趙珂：哈哈，看來作為閱卷場的老將，劉教授對這種無視文體要求，生硬堆砌詩文辭藻的矯情文風可謂是深惡痛絕。相信每一位追求真善美的老師都能在劉教授的呼籲中找到共鳴。這些堆積如山的案例告訴我們作文教學要讓視野衝破課堂的拘囿，擴展到宇宙萬物中去，讓學生去發現那些有生命有意義的人和事物，才能真正寫出屬於自己的文字。

劉永康：不錯！有人說，農村學生學語文的條件不及城市，其實不然，使用電腦、圖書資料，農村不及城市。但農村的山川風貌，大自然的資源不是城市所能比擬的。

古人雲："山巍巍以壯體魄，水清清以滌心胸，天藍藍以靜躁動。"而這些景致是繁華喧囂、鋼筋混凝土構建的城市難以尋覓的。城市有網上優勢，農村有自然優勢。上文學采風課，事先讓學生收集當地民歌、傳說、風俗、對聯等反映民風民俗的東西，上課互相交流，資源共用。農村廣袤土地上演繹著多少纏綿悱惻的故事，留下多少動人悽楚的傳說。吹吹打打中有動人的文化積澱，一碑一石內藏著深邃的智能，讓學生寫出××山的來歷，××河名字的由來，××少數民族奇特的婚俗。

鐘亮：作文時，不妨帶學生投入大自然的懷抱，看看山，看看水，聞聞鮮花，摸摸綠樹，讓學生瞭解大自然，熱愛大自然，為山的巍峨、海的浩瀚折服，為潺潺的水聲、啾啾的鳥鳴著迷，為馳騁的駿馬、剽悍的雄獅喝彩。讓他們從螞蟻身上學習團結，從耕牛身上學習勤勉，從落紅身上感悟奉獻，讓他們面對大自然有太多的話要說，不吐不快。這樣，我想，不用老師交代，學生也會自發地寫出一篇篇情真意切的好文章來。

趙珂：積累固然重要，但不能在機械的背誦中忽略了學生對生命、對世界的真實體驗。創作者在創造之時，首先需要在腦海中確定基於直觀感受而變見的形象，再做表現時的整體安排。古往今來，那些偉大的作品，都源於忠實的內心。寫作過程背後的情感形成機制是十分複雜的，但又是很容易被感受的。寫作本身就是一種對生活感悟的考驗。考驗著作者在日常生活中，是否具備發現最具"生命光彩"的生活片段的能力，能否擷取人情中那些看似難以言說的片段，以及是否具備將這些碎片組合成真誠文字的耐心。讓學生走出"三味書屋"，到"百草園"去吧，他們的文字在那裏將別有天地。

# 第四編　文化素養——鑄造語文課程核心素養的靈魂

文化素養中的文化主要指"中華文化"，它包括"中華優秀傳統文化""革命文化""社會主義先進文化"。"中華優秀傳統文化"是中華文化的根系與血脈，凝聚了中華民族幾千年來認同並奉行的思想理念、價值觀和民族精神，是中國特色社會主義植根的文化沃土。"革命文化"是中國人民在中國共產黨的領導下於革命實踐中形成，並在建設、改革的進程中不斷與時俱進、完善創新的物質文化和精神文化的總和，已經深深融入中華民族的血脈和靈魂，成為社會主義核心價值觀的豐富滋養。"社會主義先進文化"是指以馬克思主義為指導，繼承和弘揚中華優秀傳統文化和革命文化，吸收借鑒世界優秀文化成果，集中體現中國人民在新的歷史條件下所追求的文化。其精髓是社會主義核心價值體系。任何課程都包含文化，都是文化的載體。但是，要想讓學生理解、熱愛中華文化，建立自覺、自信的文化意識，語文課程無疑是最好的陣地、最佳的路徑。國家通用語言文字是中華民族的精神家園，語文課程對繼承和弘揚中華優秀傳統文化、革命文化、社會主義先進文化，推動文化的創新發展，具有不可替代的優勢。中華文化是語文課程的核心主題和主要內容。

在義務教育階段，將文化自信列為核心素養之首，這是具有深刻的政治背景和深遠的歷史意義的。"文化自信是指學生認同中華文化，對中華文化的生命力有堅定信心。通過語文學習，熱愛國家通用語言文字，熱愛中華文化，繼承和弘揚中華優秀傳統文化、革命文化、社會主義先進文化，關注和參與當代文化生活，初步瞭解和借鑒人類文明優秀成果，具有比較開闊的文化視野和一定的文化底蘊。"文化自信主要包括文化認同、文化積澱、文化理解、文化參與。高中階段，文化素養則表述為文化傳承與理解：學生應能繼承中華優秀傳統文化，理解、借鑒不同民族和地區文化的能力。同時，還應在語文學習過程中表現出文化視野、文化自覺的意識和文化自信的態度。語言文字是文化的載體，又是文化的重要組成部分，通過學習語文，學生能夠更好地理解和傳承中華文化。"永康教授講語文"設計了11個專題對文化素養作了詳盡而細緻地闡釋。

## 漢語在民俗文化的土壤裏茁壯成長（一）

趙珂：之前，劉教授相繼用了63個專題為我們講述了語文核心素養中的語言素養、思維素養、審美素養，從本講開始，劉教授要轉入對語文核心素養中的文化素養進行講述。課標在語文核心素養中提出了"文化素養"的要求。那"文化素養"是什麼意思呢？

劉永康：文化素養主要指文化自信以及普通高中課標所說的文化傳承與理解等。文化自信，是指學生認同中華文化，對中華文化的生命力有堅定信心；文化傳承與理解，是傳承祖國文化和理解、尊重世界多元文化的意識與能力。語文課程，要引導學生通過語文學習，熱愛國家通用語言文字，熱愛中華文化，繼承和弘揚中華優秀傳統文化、革命文化、社會主義先進文化，關注和參與當代文化生活，初步瞭解和借鑒人類文明優秀成果，形成比較開闊的文化視野和一定的文化底蘊。以此為基礎，提高理解和尊重世界多元文化的意識與能力等。

首先，要引導學生認同中華文化，對中華文化的生命力有堅定信心。義教課標共列出了9條總目標。其中第1、2、3條目標主要強調了語文課程的思想品德和文化育人要求。培養正確的"三觀"是義務教育階段所有學科都要達成的共同目標，也是語文課程的文化目標。義教課標和普通高中課標都非常重視文化自信的培養，並在內涵闡釋、總目標、學段要求、課程內容和教學建議等板塊反復提及，一以貫之，這是語文課程落實"立德樹人"根本任務的直接表現。

其次，要引導學生樹立尊重多元文化的意識，提高理解多元文化的能力。一是引導學生認識和瞭解我國多民族文化的價值與內核，尊重不同民族的文化習俗，為民族間的和諧與團結發展貢獻力量。二是引導學生認識和理解世界上不同國家或地區的文化，知道這些文化產生的獨特背景，瞭解這些文化的存在意義，樹立尊重世界多元文化的意識。

趙珂：漢語本身承載著博大精深的文化內涵，反映了不同時代不同地區人民的文化生活。民俗文化生成於我們的日常生活，為了更加準確生動地理解中華文化，在本講，還請劉教授為我們講講民俗文化這個切入口吧！

劉永康：中國民俗文化是一門以社會民間風俗習慣為對象進行系統研究的人文科學。民：相對於官府而言的民間和廣大的民眾；俗：相對於國家制度而言的自發形成而又被長久共同遵循的生活習慣。民俗：在廣大民眾中自發形成、世代相傳、共同遵循的各種生活和信仰的習慣與規範。

民俗文化是民間社會生活中傳承的文化事物和現象的總稱，是一個國家和地區的基礎文化，也是創造一個國家和民族高雅文化〔精緻文化〕的基礎。民俗文化產生於民間社會生活之中，又世代相習傳承於民間社會生活之中，與現實生活緊密相連、水乳交融。民俗文化對漢語的形成和發展有著極其深遠的影響。

趙珂：民俗文化形成與語言文字的流傳有著密不可分的聯繫。劉教授可以為我們分享一些體現在語言文字中的民俗文化嗎？

劉永康：語言符號是與民俗文化形成的交際背景，如語言習慣、風俗習慣、民族心理特點、道德規範以及社會倫理觀點等有關。

漢語愛用代字、成語、典故，外國人如不了解這些習慣，只從字面去理解自然不得要領。代字就是用體現人的某些特徵的字來代替對這個人的稱呼。如：

鬚眉：古代男子以鬚眉稠秀為美。後用"鬚眉"作男子代稱。

巾幗：原指古人使用的一種首飾，寬大似冠，高聳顯眼，內襯金屬絲套或用削薄的竹木片紮成各種新穎式樣，外緊裹一層彩色長巾而成。因為"巾幗"這類物品是古代婦女的高貴裝飾，人們便稱女中豪傑為"巾幗英雄"，後人又把"巾幗"作為婦女的尊稱。故有"巾幗不讓鬚眉"之說。

汗青：古代沒有紙，在竹板上記事。采來的青色竹子要用火烤，直到竹板上冒出水分，這樣才便於書寫，又可防蟲蛀。後來把著作完成叫汗青，汗青又代稱史書。"人生自古誰無死，留取丹心照汗青"中的汗青就是這個意思……

趙珂：剛剛劉教授提到的這些詞語都包含了古人將文化巧妙融入語言的智慧。其實說到涵義豐富的語言表達，廣為流傳的成語更是中華語言文化中獨具價值的瑰寶，煩請劉教授再給我們展開說說吧。

劉永康：成語是我國漢字語言辭彙中一部分定型的片語或短句，其形式以四字居多，也有一些三字和多字的。

成語有很大一部分是從古代相承沿用下來的，在用詞方面往往不同於現代漢語，它代表了一個故事或者典故。成語又是一種現成的話，大都出自書面，屬於文語性質的，跟慣用語、諺語相近，但是也略有區別。成語在語言表達中有生動簡潔、形象鮮明的作用。外國朋友不懂成語典故的成因和意義，因此翻譯不好，勉強翻譯，囉囉嗦嗦，有的是內容與原意大相徑庭。如：

胸有成竹：原指畫竹子在動筆之前腦子裏先有竹子的完整形象。現比喻做事情動手之前心裏已有主意；有打算或有把握。可是，一個俄文翻譯，竟把它翻譯成肚子裏面有根棒棒。

積毀銷骨：積毀，不止一次的譭謗。銷；熔化。一次又一次的譭謗，積累下來足以致人於毀滅之地。比喻譭謗中傷的可怕。出處：司馬遷《史記·張儀列傳》："臣聞之：積羽沉舟，群輕折軸，眾口鑠金，積毀銷骨。"有個法國翻譯家把它翻譯成積極地籌畫一次戰爭，造成一場毀滅性災難，銷售死人的骨頭。真是令人啼笑皆非。

趙珂：由此可見，正是因為漢語獨具特色的表意方式和文化內涵才能讓語言展現出如此鮮活強大的生命張力。在我們的生活語用中，還有其他常見的受民俗影響產生的表達方式嗎？

劉永康：漢民族自古以來對飲食就具有特殊的親和，對膳食享受的特殊感受使得它成為人們意識世界中的一個基本因數。"民以食為天"就是作為一條治國之道而被歷代所重。《左轉》強調了這一點就一直被認為是具有民本思想而受到肯定。軍事學上的一條重要方略就是"兵馬未動，糧草先行"。食性上的最大滿足，和"民以食為天"的思想對漢語的表達形成和詞語構成都產生了巨大影響。

漢族人相見時，最普通的問候是："你吃了飯嗎？""吃了嗎？"在中國，"吃"成了表達親密關係的最重要的一種方式。從而就有了"吃人的嘴軟""酒席是最好的談判席""儒為席上珍""不信你看席中酒，杯杯先敬有錢人"……中華民族這種食性上的最大滿足，和"民以食為天"的思想，這種極度推崇飲食的觀念對漢語的表達形成，對詞語的構成和詞義的引申帶來很大的推動力、成為人們聯想的一個主要出發點。一些有關飲食的專門詞語後來都被賦予了更多的載義功能，慢慢進入常用詞的範圍。

吃大鍋飯：表示勞動分配上的平均主義。

炒陳飯：表示沒有創新，還是老一套。

炒魷魚：表示被老闆解雇。

一刀切：表示處理問題，不管具體情況而求統一化。

開小灶：比喻享受特殊照顧。

菜籃子：比喻市民們的副食品消費。

喝苦酒：比喻忍受自己帶來的不好結果。

拖油瓶：指改嫁的婦女帶著原來的孩子。

背黑鍋：指無辜背著不好的名聲或罪名。

特別有趣的是一些菜肴名以及煮飯的工具也作為普通詞語，往往用著揭示一條重要規律、道理的格言出現：

一壇子蘿蔔抓不到薑：指面對忙亂，不知該怎麼辦。

刀切豆腐兩面光：指圓滑，兩面討好。

蔥蔥拌豆腐——一清二白：指光明磊落，純潔無邪。

肉包子打狗，有去無回：指努力而無效果。

擀面棒吹火——一竅不通：比喻對某件事情的無知，什麼都不懂

臘肉骨頭——啃起來無肉，丟了又香：指對某種東西難決定取捨，內心糾結

生薑沒有老薑辣：比喻年歲大的人比年歲小的人更有經驗，更成熟老練

屋裏不燒火，屋外不冒煙：比喻某種現象的發生總是有它的原因，不會平白無故。

癩蛤蟆上蒸籠——氣鼓氣脹：比喻心中有氣發不出來……

還如"掛羊頭，賣狗肉""毛毛雨打濕衣裳，杯杯酒吃脫家當""茄子不開虛花""小娃兒不說假話""巧媳婦難為無米之炊""要吃魚大家補網""雞蛋裏挑不出骨頭來""比倒簸箕買鴨蛋——哪有那麼合適的""白米細面——土中提煉"……

如果不了解中國的飲食文化，對上述語言的理解就失去了依託。

趙珂：哈哈真的太有意思了！這也讓我聯想到在中文裏，"火候"一詞的使用並不局限在廚灶，更是用來評價一個人為人的精神境界，以及處世的修養深度。在一粥一飯的日常裏，飲食文化和我們的語言文字早已是血脈相依的關

聯。除卻有關日常生活的部分，還有其他民俗文化對我們的語言產生影響嗎？讓我們在下一講內容中揭曉吧!

## 漢語在民俗文化的土壤裏茁壯成長（二）

趙珂：劉教授在上一講開始講漢語在民俗文化的土壤裏茁壯成長。著重講了語言符號與民俗文化形成的交際背景，如語言習慣、風俗習慣、民族心理特點、道德規範以及社會倫理觀點等有關。本講是上一講的繼續，著重講述漢民族審美心理對漢語形成和發展的影響也很大，以及如何在語文教學中去培養學生的文化素養。

劉永康：的確，漢民族審美心理對漢語形成和發展的影響也很大。漢民族重形象、重直觀的心理會使得形象性強的詞具有很高的生產力，還會在不同性質的詞當中因其外部形象相同相似而建立某種詞義關係。漢字造字的六書，就有大量的象形字。所謂"象形者，畫成其物，隨體詰詘，日月是也"意思是：所謂的象形字說的是把具體的物體以繪畫的形式表現出來，形成文字，根據物體的不同繪畫形式也不同，比如日和月就是象形字。如女性的形象在漢字中既有雙手放在胸前的、又有帶發的，還有描眉、突乳、哺乳的。

漢民族的審美心理中講求對稱、方正、它帶動了偶數結構詞語的發達，並使"二""四"數字入詞的高頻率。

趙珂：是的，比如"對稱"還導致漢語獨有的對偶修辭手法的產生和廣泛運用，導致寫對聯的文學樣式應運而生，這是漢語的獨特魅力。對聯洋溢著中國傳統文化的濃郁氣息。中國人的春節必得有對聯："千門萬戶曈曈日，總把新桃換舊符"。民間紅白喜事少不得要寫對聯、樓堂館所也要貼對聯，甚至富家小姐招親少不了要對聯，古今各種考試也要考寫對聯。

劉永康：是的，關於寫對聯的趣事就太多了，這些趣事本身就充滿了文化氣息。就說考試吧，古往今來都考寫對聯。比如戲劇《秦庭求官》中，蘇秦去秦庭求官，商鞅故意刁難蘇秦，出對聯難他：天當棋盤星作子，明朗朗誰人敢下。蘇秦不假思索地對出下聯：地作琵琶路為弦，黑壓壓哪個敢彈。據說商鞅嫉妒蘇秦，打壓他說：不怕你文章高北斗，只怕我朱櫻不點頭。前幾年高考語文試題中，還出對聯測試考生：國興旺家興旺國家興旺。可惜對得好的不多，打胡亂寫的不少。如"人衰亡民衰亡人民衰亡""你誠信我誠信你我誠信""妖亂舞魔亂舞妖魔亂舞""喜洋洋氣洋洋喜氣洋洋""生由命死由命生死由命""男廁所女廁所男女廁所"……這些對法在思想取向、感情傾向上與春聯特定的習俗相悖。戲劇《彩樓記》中相府招親，宰相千金劉翠萍搭彩樓出對聯，誰要是對上了，就拋繡球打誰，那上聯是：好花不與凡夫采。破瓦寒窯的窮秀才呂蒙正輕而易舉地對了下聯：留與蟾宮折桂人。劉小姐的繡球就拋給了呂蒙正。可是宰相嫌貧愛富不喜歡呂蒙正，故意出對聯刁難他，那上聯是：鳳凰飛去朝陽，凡鳥豈敢比翼。呂蒙正也是不假思索地對了下聯：困龍尚未升天，汙池暫且棲身。眾所周知的"蘇小妹三難新郎"的故事。新郎秦觀要入洞房，新娘蘇小妹出對聯考他："閉門推出窗前月"，對不好就不准進洞房。秦觀一緊張，神經短路，就硬是對不上，蘇東坡暗中幫他一把，往水中扔下一塊石頭，秦觀立即受到啟發，對了一句"擲石衝開水底天"……天下樓堂館所、寺廟道觀無處無對聯，這些對聯點綴了該處的雅致，增添了深厚的文化內涵。更為有趣的是天下唯一一副只有上聯至今仍無下聯的對聯，那就是成都望江樓的：望江樓望江流望江樓上望江流江流千古江樓千古，此聯高懸在成都望江樓上吸引古今天下無數墨客騷人為之續下聯，所續之聯似乎無一能與之配對。我也試著對了下聯：拜將臺拜將才拜講臺上拜將才將才萬年講臺萬年。我這是用陝西漢中劉邦拜韓信為將的歷史古跡拜將臺與成都望江樓古跡相對，也不知是否相配？

現代民俗文化對漢語形成和發展的影響也很大。漢語中出現新詞新語是時代的進步，是現代文化的產物。

我國改革開放以來，國際交往日益頻繁、經濟發展、科技進步，產生了一大批新詞新語，他們不僅折射出人們生活和思想文化建設的狀況，而且也是我國社會發展進程中留下的文化遺跡。比如：

"顯眼包"：《咬文嚼字》編輯部發佈2023年十大流行語，"顯眼包"一詞強勢入選。原義是一個人過於張揚、愛出風頭，甚至到了令人尷尬的地步。在互聯網社交語境中，用來形容那些引人注目、個性鮮明的人或物。如今"顯眼包"的含義逐漸褒義化，"顯眼包"的行為既是當下人們的一種解壓方式，也是人們個性釋放的人生態度。體現了當下青年人思想開放、個性鮮明，形容一種樂於表達自己不懼外界眼光敢於做自己的灑脫個性。

"45°青年"：是什麼意思呢，就是0°意味著徹底躺平，90°代表拼命內卷，那45°前傾就是既沒有擰緊發條，也沒有頹廢懶散，似乎在人生姿態上達成了某種平衡。當下的年輕人被認為已經陷入了"躺又躺不平，卷也卷不贏"的尷尬境地，但也透露出一種年輕人的中庸智慧。於是45°青年、45°人生"等辭彙應運而生。

趙珂：哈哈，劉教授真的您太懂我們年輕人的精神狀態了！這些新詞的產生不僅反映了時代環境，也折射出人們的精神面貌。語言中的文化真是無處不在，那麼我們又該如何在語文教學中去培養學生的文化素養呢？

劉永康：為了培養學生的文化素養，語文新教材從小學到初中、高中，都選擇了不少反映傳統文化的詩文。學習這些課文本身就是在學習傳統文化，接受傳統文化的薰陶。

比如小學課文《北京的春節》，老舍先生用樸素自然、素白清淺，充滿濃郁"京味兒"的語言，為我們展開了一幅老北京的民俗畫卷，展示了傳統春節節日習俗的溫馨和美好。小學課文沈從文寫的《臘八粥》寫的是中國傳統節日臘八節的經典食物——臘八粥，通過學習課文，激發學生對中國傳統節日的認同感。還有初中課文中劉成章的散文《安塞腰鼓》，描寫的是古老的風沙滿天、溝壑縱橫的黃土高原產生的一種獨具魅力的壯闊、豪放、火烈的畫面美、音樂美藝術形式——安塞腰鼓。高中選修課教材還有《中國民俗文化》《中國文化經典研讀》。

趙珂：劉教授的講述充分說明：是文化的土壤生長出漢語來。課標也說，語言文字是人類社會最重要的交際工具和資訊載體，是人類文化的重要組成部分。那麼，在語文教學中又怎麼借助文化知識來理解語言文字表達的情感意緒呢？

劉永康：這裏，我們就以飽含漢民族文化的典故為例來說明這個問題。如前所說，漢民族文化產生出典故來，典故本身就蘊含著豐富的漢民族文化。因此在語文教學中，老師就要注重引導學生利用詩文的典故隱含的文化資訊來釋放表達的情感意緒。

某老師執教《行路難》，有這樣一個教學片段：

師：《行路難》是一首因用典而情意深長的詩。用典是一種高層次、很雅致的表現方法。它避直就曲，生動典雅。句子的含義是需要人們去理解的，就像作者不直接說"我要從政""我要當官"，而是用典故來說話。下麵我們再來理解一下用典的句子。

（屏顯）

我想閒暇時坐在溪邊垂釣：這句是用薑太公呂尚垂釣時遇周文王的故事來表達自己的希望。

忽然又夢見乘船從白日邊經過：這句是用商朝伊尹的故事來表達自己的憧憬。（學生齊讀）

師：你看，從表面上看，都看不出來其真正的含義。真正的含義是希望有機會得到賞識，希望委以重任。

師：我們一起來把這首詩的意思全部串一下。齊讀。

（屏顯）

金樽斟滿清酒，一杯要十千錢，玉盤裏擺滿珍美的菜肴，價值萬錢。面對佳餚我放下杯子，停下筷子，不能下咽。我拔出劍來，四處看著，心中一片茫然。想渡過黃河，卻被堅冰阻塞，想登上太行，卻被滿山的大雪阻攔。我想閒暇時坐在溪邊垂釣，忽然又夢見乘船從白日邊經過。行路艱難，行路艱難，岔路這麼多，我如今身在何處？總會有乘風破浪的那一天，我將掛起高高的船帆渡過茫茫大海。（學生齊讀）

師：兩個難句都是婉曲地表達自己的心情。這兩個句子讀懂了，這首詩就基本讀懂了。

這位老師首先讓學生明確"用典"的概念和"用典"的效果，讓學生獲得對"用典"初步的認識，然後讓學生找出《行路難》中"用典"的句子並進行鑒賞。讓學生從兩個典故蘊含的歷史文化中看到了詩人"希望有機會得到賞識，希望委以重任"的思想感情。並從中學會了鑒賞詩歌中的"用典"。

趙珂："用典"作為一種修辭手法，既能顯得文章典雅風趣、含蓄有致，也使作者的語言表達更加精煉、言簡意賅。學生在學習詩詞的過程中也在感受著千百年前詩人言近旨遠的語言魅力。

雖然世事變遷如滄海桑田，但我們總是傾向於在恒久的時光中追尋那些文化的絢爛與延伸，竭盡全力保存在我們的語言記憶裏。漢語在民俗文化的土壤裏茁壯成長，我們在語言中回溯不同生命的際遇，體驗浩蕩歷史的變遷。眼前風物雖不復當年模樣，但每當我們抬頭仰望，卻也一同沐浴於這片名為華夏文明的浩瀚星光。

## 民族文化的載體就是語言

趙珂：在上期內容中，劉教授為我們分享了民俗文化對語言的滋養。除了習俗之外，語言本身也承載著一個民族的歷史、精神、信仰，今天就請劉教授以民族精神為背景為我們講講語言中包含的民族文化吧！

劉永康：民族文化是語言研究的宏闊背景。中國的文化淵源與中國五千年悠久歷史黏合在一起。博大精深的漢民族語言的顯著特徵就是中國文化蘊藏的人文性。而受民族心理制約著的漢民族語言，積澱著無比豐富的民族歷史文化現象，鮮明地烙印著漢民族文化心理結構。

"寧可站著死，決不跪著生""寧為玉碎，不為瓦全。"

這體現了中國傳統文化中"義尊利卑"，也就是重義輕利的價值觀。"君子喻於義，小人喻於利"，是中國傳統文化千百年來墨守成規的座右銘，並且被凝結在有關道德、法律、風俗之中，成為東方文化價值觀的重要組成部分。中國古代詩詞重視在情景交融、互相滲透中顯現藝術的意境，這又浸透著"大象無形"的道家文化思想。老子的"大象無形"，並不是藝術的抽象化，而是通過"氣韻表現在有形的意境中"。自古以來中國人是從天地生生不息的運動變化中去審視萬物之美，藝術的境界根植於中華民族的基本哲學文化思想。長沙某超市掛出橫幅："熱烈歡迎沃爾瑪入駐雨花亭商圈"，這種大氣、包容、友善的形象得到公眾的一致認可。自然也成功地實現了品牌形象的提升。而這橫幅恰好體現了儒家文化中強調的"禮之用，何為貴""允執其中""重和諧，持中道"的儒家處事原則。

趙珂：我們民族的文化中，自古以來就有裝天地宇宙於一心的包容與氣魄，有將家國命運與個人悲喜緊密相連的情感通融，有耕讀傳書的堅韌品質，有為萬世開太平的壯志豪情。其實我們的課文中的古詩文就是為學生打開這扇大門的窗口。想要做到將如此博大的中華民族優秀傳統文化與語文教學的深度融合，還需要教師在許多方面付諸心力。

劉永康：高中語文課程標準指出："語言文字是文化的載體，又是文化的重要組成部分；學習語言文字的過程也是文化獲得的過程。"

因此語言的建構與運用總要和民族文化傳承與理解進行緊密結合進行訓練。

《陌上桑》中幾次提到"秦氏有好女，自名為羅敷"。《孔雀東南飛》中也說：

"東家有賢女，自名為羅敷。"

一些教參以及語文教師，都把"羅敷"作為"秦氏好女""東家賢女"的名字來理解。意思就成了"秦氏好女""東家賢女"的名字就叫"羅敷"。這就是缺乏歷史文化背景知識所作的曲解。其實在《陌上桑》《孔雀東南飛》之前，早就有關於羅敷的歷史故事。說的是：羅敷出生於邯鄲市三陵鄉薑窯村，父親秦敏能歌善舞、頗有文才，後參軍殉國。母親是附近黃窯村張門之女。羅敷兄妹三人，哥秦寶、姐秦蓮，羅敷小名叫小英。小英10歲時，家鄉因遭受洪災，全家搬至村西臥龍崗上，山中一尼姑見她聰明伶俐，便收其為徒，起名為"羅敷"。羅敷長大成人與鄉鄰王仁相愛，但她在田間采桑時卻被趙王看中搶入宮中，其夫得知後自殺殉情，羅敷也在悲痛中投身村西的黑龍潭內。《陌上桑》與《孔雀東南飛》都把上面這個故事人物敷衍成文學形象了。秦羅敷之"秦"成了古典詩歌中美女常用的性，也指"美女之家""羅敷則成了具有賢德的美女"的代稱。隨著時間的推移，"秦"不僅指美女的姓和美女之家，還生出別的意義，如古詩文中的"秦樓""秦樓月""秦樓楚館"等，多指與妓伶（從事舞樂技藝的人）有關，但追溯其根源，都與美女有關。弄清這些歷史文化背景知識，就不難理解："自名為羅敷"，就不是指"秦氏好女""東家賢女"的名字，而是告訴讀者"秦氏好女""東家賢女"是美女，是像"羅敷"一樣的貌美德賢的女子。

陳子昂的《登幽州臺歌》："前不見古人，後不見來者。念天地之悠悠，獨愴然而涕下。"

對於"古人"和"來者"，傳統的解釋是：早已離去的古代人，和尚未出現的後來人。還有一種解釋是：古代和當今，像陳子昂自己一樣有才幹的人。若是前者，這本來就看不見，若是後者，陳子昂就應該引以為自豪，這些都不足以導致他"獨愴然而涕下，要領會這種感情就必須借助文本之外的歷史文化語境。作者寫此首詩時，正是唐萬歲通天元年，陳子昂隨武攸宜北征契丹，他恃才屢屢獻計獻策，均不被武氏採納，反被武氏將其貶官。大才遭忌，憤懣不平，懷著這樣的心情去登幽州臺，而幽州臺是歷史上燕昭王招賢納士所築的黃金臺，登此樓臺，撫今追昔，自然會聯想到像燕昭王這樣愛才惜才的名君、伯樂，如今在哪里？從這樣的歷史文化語境出發，方知"古人""來者"實指燕昭王那樣的明君、伯樂。這句詩正隱含著陳子昂強烈的欲求與現實世界受到無情阻抑的心理對立與衝突。由此可見，對作品關涉的歷史文化情狀的廣泛瞭解，對於發掘文本的情感意蘊有很大的幫助。

趙珂：剛剛從劉教授對《陌上桑》和《登幽州臺歌》的講解中我們可以感受到，在古典詩文中，許多看似模糊的表達不能僅從字面去理解，要從這表達的歷史源頭進行追溯才能得到合乎情理的解讀。在古今的詩歌中意象的表達更是我們民族文化心理的體現，請劉教授給我們講講詩歌中的民族文化吧！

劉永康：鄭愁予《錯誤》中有"東風不來，三月的柳絮不飛"。這一句，孤立地看，不知所云，就是聯繫全詩，也未必能解其中味，但如果我們再聯繫民族心理特點來思考，情況就不同了。原來古人有折柳送別的習俗，"柳"與"留"諧音，是希望行人留下不走。因此見柳生愁便是自然而然的了。

王昌齡《閨怨》："閨中少婦不知愁，春日凝妝上翠樓，忽見陌頭楊柳色，悔叫夫婿覓封侯"。

鄭穀的《淮上與友人別》："揚子江頭楊柳春，楊花愁殺渡口人"。

戴叔倫的《堤上柳》："垂柳萬條絲，春來織別離。行人攀折處，閨妾斷腸時"……

這些詩都寫出了見柳生愁之意。弄清這些，我們再回過頭來看《錯誤》，這首詩從整體上講，是寫一個古典美女正在等待思念自己的心上人。如果她要是見到楊柳色，能不勾起她的離愁別緒嗎？可見，"東風不吹，三月的柳絮不飛"，就好像連東風也善解思婦的閨怨，不願吹飛柳條去招惹思婦，勾起她的離情別緒。這兩句詩恰好含蓄地寫出了思婦的淒苦。這和李白《勞勞亭》："天下傷心處，勞勞送客情。春風知別苦，不遣柳條青"真有異曲同工之妙。

趙珂：折柳送別不僅是表達挽留離人的傷感，更是蘊含著"聊贈一枝春"的美好祝願。民族文化不僅是一種精神氣節，還有融進中國人語言文字裏的含蓄浪漫。但民族文化在語言中顯化不僅停留在詩詞中，劉教授可以就現代文中的民族文化和我們談談嗎？

劉永康：魯迅在《孔乙己》中寫道："孔乙己滿口之乎者也，教人半懂不懂的"。

傳統的理解是：寫出了孔乙己迂腐的性格特徵，反映了孔乙己受封建教育毒害之深。這些認識固然不錯，但把這句話放在五四新文化運動的背景來考察，就會發現，這句話有更為深刻的現實意義。《孔乙己》寫於1919年3月，即5.4運動前夕，是繼《狂人日記》後的第二篇白話小說，在寫這篇小說時，文化界正在開展一場"文白之爭"。復古派林琴南等抨擊白話文學"覆孔孟，鏟倫常"，叫嚷就是要"抱殘守缺，至死不易其操"。林琴南還說："白話文鄙俚淺陋，不值識者一哂之者也。"魯迅就在寫《孔乙己》不久，還寫了一篇《現代的屠殺者》，該文對復古派林琴南的言論作了有力的揭露。魯迅說："高雅的人說：'白話文鄙俚淺陋，不值識者一哂之者也。'中國不識字的人，單會說話，'鄙俚淺陋'不必說了……最可歎的是幾位雅人，也還不能如《鏡花緣》裏所說的君子國的酒保一般，滿口'酒要一壺乎，兩壺乎，菜要一碟乎，兩碟乎的'終日高雅，卻只有在呻吟古文時，顯出高古品格。一旦要講話，便依然是'鄙俚淺陋'的白話了。四萬萬中國人嘴裏發出的聲音，竟至總共不值一哂，真是可憐煞人。"魯迅特意把高雅的林琴南的"之乎者也"引出，又把《鏡花緣》第22回《說酸話酒保咬文》中一段"滿口之乎者也"的酸話引出以回敬提倡文言文的林琴南。魯迅多次寫孔乙己滿口"之乎者也"，明顯地是針對提倡國粹主義的復古派的。《鏡花緣》中諷刺酒保咬著文言滿口酸話令人發笑，孔乙己在短衣幫面前也是"之乎者也"的滿口酸話，一次次地引起眾人哄笑，在這笑聲中，不是也夾著對復古派的尖銳嘲笑嗎？可見《孔乙己》不僅揭露科舉制度的吃人本質，批判了封建教育對讀書人的毒害，同時還抨擊了當時維護"國粹"的復古派。

趙珂：《背影》裏，父親為兒子買橘的背影是全文的聚焦點，它蘊含著全文的情感意緒。可是，有學生向老師質疑說，朱自清看著父親爬鐵道、翻越月臺去給自己買橘而感動，這是可以理解的，但就因此而感動得流淚，感情也未免太脆弱了，除非是多愁善感的林黛玉還差不多。俗話說："男兒有淚不輕彈"，一個大男人，總該有點陽剛之氣嘛，哪會有那麼多的兒女情長？老師沒法回答學生的問題，劉教授，你能給大家講講你對這一問題的看法嗎？

劉永康：要解決這一問題，就得聯繫文本的語內境和語外境。從語內境看，是一位為兒子去外地求學而送行的父親，拖著肥胖的身子艱難地爬鐵道、翻月臺為兒子買水果，而且買的水果偏偏又只有橘子，這是為什麼？這難道僅僅是一般地體現父親對兒子的愛嗎？還是別有一番滋味在心頭？就這一問題，僅憑文本的語內境是不能解讀的了，於是就要聯繫語外境來思考。這時，老師需要給學生介紹一點朱自清家鄉揚州的民情風俗。揚州人逢年過節、走親訪友、迎來送往，常常喜歡饋贈橘子，原因是揚州人把交好運說成是"走局"，"橘與"局"諧音，於是，送橘恰恰表現了送禮方對受禮方的良好祝願，祝願其交好運。然後再回到文本的語內境，文章談及朱自清家庭因社會的黑暗而日趨窘迫，"光景很是慘澹"，"一日不如一日"，作者的父親，先是"賦閒"，後為了找差事而"東奔西走"，乃至老境"頹唐"。父親正是在這種狀況下送兒子去北京求學的，因此朱自清從父親買橘的背影中也許感受到的不只是一般的父愛，而極有可能是希望兒子這一去會"走局（橘）"，即交上好運。也就是學業有成，幹出一番事業來，好重振敗落的家業、光耀門楣。因此，朱自清從父親買橘的背影中領會到的既有很深的慈父之愛，或許還有慈父對兒子外出求學寄予的厚望，這種厚望也是更深層次的愛。正由於如此，朱自清才會望父之背影而潸然淚下。

趙珂：劉教授對這一問題的解答令我心悅誠服。他說的語外境不就是揚州一帶的民情風俗嗎？不就是揚州的鄉土文化嗎？劉教授對《背影》和《孔乙己》相關問題的解讀，就是在中學閱讀教學中，調動文化知識解讀課文的範例。那麼在小學語文教學中，你也能給大家提供一個用文化知識解讀課文的範例嗎？

劉永康：好的，教小學課本中的《金字塔》，要學生弄懂"金字塔為什麼要建在尼羅河的岸邊？"那就需要借助埃及的歷史文化知識：人類的文明大都發育在河流沿岸，埃及也不例外。在那個時期，埃及人都是沿河流定居的。尼羅河水每年定期氾濫，淹沒陸地，滋潤土壤，使耕地肥沃，農業發達，埃及因此成為歷史上最早不用將全部勞力投入到農業生產的國家之一，剩餘的勞動力就可以用在其他方面，比如建造金字塔。

以上案例無不說明語言的建構與運用總要和民族文化傳承與理解進行緊密結合進行訓練。

趙珂：確實如此，現代文中那些文字或深刻尖銳或恬淡傷感或妙趣橫生，都在向我們揭示著民族文化的內涵。語言是民族文化的載體，它宛如星辰般的碎片，在口耳相傳的俚語中，在詩文壯闊或纏綿的敘說裏為我們拼湊著中華文化的瑰麗與雄奇。文化自信是一個民族對自身文化的充分肯定與積極踐行。作為教師的我們，只有具備一雙慧眼和一種上下求索的精神才能觸及那些精彩的內容，從而在學生和知識之間建構起適足的橋樑。

今天的內容就到這裏，我們下期再見!

## 語文現行教材的文化內涵

趙珂：教材是教師在課程標準指導下組織教學活動，完成教學任務最重要的載體，也是一個人一生中所接觸的最重要的讀物，它的力量可能影響著受教育者一生的思想和行動。語文教材的功能就在於育德啟智、厯練語言、擴展知識、提升素養。按課標的說法，既然語文是人類文化的重要組成部分，那語文教材肯定會承載文化。劉教授，你能給我們講講嗎？現行語文教材的文化內涵又體現在哪些方面呢？

劉永康：從現行教材中，我們可以看到，人文主題及其承載這些主題的語言文字、作品、文物、遺址等共同構成了語文課程的內容。漢字、成語、神話、寓言故事、歷史故事、古代詩文，傳統文化常識、傳統節日、民風民俗及其內含的仁愛、民本、誠信和合、大同等主題思想，構成了中華傳統文化的課程內容。反映理想信念、愛國情懷、艱苦奮鬥、無私奉獻、頑強鬥爭、英勇無畏等革命精神的作品，革命聖地、文物等，構成了革命文化的課程內容。反映社會主義核心價值觀主題的作品，如和諧互助、共同富裕、勞動美好、改革創新，構成了社會主義先進文化的課程內容。三大文化內容占課程內容60%—70%。除此之外，反映世界文明優秀成果、科技進步、日常生活等主題的作品，如外國文學作品、科普科技作品、優秀兒童文學構成了30%—40%的課程內容。

趙珂：劉教授的分析幫助從整體上把握了教材的文化內涵，可見語文課本所有的選文都與文化結下了不解之緣。你能為我們舉例分析教材中，文本所含的文化內涵嗎？

劉永康：好吧，教材中有許多選文還是直接描寫傳統的民情風俗文化的。

如小學課文中的《臘八粥》，作者用嫻熟的筆法、細膩的筆調敘述了臘八節濃郁的民俗風情，使課文猶如一張臘八風俗畫，展現了臘八那天八兒等不及要吃粥的嘴饞、對粥的猜想、看到粥的驚異以及吃到粥的滿足，寫出了一家人其樂融融的親情，表現出作者對普通百姓生活的熱愛和對家庭親情的眷戀。選文具有典範性，文質兼美，富有文化內涵。安塞腰鼓淵遠流長，距今已有千年曆史，它本身就屬於黃土高原的傳統文化。初中教材中劉成章的《安塞腰鼓》，用寫實的筆觸描繪了氣勢磅礴的腰鼓表演，塑造了可觸可感的藝術形象，讚美了安塞腰鼓強健的舞姿、沉重的響聲、震撼人心的力量，讚美了陝北高原人們粗獷、豪邁、開放的性格特徵。讓我們深切地體察到我們中華民族性格的本色及其生命力量之表現。

趙珂：還有初中教材吳伯簫的《燈籠》，手中燈籠點亮，指引人們返回溫暖的家中；村口紅燈高照，慰藉著孤行客"四面虛驚"的心；宅第紅燈高掛，則顯示著主人的地位和權勢。這些就是《燈籠》承載的厚重的文化內涵。

劉永康：《中國民俗文化》竟成了高中語文教材的選修課教材。教材像一把鑰匙，打開一扇大門，把學生帶入民俗文化的殿堂，学生通過閱讀、梳理、探究，體驗各種民俗文化的最為鮮活、生動的內容，在潛移默化中，受到民俗文化的啟迪，提高文化素養。

用語言文字構成的文本是反映現實生活的，有著很深的文化內涵。解讀文本的過程就是學習文化知識的過程，而憑藉文化知識又可以解讀文本。這二者是相輔相成、相得益彰的。

趙珂：可是在語文教學中，一些教師一直面臨一個難題，就是如何將對文本和文化的教學做到完美融合。劉教授，可以請您為我們講講該如何去面對這一問題嗎？在教學中，我們該如何去處理這二者之間的關係呢？

劉永康：比如初中自讀課文阿城的《溜索》，"溜索"曾經是雲南怒江之上的交通工具，兩岸的居民曾經主要靠溜索過河。"溜索"本身就凝聚著西南一帶，特別是怒江的傳統民情風俗文化，要讓學生深刻感悟《溜索》中隱含的民俗文化，老師就要介紹作者寫作時的文化背景。那就是20世紀80年代，中國正受西方文化的強勢影響，這有利也有弊。利在它豐富了中國傳統文化的內涵；弊在一些人，搞全盤西化，丟掉了自己的固有的傳統文化。

趙珂：我明白了，以韓少功、阿城為代表的作家開始文學尋根，就是致力於對傳統意識、民族文化心理的挖掘。帶著這樣的認識來讀《溜索》，學生才能領會到："溜索"這一傳統的交通工具雖然在日漸消逝，但馬幫漢子們不畏艱險，勇往直前，勇於戰勝自然的勇氣值得稱頌，這彰顯了我們中華民族的無所畏懼，一往無前的民族精神風尚。

劉永康：學生學了《隆中對》，文中說"諸葛亮身長八尺"；後又學《鄒忌諷齊王納諫》，文中說"鄒忌修八尺有餘"。

老師就可以故意問學生："諸葛亮與鄒忌哪個的個頭高？"不動腦筋的學生隨口就說："當然是鄒忌的個頭高。"而細緻的學生不會貿然作答，他們會覺得老師問得有些反常。其中有什麼奧妙？但他們又說不清，道不明。正當學生"心求其通而未得，口欲言而未能"之際，老師就可以告訴他們：是諸葛亮的個頭比鄒忌高。須知，"尺"是我國基本的度量單位，最初大約是以成年人的手長為一尺，並不十分統一。為了交換的需要，大約在商周時，就有法定的長度單位了。據出土古尺推算，周尺約相當於 23 公分，折合今尺六寸九分。漢尺約相當於 23.8 公分，折今尺七寸一分餘。當時一丈約和今天七尺左右（兩米三），古代北方人大概比今人略高。所以古代男人稱作丈夫。當時八尺只相當於今天的五尺六寸上下（約為一米八五），在那時還不算大個子呢？魏晉以後，尺漸增長，特別是北朝的尺更長，東魏尺折合今尺為八寸九分九，是古代最長的。這大約跟北方少數民族個子更高有關。根據以上古代的度量單位知識，我們來看諸葛亮與鄒忌誰高？鄒忌是秦漢前的人，他的一尺相當於今尺的 6 寸九分，即 23 公分。他八尺有餘，相當於今尺的 5 尺六寸二分，即 1.84 米。諸葛亮是漢末人，他一尺相當於今尺的七寸一分，即 23.8 公分。諸葛亮 8 尺，就相當於今尺的 5 尺六寸八分，即 1.904 米，因此身長 8 尺的諸葛亮實際上是一米九以上的個頭。而身長八尺有餘的鄒忌實際上只有一米八以上的個頭。因此，身長8尺的諸葛亮就比身長八尺有餘的鄒忌高。老師結合古代度量單位方面的文化知識來講諸葛亮的"八尺"與鄒忌的"八尺有餘"，學生就不會把古尺和今尺混為一談，留下的印象也深刻。還順便學到了古代的度量單位方面的文化知識。

趙珂：哇，看上去都是文言文中的"尺"字，結合歷史背景來看又是有所不同的，這樣講起來真的很有意思。看來要想做到文本教學和文化教學的深度融合，教師本身還得具備深厚的文化知識功底才行！劉教授能再給我們講一些例子嗎？

劉永康：

《陳涉起義》中有"足下事皆成，有功。然足下蔔之鬼乎？"

《鴻門宴》中有"謹使臣良奉白璧一雙，再拜見大王足下"。

上面的句子裏都有"足下"二字。通常，語文教師在解釋"足下"時，都只說是對人的尊稱。這樣講總覺得情味不足，不能給學生留下深刻的印象。其實"足下"一詞有來歷。晉國公子重耳（後來的晉文公）逃難十九年後，在秦國支持下，回國當了君主。於是，他把曾跟隨他的人一一封官加爵，可單單忘掉了逃難中，曾割過大腿肉給他充饑的介子推。過了不久，有人提醒晉文公，他也記起了介子推。於是就派人請介子推出來當官。可介子推早隨老母到後山上躲起來了。晉文公得知，就派人到山上去找尋，找尋的人一時未找到，就心急了，於是就放火燒山，逼他娘倆出來。可樹木燒光了，還不見人影，結果發現介子推母子二人抱著樹幹燒焦了。晉文公難過惋惜之餘，將介子推骨灰取回，做在鞋幫內，意思是一穿鞋就想起介子推。以示對他的深切悼念。由此便形成"足下"一詞，字面意思是"足下"，實際含義便是尊敬之意。講出"足下"

的典故，學生對"足下"的理解就更深了，也不易忘記。老師在向學生講典故的同時，還對學生進行了"報恩"的傳統美德教育。

趙珂：某老師教《孔乙己》，有學生問"鹹亨酒店是不是實有其店？這位老師回答：魯迅筆下的孔乙己是虛構的藝術形象，魯鎮也是虛構的小說地名，鹹亨酒店自然也是虛構的了。劉教授，對這樣的解釋，你有何看法？

劉永康：其實鹹亨酒店恰恰是紀實。這位老師的回答是憑想當然，信口開河。"鹹"是範圍副詞，相當於"都""皆"之意。

王羲之《蘭亭集序》中的"群賢畢至，少長鹹集"中的"鹹"，就是"都""皆"之意"亨"是"通"的意思。就是《易經》第一句"乾、元、亨、利、貞"的"亨"。

"鹹亨"就是萬事亨通。酒店起這名，是討個口彩。"鹹亨"曾是唐高宗李治的第七個年號，改"鹹亨"的前一年，氣候異常，多方受災。為了取吉利，第二年就改元鹹亨，希望萬事亨通。"鹹亨"這個名稱還是一千三百年前武則天取的，鹹亨既是紀實，也有意義。

以上案例對文本的解讀都用到了文化知識，在解讀的過程中，又學到了文化知識。

趙珂：看來只有將文本內容和文化知識有機地結合起來，才能真正發揮語文教學的綜合育人功能，培養出具有良好文化素養的學生。劉教授，根據我對課標的理解，語文核心素養中的文化素養，不只是對我國優秀的傳統文化的傳承，還有一個對各民族文化，自然包括外來文化的理解，對此，你也能給我們講講嗎？

劉永康：培養學生的文化素養。不只是傳承中華文化，還有一個對外來文化的理解、尊重與包容。每一種語言的子民們，在自己母語的河流中，泅渡，遊憩，俯仰，沉醉，吟詠，創造出燦爛的文化，並經由翻譯傳播，成為說著不同語言的人們共同的精神財富。

以詩歌為證，《魯拜集》中波斯大詩人伽亞謨及時行樂的詠歎，和《古詩十九首》裏漢代中國人生命短暫的感喟，貫穿了相通的哲學追問。

中世紀的義大利，彼特拉克對心上人勞拉的十四行詩傾訴，和晚唐洛陽城裏，李商隱寫給不知名戀人的無題七律，或者雋永清新，或者宛轉迷離，各有一種入骨的纏綿。讓不同的語言彼此尊重，在交流中使各自的美質得到彰顯和分享。

趙璟深翻譯契訶夫的小說《萬卡》，其中有一句：

"天上閃爍著光明的亮星，牛奶路很白，好像是禮拜日用雪擦洗過一樣。"

針對上句話表達的意思，汝龍翻譯為"整個天空綴滿繁星，快活地眨眼，天河那麼清醒地呈現出來，就好像有人在過節以前用雪把它擦洗過似的。"

大家都知道，天上有這麼一條明亮的星帶，趙璟深把它翻譯成牛奶路，汝龍把它翻譯成天河。你們認為哪個翻譯更對？這個例子是半個世紀以來中國翻譯界一直流傳的一個笑話，趙璟深把英文中的 Milky way 譯成"牛奶路"，《萬卡》是俄羅斯文學，俄語裏也有牛奶路一詞，這是字面中的意思，但在中文中似乎不通，趙璟深還因此遭到魯迅的批評。所以，現在大家公認的比較準確的翻譯是汝龍的翻譯，即把牛奶路翻譯成"天河"。魯迅嘲笑過趙璟深的牛奶路，嘲笑得對嗎？我認為不對。在歐洲民族中，這條明亮的星帶的確是一條路，是古希臘眾神聚居的奧林帕斯山通往大地的一條路。它之所以潔白明亮，是因為上面灑滿天后赫拉的乳汁，為什麼會這樣？那是因為宙斯之妻赫拉因嫉妒想要殺害宙斯與人間女子所生之子，將其強行抱走，孩子掙扎時，觸到赫拉的乳頭，奶水噴出來飛濺天空，就成了 Milky way，即牛奶路，這不是天文學術語，它是具有西方文化內涵的代名詞。趙璟深這樣翻譯，恰恰是為了表現小說萬卡受不了城裏學徒生活，想找一條生路，在耶誕節前夜寫信求祖父趕緊把他帶走的急迫心情。那牛奶路，正是萬卡嚮往的生路。而天河、銀河讓中國讀者想起家喻戶曉的牛郎織女的愛情故事。再說，汝龍的翻譯首先在字面上就有矛盾："天河……好像有人……把它擦洗過似的"。"河"怎麼能被人去"洗"呢？其次是人物形象的矛盾：一個俄國農村小孩怎麼會運用漢族文化思維把那條群星彙集的明亮的星帶想象成天河呢？

從半個世紀以來中國翻譯界一直流傳的這個笑話中，我們要明白：對外來文化應該理解、尊重與包容。把天上那條明亮的星帶翻譯成"牛奶路"比翻譯成"天河""銀河"更貼近西方文化。

趙珂：劉教授提到的這個例子很經典。在面對外來文化的文本翻譯時，教師需要引導他們深入理解原文所蘊含的文化背景、價值觀念和社會意義。在語文教學中注重文本與文化教學的融合，需要教師具備深厚的知識儲備和教學素養。如此才能逐步培養出既具有扎實的語文基本功，又擁有廣闊的文化視野和深厚的文化底蘊的學生。這樣的學生將能更好地適應未來社會的發展，成為中華文化的傳承者和創新者。

今天的內容就到這裏，我們下期再見！

## 挖掘漢字背後的人文性精華

趙珂：在科技飛速發展的今天，手機、電腦成為我們生活不可或缺的組成部分。輸入法的便捷讓我們對漢字的書寫過程變得模糊，"提筆忘字"幾乎是每個當代人都會面臨的現實問題。漢字本身作為藝術文化的載體，承載著中華文化的生命力。學校之外，對漢字的學習將伴隨每個中國人的一生。劉教授，對於正處於學生時代的青少年，教育者該如何引起學生對漢字及其背後文化重視呢？

劉永康：漢語是記錄中國文化的載體，中國文化則是滋生漢語的土壤。漢語的文字和語言，其意義的背後一定是中國文化。漢字是中華文化的重要載體和標誌。它記載了中華民族豐富燦爛的歷史文化，並以其獨特的生命，在數千年自身演變的漫長過程中，作為歷史文化的層層積澱，提供了探索中華民族豐富燦爛歷史文化的種種資訊。漢字所具有的溝通各大方言區，凝聚中華各民族的巨大魅力，更使它堪稱中華文化的瑰寶和驕傲。

趙珂：既然漢字是記錄中國文化的載體，那您能給我們講講它是如何承載文化資訊的呢？

劉永康：漢字表像符號涵蓋文化資訊，主要是在兩個層面進行的：一是表層，即以視覺表像的結構反映意義，人們可以從漢字形體的分析中透視文化資訊；二是深層，即蘊藏在漢字背後的文化心理結構，包括思維方式、價值取向、民族形態，以及世界觀等，它一方面制約著漢字的發展，同時又推動了文化向漢字的滲透。因此對漢字符號深層的研究，是漢字文化研究的核心。

### 1.漢語的一些古詞中銘刻著古代的某些理念、制度、禮節禮儀。

如——和

"如"的本義是隨從別人,就是女人必須服從男人。"如"在甲骨文中寫作"𡥘"。

《段注》:"從隨即隨從。"隨從必以口,從女者,女從人也。幼從父兄,嫁從夫,夫死從子。《祝福》中的祥林嫂,嫁而守寡,寡而再嫁,嫁而再寡就視為大逆不道,不僅活不得,連死也死不得,因為死了到陰間去,兩個死鬼男人要爭她,閻王爺要一碗水端平,就只有用鋸子把她鋸成兩半,分別給兩個男人。這種女人必須服從男人的封建禮教,與《易經》上的陰陽理論一脈相承。《易經》認為:

"天道為乾,地道為坤;乾為陽,坤為陰;陽成男,女成陰;陽則剛,陰則柔。"

所以柔弱的女性就必須依附於陽剛的男性。這是天經地義的。漢代班昭的《女誡》可以說是這種理論的集大成者。《女誡》說:

"夫者,天也,天固不可違。"

趙珂:所以封建的《三綱五常》就有"夫為妻綱"之說。這些腐朽的封建禮教殘害中國婦女達數千年之久,因此這個"如"字就打上中國古代封建禮教的歷史文化印跡。

劉永康:

妥 —— 𡚾

"妥"的本義是用武力把女人抓回來。甲骨文寫作上面這個樣子。上邊是一只手,下麵跪著一個女人,因此"妥"是擒捉制服或掠奪婦女之狀,這個字正是古代搶奪婚的象徵。這種殘酷的搶奪婚即搶親在古代的確存在。古書載孔子語曰:"嫁女之家,三日不熄燭,思相離也;娶婦之家,三日不舉樂,思嗣親也。""三日不熄燭"即"多日不熄燭",這是因族內女子被掠奪而思其相離,夜不能寐,只有點上蠟燭,睜大眼睛等天亮。男家多日不敢舉行婚禮,是怕女方娘家來討麻煩,故意把女子藏起來。《禮記》中所謂"婚禮不賀"應當說與掠奪婚有關。古有"以師為婚""以寇為婚"之說,就是用戰爭掠奪妻妾的現象。如傳說夏桀伐有施擄來妹熹,殷紂伐蘇氏而得妲己;以及後來晉獻公動用武力得到鸝姬等,都是掠奪婚的例證。這個"妥"字反映出古代婦女在婚姻中的屈從地位。

趙珂:原來一個普通的漢字符號的由來背後居然蘊含著這麼多資訊,雖然有的資訊與現代開放平等的觀念所衝突,但卻可以幫助我們還原歷史的印記,借古觀今。劉教授,除此之外漢字承載文化還有別的表現嗎?

## 2.即使是漢字在沿著表音方向發展後,所造出的眾多形聲字,也並沒有失去漢字以形表意的功能,而同樣是以其生動的形體昭示著漢民族文化心理的發展軌跡。

劉永康:如"婚姻"的"婚"字,從女昏聲。

婚嫁之事與女有關。"女"為形符,自不待言。"昏"為聲符,人們也習以為常。然而"昏"除表音外,也兼表意。即在聲符"昏"中也蘊涵著極濃郁的文化心理意識。其實,"婚"古本作"昏",《禮記》說:"娶婦以昏時。"就是說男方來娶女方必須是在天黑之後。這是為什麼呢?

趙珂:我想是因為上古時代娶婚實際上是搶婚。新娘不是心甘情願、由新郎吹吹打打迎接來的,而是用暴力搶來的。那個時代還沒有用火點燈的技術,天黑了,一片漆黑,看不見人了,正好搶,搶了也不知是誰搶走的。

劉永康:是這樣的,可見形聲字"婚"的人文意蘊極其顯豁,即上古時代搶婚文化習俗在造字心理上的曲折顯現。

**3.漢民族既已聯想造字，也可以聯想識字。所謂"顧名思義"，是指認讀詮釋漢字時，可以"審形而知音"。**

事實上，幾千年的傳統語文教學和語文習得，幾乎都是在聯想心理驅使下沿著這一獨特的直觀認知方式的途徑而曲折往復的。從聯想識字的主體因素看，識字的人在聯想識字時，往往會自然而然地摻和其所處時代、地域所特具時空意識和階層、職業、習性所特具的自我意識。

如"王"字，其古文形體本象斧頭類武器，表示先民誰有了那種武器，具備武力，誰就可以稱王天下的原始文化心態。但在漢代學者董仲舒看來，卻聯想為：

"一貫三為王"。

認為仁君子能通天、地、人者方可稱王天下。即傳統觀念所謂天時、地利、人和是王天下之本。這種聯想識字的心理基礎正是董仲舒受時代影響而建立的"天人感應""天人合一"的早期哲學觀念，它所體現的是華夏文化中"天人合德"這一人文核心。

趙珂：誒，劉教授，在甲骨文中就常有借助動物形象的刻寫來表示人類生產活動的文字，咱們的漢語辭彙中是否也是如此呢？

漢語辭彙中，有許多詞特別是有許多動物詞已經完全被社會化了。它們記載、反映了漢民族在歷史長河中的生活方式、生產方式、娛樂方式、社會行為方式等極為豐富的文化內容。

劉永康：在所有的動物中，與歷史上漢民族文化生活聯繫最密切的，大概要算"馬"了。

大量以"馬"字構成的成語則相當生動地描寫出馬與人們社會文化生活聯繫的一幅幅畫面。馬是古代人們最主要的代步工具,於是就產生了:"路遙知馬力,日久見人心"這樣的表達。

　　趙珂:我知道!類似的詞語還有"馬不停蹄""老馬識途"。"馬"與人的行路緊密連接在一起。馬的快捷又成了測試距離、形容速度的標準。比如"一言既出,駟馬難追""一馬平川""一馬當先,萬馬奔騰"。因其代步,與人接觸的頻率也就最高,馬與人似乎成了形影不離的夥伴。就像我們常用的:"馬馬虎虎""馬後炮""人仰馬翻"這樣的成語!

　　劉永康:沒錯,"人歡馬叫""人困馬乏""走馬觀花""輕裘肥馬""懸崖勒馬""信馬由韁""人困一睡,馬困一滾"……這些都含"馬"與"人"的關係。

　　"馬"甚至成了人的代稱:

　　"唯馬首是瞻":古代作戰時,士兵看到主將馬頭的方向決定進退,比喻服從指揮或樂於追隨的意思。

　　馬還表現出人際關係:

　　"馬前卒":原指在當官的面前為之吆喝開路、鳴鑼開道的意思,現常指搖旗吶喊、為別人助威捧場的人。

　　有時也用於自謙之詞,如:

　　"鞍前馬後""拍馬屁""溜鬚拍馬"……

　　因其代步而成為古代軍人的坐騎,馬又和軍人和軍事活動發生了密切關係。

　　"兵荒馬亂""兵強馬壯""兵馬未動,糧草先行"

趙珂：還有"千軍萬馬""戎馬生涯""金戈鐵馬"等詞也經常出現在詩文中。

劉教授：金戈是古代用金屬制的武器，鐵馬是配有鐵甲的戰馬，這裏本指戰爭，也用於形容戰士的威武雄姿。

"盤馬彎弓"：形容射箭者擺開架勢就要發射的樣子，後來也用來比喻故作驚人的姿態，但並不立即行動。

"秣馬厲兵"：指餵好戰馬，磨快兵器，形容作好戰備。

"塞翁失馬"

趙珂：比喻雖然暫時遭到損失，卻也因此得到好處，也指壞事可能變成好事，這個詞反映了中國古代民族主要生活習地在北方。

劉永康："生活在馬背上的民族"這句話，現在一般用來指北方草原或戈壁灘上的遊牧民族，其實古漢民族主要發祥地在黃河流域，與遊牧民族有過極為頻繁地交往。馬已成為古漢人生活中不可少的重要一員。說中華民族自己就是生活在馬背上的民族並不過分。

趙珂：使用動物構成片語，除了動物本身在古代社會中的功用，許多動物詞還寄託著漢民族的感情色彩。我想這也是許多日常辭彙中都包含動物名稱的原因吧。

劉永康：沒錯，動物是有生命的，它們以自己的形、色、聲、性、趣來引起人們的種種遐想。人們在認識動物的過程中寄託著自己的情思。或借物寫意，或融情於物。這樣又創造出一大批動詞。這裏的動物都人格化了。動物詞已走出純生物範疇的自然圈子，甚至越過人類社會生活的領域而進入人們的精神世界，帶有強烈的感情色彩的動物詞已擺脫了動物在自然環境中的那種複雜性、多面性，而呈現出明顯的、單一情感傾向性和民族意識的獨特性。

如虎作為百獸之王，一直是威武、力量、尊嚴的象徵。與虎有關的詞語都擺不脫這種情感的牽系。

"虎背熊腰"

趙珂：形容身材魁梧。

"龍蟠虎踞"：形容地勢雄偉險要。

"虎入羊群"：比喻毫無抵擋。

"虎口餘生"：指從老虎嘴裏逃出來的性命，比喻經歷了極大的危險僥倖保全性命。

"虎狼之穴"：比喻極其危險的境地。

"虎尾春冰"：比喻處境就像踩著老虎的尾巴，或走過春暖的冰河那樣危險。

"虎穴龍潭"：比喻極其兇險的地方。

"虎頭蛇尾"：指頭像老虎那麼大，末梢卻像蛇尾那麼細，比喻做事有始無終，起初聲勢很大，後來勁頭很小。

"龍爭虎鬥"：形容戰鬥十分激烈。"

"龍行虎步"：形容行動矯健，舉止威武。

"虎視眈眈"：指像老虎要撲食那樣注視著，形容惡狠狠地盯著將要下手攫取。

"三人成虎"：形容人多力量大。

"九牛二虎之力"：形容使盡所有的力氣。

"如虎添翼"：好像老虎長了翅膀，比喻由於某種原因，強有力的變得更強有力，或兇惡的變得更兇惡。

"為虎作倀"：指被老虎吃了變作倀鬼，又去引導老虎吃人，比喻充當惡人的爪牙。

"與虎謀皮"：指跟老虎商量要它的皮，比喻與所謀者根本對立、事情不但辦不成，還有危險。

"養虎遺患"：比喻縱容壞人，給自己留下隱患。

"虎死不倒威"：比喻威武不屈……

這時的虎都已完全人格化了。

劉永康：你看，上面所有含"馬"的短語都能引起人們的種種遐想。人們在認識虎的過程中都寄託著自己的情思。甚至越過人類社會生活的領域而進入人們的精神世界，帶有強烈的感情色彩。按照人們的情感需要虎的某一習性被突出，某一習性被淡化。在世人眼中虎是如此厲害，難怪武松打虎於景陽岡而聞名天下，流傳千古。

再以"狼"為例，"狼"成了兇狠殘忍情感的集結物。其情感特徵也相當突出。許多用"狼"字構成的詞，都是圍繞著這一情感來表意的。

"引狼入室""狼子野心""狼心狗肺""前面剛走一只虎，後面又來一只狼""若是那豺狼來了，迎接它的有獵槍"……

趙珂：謝謝劉教授的精彩講解，漢語作為世界上最古老的語言之一，其中的奧妙真的是三天三夜也說不完。今天劉教授為我們講解了漢字是以何種形式承載文化資訊。在這些流傳至今、家喻戶曉的辭彙中我們可以感受到它蓬勃旺盛的生命力。這些字元承載著我們五千年的文化內涵，或簡樸直觀，或寓意精妙，或生動靈巧。雖然鍵盤時代對漢字的書寫產生了很大的影響，但並不妨礙我們用心去感受它的神奇和魔力。

那今天的內容就到這裏，我們下期再見!

## 從諺語中吸取民族傳統文化的智慧

趙珂：在上期節目中我們聊了漢語中的文化內涵，劉教授在舉例的時候就提到了許多諺語。像"塞翁失馬，焉知非福"這樣的諺語流傳至今仍有很高的使用頻率，彰顯了諺語在人們口耳相傳下的強大生命力。今天這一期我們就專門來聊聊諺語——這個總結著各種社會文化生活經驗的語言藝術結晶吧！

劉永康：諺語有"智慧花朵之稱"。它往往以固定的語句，表達一定的哲理。是人民群眾生活實踐經驗的總結，凝聚著廣大人民群眾的智慧。

它所涉及的範圍，幾乎達到了社會生活的各個領域。諺語就像一本生活的教科書，給人們傳授各種各樣的知識，指導人們該怎樣生活。高爾基曾經說過：

"諺語和民歌都是簡短的，可是它所包含的智慧和感情，卻能夠寫出整本書來。"

諺語是對民族傳統文化的繼承，人總是在一定的社會中生活的，每個民族都有自己獨特的生活方式。漢族諺語有著漢民族傳統文化的遺跡。

趙珂：劉教授，諺語對於一個民族而言有著什麼樣的作用？您能選取幾個耳熟能詳的例子為我們講講嗎？

劉永康：諺語說明的事理，總結的規律、是以本民族為立足點的。它依存於本民族的社會生活。與本民族特定的歷史、語言、生活習慣、物產風物、自然環境等密切相關，因此諺語帶有鮮明的民族特色。這種鮮明的民族特色使得漢族諺語有著不同於其他民族的表達。如表達"人多出智慧"這條經驗。漢族諺語是：

"三個臭皮匠，賽過諸葛亮。"

這條諺語一說出來，漢族人都心領神會。因為諸葛亮是我國三國時代蜀國的政治家、軍事家、具有卓越的才能和神機妙算的本領。諸葛亮是智慧與才能的象徵。選取這樣一位著名的歷史人物帶有濃郁的漢民族文化色彩。再如，同選自《三國演義》情節的諺語：

"身在曹營心在漢。"

說的是謀士徐庶原是劉備軍中的軍師，後曹操用計把他羅致門下，而徐庶仍是念念不忘劉備，這句諺語表達的是"留得住人，留不住心"的意思。如沒有漢民族文化背景，是不容易理解的。

趙珂：《三國演義》是我國一部瑰麗的文化瑰寶，其中有不少經典情節變成了諺語口耳相傳至今，類似的還有"關公赴會，單刀直入""周瑜打黃蓋，一個願打一個願挨"等。隨著時間的推移，這些故事和諺語一同流傳至今成為我們民族文化的一部分。

劉永康：除了文化內涵，諺語往往表現出鮮明的漢民族特色，諸如：

"不到黃河心不死""龍遊淺水遭蝦戲，虎落平原被犬欺，豹子下河不如狗，鳳凰落地不如雞。"

黃河是中華民族的發源地。龍和鳳漢民族傳說中的吉祥物。這是以"圖騰"直接入諺的例子。

諺語是人民群眾在長期的生活實踐中總結出來的珍品，大多是口語化的。但有些是直接或間接來自古詩文。如：

"多行不義必自斃。"——《左傳.隱西元年》。

"山重水複疑無路，柳暗花明又一村。"——陸遊《遊山西村》

以上兩例是直接出自古詩文的。間接從古詩文中提煉出來的諺語如：

"秀才不出門，便知天下事"是從《老子》："不出戶，知天下"演繹而來。

"這山望到那山高"是從《呂氏春秋·先識覽》："登山者，處已高矣，左右望，尚巍巍焉山在其上"演繹而來。

出自古詩文的諺語，雖然在諺語的海洋中不是主流，但反映了漢民族傳統文化的一種傾向，即崇尚名人、崇尚名篇，這些多少帶點格言式的諺語使用頻率是較高的。

趙珂：除了以上出自典籍、表現我們民族特色的諺語之外，還有別的種類嗎？

劉永康：還有一些諺語，本身並非出自名人名篇，因其在名篇或名人身上使用，故流傳更廣，且意義千百年來沒有發生什麼變化。如：

"輔車相依，唇亡齒寒。"

是在《左轉》以前很早就有的，表示兩者相依為命，利害一致的意思。因《左轉·喜公五年》引用了此句，大大提高了它的知名度。再如"桃李不言，下自成蹊"是一句古諺語，表達了有德有才的人不用張揚，自有人賞識。這條諺語本來不是為稱讚李廣的為人而作的，但《史記·李將軍列傳》在李廣身上用了此言恰切地表現了李廣的高尚品德及社會影響，於是更多的人由此對這句古諺語有了更深的瞭解。

另外有些回環式的諺語在文學作品中經常採用，也起了一種廣告的作用，如《西遊記》和《紅樓夢》都引用過的"真人不露相，露相不真人"。《水滸傳》和《紅樓夢》都出現過的。

"成人不自在，自在不成人"等，因其具有較為深刻的哲理，而為人們所接受。漢族諺語在取材上有著鮮明的民族色彩，反映在思維方式上也是如此。

一般說來，語言是抽象思維的承擔者，由於漢族人抽象思維往往同形象交織在一起，因而漢語的詞語對客觀事物加以抽象反映的語義，也必然有具象性。

趙珂：原來如此，怪不得諺語雖然是日常語言，但細細品來總是頗有一番哲理在。既契合了通俗的道理，也滿足了對當下事物的感官判斷，回味雋永。

劉永康：在這個意義上，我們可以說漢語是一種藝術型的民族語言。漢語思維具有藝術氣質。漢民族重形象、重直觀，這種民族文化心態註定了即便是一些帶哲理的諺語也要和形象融合在一起，通過具體生動的形象來說明事理，具有很強的感染力和說服力。這種形象，有的是通過表情、聲音、動作、有的是通過色覺、味覺、聽覺來表現的。如：

"東虹轟隆西虹雨。"（聲音）

"財主算盤響，窮人眼淚淌。"（動作）

"不怕李逵黑，只怕劉備笑。"（表情）

"靛缸里拉不出白布來。"（色覺）

"嘴上說得蜜蜜甜，心頭藏把鋸鋸鐮。"（味覺、聽覺）

以上諺語都是通過具體可感的事物，表達出一定的哲理來。再如：

"面上笑呵呵，心像毒蛇窩。"

"一只碗不響，兩只碗叮噹。"

以上諺語是用象聲詞或疊音詞摹聲繪狀，使諺語生動形象，令人身歷其境。

"施肥不澆水，莊稼噘起嘴。"

這講的是施肥要澆水的道理，用擬人的手法使莊稼有了人的靈性。

"眉頭一皺，計上心來。"

趙珂：這簡直就是一個短劇。人物：某君；動作：皺眉；結果：有計。透過這句諺語我們仿佛看到一個人焦急地在屋內走過來，走過去，考慮著最佳方案，忽然間停住，皺著的眉頭鬆開了，臉上來了洋洋喜氣。原來是辦法終於想好了。

劉永康：像這類諺語的藝術感染力是相當強的。

融哲理性和形象性於一體的諺語，在說明生活和科學道理的時候，大多用短小精悍的句式，體現了一種形式上的簡約，這個特色與漢民族崇尚簡樸，追求實用的文化心態是一致的，中國古代文學、藝術和哲學的宗旨主要是指導人們如何為人處世，這些思想大多通過簡約的形式表現出來，以達到其實用的目的，所以漢族諺語中的形象與簡約，與漢族人的思維方式有著密切的聯繫。

趙珂：感謝劉教授的精彩講解，從劉教授的講述中我們可以感受到諺語與民族文化之間不可分割的聯繫。諺語作為一種古老而智慧的語言形式，不僅在語言、文化和教育方面有著重要的價值，而且在實際生活中也發揮著不可替代的作用。當我們探索諺語內在含義的時候，我們應該珍惜和傳承這份獨特的文化遺產，讓諺語的智慧繼續照亮我們的生活之路。

今天的內容就到這裏，我們下期再見！

## 話語的文化意義之一

趙珂：劉教授，在前面幾期內容中我們聊到了一些固定辭彙在文章中的文化內涵。我們對"文化意義"好像一直有一種刻板印象，似乎"文化意義"只能在一些高雅的，日常生活之外的事物中體現。那麼在我們的日常的生活對話中是否也存在某種"文化意義"呢？

劉永康：要知道，實際運用中的話語隱含著一種文化意義。比如你走在街上，碰見一個熟人，他笑著對你說："今天降溫囉！"你聽了可以點頭稱是，也可以"嗯"一聲作回應也就罷了。不必說："是啊，要趕快加衣服，別感冒了啊！"因為你知道，對方這樣說，無非是一種禮貌用語，是在給你打招呼，沒別的意思，僅此而已。中國是禮儀之邦嘛。對人要客客氣氣打個招呼，這就是由社會文化約定的啊。

在我們語文課本中，這種具有文化意義的話語比比皆是。

例如初中教材《女媧造人》有老師要求學生在閱讀全文的基礎上，回答女媧造人從哪里能看出中國傳統文化呢？

學生通過思考、討論和老師的點撥，明確：女媧造人而不是造其他物種（當然傳說她還造了很多物種），是因為在我國古代人看來，"天、地、人"是這個世界的主宰，這是"天人合一"、"以人為本"的傳統文化思想的體現；男女婚配繁衍後代，實際上是受《易經》陰陽學說的影響，傳說女媧的哥哥伏羲悟出天地萬物的變化規律就是一陰一陽而已，發明了"八卦"，也就是《易》。這些思想都成為我國文化的源頭，所以說"神話是文化的根源"。《阿Q正傳》中的阿Q"造反了"之後，趙太爺為何要叫他"老Q"？趙白眼也叫他"Q哥"？而假洋鬼子在未莊人面前為何要稱"革命黨人為"洪哥"？這裏面有一種文化的意義。在漢民族文化傳統中，稱"老"意味著德高望重，受人尊重。稱兄道弟，則說明雙方關係十分密切。趙太爺叫阿Q為"老Q"，趙白眼叫阿Q為"Q

哥"，假洋鬼子在未莊人面前稱"革命黨人為"洪哥"，這些都說明這些封建的遺老們對革命的畏懼，對革命黨人巴結討好的醜態。只有瞭解了這種深沉的文化意義，才可能對這些稱呼的作用，對人物的心理狀態有更深地把握，從而達到對言語較為透徹地瞭解。

趙珂：看來"文化"只是看起來離我們的日常生活很遙遠，但文化早已滲透在言語舉止中了。話語的文化意義也是一種語用意義，他是語言外部因素如社會、時代、文化等在話語表層的積澱和反映。因此，我們在語文教學中還需要加強對文化意義的發掘才行。

劉永康：語言既是文化的組成部分之一，又是傳承文化的載體。文化既影響語言，本身也積澱在語言之中。這種互相影響、互相依存的關係是當今文化語言學研究的熱點。

趙珂：劉教授，文化積澱既然作為當下的熱點話題，您能否給我們講講這種文化傳統積澱的表現及意義是什麼呢？

劉永康：上面說過，文化傳統常常積澱在語言之中，以語言作為載體傳承。在語文課中，這種積澱了傳統文化的話語的表現方式不完全一樣，有的比較外露、明顯。例如：

賈母因問黛玉念何書，黛玉道："只剛念了《四書》。"黛玉又問姊妹們讀何書。賈母道："讀的是什麼書，不過就是認得兩個字不是睜眼的瞎子罷了！"——（《林黛玉進賈府》

賈母對迎春等人念書的態度不以為然，反映了一種"女子無才便是德"的傳統文化觀念，這是由她說話的語氣比較明顯地表現出來的。這種文化意義是這句話的實際語用意義。對此，乖巧的林黛玉也聽懂了，因而後來寶玉問她"可曾讀書"時，她便答道："不曾讀，只上了一年學，些須認得幾個字。"

又如：

在衙門裏的人物，穿布衣來的，不上十天也大概換上皮袍了，天氣還並不冷……愛農做監學，還是那件舊袍子……——《範愛農》

以布衣和舊袍子作對比，暗示辛亥革命的不徹底性，在漢族文化中，布衣和旗袍分別有某種象徵意義，"布衣"是指百姓，"旗袍"代的是有身份、有地位的人。諸葛亮《出師表》中"臣本布衣，躬耕於南陽"。這"布衣"是在南陽躬耕的人，當然是平民百姓了。可見，這"布衣"是較為明顯，不難理解的。

有時，話語的文化意義不很明顯，而是較為隱含的。需要對其背景有較多地瞭解，才能明確其文化含義。

如以衣服的質料"布衣""皮袍"，來指代不同的階層，這比較容易理解，而以衣服的顏色表示地位高低就比較蘊藉了。如"白衣""白丁"是指平民百姓。"談笑有鴻儒，往來無白丁"的"白丁"就是這個意思。而那些穿紅著綠的，是有品位的官員。而黃色只有帝王才能享用。"黃袍加身"則是登基為帝。"唐高祖武德初用隨制，天子常服黃袍，遂禁士庶不得服，而服黃有禁自此始。"依唐制，朝廷命官三品以上服紫，五品以上服朱，六、七品服綠，八九品服青。瞭解了這種文化背景，我們才能深切理解白居易《琵琶行》中，"座中泣下誰最多？江州司馬青衫濕"的語用意義。白居易由一個朝廷諫官一貶再貶，貶為一個只能穿"青衫"的九品芝麻官，心中該有多麼鬱悶和淒苦！"同是天涯淪落人，相逢何必曾相識！""青衫濕"也就順理成章了。

趙珂：剛剛劉教授舉的這幾個例子，都屬於文化傳統積澱於語言的經典案例。不論顯而易見，還是隱藏較深，我們都能看到作者將生活文化常識融入了作品，許多看似是閑筆的處理實際上大有深意，值得細細一品。劉教授您還能再多給我們講一些這樣的例子嗎？

劉永康：再看一個例子，《鴻門宴》中有這樣的描述：

項王即日因留沛公與飲，項王、項伯東向坐；亞父南向坐，——亞父者，範增也。沛公北向坐，張良西向侍。

這段話語課文未作注釋。實際上，它含著很深厚的文化意義。按古代禮俗，席內的席次是有等級、地位差別的。以東向（坐西面東）地位為最尊，其次是南向、再次是北向，最後是西向。鴻門宴是在軍帳中舉行，排席次同室內。依禮，劉邦為客人，本應居首席，東向坐。但項羽自己東向坐了，項伯因是項羽的叔父，輩分高，故與之同坐首席。次席也安排自己的謀士範增坐了。而把客人擺在第三等位置，連範增也不如。至於劉邦的謀士張良，更只有西向侍陪坐的資格。

趙珂：我就覺得這種座席的順序是顛倒了的。由此反映出項羽對劉邦的輕蔑。這同當時的情境是密切吻合的。瞭解這種文化背景，對這個細節加以探究，可以更加深刻地瞭解項羽目空一切，剛愎自用的性格。

劉永康：趙珂，值得提出的是古代席次禮俗有堂、室之分。室的席次如上所述，而堂因為坐北朝南，故以朝南（正對堂門）為最尊。東邊（坐東向西）次之。西邊（坐西朝東）再次之。朝北為最低。這種文化背景在理解話語的意義時也很重要。例如《林黛玉進賈府》有兩段描寫：

正房炕上橫設一張炕桌，桌上疊著書籍茶具，靠東壁面西設著半舊的青緞背引枕。王夫人卻坐在西邊下首，亦是半舊的青緞靠背坐褥。見黛玉來了，便往東讓。黛玉心中料定這是賈政之位。因見挨炕一溜三張椅子上，也搭著半舊的彈墨椅袱，黛玉便向椅上坐了。

賈母正面榻上獨坐，兩邊四張空椅。熙鳳忙拉了黛玉在左邊第一張椅子上坐了。黛玉十分推讓。賈母笑道："……你是客，原應如此坐的。"黛玉方告了座，坐了。……迎春便坐右手第一，探春左第二，惜春右第二。

这两例都写席次上的推让。第一例说王夫人坐在西边下首,上首的东边座位空著。正如黛玉所想,这必为贾政之位,因为东边比西边为尊。第二例是在贾母的后院,上文交代了"穿过一个东西穿堂",可知此后院当为坐北朝南。"贾母正面榻上独坐"即面南而坐,为上首。"独坐"更写出了身份差异。当时屋内还有王夫人、凤姐、李纨等人,但只有贾老太才有权独坐。且是在当面榻上。接著写凤姐让黛玉坐左边第一张椅子。按贾母座席,左为东,右为西,左边第一张椅子为东边第一位,是4张椅子中为最尊的,故黛玉要退让。要贾老太发了话才告坐。而迎春三姊妹也按年长顺序依次坐西边第一位、东边第二位,西边第二位。十分得体。

赵珂:刘教授,对以上座位的如此讲究,看我的理解是否正确?这两段描写,既写出了贾府是世传诗书礼仪之家,不论大小事情,都不逾礼一步。又写了黛玉的聪明伶俐,来到贾府,不敢多说一句话,不敢多走一步路的小心谨慎,实在是大家手笔。

刘永康:赵珂,如果不了解座次的文化礼俗,是难以有如此透彻认识的。课本的"思考与练习"中,提出了"黛玉为什么十分推让"这个问题,但如果对推让的原因(座次的高低)不清楚,回答就难免隔靴搔痒。

在阅读中,要瞭解话语的文化意义就需要拓展。根据文本本身的内容,我们可以与历史文化相结合,在阔大的文化背景中来审视文本,也可以与现实生活结合,再与现实的对比中去思考人生,也可以二者的结合。

赵珂:看来在解读这样颇具生活文化的文字的时候,我们需要调动的不仅有书本上的知识,还有生活的智慧。可这些内容都在书本之外,需要教师对学生的思维进行拓展点拨,能请您给我们举个教学操作中的例子吧!

刘永康:如《茅屋为秋风所破歌》一课,其拓展可从诗——诗人——文化——现实思路展开。"安得广厦千万间,大庇天下寒士俱欢颜"是此诗的诗眼，也是此詩要表達的主題。閱讀以此為出發點，首先擴展到對杜甫博大的胸懷和兼濟天下的責任感的人格魅力的領悟。再由杜甫的人格擴展到對儒家人格中人文情懷、憂患意識的瞭解，在廣闊的文化背景中去尋找杜甫人格美的文化根源。最後從歷史文化轉回到對現實人生的思索，喚起學生"關心他人""關心社會"的責任感。經過這一拓展環節，便能極大地豐富語文課的人文內涵，擺脫傳統語文教學就課論課，就教材論教材的缺點，拓展語文課的時空，使語文課真正成為人文課、文化課。拓展，是語文課走出教材與文化結合、與生活接軌的行之有效的辦法。是把語文的人文性落實到語文教學中的一條有效途徑，也是培養學生文化素養的有效途徑。

趙珂：感謝劉教授為我們帶來的精彩分享。從今天劉教授分享中我們可以知道，對文化素養的培養並非要在課堂中另起爐灶，而是要引導學生在日常的語言交際、文章的細節中去感受、去思考。話語本身就具有文化意義，作為有千年文化底蘊的民族，傳統文化早已隨著語言的運用融入了我們的生活，為現代人提供了新的視角和思考方式。我們同樣需要具備相應的意識去感知那些傳統文化留在我們身上的痕跡。

今天的內容就到這裏，我們下期再見！

## 話語的文化意義之二

趙珂：不論是某種語言還是表達方式，其實都是不同文化意義的體現。在上期內容中，劉教授和我們分享了生活語言中無處不在的文化內涵，話語本身是社會文化語境互動過程的產物，包含有語言使用、思想傳遞和社會情境中的交集等諸多方面。那麼今天就請劉教授繼續圍繞文化傳統的角度來和我們聊聊話語中的文化意義吧！

劉永康：博大精深的漢民族文化有5000年的歷史和豐富的傳統。前人故事常被後人有意識地反復引用、闡發、以借他人酒杯，澆自己心中塊壘。這突出地體現在"用典"上。

所謂"典故"本身就是傳統文化的"集成塊"。再加上作者用典時的用意，更使典故帶上了濃厚的語用文化意義。

如蘇軾《念奴嬌.赤壁懷古》以赤壁為題，引出當年曹、孫、劉三國爭鬥的歷史，緬懷年輕有為的周瑜：

"雄姿英發、羽扇綸巾，談笑間，檣櫓灰飛煙滅。"

這個典故的使用顯然意在吊古傷懷，以古喻今。蘇軾筆下的周瑜年輕有為，文采風流，江山美人兼得，春風得意，且有儒將風度，指揮若定，膽略非凡，氣概豪邁，是蘇軾心中十分敬仰的英雄。這幾句抒發了詞人對昔日英雄人物的無限懷念和敬仰之情，以及詞人對自己坎坷人生的感慨之情。如果不了解赤壁之戰的史實，也不清楚周瑜二十多歲便建成大功，以及作者四十多歲反被貶職的歷史文化背景，對這裏的典故就難以真正理解。又如辛棄疾的《永遇樂.京口北固亭懷古》一詞，用了更多的典故，提及的歷史人物有孫權、劉裕、廉頗。涉及的歷史故事有劉裕對中原的北伐，劉義隆的再次北伐，霍去病的北伐封山、廉頗被仇家所陷終不為用等等。一篇短短的詩詞，或明或暗地用這麼多典故，这就需要對他們的背景、文化蘊含等有較深刻地瞭解，還須對作者用典的意圖有所知曉。不然是很難讀懂，很難理解的。

其實，不僅讀古代作品要較多地注意其中的文化意義，就是現代作品中也有不少蘊含了某種文化意義的話語，需要理解時加以注意。如《藥》中夏四奶奶看到墳頭上的花圈，便想到夏瑜的顯靈；華大媽聽到"癆病"一詞便感到不快；《祝福》中祥林嫂用血汗錢去捐門檻；短工用"老了"代替"死了"等等，都浸潤了民族文化傳統基因。教學時要加以細辨。

歷史是呈時間流程演變著的。文化也是在不同的時代裏積累、發展起來的，帶有鮮明的時代性。因而在閱讀課文時必須注意時代環境映現出來的文化意義，方能加深理解。

趙珂：沒錯！閱讀不能將作品與其產生的時代割裂開來，只有深入瞭解當時的時代環境與創作心境，才能打開文字的文化密碼。之前我們聊到過語言的流變，其實社會變化的過程也會為我們的語言留下特定的文化印記，劉教授能為我們簡單講講嗎？

劉永康：作為文化的一個重要組成部分，語言本身的演變就是歷史性的社會文化的發展在語言中留下的軌跡。按照歷史唯物主義的觀點，上古人類社會生產大致經歷了漁獵、畜牧、農業等幾個不同發展階段，漢語中不同時期的詞語現象就同這種發展階段相關聯、相適應。如畜牧業發展，在漢語中就留下大量的、有關六畜的詞。據統計，《說文解字》中收有從"馬"的字117個；從"牛"的46個；從"羊"的25個；從"犬"的83個。隨著農業的發展，殷商時期出現了表穀類名稱的詞"黍、稷、禾、稻、麥"，到周代農業進一步發展，麥穀類的詞又增加了"牟、果、粱、糜、菽、麻"等，瞭解這種辭彙現象有助於理解上古的生活與文化。如高中課文中選的《詩經二首》，《伐檀》中有：

"胡瞻爾庭有縣貆兮""胡瞻爾庭有縣特兮""胡瞻爾庭有縣鶉兮"？

其中"狟"（哺乳動物）"特"（三歲獸）"鶉"（鵪鶉）等獵物名。還有"狩、獵、稼、穡"等表狩獵和耕種的詞。

《碩鼠》詩中有："無食我黍，無食我麥、無食我苗。"這些與農業生產直接有關的詞，再現的正是那個時代的文化圖景。

趙珂：一些看似普通的生活字詞背後，都能延伸出深厚的文化內涵。現在的我們對它們解讀、將其串聯，就能觸摸到語言文字發展的脈絡。劉教授，語言作為社會文化語境互動過程的產物，語言在文化差異之下的表達又有何不同呢？

劉永康：文化意義是有民族差異和地域差異的。不同民族甚至同一民族不同地域都有著不同的文化背景，反映的話語表層就會有不同面貌。

我們以口語交際為例，就可見不同民族的文化差異是何等的明顯。在中國，對別人的健康狀況表示關心是有教養、有禮貌的表現。但對西方人的健康表示關心，就不能按中國的傳統方式了。一個中國學生得知其美籍教師生病後，會關切地說"you should go to see a doctor!（你應當到醫院看看）。"不料，這句體貼的話反而使這位教師很不高興。因為在這位教師看來，有病看醫生這種簡單的事情連小孩都明白，用不著任何人來指教。如果就某種小事給人以忠告，那顯然是對其本事的懷疑，從而大大傷害其自尊心。中國人在飯桌上的熱情好客，總是不斷地勸客人多吃一點。經常被西方人誤解為不禮貌的行為。因西方人認為：客人吃多吃少完全由自我決定，用不著主人為他加菜添酒，並且飲食過量是極不體面的事情，所以客人吃飯後，主人不必勸他再吃。一位美國客人看到中國主人不斷地給他夾菜很不安，事後他抱怨說"主人把我當豬一樣看待。"中國人路遇熟人時，往往會無所顧忌地說："啊呀，老兄，你近來又發福了！"或者以關切的口吻說："老兄，你又瘦了，要注意身體啊！"而西方人若聽你說"you are fat（你胖了）"或"you are thin（你又瘦了）"，即使比較熟悉，也會感到尷尬和難以作答。

趙珂：語言本來是溝通交流的工具，若在不了解對方文化的情況下使用反倒引起誤會。剛剛您講的都是一些生活語言習慣造成的誤會，在文學作品中是否也存在這樣的誤會呢？

劉永康：文化意義上的民族差異常常體現在文學作品之中，它與不同民族的不同文化生活背景有關。老師在引導學生鑒賞文學作品時，不可不注意這一點。在漢人中常用的問候語是"吃了飯嗎？"其他民族就無法理解。據說有的外國人聽到用英語"Have you eaten?"打招呼產生了誤會，以為說話人想請客，或誤認為說話人看不起他，以為他沒錢吃飯等等。而在《阿Q正傳》中，稱阿Q為"老Q"，那"老"是表敬意的，也只有在漢民族中成立。在歐美，"老"是無用、衰弱的同義詞，人們最忌諱稱"老"了。這種文化差異而引起的話語差異應當引起注意。再舉一組例子：

1、沒來由犯王法，不提防遭刑憲，叫聲屈動地驚天。頃刻間遊魂先赴森羅殿，怎不將天地也生埋怨。有日月朝暮懸，有鬼神掌著生死權……——（《竇娥冤》）

2、父親，父親，看在聖母面上，看在十字架的基督面上，看在所有的聖靈面上，看在你靈魂得救面上，看在我的性命面上，你不要動它！——《守財奴》

趙珂：我覺得，例1是竇娥臨刑前的控訴，話語中的"動地驚天、森羅殿、鬼神掌著生死權"等折射的是漢民族文化內核。例2是歐也妮請求葛朗臺的情急之語。"聖母、十字架的基督、聖靈、靈魂"等均為基督教的文化投影。

劉永康：是的，二人同為青年女子，他們話語中也都有特定的文化意義。但二者對比這種文化意義分屬不同的文化系統，是不能互換的——也就是說話語的文化意義有著民族的差異，同樣是神靈，東方的神與西方的神其內涵和外延是不同的。

趙珂：確實如此，由於文化背景不同，人們不只是在類似情感的表達上有所不同。在對於同一事物，不同文化背景之下人們的表達依然有所差異，這又是什麼原因造成的呢？

劉永康：長期共同民族文化生活習慣把文學語言符號系統限制在一個能為全民接受的大體範圍內，正由於如此，由一個語種的文學作品譯成另一個語種時，往往會產生許多難於克服的困難，這種困難是由民族文化生活習慣和語言文化習慣造成的。比如京劇的《貴妃醉酒》譯成外文後，成了"一個妃子的煩惱"，《打漁殺家》譯成外文後，變成了"一個被壓迫者的復仇"，這一翻譯，完全失掉了原題的神韻、意境。西文的組織偏重於理的方面，理通則句成。漢語是以意運法的"活法"而非以意從法的"死法"。以此，漢語是一種"句讀簡短，形式鬆弛，富於彈性，富於韻律，聯想豐富、組合自由，氣韻生動"的以神統形的語言，不以西方的結構嚴謹、以形攝神。漢語與西文的這種差異可從下麵的譯文中可見一斑。莎士比亞劇《羅密歐與朱麗葉》中的一句臺詞，朱生豪與曹禺分別譯為：

趕快把我給你的兇器從你們血腥的手裏丟下來。　（朱）

放下那刀，劍，這些瘋狂的武器，放下，放在地上。　（曹）

朱生豪的譯文更忠實於原作的直譯，是明顯的"歐化句式"，體現了歐文重法、重形式的特點。曹禺的譯文使用典型的漢語句子的意譯，體現了漢語句子短小靈活，重理，重精神的特點。正是漢語語言結構自身的靈活自由給文學語言結構的"以意運法"提供了可能，作家們才可以按照主觀感受、情緒意念去自由地建構各種文學語言結構，去最大限度地挖掘漢語表現的內在潛力。

趙珂：看來翻譯文學作品真不是一件容易的事情，尤其是漢語中許多"只可意會不可言傳"的部分，對於其他文化的學習者而言真是一個難關。

劉永康：不只是民族的差異，就是同一民族不同地域也存在文化差異。中國有56個民族，每個民族都有自己的語言和方言。不同地區的語言和方言的差異，導致了文化表達方式的差異。例如，相對而言，北方人一般講究"剛"和"直"，南方人則更注重"柔"和"曲"，這種差異也反映在文學藝術和社交禮儀中。

單是我國各地的方言，就浸透著各地鄉土文化的氣息，還真是那麼有滋有味的。

比如四川人喜歡用疊詞，在菜市場買魚，不能叫魚，叫魚擺擺；雞翅不叫雞翅，叫雞飛飛；吃肉不叫吃肉，叫吃嘎嘎；吃飯不叫吃飯，叫吃莽莽。粵語單是人物的指代就很特別。年輕姑娘叫後生女、老闆娘叫事頭婆、爸爸叫老豆、媳婦叫心抱、奶奶叫阿嫲、小孩叫細蚊子。東北方言下水道叫馬葫蘆子、路邊叫馬路牙子、膝蓋叫波靈蓋兒、看熱鬧叫賣呆兒、辦事沒准，戲弄人叫耍大刀、毛毛蟲叫羊毛拉子。吳越方言的溫軟柔媚，東北方言的幽默親和，陝西方言的古雅樸拙，湖北方言的硬朗霸氣，巴蜀方言的豁達諧謔……真是五花八門，色彩繽紛。每一種方言都打上一種與眾不同的鄉土文化氣息。要是讓不同方言區的人鑽攏一堆，分別用各自家鄉的方言，描述某個動作、情感、狀態，那笑聲肯定會一波一波地響起來，彼此都會樂得前仰後合。而這些個方言不僅浸透著各鄉土文化的氣息，而且它本身也是各鄉土文化的組成部分。

趙珂：感謝劉教授妙趣橫生的精彩分享。語言不僅是一種交流工具，它還反映了人們的情感表達，承載著我們的思考方式，也蘊含著一個民族的文化歷史。在今天的學習中，劉教授為我們講述了話語背後的文化意義，哪怕是日常普通的問候語中也有中華文化獨特的印記。不同時期、不同文化、不同背景之下的語言也為我們理解世界提供了全新的選項。語言讓不同時代、不同地域的生命氣息交匯、奔騰，構築著這個多元的世界。等待我們以開放、包容的心去理解去感受。

今天的內容就到這裏，我們下期再見！

## 把握詩詞意象中蘊含的歷史文化內涵

趙珂：劉教授，在之前的專題中我們也聊到過詩詞意象與情感的關聯。對古典詩詞的賞析離不開意象的解讀。其實詩詞中的諸多意象，都揭示了我們民族文化發展中一些比較普遍的文化現象或一種民族的共通情感，需要特定的歷史文化背景作為支撐才能有所感悟。今天就請劉教授來為我們講講"意象"解讀的要領吧！

劉永康：中國是一個詩詞的國度。詩詞教學是閱讀教學中的重點和難點。把握詩詞意象中蘊含的歷史文化內涵是閱讀教學的關鍵。因為意象是詩詞的基本單位。意象是詩詞藝術的精靈。

南朝劉勰在《文心雕龍·神思》裏曾論及"獨照之匠，窺意象而運斤。"

大概意思：如同有著獨到看法的有經驗的木匠師傅，能夠看著材料運用自如地揮斧一樣。即指詩人當以審美意象構築其藝術世界。

唐代詩評家司空圖在《二十四詩品·縝密》說："意象欲出，造化已奇。"

趙珂：那麼，究竟什麼是意象呢？

劉永康：簡單地說，"意"，就是詩人所表達的思想、情感、意念、感興或文化內涵。"象"，就是物象、形象。對於這種積澱著深厚文化內涵或感情的物象就是"意象"。

中國古典詩詞中有一個龐大的意象群體。說其龐大不僅僅在於意象的種類繁多，而且相同種類的意象也會因為不同的作者，不同的時代，不同的時間地點表達出不同的內涵。這種豐富性表現了人們在不同情況背景下不同的價值取向和情感追求。比如"酒"，同樣是美酒，曹操說："何以解憂，唯有杜康"。李白卻說"人生得意須盡歡，莫使金樽空對月"，又說"抽刀斷水水更流，舉杯消愁愁更愁"，還說"兩人對酌山花開，一杯一杯複一杯。我醉欲睡卿且去，明朝有意抱琴來"。唐伯虎的"桃花塢裏桃花庵，桃花庵下桃花仙；桃花仙人種桃樹，又摘桃花賣酒錢。酒醒只在花前坐，酒醉還來花下眠；半醒半醉日複日，花落花開年複年。但願老死花酒間，不願鞠躬車馬前；車塵馬足富者趣，酒盞花枝貧者緣。若將富貴比貧賤，一在平地一在天；若將貧賤比車馬，他得驅馳我得閑。別人笑我太瘋癲，我笑他人看不穿；不見五陵豪傑墓，無花無酒鋤作田"。

在曹操筆下，酒透露了亂世中人們對人生的無奈和難以排解愁悶。而在李白筆下，雖然有喜有憂，但我們更能直接感受到的卻是盛世中人們的浪漫情懷。弘治十二年，唐伯虎與好友徐經、好友都穆一同入京參加會試，卻因為捲入徐經科場案而下獄，被罷黜為吏。唐伯虎詩中的酒又使我們看到一個科舉失意人那種看破紅塵，醉生夢死的人生情態。這些都是不一樣的情感通過相同的物象"酒"來表現，隨著時間的流逝，"酒"便沉積了越來越多歷史文化內涵。詩歌中的"酒"可以傾訴亂離之悲，也可以包含盛世的豪放多情，蘊藉著人們想擺脫肉體束縛，獲得自我釋放的希望。酒文化傳承在今天，酒的文化味也越來越濃。事業成功，舉杯相慶；朋友聚會，以酒助興；托人辦事，酒通感情；紅白喜事，酒添氣氛。喜歡喝酒的男人自我調侃："酒壯英雄膽，不服老婆管"，殷勤勸酒的女人也很幽默："心在跳，手在抖，不喝就是嫌我醜。"

所以"酒"這一文化現象在古今詩歌中都被賦予了豐富的內涵。這給我們的閱讀帶來了挑戰。這就要求我們在閱讀鑒賞，特別是鑒賞古典詩詞時，要重視對重要傳統意象的深入分析和梳理。

趙珂：確實，意象的多義性往往也是文學作品吸引人的因素之一，因為它允許創作者根據自己的經驗知識和情感來賦予其不同的意義。既然要進行深入的分析和梳理，劉教授您能給我們打個樣，分析一下"月"這一常見意象嗎？

劉永康：比如在講晚唐李煜的《虞美人》時：

春花秋月何時了，往事知多少？

小樓昨夜又東風，故國不堪回首月明中。

此詩是運用"月亮"意象的經典名句，月出月沒，時光流逝，如煙往事已被時光沖散。所以在李煜筆下"月"是時間的意象，表現了人們在不可挽回的時光面前，那種深深的悲劇感。那麼教師可以以此為契機，設計一個研究性課題----讓學生回溯整個唐代詩歌，歸納總結唐詩中"月"意象的種類。首先，教師可以事先作一個分類，如唐詩中"月的空間意象""月的愁緒意象""月的情愛意象"等等，當然學生也可以補充。然後，讓學生以這一分類為基礎，把自己學過的有關月的唐詩一一對號入座。如：

"回樂烽前沙似雪，受降城外月如霜"（李益《夜上受降城聞笛》），

"秦時明月漢時關，萬里長征人未還"（王昌齡《出塞》）

以上詩所表達的是月的邊塞意象。

熟知的"月落烏啼霜滿天，江楓漁火對愁眠"，還有王建的"今夜月明人盡望，不知秋思落誰家"，這些詩是寫月的愁緒意象。

而杜甫《月夜》中"香霧雲鬟濕，清輝玉臂寒"，張九齡"海上生明月，天涯共此時"（《望月懷遠》），以上這些詩又是一種月的情愛意象。

最後，教師可以讓學生分析月亮何以演化為這些意象，意象內部的內在聯繫是什麼？同時也引導學生思考不同種類的詩歌表達了怎樣的人類情感，蘊含了什麼樣的歷史文化內涵。比如

李白的《子夜吳歌·秋歌》："長安一片月，萬戶搗衣聲。秋風吹不盡，總是玉關情。何日平胡虜，良人罷遠征。"

意思是秋月皎潔，長安城一片光明，家家戶戶傳來搗衣聲。砧聲任憑秋風吹也吹不盡，聲聲總是牽繫玉關的親人。何時才能平息邊境戰爭，夫君就可以結束漫長征途。這月表達的是思鄉懷遠之情。

趙珂：還比如《詩經·陳風·月出》：

月出皎兮，佼人僚兮。舒窈糾兮，勞心悄兮。月出皓兮，佼人懰兮。舒憂受兮，勞心慅兮。月出照兮，佼人燎兮。舒夭紹兮，勞心慘兮。

意思是：月亮出來多明亮，美人儀容真漂亮。身姿窈窕步輕盈，讓我思念心煩憂。月亮出來多潔白，美人儀容真姣好。身姿窈窕步舒緩，讓我思念心憂愁。月亮出來光普照，美人儀容真美好。身姿窈窕步優美，讓我思念心煩躁。這詩的月是象徵純潔無瑕的感情。

唐代杜甫《旅夜書懷》：細草微風岸，危檣獨夜舟。星垂平野闊，月湧大江流。名豈文章著，官應老病休。飄飄何所似，天地一沙鷗。

那意思是：微風吹拂著江岸的細草，那立著高高桅杆的小船在夜裏孤零地停泊著。星星垂在天邊，平野顯得寬闊；月光隨波湧動，大江滾滾東流。我難道是因為文章而著名嗎？年老病多也應該休官了。自己到處漂泊像什麼呢？就像天地間的一隻孤零零的沙鷗。這詩是象徵詩人的高潔品質。

劉永康：總之，月作為一種有距離感，但有是恒定的形象，它能把邊塞環境點綴得蒼茫悲壯，也能把邊塞這個特徵性的地理上的物理空間轉化成了藝術上的心理空間。而月光的流逝在生命的時間中展開，因此月光還是生命的，是時間的象徵。因此古人常以月的意象傷感歲月的流逝、生命的流逝。在古詩中，月還是情緒的，在自然界中，月明月陰，月圓月缺與圓滿，欠缺等事物異質同構，所以月還是愁緒和情愛的意象。如果在閱讀教學中能灌注這樣的內容，不但可以拓展和豐富學生的閱讀面和知識面，更重要的是為學生閱讀古典詩詞打下了一個堅實的文學素養的基礎，為學生打開了一扇到達詩詞深層內蘊的大門。

趙珂：沒錯，有些教師可能過於強調意象的單一含義，而忽略了其多維度和多層次的特點。詩詞中的意象往往蘊含著豐富的情感和象徵意義，需要引導学生从多个角度进行解读，才能做到对所学的知识融会贯通。那么在意象赏析过程中，我们有什么需要注意避免的误区吗？

刘永康：诗文赏析切忌只观象而不解意。须知，那象中之意方凝聚着诗文丰富的文化内涵。一位教师执教辛弃疾的词《清平乐·村居》：

茅檐低小，溪上青青草。

醉里吴音相媚好，白发谁家翁媪？

大儿锄豆溪东，中儿正织鸡笼。

最喜小儿无赖，溪头卧剥莲蓬。

破题之后，他让学生自读一遍课文，然后 4 人一组讨论诗词句意。讨论之后，教师请同学们提出自己不理解的词语，有 4 位同学询问了"相媚好""吴音""翁媪"和"无赖"的字面意思，教师对此逐一做了字面解释后，又分别请两位同学用自己的语言翻译这首词。接下来，教师让学生熟读几遍课文后，请几位同学上台表演老两口儿说话的场景。

这样的教学环节，学生都被调动起来了，师生都在互动，这能算好课吗？

赵珂：我觉得，这样的课堂看似热闹，学生看似活跃，但实际上是在做表面文章，打遇边战，在诗歌的皮面上跑。

刘永康：赵珂：老师没有引导学生紧扣语言，感受农村生活情境，从中悟出一对白发翁媪趁着酒意彼此"媚好"，亲密无间的那种和谐、温馨、惬意的老年夫妻的幸福生活。这样的教学环节乍一看清晰完整，无可厚非，但倘若按照这样的模式去教学古诗词，其诗味儿和美感可能会受到较大影响。

赵珂：感谢刘教授的精彩讲解，好的诗词教学不仅需要到位地解读，还需要生动、恰当的教学模式。有的教师可能对意象的了解不够深入，导致教学如蜻蜓點水一般淺嘗輒止，這樣的教學方式可能導致學生感到困惑，無法真正理解和欣賞作品。意象是靈動的，它是客觀世界與人類詩心的巧妙相遇，是不同時代人們的精神共鳴。教師在教學詩詞意象時，應該採取靈活多樣的教學方法，引導學生主動參與課堂討論，幫助他們真正理解和欣賞詩詞中的意象。

今天的內容就到這裏，我們下期再見!

## 放眼世界，沐浴八面來風（一）

趙珂：在六十二期內容的最後，劉教授從外國文學翻譯的角度，聊到了培養學生正確對待文字中蘊含的外來文化的態度。在當今全球化日益加深的背景下，培養學生的跨文化教育素養顯得尤為重要。這種素養不僅包括對外部世界的基本認知，更重要的是能夠理解和尊重不同的文化價值觀，以及在文化交流中展現出開放和包容的態度。那我們在語文教學中又該如何去關注這一方面的素養培養呢？

劉永康：課標關於"文化的傳承與理解"部分指出："理解和借鑒不同民族和地域的文化，拓寬文化視野"，這就涉及關於外國文學的學習問題。

學習外國文學要克服狹隘民族主義和民族自卑心。

有狹隘民族主義的人輕視外國文學。他們一些人以為，不就是幾個外國佬寫的書嗎？有什麼了不起？咱們老祖宗孔夫子編"詩三百"那會兒，歐洲幾乎全是野蠻人，鬥大的字還認不了幾個呢。不就是莎士比亞會來點你殺我鬥，屍橫遍臺（舞臺）嗎？咱們先賢關漢卿寫《竇娥冤》，可比他先生早了整整四百年。他們認為：什麼事情都是老子天下第一。看起來似乎很愛國，很有骨氣，其實他們人在21世紀，腦子卻長出了阿Q的小辮子。要知道，世界文學史上的優秀作品，是人類共同的精神財富，是各國人民智慧的結晶，是形象的生活教科書，批判地吸收外國文學的養分，正是民族文學不斷發展、進步的一個重要條件。從一代文學巨匠魯迅、茅盾、郭沫若、巴金，到當代文壇的俊傑，他們都從世界文學中吸取了豐富的精神資源。一個開放的民族是最善於向別的民族學習的，放眼世界，沐浴八面來風，我們將更加健壯，更加富有。如果我們閉目塞聽，甘當坎井之蛙，其結果是阻礙中華民族的發展、繁榮。

另一些有民族自卑心的人認為：哦，你看，人家荷馬史詩，多氣派，但丁的地獄、煉獄、天堂多深刻；咱中國，不就是楊柳依依，風花雪月嗎？全多就是來點"大江東去"，"何以解憂，唯有杜康"之類。

赵珂：这可以稱為"民族虛無主義"了，以為月亮是外國的圓，妄自菲薄，這種民族自卑心理同樣會阻礙我們民族的發展。所以學習外國文學，首先要有健康的心態，正確的觀念。建設社會主義精神文明、繁榮社會主義文學，要求我們學習外國文學。

劉永康：過去我們對外國文學所反映的社會現實作了庸俗化的理解。就是為了用西方文學的發展規律及其內容來證明資本主義代替封建主義，社會主義戰勝資本主義這樣一個政治命題。在這樣的背景下，很長時間，現實主義文學被神聖化。現實主義之前的文學被看成現實主義文學的準備，此後的文學被斥為"頹廢文學"。把現實主義文學看成封建制度崩潰，資本主義上升和走向衰落過程的珍貴的歷史文獻。

學術大背景如此，語文教材的選目多為現實主義作品，就不足為怪了。由於對外國文學的偏見導致了選文的狹窄，致使許多優秀的外國文學作品被排斥在外。實施新課程以來，在"理解和借鑒不同民族和地域的文化，拓寬文化視野"這一理念的指導下，外國文學的選目發生了可喜的變化，不再只限於現實主義的作品。其中有文藝復興時期的作品、有啟蒙主義的作品，浪漫主義、現實主義當然沒有缺席，20世紀現代主義的作品也居然登上了中學語文教材，從國別看，有英美法俄等歐美主要文學大國的作品，還有日本、印度等亞洲國家的作品，這就拓寬了世界文化的視野。

趙珂：從劉教授的講述中我們知道了，實施新課程後，我們的語文教材中的外國文學選文有了很大的變化。這說明，我們應該以一種包容的心態去接納和理解不同國家和地區的文學作品，尊重它們的獨特性和多樣性，同時也要保持自己的獨立思考和判斷能力。克服狹隘民族主義和民族自卑心是學習外來文化的前提，劉教授的講解真是一針見血，那我們還有別的需要注意的嗎？

劉永康：學習外國文學，首先要有健康的心態，正確的觀念。

《渔夫的故事》就是一千多年前阿拉伯人写的东西，《守财奴》《穷人的专利权》《竞选州长》《最后一课》《我的叔叔于勒》《项链》《变色龙》《员警与赞美诗》等等，都是近代欧美资产阶级作家写的作品。它们总是不可避免地存在着一定程度的阶级的局限性和时代的局限性。应该取其精华，弃其糟粕。对于具有深刻认识价值、高度艺术价值而思想性在今天看来不是那么强烈的古代和近代作品，固然应该指出它的弱点，但更应该从它已经提供出来的，超过前人的那一方面去研究分析，不能用今天的眼光去苛求古人达不到的地方。

赵珂：确实，在教学中需要教师对学生进行正确的引导，才能让学生深入感受这些优秀作品的内核精神。刘教授，您能为我们举一些教学中的例子吗？

刘永康：例如，在《竞选州长》里，马克·吐温揭露了资产阶级民主政治的虚伪性和反动性。这一点，我们就应该肯定它，学习它。他没有指出社会出路应该怎么办，他不具备无产阶级思想，可以指出这是局限，而不能以此就大肆批判，否定马克·吐温。我们要研究前人已经达到的和新的创造，不能要求他达不到的，批判他没有写出什么来。

过去对外国文学总是搞一言堂，是一个声音说话，只能按一个模子教学，即对一部作品只能有一种评价。这是违背文学接受规律的。真正的文学作品，总是有极大的模糊性、混沌性，包含多重意义。有的含义甚至只可意会，不可言传。作品的价值要在读者的创造性阅读中去实现。

赵珂：是的，作为教师应该对作品中的观点和价值观进行理性分析和评价，用一种平等和客观的态度去对待外国文学作品，既不轻易贬低它们，也不盲目抬高它们，而是应该引导学生以一种学习和借鉴的心态去对待它们。

刘永康：对一篇外国文学作品，教材应该提供多种评价，让老师学生去比较、分析，识别真伪，分辨优劣。老师对学生可能发表的意见要有预见能力，把他們可能不很成熟但新鮮的見解加以完善，並與教材中的觀點進行綜合的能力，這對老師是一個很大的挑戰。

比如《裝在套子裏的人》。過去認為別裏科夫是俄國沙皇專制制度的縮影。反動、保守、僵化、扼殺一切新思想，同時也虛弱不堪。這種觀點把別裏科夫描寫成沙皇專制制度的直接代表，把他和小說中的其他人物對立起來，把他看成迫害者。這就具有認識的片面性、局限性。因為它忽略了小說中人物的另一層關係。老師要引導學生認識：別裏科夫性格最大的特點是恐懼。他什麼都怕，尤其是新的事物。為什麼怕，傳統的認識很少去追究這一點。老師就要讓學生重新認識：別裏科夫最怕的是統治者，怕到骨子裏。他勸告別人時口頭禪是"可別鬧出亂子來呀！"怕由此帶來滅頂之災。正是這種恐懼導致了他的逃避；而逃避本身即是對現存秩序，既成傳統及其官方代表的屈從，以致自覺與不自覺地維護。而這種逃避、屈從、維護，正是奴性的表現。這才是套中人的實質。他對新事物、新思想的反對只是現象，深層次的原因正是對既成秩序及官方代表的恐懼。

趙珂：趙珂，書中，他就是這樣勸告秩序破壞者的：

"既然政府還沒有發出通告。允許做這種事，那就做不得，昨天我嚇壞了！……這事又會傳到督學耳朵裏……這還會有好下場嗎？"

劉永康：這充分暴露了他思想上的奴性。反對奴性、反對庸俗，反對妥協是契訶夫創作的一貫主題。從這一點出發，我們發現《變色龍》和《裝在套子裏的人》之間的內在聯繫：一個是以變色表現奴性，一個是以裝在套子裏表現奴性，殊途同歸。再進一步看，別裏科夫在更廣泛的意義上，代表了一類人物形象，反映了人類的某種劣根性——屈從和盲信權威、謹小慎微、懼怕新事物，如哈姆雷特、堂吉訶德、阿Q一樣，他的意義不再限於19世紀俄羅斯，要和人類普遍的人性聯繫起來。人性之於階級性，有更廣泛的代表性。這有助於與學生的個人體驗相結合，變陌生為熟悉。

趙珂：在本專題中，劉教授為我們講述了學習外國文學要克服狹隘民族主義和民族自卑心、批評庸俗化地理解外國文學反映社會現實的弊端、講述了學習外國文學應有健康的心態和正確的觀念、強調對一篇外國文學作品，教材應該提供多種評價，讓老師學生去比較、分析，識別真偽，分辨優劣。這些見解深刻，針對性、實用性極強，值得老師們深思，借鑒。關於外國文學教學，劉教授還有許多重要的心得要繼續與大家交流，那就是下一專題要講述的內容。

## 放眼世界，沐浴八面來風（二）

趙珂：《孟子·萬章下》說"頌其詩，讀其書，不知其人可乎？是以論其世也！"現在我們鑒賞文學作品就要瞭解作者的生平和時代背景，也就是要"知人論世"。今天我們邀請了劉教授和鐘亮老師一起來討論這方面的問題。人物生平和時代背景就是我們瞭解作品的語境。閱讀外國文學作品，恐怕更應該這樣吧？

劉永康：是的，教學外國文學時，不能就字句讀字句，必須搞清楚作品產生的歷史條件和作品所反映的那個國家和那個時代的社會生活特點。

例如：契訶夫的《變色龍》，它寫於1884年。十九世紀80年代，是俄國的黑暗停滯年代。亞曆山大三世鎮壓失敗了的民粹派運動，起用波別多諾斯采夫和德·托爾斯泰（不是作家列夫·托爾斯泰）這些反動頭子，破壞六七十年代的改革。在警棍和槍彈的統治下，資產階級革命性已在消亡，無產階級革命性才剛剛萌芽。市儈階級怠惰、麻木、庸俗、奴隸氣的國民性籠罩著市民階級，而統治者卻在這土壤上作威作福。

鐘亮：如果深入瞭解這一段歷史，就會把奧楚蔑洛夫干預狗咬人的"亂子"，放在當時社會治安維護活動的總體中看待，就會認識小市民思想作風的實質及由來。否則，只能講一個有趣的笑話，而分析不透作者沉鬱的思想和小說深刻的社會含義與時代性。

劉永康：教學巴爾扎克的《守財奴》這一課，就應該弄清楚巴爾扎克寫作《人間喜劇》的歷史條件，為什麼他在七月王朝統治時期寫這樣的作品。選自《絞刑架下的報告》的《二六七號牢房》，它不僅是反法西斯戰爭的產物，更是捷克黨地下鬥爭的結晶。

赵珂：刘教授说到了要害！教师在面对外国文学的时候需要注重作品的文化背景介绍，避免因文化差异导致对文本内涵认识不到位的情况，同时也能更好地引导学生深入阅读。除此之外，还有别的教学技巧吗？

刘永康：在教学一篇外国文学作品课文之外，还要适当介绍与课文有关的全书，也就是课标所说的读整本书，例如：不研究《死魂灵》这部作品，单讲《泼留希金》一课，就会单薄。长篇小说中的选段，上有源头，下有归宿，不全面系统地看问题，选文就没有来龙去脉，成了孤立的片段。还可读与之相关的姊妹篇，指导学生课外阅读这本小说，或读作家的与课文有关的短篇小说集，这既可以扩大学生的知识范围，帮助学生理解所讲的课文，又可以使学生不限于语文课中所学的那一点点选段或单篇，增长阅读能力，丰富语汇，使学生掌握更多的艺术表现手段，提高写作能力。但是，在课堂讲授中，注意力的重点还是应该放在节选课文本身，而不能喧宾夺主，不能用介绍作家和介绍全书占去了分析课文本身的所需课时。

钟亮：又如对高尔基的《母亲》这部长篇小说，可以简要指出它在俄国文学和俄国革命中的意义以及列宁对它的评价，扼要介绍母亲这个人物的成长过程、它在斗争中的感受与反应，将情节引导到结局上，但重点应是分析"火车站上"这段课文的层次结构、语言特色、艺术表现等等。

刘永康：语文课本中的外国文学作品在教学上不同于其他课文教学的地方还有一些，譬如：有关外国的人、事、典故、生活习惯，各种外国用品，外国人表现思想感情的方式等等，也是应该注意解决的问题。把这些"拦路虎"扫清，既有助于帮助学生理解课文，又能增加学生有关外国人民的生活知识。学生了解外国的情况多、知识多，教师教学外国文学作品就会容易得多。

赵珂：新课标的修订、出台，使作为"多样文化"重要组成部分及重要载体的外国文学在中学阶段的意义、价值及地位得到进一步凸显。作为意识与方法的"文學比較",能夠極大地拓展中學語文教學思維與學習思維,更新中學語文教學模式與學習模式,使教師與學生可以跨越教材的限制和文化的隔閡,更深層地進入外國文學教學與學習,走向"多樣文化"。劉教授,希望你能以現行教材中的外國文學課文為例,談談比較閱讀方法的具體運用。

劉永康:好吧,我就以多次入選高中語文教材的普希金名篇《致大海》為例,談一些比較分析的思路。在具體的教學中,教師可以將普希金的《致大海》與拜倫以及拜倫的海洋詩篇進行比較。一、通過比較,深化學生對《致大海》中"拜倫"形象的瞭解,認識普希金為什麼將"拜倫與海洋"視為一體,為什麼以海洋書寫拜倫、以拜倫彰顯海洋?二、比較普希金與拜倫筆下"海洋"的相同之處,引導學生注意普希金與拜倫創作的關聯,即拜倫對普希金創作的影響。三、比較普希金與拜倫筆下"海洋"的不同之處,看一看普希金與拜倫各自的創作特徵。這樣,既保障了學生深入教材理解文本,又拓展了學生的知識面。普希金《致大海》對中國新時期作家創作的影響是廣泛的,單是同名詩就有郭小川、孫靜軒、舒婷、王久辛的《致大海》,軍旅詩人紀鵬在《說不盡的普希金》一文中談論了他對《致大海》的喜愛以及《致大海》對其詩集《藍色的海疆》的影響。以上中國詩人的詩作都可以與普希金的《致大海》進行比較教學。還可以把普希金的《致大海》放置在海洋文學(海洋故事,文學片段)的整體語境中進行考察、比較,探析普希金的"海洋"較之於他人的"海洋"的異同,思考普希金是怎麼書寫海洋的,普希金的海洋呈現出怎樣的意義特徵等問題;同時可以由普希金的《致大海》延伸到世界"海洋文學""海洋文化",讓學生探尋海洋文學的發展、特徵,真切地瞭解多樣文化中的"海洋文化"。以上都是與普希金《致大海》作橫向比較,還可以將《致大海》與普希金其他詩作從形象、題材的維度、自由主題的維度、地理的維度等方面作縱向比較。

鐘亮:為了拓寬比較的思路,劉教授說了以上行之有效的意見,說明比較的角度還是很多的。但對於中學生,不一定都要面面俱到、一一進行,在教學之中，可選擇一兩個角度作比較，目的是讓學生能夠更加詳實地瞭解到經典作品穿越時代、跨越國別的永恆魅力，以及"海洋"意象在不同國度、不同文化、不同時代語境圈中的多元意義與豐富價值。

趙珂：上面，劉教授和鐘亮老師的講述啟迪我們："文學比較"在中學語文外國文學篇目教學中有著多種應用方式。"文學比較"的介入，可以很好地解決目前中學語文外國文學篇目教學中存在的問題，對於"理解多樣文化"、深化文本解讀、調動學生積極性、拓展學生知識面有著重要價值。

劉永康：為了教好語文課本中的外國文學作品，一個教師應具備系統的外國文學史的知識，此外，還應該掌握文藝理論、外國歷史、哲學、思想史與文論史、民族學、宗教學、民俗學、世界地理、外國藝術史等等知識，還必須瞭解一兩種外語：如高爾基的《海燕》是四音步揚抑格的素體詩，但不懂外語的卻把這首嚴整的格律詩，依譯文視為散文詩，這是不准確的。如講歐美文學作品卻一點不了解基督教；如不懂儒略曆與格裏曆的區別，只曉得十月革命那天俄曆與西曆之差，不曉得十九世紀差十二天，十八世紀差十一天，十六、十七世紀差十天的原因，統統按二十世紀情況說西曆與俄曆差十三天，等等。這些都是知識面不廣泛所致。所以，一個語文教師，應該是百科全書式的人才。

鐘亮：外國文學教學可以成為學生學習旅程中的一盞明燈，指引他們走向更寬廣的知識世界，成為更有教養、更有深度的個體。通過不同文化背景下的人物和情節，學生可以更好地理解和同情不同文化背景下人們的行為和情感，這對於培養他們成為具有全球視野的公民至關重要。因此作為教育者的我們首先要拓寬自身的知識視野，提升文化素養，如此才能挖掘多元的學習資源，激發學生的創造力。真正做到放眼世界，沐浴八面來風。

趙珂：謝謝劉教授和鐘亮老師的精彩分享！前面的內容中，劉教授緊扣語文核心素養這個根本，從語言建構與運用、思維發展與提升、審美鑒賞與創造、文化傳承與理解四個方面用了 74 個專題的微內容作了深刻而又生動地講述。須知，語文核心素養是一個有機整體。其中，語言建構與運用是基礎，在語文課程中，學生的思維發展與提升、審美鑒賞與創造、文化傳承與理解，都是以語言的建構與運用為基礎，並在學生個體言語經驗發展過程中得以實現的。在語言建構與運用活動中獲得思維發展與提升、文化傳承與理解，提升審美鑒賞與創造能力，這四者相輔相成，共同構築起了語文課程育人價值體系。但是靠語文教學的自我封閉，是不能達成語文核心素養形成和發展這一總目標的，必須建設開放而有活力的語文課程。那就是要把學語文、用語文的空間拓展到生活中去，拓展到其他學科領域去。下一期是劉教授的收官之講：那就是"從語文的跨學科學習中培養學生的語文核心素養"，歡迎廣大語文愛好者一起學習。今天的內容就到這裏，我們下期再見！

# 第五編 在語文與其他學科的交叉整合中提升學生的語文核心素養

趙珂：《普通高中語文課程標準(2017年版)》在學習任務群中專門提出了"跨媒介閱讀與交流"和"當代文化參與"兩項，就是針對資訊社會的新問題和新的傳播手段的。根據這一要求，"跨學科學習"也便成了當下教育的一個熱門話題。語文作為學習祖國語言文字的學科，在所有學科的學習中都會發揮作用。今天我們也請到了三位一線教師來和我們一起討論這個問題。那麼語文的跨學科學習又是在什麼背景下提出來的？我們該如何看待語文與其他學科的交叉整合呢？先請劉教授和小芳老師就這個問題和我們聊聊吧？

劉永康：語文課要培養學生的語文核心素養，其教學就不能搞自我封閉，不能在一個封閉的圈子裏兜來兜去，要把學語文、用語文的空間拓展到其他學科領域，實施語文的跨學科學習。這是在當今資訊時代，世界教育進入融合式教育的大背景中宣導的一種教育理念。

目前，世界教育已經由注入式教育發展到園丁式教育，再由園丁式教育發展到融合式教育。融合式教育有一個顯著特點就是打破各學科領域的自我封閉，加強各學科之間的橫向聯繫。這種學科整合的根本依據就是社會和科技發展的根本需要。

劉小芳：沒錯，我們可以看到，在日益複雜的資訊時代，具有多方面才能的人佔有明顯的優勢。研究大腦的生物學家必須懂化學和物理學。在底特律的韋恩州立大學進行跨學科研究的人文學教授朱莉、湯普森、克萊因說：

"任何單個領域都不能解決我們今天面臨的實際問題，如愛滋病、貧困和污染。"

劉永康：是的，錢偉長就說，"現代科學是從夾縫中生出來的"。錢偉長曾鼓勵一位學習力學的學生轉向化學領域。該學生後來在三峽水電站專案中，結合機械力學和化學知識，成功研發了一款新型潤滑油，解決了工程難題，凸顯了跨學科知識的重要性。這就說明現代科學是從夾縫裏生出來的。科學越是發展，就越是需要綜合。

劉小芳：曾經，楊振寧在清華大學講"美學與物理學"，標題本身就是文理滲透。他用唐朝詩人高適在《答侯少府》中的兩句詩"性靈出萬象，風骨超常倫"來描述迪拉克反粒子理論。一方面，迪拉克方程確實包羅萬象，用"性靈出萬象"的"出"字描述迪拉克的靈感尤為傳神。另一方面，他於1928年以後四年間，不顧波爾、海森堡、泡利等大人物的冷嘲熱諷，始終堅持他的理論而最後得到全勝，正合"風骨超常倫"。

劉永康：李政道編了一本科學與藝術的書，其中談到畫家把一些深奧的物理原理轉化為生動形象的畫面。比如請華君武創作一幅漫畫。之前，李政道告訴他，當兩個電子在低溫狀態下結合在一起組成庫泊對時，就能實現超導，而單獨的電子就會受束縛和困擾。華從藝術表現的角度考慮，認為立體的結晶體不美觀，建議改成片狀，李表示贊同。他畫出的碳60是連著的一片，像雲一樣。然後，華又問，要使兩個小孩跑得快一些，能不能讓他們插上翅膀？李說，可以。最後，他的作品成雙成對的小孩都插上翅膀，而且都笑眯眯地顯得很輕鬆。畫還配了兩句詩，"雙結生翅成超導，單行苦奔遇主力"。

現在片狀的碳60晶體已被中科院研製出來，華的想象倒是比物理學家還超前了一點。畫配詩是藝術，可是，這藝術中卻包含著科學。

所以美國賓夕法尼亞大學校長朱迪思、羅丁說：

"最佳的課程設置是利用學科交叉所產生的知識爆炸。"

劉小芳：其實，各門學科之間有著不可分割的聯繫。從知識教學到能力培養，常常是你中有我，我中有你，互為基礎，互為補充。我們既要有分的概念，看到各科教學有分工的一面，又要有合的觀念，看到我們的辛勤勞動將統一於教學對象。

趙珂：是的，正如劉教授前面所說，各門學科教學所用到的知識絕不是單一的，它往往需要其他學科知識的配合。任何一門學科都不是孤立存在的，科學知識之間存在著相互滲透、相互推動的以致更加完善的關係。那我們該如何處理這種緊密融合又錯綜複雜的關係呢？

劉永康：各科融合有點像中醫的診治方式，把病人看作一個整體。將這一設想用到教學中，不再是教語文的專教語文，不顧及學生其他學科的學習。也就是說，每科教師都要有全局觀念，自己教的這門課程，不管是語文、數學、英語、還是繪畫和唱歌，都要看著是同一整體的不同部分，使它以一種恰當的比例，與其他學科融合交叉，以達到一種整體效果。

趙珂：可是，如何實施學科間的交叉整合，仍有許多教師至今放不開手腳，他們堅守著"各自打掃門前雪，莫管他人瓦上霜"的教育理念，打不破傳統語文教學的學科壁壘，致使跨學科學習在一個狹小封閉的圈子裏兜來轉去。

劉永康：實施新課程以來各學科在交叉整合方面都有一些成功的嘗試。

以語文為例，其實，語文教學是最能融合其他學科教學的。一方面，語文是學習其他課的基礎，另一方面，語文的教學內容與其他學科有著千絲萬縷的聯繫。把語文學習滲透到各學科領域大有作為。比如運用成語概括生物的某些知識，將描寫音樂的幾個散亂無序的句子重新組合成意思連貫的一段話，為體育課中立定跳遠的動作要領編寫順口溜，把一幅畫的妙景用美的語言來描繪，收集自然科學的有關知識編科幻故事……就是數理化生物也離不開語文。比如數學中"方程的解"與"解方程"這兩個概念用到的語詞都基本一樣，無非就是顛倒了順序，便成了兩個不同的概念，學生也容易混淆不清。語文老師就可以從語法分析入手："方程的解"是偏正式名詞短語。"解"是中性詞，"方程"是定語成分。"方程的解"也就是指方程運算的結果，或者叫方程法根。"解方程"是動賓短語，是指方程的運算過程。

趙珂：誒？除了基本的文字資訊獲取，我還不知道這些學科會在教學中怎樣涉及語文知識運用呢，劉教授和小芳老師能給我們舉例說明嗎？

劉小芳：某小學數學老師執教有關年月日的數學知識，在教師講解有關大小月和二月各有幾天時，螢幕上出現了一道練習題：每個月的天數一樣嗎？有哪幾種不同的天數？用語文《趙州橋》中的句型"有的……有的……還有的……"把話說完整，同學們踴躍舉手，他們通過回答問題，不僅掌握了數學知識，而且也鞏固了語文課所學的句法知識。

劉永康：有小學數學教師在教學四則運算與簡便計算這兩個單元時，一些學生對何時進行遞等式計算，何時進行簡便計算常常發生混淆。於是，這位教師把脫式計算比喻成"水牛"，把簡便計算比喻成"拖拉機"，耕地又快又好。"水牛"好比四則運算的一般演算法，雖然慢，但是在水田必須用"水牛"而不能用拖拉機。要根據"田地"的特點決定是用"水牛"還是"拖拉機"。這位教師用具體形象的"水牛""拖拉機"打比方，使學生恍然大悟，明白了簡便計算的重要思路：先觀察數的特點，再根據運算定律進行計算。這位老師運用語文課中常用的比喻修辭手法幫助學生輕鬆地打開解題思路。這些都是將語文學習滲透於其他學科領域的路徑。這樣，語文就不單是學習其他學科的工具，亦是復活其他學科的綜合性學科。

在講到物體在液體中的沉浮條件時，結合分析小學語文課本中的《撈鐵牛》的原理；講到"力矩的平衡時，結合分析在美術片《三個和尚》中，小和尚和瘦和尚在抬水時，用手量水桶在扁擔上的位置的意圖等。

趙珂：劉教授和小芳老師講述的這些教例充分說明，任何一門學科，它並不是孤立的，而學科知識之間存在著互相滲透、互相推動發展以致更加完善的關係。

劉教授應邀在全國各地作語文學術報告800餘場，上各種課型的語文課100餘場，廣受好評。中央電視臺、人民教育雜誌、中國教育報和其他報章雜誌都有介紹和評價。特別是在語文教學的實踐方面，劉教授已經為我們的語文老師做出過多方面的示範，各種語文雜誌都有值得我們學習的各種課型的教學實錄。但在跨學科學習方面，在語文與其他學科交叉整合方面，劉教授又是怎麼用其他學科的知識來幫助學生解決語文學習中的問題的？

劉永康：我曾經給中學生教過碧野的《天山景物記》，當讀到"雨洗後的草原更加碧綠，像一塊巨大的藍寶石"一句時，學生提出疑問：藍和綠是兩種不同的顏色，碧綠的草原怎麼會像綠色的藍寶石？該不會是碧野先生隨便寫的吧？我也一時回答不上這個問題，我便請教物理老師，他們告訴我，要回答這個問題，就得融合光譜知識。原來，在一定條件下，把綠說成藍是有科學根據的。根據顏色光三定律，綠和藍是非補色關係，非補色關係的兩種顏色相混，便產生新的混合色或中間色。比如綠藍色光混合，便產生綠藍色或藍綠色。補色關係的兩種顏色相混，便產生白色或灰色。光混合把綠藍黃確定為三原色，它們構成非補色關係。上例說碧綠的草原像藍寶石，顯然指光的混合。藍色的天空與碧綠的草原相輝映，使作者看到了又綠又藍的神奇色彩和優美景觀，作者的精細觀察和描繪同科學的研究與發現不謀而合。這不能說這是精彩之筆。這就是語文與光學的融合。

我曾經教朱自清的散文《綠》，學生向我提出一個問題：大自然色彩繽紛，為什麼朱自清就偏偏只鍾情於一個綠色？該怎麼來回答這個問題？我首先說，你們看課文注解，朱自清是在什麼時代背景中寫《綠》這篇散文的？學生自然明白是在軍閥混戰，兵荒馬亂的年代。我又問：你們美術老師給你們說個嗎？

綠色在美學上象徵什麼？學生說：象徵平和、安寧、充滿生機。我說，你們把這兩方面的知識聯繫起來思考，就可以解決你們提出的問題。學生就這樣思考、討論，最後終於明白：這恰恰含蓄地表現了朱先生對軍閥混戰、兵荒馬亂黑暗現實的不滿，對平和、安寧、充滿生機的生活的嚮往。綠的形象真切、自然、細膩、柔美，含情脈脈，字裏行間，無不蘊蓄著作者內心高潔的情趣，他的精神世界，也正像他描寫的"宛然是一塊溫潤的碧玉那樣純淨，這就是通過背景知識和美學知識的滲透，使學生加深了對課文的理解。

趙珂：語文教學要與其他學科交叉整合，實施跨學科學習，這是新課標對實施語文新課程的新要求，為了引起語文教師們的高度重視，中高考這根指揮棒的確應該在測試考生跨學科學習的成果方面有所導向才對啊？在這個方面，能不能給我們談點什麼？

劉小芳：好的，當前，在一些中高考語文試題中，也出現了語文與其他學科知識的交叉整合的試題，比如：

(1) 愛因斯坦是當代最偉大的物理學家。在 20 世紀初，他提出一種理論：任何物質都可以轉換成有用的能量。並推出了著名的公式：$E=MC^2$，其中 E 表示能量，M 表示品質，C 表示光速。請用現代漢語把它準確地表述出來。

(2)《蘇州園林》一文中"有幾個園林還在適當的位置裝上一面大鏡子。"請用物理學知識對這一設計依據的原理及產生的效果作簡要說明。

趙珂：這麼看來跨學科學習已經在逐漸融入我們的教學和命題。劉教授曾經是負責高考語文命題的專家，在多年前的語文試題的命制中，有沒有過對跨學科學習導向的嘗試？

劉永康：我在前面"思維篇"《籠天地於形內，挫萬物於筆端》中，從測試考生聯想能力的角度談到用幾何學知識出高考作文試題：

幾何學上的點只有位置，沒有長度、沒有寬度、沒有高度，無數個點可以構成無數條線，無數個平面，無數個立體。請由此展開聯想，寫一篇不少於八百字的作文。

其實命制這樣一道用數學概念入題考作文的試題我還有另外一個意圖，那就是要體現文理滲透，用其他學科的知識來解決語文學習的問題。以上展示的這些題目巧妙地將語文與其他學科知識融合在一起。不僅考查了語文知識，也考查了其他學科知識，充分體現了語文無時不在，無處不有。它提醒我們要樹立大語文教學觀，注重與其他學科交叉與整合。從而拓寬學語文、用語文的空間。使語文課程變得開放而有活力，這就更有利於學生語文核心素養的形成和發展。

趙珂：語文的跨學科學習是一個新課題，對它的研究才剛剛起步，必然帶來一些新問題，需要大家來共同探討。今天，我們有幸請來了成都天府新區第三中學的語文名師池鳳，她成功地設計了一個語文跨學科學習的教學，就是：沉鬱頓挫，一"歌"千年——《茅屋為秋風所破歌》詩樂舞跨學科設計。下麵，我們就請池鳳老師對她的設計做一個簡單的介紹吧。

池鳳：大家好，首先，我的設計涉及了音樂（傳統吟誦）、漢詩舞、歷史（杜甫的生平）、地理（杜甫的生活軌跡地圖）、美術PPT（場景繪畫）、多媒體技術等。

其次，該設計以"參加學校詩歌音樂節"為情景任務，安排了四個階段，四課時。第一階段課前自學，學生自主瞭解劇本創作及表演知識；對比學習各種傳統調，確定本次演出的吟誦基本調，並反復跟吟；標注韻字，體會韻的聲容，思考換韻的效果；收集杜甫資料，畫出人生軌跡地圖，就其某段人生經歷寫一段不超過50字左右的抒情句介紹，說話方式為："我……"；用三韻以《歌詠聖心》或《致詩聖》為題寫一首小詩；積累文言詞語。第二階段文本探究，师生通过因声求义、互证法教学共生杜甫诗"沉郁顿挫"的诗风和诗技。第三阶段创编表演,全班6人一组,进行剧本创编,完成小组展演。第四阶段参加学校诗歌音乐节表演。

最后,该设计始终在明确学科边界的基础上,以培养学生语文学科素养为旨归,立言立德,言意兼得。

學生跟著杜甫去旅行,且行且吟

學生們情通杜甫,指天發毒誓擔荷天下

赵珂：从这个简单的介绍中，我们可以看到池老师其将音乐、舞蹈、历史、地理、美术、多媒体技术融入《茅屋为秋风所破歌》的教学中，通过诗乐舞的表演加深了学生对课文的理解和感悟。

上面是在中学教学中，语文与其它学科交叉整合的尝试，下面我们再看小学教学中，在这方面又是怎样尝试的。今天我们还有幸请来了成都市实验小学美术教师、四川省美术教育学会理事、成都市青羊区美术中心组成员，教育新秀黄英女士给我们讲讲诗歌教学与美术教学的融合。

黄英：运用美术的表现形式融入古诗的教学尝试，是基于不同学年段学生的身心发展特征，依据新课标将学习进行年段划分为三个学段。语文和美术学科教师预先梳理相应年段古诗词及教学目标，挑选有代表性的古诗词探索恰当的艺术表达方式，有针对性的进行教学。这种融合式教学以诗为轴，串联国画、水彩画、石头画、定格动画、立体纸艺等美术的表现形式充实教学，完善教学；以诗入画，激发学生兴趣，主动求知；以诗写"生"，表达古往至今共同的人文和情感，实践创新。

与古诗融合的美育研究，我们把学习范围界定在小学72首必背古诗中，并对古诗词按主题分类：叙事诗、抒情诗、送别诗、边塞诗、山水田园诗、咏史诗、悼亡诗。在学生对语文古诗词学习后，美术老师进行主题情境教学和活动，力求在情境化的主题和丰富有趣的美术创作形式，提高学生的学习兴趣，激发学生情感，引发学生共鸣，最终达到深度学习的目的。

比如在对边塞诗的学习板块中，我们重点对王昌龄的《出塞》进行了赏析。通过视频让学生对比长安的繁华和边塞荒凉，观察两个地域不同的生活，以定格动画的方式，用学生照片为诗人原型，模拟出诗人带领军队出使边塞的场景，人物的渺小和环境的空旷形成强烈对比，士兵深棕色的服饰和黄沙明度的对比，鲜活的人物与荒凉的大漠动与静对比。

學習中，學生既對美術語言有了更深刻地理解，也體會了詩人的心境和愛國主義情懷。學生將這樣的學習體驗遷移到其他邊塞詩的學習和理解中，促進學生體會詩人情感和愛國情懷，有效地進行了愛國主義教育，落實新課標中指出："引導學生樹立正確的歷史觀、民族觀、國家觀、文化觀。"的要求。

學校公眾號上發表的學生古詩水墨畫《小池》，作者楊辛夷

趙珂：黃英老師為我們講述了詩歌教學與美術教學的融合。這是運用以詩歌為主題融合美術表達形式的教學活動，這個成功的嘗試豐富了教師自身跨學

科教學的思路與實踐，提高了教師全科專業知識水準的發展，也拓展了教師的課堂教學內容。

從池凤老師、黃英老师的教學設計，我們還可以明白：語文與其他學科的交叉整合不僅可以豐富學生的學習內容，還可以提高他們的學習興趣和綜合運用各種知識解決問題的能力。同時，這也要求教師具備跨學科相關知識和教學能力，不斷探索和實踐新的教學方法。不論何時，語文學習對於個人的全面發展和社會的進步都有著不可替代的重要意義。它不僅是知識的積累，更是能力的培養；不僅是情感的薰陶，更是價值觀的塑造。因此，我們應該重視跨學科語文學習，從而努力提高自己的語文素養，以更好地適應未來的學習和生活。

永康教授講語文系列視頻到這裏就全部結束啦！不論以何種形式呈現，我們所有語文人始終都在以探索的姿態前行。不論在語文教學的道路上探索多遠，都不能忘記語文教學的本心，客觀看待那些熱點與話題，相信吹盡狂沙始到金。感謝大家的關注，今後我們一起學習一起討論，再見。

## 附 頁
## "永康教授講語文"律賦
### 池鳳

　　秋月沿霄漢，亭亭委深情。教授講語文，點穴舒蔽明。俯而察，煥乎核心之素養；靜而觀，炯爾實踐之豐盈。恒俾理論為引領，每聚實操以襲明。或熠熠以吐趣，複涓涓而流晶。視頻初開，好評共丹輝並耀；銀鉤下映，繁星與片月俱生。期秉燭於晦暗，俟沉研而有成。居暗室者，觀屏而載學載興；遇明時者，假屏而自強自勵。

　　諒導語文以明道，非重名利以自立。不懼乎疾病，不憂乎耄耋。寒來暑往，俾夜作晝，惟勤可悅。臨寒冬則暖還攀枝，過除夕則夜點寒叢。窮永夕謀求發展，伴殘燈航引海中。誰謂教授意興不廣，雅趣不濃，興趣分逗孫山水，品茗歌舞；誰謂教授絕學無憂，逍遙自在，晝夜兮糾纏毒蛇，執著怨鬼。

　　噫籲嚱，永康教授講語文，舍之則其功不足，用之則其道彌宏，顧滿屏月華，蓋欲罷而不作。

2024.8.18

　　池鳳，天府三中語文高級教師，成都市優秀班主任，成都市教育科研先進個人，區縣優秀教師、優秀班主任、先進德育工作者、"四有好老師"之改革先鋒"，四川省吟誦學會理事，成都市鐘亮名師工作室成員，中國報刊學會吟誦專委會領航師、星火培訓師，發表核心期刊近10篇，30多篇論文獲市級、省級、國家級獎勵。

仰望燦爛的語文星空

# 您讓"語文"飛翔
# 觀"永康教授講語文"

劉小芳

一組組視頻節目

一場場全國語文大課堂

乘上網路的高鐵

便長出了翅膀

跨越山河，飛躍城鄉

把智慧的種子

播撒在華夏的四面八方


您心懷赤誠的火焰

以趣味為鹽，學理為骨

用一生時光

熬制出知識的高湯

一勺一滴，皆是精華

滋養著求知的心靈

激發著探索的欲望

仰望燦爛的語文星空

語言、思維、審美、文化

素養這四條河流呼應跌宕

匯成一片，浩瀚汪洋

您將每一滴海水

製作成雲朵，讓語文飛翔


在國人的心靈與精神的天空

您播灑著玉露瓊漿

讓知識的花朵，在心中綻放


從此，智慧的種子主動生長

每一個熱愛學習的靈魂

都閃耀著真理的光芒

2024.8.26

　　劉小芳，教育碩士，四川省雙流中學語文教師，全國語文教師教育研究中心會員，中國散文學會會員，四川省作協會員，雙流區作協副主席，榮獲"市優秀教師""市優秀班主任""成都市學科帶頭人"等榮譽稱號。創辦公眾號"語林別院"八年多，原創作品1000多篇。在《散文詩世界》

《青年文摘》《四川日報》《草堂》《星星》等刊物上發表詩歌、散文、評論四百多篇（首）；

在《語文教學通訊》《語文世界》《新課程研究》等刊物上發表專業文章三十多篇。出版詩集《長成一根葦草》（著），出版教學研究專著《概括與反概括——語文思維的雙翼》（合著）及《中學生優秀寫作思維流》（合著），出版新詩專著《新詩閱讀與寫作》，有散文作品被選編為中考閱讀練習題，主研省市區不同級別課題9項。

# 追風趕月，沐光而行
## 學習"永康教授講語文"有感

張春燕

在追夢語文的道路上，我的心中一直高懸著兩輪明月，一個是抬頭看天時高掛在天邊的明月，一個，則是我十分欽佩且敬慕的大先生——劉永康教授，他就在我的身邊。潤物無聲卻又熠熠生輝。

說起與教授的初遇，很有趣，很難忘，不是在某個學術講座中，也不是在某場教學論壇上，而是在學校門口的菜鳥驛站，遇見那天，也是我研究生入學的第一天。他推著一個菜籃子，健步如飛，直奔快遞站，但快遞站搬家了，他四處找人詢問，便問到了我這個"熱心市民"小張的頭上。我們一起去到新的快遞站，取了快遞，很重，離他家還有段較長的距離，我於是就"熱心到底"，給他送到家。一路上交談不斷，談到《荷塘月色》舞女的裙，談到《琵琶行》江州司馬的眼淚，還談到李白、杜甫、李煜、王昌齡眼中的"明月"。我當時就在想：高手在民間，這個老頭不簡單！隨著交談的深入，我突然得知：他叫"劉永康"。我的腦海不斷思索，是那個"劉永康"嗎？是我考研的時候每天背的那本書——《語文課程與教學新論》的作者劉永康嗎？是我看文獻時總也逃不開的那個學者劉永康嗎？還是在課堂上我們導師李華平教授讚頌的那位師者劉永康？毋庸置疑，他就是的！全都是他！那一刻，我的心靈受到了深深的震顫，如此幸運，如此欣喜，一束光亮悄無聲息地照在了我的身上，在頭頂月色的沁潤下，我的心中冉冉升起了另一輪月亮。

而後，在我們導師的引薦下，我們便擁有了很多與永康教授對話的機會，時常跟隨他學習，聆聽教授的諄諄教誨，感受教授的迷人風采。在講論文義時，他的知識面之廣，令人歎為觀止，各路文人先賢、現代網路熱點、經典與非經典文籍，乃至於教材當中的每一句話、每一篇文章他都記得清清楚楚，信手拈來，娓娓道來，以十足的耐心、真心，帶著我們緩緩拉開帷幕，引導我們以更加寬廣的視野，見證語文這片浩瀚星空。而作為"追光者"的我，也算是真正地乘著風、追到光了，那就是我和一大群語文名師一樣，都有幸被劉教授逐一盛情地邀請入鏡，與他一道共同探討一些語文問題，出於他對我的高度信任和關懷，還讓我協助他整理文稿成書，這就使我有更多的機會、更好的條件更深入地學習教授說書的精髓。因此，參與"永康教授講語文"這本書以及這個視頻欄目的學習，也成了我在追光之旅中的一個意義非凡的印記。

此書的名字已是對教授深厚的學術積澱和高超的教學本領的生動詮釋：《仰望燦爛的語文星空——永康教授講語文》，既表達了語文學科本身的系統、龐大、深邃、浪漫、美麗等特點，也表達了我們一眾"追光者"對語文學習的無限憧憬與嚮往，我們在先生的引領下，正在抬頭仰望那無盡的、光輝璀璨的語文星海。

在本書中，永康教授主要圍繞語文核心素養語言、思維、審美、文化四個方面展開論述。他說書的語言不僅凝練厚重，充滿哲理，而且還深入淺出、幽默風趣，緊跟社會浪潮，從"把小貓叫做'哈基米'"，到"將內向的人稱為'i'人和'e'人"，我們知道了從社會變化的角度感知語言的變化，這一提煉讓人醍醐灌頂。他的教學案例豐富而又生動，特別借助講故事來講語文。陳伊玲的故事、列寧的故事、數學家的故事、《三國》《水滸》《西遊記》《紅樓夢》《西廂記》《牡丹亭》和西方的一些文化、文學、哲學、神話故事無不入書，歷歷在目。以故事串聯理論，讓知識以更加快樂的方式入腦入心，還真是本書惹人注目的一大特色。且不說教授說書的具體內容深邃無比、生動無比，單是他那些說書的題目，諸如《你知道香菱學詩嗎？》

《按畢加索的畫抓不住盜賊》《華羅庚瞧不起胡適的<嘗試集>》《縣官畫虎成貓》《曹操青梅煮酒論英雄》《二郎神與孫悟空鬥變化》《深山觀虎與看潑婦罵街》《從書法家改<涼州詞>到賈寶玉偷讀西廂記》《張生吃了崔鶯鶯的閉門羹》……如此等等，不一而足，這些說書的標題就是多麼的耐人尋味、引人入勝，它牽住了你的魂，挑逗你去猜測、去思考：這到底是怎麼一回事？輕輕鬆鬆地、不知不覺地就把你給帶入教授講語文的境界中去，整本書就是這樣像磁鐵石吸鐵一樣把你的心給粘住，叫你欲罷不能。

他的思維敏捷而又嚴謹，在每一講當中循序漸進，步步推導，得出結論，無懈可擊，既有學術理論的高度，也有語文教學實踐的深度。他的講述充滿著美麗的詩意，"要讓讀書成為語文教師和學生的人生樂趣，如聽音樂，如賞丹青，如觀風景，如嗅名花""進入書中喚起一番天地，蕩起萬千風情"，就像一位行走的詩人在耳邊低吟淺唱，使人心馳神往。他的文筆深邃又雋永，穿梭古今、橫貫中外，大千世界盡收眼底，文化味兒與學理味兒交相呼應，讓人讀得酣暢淋漓、愛不釋卷。

最後，讀完此書，我可以想像到一位年近八旬的長者，坐在電腦面前，心中氣象萬千，上攬明月，下騁原野，而手中呢？不似那麼利索，眼睛一遍又一遍地掃過一排又一排細小的文字，仔細咂摸著每一個字、每一句話。在我校對的過程中，我看到永康教授在很多地方都做了標注，這深深地擊中了我的心，我才突然感受到此刻手中這本書的重量和力量。同樣地，我的優秀朋輩趙珂老師，也在精心地策劃著每一期錄製和視頻剪輯，在交流過程中，我感受到了她的與時俱進、銳意創新，她善於在當下的網路浪潮中挖掘語文教學資源，生成獨特而新穎的教學案例，這種精神值得我學習。一老一少，長者與新秀，明月與星辰，我仿佛能感受到他們之間的默契與碰撞，那是一種智慧的火花，也是一種美麗的綻放。

追風趕月，沐光而行。既是我學習"永康教授講語文"之後的感悟，更是我對自己人生追求的一種期許。正是源於這光，我們才能在這一刻，彙聚於此，仰望同一片燦爛星空，沐浴同一輪皎皎明月，而後繼續趕路，奮然前行。

2024.8.30

　　張春燕，四川師範大學2021級學科教學（語文）專業學生、優秀畢業生，曾任文學院研究生會主席，獲"優秀研究生幹部"等榮譽稱號，曾獲學校"春華杯"教學技能大賽一等獎，獲全國"華文杯"微格教學技能大賽一等獎、全國"田家炳杯"全日制教育碩士教學技能大賽三等獎等20餘項獎項；現為成都市金牛區小學語文教師。

# 後 記
## 文章終有盡，星河竟長明

**趙珂**

2024年5月7日，一直"拖後腿"的我終於配合劉永康教授完成了本書第一版初稿的內容編寫，也算完成了研究生生涯裏最後的，也是最特殊的"作業"——與劉教授合著的《仰望燦爛的語文星空》一書。當電腦緩緩合上，心中湧動的情感如同波濤，久久不能平息。參與《仰望燦爛的語文星空》一書的寫作，於我而言不僅是一次學術探索的旅程，更是一場與大師智慧的深度對話。劉教授以其淵博的學識、敏銳的洞察力和對語文教育的無限熱情，引領著作為讀者的我們穿越語文的浩瀚星空，探尋其中的奧秘與美麗，也為我留下了一段段珍貴的記憶。

作為"永康教授講語文"欄目的主持人與評議人，我有幸從一個更深層次的角度參與本書的編寫，為劉老的說書內容設計提問，撰寫評議，這不僅加深了我對語文教育的理解，更讓我——一個即將進入一線教育的准教師，對語文的知識與魅力有了全新的認識。永康教授的講解，如同一場場精彩的學術盛宴，讓人沉醉於語文的美妙之中。他的話語中，既有專業學者的嚴謹，又不乏教育者的溫柔與智慧，能夠將複雜深奧的理論以通俗易懂的方式呈現，讓讀者在輕鬆愉悅的閱讀中收穫知識，提升素養，感受語文教育的溫度與力量。

劉教授是我的導師的導師，是我未曾謀面時就萬分敬重的人。如果說成書之旅於我而言是一場行於漫漫長夜的修行，那麼在這段旅途裏，被他照亮的每一瞬間都如月光降臨一般，靜謐、清晰而真實。我僅僅是無數年輕教師中最普通平凡的一個，但每每想起劉老將"永康教授講語文"欄目主持及點評這樣重要的任務交給我，總是忐忑不已，心中難安，生怕自己三腳貓的功夫配不上劉老在語文領域深耕數十年的智慧結晶。可是相處得久了，我膽子漸漸大了起來，愈發覺得我和教育家、語文大師、學術泰斗這些響亮的稱呼都沒有了距離感。眼前這個長者分明淵博風趣、慈愛溫和，我更喜歡叫他"師爺爺"。

我自認是一個平庸的學生，沒有劉老那樣深厚的學術功底，每次拿到文稿我都不敢懈怠，每一次提問與評議總是要讀上好幾遍才敢下筆。劉老語言風趣，將那些晦澀的知識融入一個個故事、一篇篇文本，讀起來並不吃力，可我仍想將其中每一個字讀到發亮、讀到發燙。唯有如此，方可不辜負劉老對語文教育的一片赤忱之心。在我和劉老將76個講座專題整理成書的過程中，許多地方在我認為已經講到透徹明瞭、無可挑剔的時候，劉老總是在電話裏告訴我：自己仍在對早已完成的內容進行反覆修改與調整。其嚴謹與精細完全超出我的認知與想像，真可謂"如切如磋，如琢如磨"，讓我感佩也讓我慚愧。

後來，劉老將視頻拍攝與後期完善的任務也委託於我。我雖不敢怠慢，奈何水準有限，只有盡力而為、跌跌撞撞一路摸索。可他卻總是包容我、誇讚我那些稚拙的成果。每當這時候，我就想起師父第一次帶著笨手笨腳的我，來到劉老家中失手打翻枇杷果盤的樣子，頓時心虛不已，愧不敢當。

記得在一次拍攝中，需要我與劉老還原他曾經的課堂片段。當我扮作他曾經的學生，側身提問時看到他神采飛揚，熟練地演說那些早已爛熟於心的片段。那一刻，我仿佛穿越回多年前那個課堂。這一次我不只是旁觀者，更是親歷者，有幸和台下的學生一起在他精巧的設問與點撥下慢慢走進語文的深處。看著眼前這個妙語連珠、風采不減當年的老一輩教育家，將那份智慧、那份激情跨越數十年的時光傳遞到我身邊時，我眼眶濕潤，喉頭哽咽一時有些語塞，幾乎忘了接住他的下句……

"讓學生放飛思想，讀出我來""讓學生走到百草園去""給學生一雙慧眼吧"，比起知識的傳遞，這些深情的呼告的句子是更深刻的心靈觸動。這不僅是對語文教育本質的揭示，也是對教育者使命的深情呼喚。它提醒我們，作為教育者，應當以更開放、更包容的心態，去傾聽每一個聲音，去欣賞每一顆心靈，讓語文教育成為連接師生、連接古今、連接世界的橋樑，激發每一個學生內心深處對知識的渴望，對美的追求，對生活的熱愛。在要求學生成才之前，先讓他們成為自己。

更重要的是，永康教授在書中所展現的，不僅僅是對語文知識的傳授，更是一種對生活、對世界的深刻理解和熱愛。他以語文為載體，傳遞的是一種人文精神，一種對美好生活的嚮往和追求，一種對真善美的不懈探索。這讓我深刻地認識到，教育的真諦，在於啟迪心靈，喚醒夢想，培養具有獨立思考能力和高尚情操的未來公民。

隨著書頁的輕輕合上，我的心中滿是對劉老的崇敬、未來的期待和對語文教育的深深熱愛。那些或淺顯或深刻的情感在我心中奔湧激蕩，化為照亮我語文教學之路的月光。這不僅是一次對語文世界的深度探索，更是一次對教育理念的深刻反思，一次對生活哲學的深情詮釋。待這些豐富的情感漸漸平穩後，心中剩下的只有沉甸甸的使命。

在此，向永康教授致以最深的敬意，感謝他用智慧和熱情，為我們編織了這片燦爛的語文星空。也感謝每一位讀者，是你們的支持與陪伴，讓這段旅程更加精彩。這是語文留給我們最真的禮物、最大的祝福。

《仰望燦爛的語文星空——永康教授講語文》的旅程雖已告一段落，但語文的探索永無止境。讓我們帶著書中的智慧與啟迪，繼續在語文的星空下守望，去發現更多未知的美麗與奇跡。感謝永康教授，感謝師父李華平教授、感謝鐘亮老師、感謝劉小芳老師、感謝池鳳老師、感謝後期幫助整理校對著作的張春燕老師、感謝每一位參與者、也感謝書頁前的每一個你。

親愛的讀者，願我們在未來的日子裏，擷取其中智慧的回音共同書寫語文教育的輝煌篇章；願語文的光芒，照亮更多人的心靈。願我們的心靈，如同書中描繪的語文星空一般，璀璨奪目，充滿無盡的想像與希望。

"追風趕月莫停留，平蕪盡處是春山"，在語文探索的道路上，願我們的腳步從不停止追尋……

## 顧之川

人民教育出版社編審

中國教育學會中學語文教學專業委員會原理事長

  永康教授深耕語文教育數十年，從中學教師、教研員、校長到大學教授，著述甚夥，卓然名家。本書同"永康教授講語文"一樣，理論創新與教學實踐緊密結合，針對性學術性與實用性趣味性相得益彰；視野開闊，樸厚生動，春風化雨，金針度人，有助於一線教師仰望語文星空，腳踏中華大地。

**王光龍**
全國語文學習科學專業委員會理事長
杭州師範大學教授

　　《永康教授講語文》系列內容講座，全面展示了他對語文學科、語文教學和語文學習廣闊領域系統理論的深刻認識，對語文具體問題的精闢見解，對語文教學諸多"難題"的解決辦法，從而豐富了語文核心素養培育的內涵。它的結集出版，不僅能惠及國內教育工作者，且能在國際上傳播中華傳統文化。

**李華平**

四川師範大學教授、博士生導師

"正道語文"首倡者

　　劉永康教授是癡迷語文教育的著名學者，此書是"永康教授講語文"精彩內容的呈現與提煉。該書全面、系統、深刻、生動地闡述了發展語文核心素養的理論與實踐問題，具有針對性強、學術性強、實用性強、趣味性強的鮮明特點，是劉永康先生關於語文教育研究的集大成之作。

## 倪文錦

中國第一位語文學科教學論博士生導師

華東師範大學教授

　　當前，我國基礎教育已經邁入全面提高品質的新階段，如何用教育家精神"鑄魂強師"，群策群力扎實推進教育高質量發展是擺在我們每個學校面前的緊迫任務。最近，劉永康教授的新著《仰望燦爛的語文星空》（下簡稱《語文星空》）即將問世，其內容我有幸先睹為快。我認為，劉教授的《語文星空》不僅是他長期以來在語文教學中堅持目標導向和問題導向，繼承和弘揚中華優秀傳統文化、革命文化和社會主義先進文化的經驗總結，更是他在語文教育科研中探索創造性轉化、創新性發展的理論成果。它將成為我們一線教師身邊不可多得的一部語文教育字典，為語文教師的傳道授業解惑提供有力的支撐和切實的幫助。

www.ingramcontent.com/pod-product-compliance
Lightning Source LLC
Chambersburg PA
CBHW081706100526
44590CB00022B/3678